西南政法大学刑法学术文库

本书系2011年度国家社科基金一般项目"社会转型期群体性事件的心理疏导与犯罪防范对策研究"（项目编号：11BFX101）的最终研究成果

SHEHUI ZHUANXINGQI QUNTIXING SHIJIAN DE
XINLI SHUDAO YU FANZUI FANGFAN DUICE YANJIU

社会转型期群体性事件的心理疏导与犯罪防范对策研究

梅传强／主　编　　张永强／副主编

中国检察出版社

图书在版编目（CIP）数据

社会转型期群体性事件的心理疏导与犯罪防范对策研究 / 梅传强主编. —北京：中国检察出版社，2019.10
ISBN 978-7-5102-2309-9

Ⅰ.①社… Ⅱ.①梅… Ⅲ.①群体性-突发事件-心理疏导-研究-中国 ②群体性-突发事件-预防犯罪-研究-中国 Ⅳ.①D631.43

中国版本图书馆CIP数据核字(2019)第114064号

社会转型期群体性事件的心理疏导与犯罪防范对策研究

梅传强　主编　张永强　副主编

出版发行：	中国检察出版社
社　　址：	北京市石景山区香山南路109号（100144）
网　　址：	中国检察出版社（www.zgjccbs.com）
编辑电话：	（010）86423707
发行电话：	（010）86423726　86423727　86423728
	（010）86423730　68650016
经　　销：	新华书店
印　　刷：	北京玺诚印务有限公司
开　　本：	710 mm×960 mm　16开
印　　张：	23.25
字　　数：	386千字
版　　次：	2020年6月第一版　2020年6月第一次印刷
书　　号：	ISBN 978-7-5102-2309-9
定　　价：	68.00元

检察版图书，版权所有，侵权必究
如遇图书印装质量问题本社负责调换

《西南政法大学刑法学术文库》
编辑委员会

主　任　梅传强　石经海
委　员　李永升　朱建华　王利荣
　　　　　袁　林　高维俭　陈　伟
　　　　　姜　敏　卢有学

《社会转型期群体性事件的心理疏导与犯罪防范对策研究》编委会

主　编　梅传强
副主编　张永强
委　员　胡　江　周建达　李海良
　　　　宋晓明　王雪峰　高　媛
　　　　贺洪波　丁胜明　徐　伟

总 序

七十载辉煌征程,七十载峥嵘岁月。当时光的脚步踏入2019年,我们迎来了新中国成立七十周年的历史性时刻。在这个洋溢着喜庆的美好日子里,全新打造的《西南政法大学刑法学术文库》(以下简称《西政刑法文库》)由中国检察出版社隆重推出,这既是庆贺新中国七十华诞和致敬新中国光辉成就的献礼,更是西南政法大学刑法学科再出发的前进号角,我们将伴随着新中国永不停息的发展脚步,迈入新征程,迎接新挑战,实现新跨越。

西南政法大学刑法学科是全国最早获得硕士学位授权的刑法学科之一,是我国西部地区第一个刑法专业博士学位授权点,早在1995年就被确定为省部级重点学科。在近七十年的发展历程中,西政刑法学人辛勤耕耘、默默奉献,以赵念非教授、伍柳村教授、黄观效教授、邓又天教授、董鑫教授、高绍先教授、赵长青教授、陈忠林教授、李培泽教授、朱启昌教授、邱兴隆教授、张绍彦教授、梅传强教授等为代表的一大批知名学者为刑法学科的建设和发展做出了重要贡献。改革开放以来,邓又天教授、赵长青教授、陈忠林教授、梅传强教授和石经海教授先后担任学科带头人（负责人）。时至今日，刑法学科的专任教师已达38人，形成了具有良好学历、职称、年龄和学缘结构的教学科研团队；拥有重庆市首批人文社科重点研究基地"毒品犯罪与对策研究中心"，与最高人民法院、国家禁毒办合作共建了"国家毒品问题治理研究中心"，此外还有"有组织犯罪研究中心""量刑研究中心""特殊群体权利保护与犯罪预防研究中心""少年法学研究中心""金融刑法研究中心""外国与比较刑法研究中心"等研究基地。经过几代人的薪火相传和不懈努力，西南政法大学刑法学科已经成为具有雄厚学科基础和优良学术传统、在全国发挥重要影响并且具有一定国际知名度的省部级重点学科。

科学研究与人才培养是学科建设的两翼。西南政法大学刑法学科具有数量规模庞大、年龄结构合理、学历水平优化、学缘结构合理的学科团队，他们积极投身于教学科研第一线，近年来在科研项目立项、学术论文发表、科研成果获奖等方面成绩斐然，在科学研究方面取得了优异的成绩。此外，在大力加强科学研究的同时，西南政法大学刑法学科也着力于人才培养。自2001年获得博士学位授权点以来，本学科已培养了近百名博士，他们活跃在法学理论和司法实务的各个领域，他们所取得的成绩在一定意义上也是本学科所取得的成绩。为此，《西政刑法文库》将立足本学科，主要出版本学科教学科研人员的优秀著作；同时，也将选择本学科培养且已经毕业的部分博士的学位论文或其他优秀学术著作出版。为了发挥《西政刑法文库》的学术价值和社会效应，体现学术丛书的性质，将采取不定期常年出版的形式，对于拟出版的著作由编辑委员会审定同意后出版，每本著作连续编号，力争将其打造成为规模较大、质量上乘、影响广泛的学术精品。《西政刑法文库》将秉承思想交流与学术创新的基本宗旨，着力打造学术精品，展示西南政法大学刑法学人形象，献力中国刑法学术发展。

学术的生命在于争鸣，思想的火花源于碰撞。《西政刑法文库》的出版将呈现每一个作者对当下中国刑法理论与实践问题的关注和思考，为学术交流搭建一个有益的平台，用文字和思考为中国法治发展贡献自己的绵薄之力。我们期待《西政刑法文库》的出版发行能够为国内外同行了解和认识本学科提供一个窗口，也期待国内外同行能够以此为平台加强与本学科的沟通交流，国内外同行和广大读者的真知灼见将是我们进一步加强学科建设的重要力量。

将西南政法大学刑法学科发展好、建设好，是全体西政刑法学人的使命和追求。处在新时代的激流之中，在"双一流"建设的大背景下，本学科的发展也面临着诸多新的挑战，加强学科建设刻不容缓。值此《西南政法大学刑法学术文库》出版之际，诚挚欢迎学界同仁以及各界朋友一如既往地关心和支持西南政法大学刑法学科的发展建设，共同促进我国法治事业的健步前行。

《西南政法大学刑法学术文库》编辑委员会
2019年10月

前　言

　　进入21世纪以来，在科学技术飞速发展和改革开放不断深化的大力推动下，我国的政治制度、经济结构、社会格局和价值观念等都发生了整体性、根本性的变迁，我国经济社会的发展也由此进入了革故鼎新、激荡变革的社会转型期。处于社会转型期，无论是宏观的国家战略、中观的社会治理，还是微观的个体发展，都充满了无限的机遇和挑战。就中观层面的社会治理而言，面临的挑战之一就是各方矛盾的集中凸显和不断激化，其中，最为突出的表现就是各类群体性事件出现了"井喷式"增长。群体性事件的增多，不仅会给公众生命财产安全带来极大威胁，而且会给社会秩序稳定造成巨大压力。而能否对群体性事件进行有效防控，既关系到社会公众对当前社会治理的整体认同，也关系到推进国家治理体系和治理能力现代化目标的实现。因此，在社会转型期，如何妥善处置、有效防范、科学治理群体性事件，成为我国社会治理中的重要议题和当前亟待解决的现实问题。

　　群体性事件的治理是一项复杂的系统工程，不仅需要因地制宜的实践探索和经验总结，更需要高瞻远瞩的顶层设计和理念引领。党的十八届四中全会通过的《中共中央关于全面推进依法治国若干重大问题的决定》指出："完善立体化社会治安防控体系，有效防范化解管控影响社会安定的问题，保障人民生命财产安全。"立体化社会治安防控体系的完善，既是我国全面深化改革的重要内容，也是社会转型期从预防、打击、惩治及教育等方面综合建构社会治安防控网络的总体目标。群体性事件是社会转型期严重影响社会安定的问题，对其治理必须秉持立体化思维，并纳入立体化社会治安防控体系的完善之中。党的十九大报告进一步指出，要"打造共建共治共享的社会治理格局"，"加强社会治理制度建设，完善党委领导、政府负责、社会协同、公众参与、法治保障的社会治理体制，提高社会治理社会化、法治化、智能化、专业化水平"，"加强预防和化解社会矛盾机制建设，正确处理人民内部矛盾"。群体性事件属于典型的人民内部矛盾，加强群体性事件预防和化解的机制建设，提升群体性事件的治理水平，是新时代打造共建共治共享型社会治理格局的重要内容和必然要求。

为深化群体性事件的理论研究，及时给群体性事件的治理贡献理论智识，发挥理论支撑、指引作用，自 2011 年项目立项以来，我便积极统筹协调课题组成员对群体性事件相关问题进行了深入研究和重点攻关。鉴于群体性事件是一个涵盖面非常广泛的理论与实践命题，在具体研究过程中，一方面，课题组非常重视犯罪学、心理学、社会学、政治学、刑法学等多学科知识的交叉运用，并通过调查研究、比较研究、文献研究等研究方法对群体性事件的相关文献、数据进行归集、比较和提炼；另一方面，课题组非常重视理论与实践的结合，坚持以实证为基础，专门到广东、河南、湖北、重庆、四川等地进行专题调研，对部分群体性事件进行了跟踪研究。此外，在研究本课题过程中非常重视人才培养，积极探索课题研究带动人才培养、人才培养促进课题研究的"研培结合"模式,不仅课题组成员的学术思维、科研能力通过参与课题研究得到了较好的训练和提升,而且课题组成员还可以在本课题研究的相关问题中完成硕士、博士学位论文的选题和写作。例如,课题组成员李海良博士和王雪峰博士的博士学位论文就是在本课题研究过程中由我指导完成的。

从具体内容来看,本书立足于我国社会转型的大背景和群体性事件的国家治理需要,主要围绕"心理疏导"与"犯罪防控",对社会转型期我国社会公众的心态和群体性事件中参与者的心态进行了深入剖析,并在此基础上提出了群体性事件的心理疏导对策和群体性事件中犯罪防控对策,进而供群体性事件治理过程中相关部门决策参考。整体来看,本书的研究具有前瞻性和新颖性,能够契合群体性事件国家治理的现实需要,无论是理论层面还是实践层面,均彰显了重要的意义和价值,不仅有利于丰富群体性事件的研究视角、推动群体性事件理论研究的深入发展、完善群体性事件应对的理论体系,而且还有利于创新群体性事件的防控对策、突出群体性事件中聚众犯罪的针对性防控、实现群体性事件的多维度防控。

在课题进行以及书稿撰写过程中,除了课题负责人的总体设计、全面把关、统筹协调和具体研究之外,课题组全体成员尽心尽责、分工协作、取长补短,均付出了辛勤的劳动。书稿历经多次讨论、修改并最终定稿,是课题组全体成员集体智慧的体现和共同劳动的成果。本书由我担任主编,课题组成员张永强博士在课题研究和协助书稿统稿等方面做了大量的具体工作,贡献突出,担任副主编。课题负责人和课题组成员的具体信息如下:

课题负责人:

梅传强,西南政法大学法学院教授,博士生导师,法学博士,中国刑法学研究会副会长。

课题组成员：

胡江，西南政法大学法学院副教授，硕士生导师，法学博士；

周建达，浙江警察学院副教授，硕士生导师，法学博士；

李海良，浙江师范大学法学院副教授，法学博士；

张永强，西南政法大学法学院讲师，高等研究院专职研究人员，法学博士；

宋晓明，广东警官学院教授，教育学硕士；

王雪峰，重庆市公安局，法学博士；

高媛，广东君厚律师事务所，法学博士；

贺洪波，重庆市委党校法学教研部讲师，法学博士；

丁胜明，西南政法大学法学院副教授，硕士生导师，法学博士；

徐伟，重庆邮电大学网络空间安全与信息法学院讲师，法学博士。

在本书即将付梓之际，作为课题负责人，我要特别感谢国家社科规划办提供的立项资助，感谢项目申报、结项中各位评审专家的认可和指导，感谢课题研究过程中校内外专家给予的指导，感谢课题组全体成员的积极参与和辛勤付出，感谢中国检察出版社王伟雪编辑为本书的出版付出的辛劳。

最后，本人想说的是，群体性事件是个宏大的理论和实践命题，并会随着时代的变迁而不断变化，希望本书的研究能够引起学界对群体性事件及其治理的继续关注和深入研究。虽然本书的编撰几易其稿，但仍然不可避免的存在诸多不足，希望大家在海涵的同时，能够批评指正！

梅传强

2019 年 3 月 4 日于重庆

目录 CONTENTS

引　言 …………………………………………………………………… 001
第一章　群体性事件基础理论概说 …………………………………… 006
　第一节　群体性事件的概念 ………………………………………… 006
　　一、"群体性事件"的语义学概念 ……………………………… 008
　　二、"群体性事件"的政治学概念 ……………………………… 010
　　三、"群体性事件"的社会学概念 ……………………………… 013
　　四、"群体性事件"的犯罪学概念 ……………………………… 016
　　五、"群体性事件"的刑法学概念 ……………………………… 019
　第二节　群体性事件的属性 ………………………………………… 022
　　一、群体性事件的政治属性 ……………………………………… 022
　　二、群体性事件的社会属性 ……………………………………… 024
　　三、群体性事件的法律属性 ……………………………………… 027
　第三节　群体性事件的类型 ………………………………………… 030
　　一、国外对群体性事件类型的划分 ……………………………… 031

二、我国对群体性事件类型的划分 …………………………… 032

　　三、刑法中群体性事件类型的划分 …………………………… 034

第四节　群体性事件的生成 ………………………………………… 035

　　一、群体性事件的生成原因 …………………………………… 035

　　二、群体性事件的生成过程 …………………………………… 043

第五节　群体性事件的发展态势 …………………………………… 046

　　一、群体性事件的诱因日趋复杂 ……………………………… 047

　　二、群体性事件的数量不断攀升 ……………………………… 049

　　三、群体性事件的规模不断扩大 ……………………………… 052

　　四、群体性事件的危害日趋严重 ……………………………… 054

　　五、群体性事件的防控难度加大 ……………………………… 057

第二章　社会转型期社会心态的失衡与调控 ……………………… 063

第一节　社会转型期社会心态失衡的表现 ………………………… 064

　　一、社会转型期社会认知的失衡表现 ………………………… 064

　　二、社会转型期社会情绪的失衡表现 ………………………… 067

　　三、社会转型期社会价值观的失衡表现 ……………………… 070

　　四、社会转型期社会行为倾向的失衡表现 …………………… 072

第二节　社会转型期社会心态失衡的影响因素 …………………… 074

　　一、社会转型期社会心态失衡的政治影响因素 ……………… 074

　　二、社会转型期社会心态失衡的经济影响因素 ……………… 075

　　三、社会转型期社会心态失衡的社会影响因素 ……………… 076

　　四、社会转型期社会心态失衡的文化影响因素 ……………… 077

五、社会转型期社会心态失衡的个体影响因素 ………… 079

第三节　社会转型期社会心态失衡的调控 ……………………… 080

　　一、平衡社会利益 ………………………………………… 080

　　二、加大反腐力度 ………………………………………… 081

　　三、增强社会支持 ………………………………………… 083

　　四、健全沟通机制 ………………………………………… 084

　　五、引导媒体舆论 ………………………………………… 085

　　六、重视个体调适 ………………………………………… 086

第三章　群体性事件中参与者的心理分析 ……………………… 089

第一节　群体性事件生成与演变中的心理动因 ………………… 089

　　一、群体不公的心理 ……………………………………… 090

　　二、抱打不平的心理 ……………………………………… 092

　　三、宣泄愤懑的心理 ……………………………………… 092

　　四、依附群体的心理 ……………………………………… 093

第二节　群体性事件中组织领导者的心理分析 ………………… 094

　　一、维护权益的心理 ……………………………………… 094

　　二、英雄担当的心理 ……………………………………… 095

　　三、谣言诱导的心理 ……………………………………… 097

　　四、聚众造势的心理 ……………………………………… 099

　　五、自我表现的心理 ……………………………………… 100

第三节　群体性事件中一般参加者的心理分析 ………………… 102

　　一、愤懑爆发的心理 ……………………………………… 102

二、群体认同的心理 …………………………………… 103
三、盲目从众的心理 …………………………………… 104
四、集体效能的心理 …………………………………… 105
五、群体极化的心理 …………………………………… 106

第四节 群体性事件中旁观者的心理分析 ……………… 107
一、旁观者向参与者转化的心理 ……………………… 108
二、参与者向从众者转化的心理 ……………………… 109
三、从众者向越轨者转化的心理 ……………………… 111

第五节 网络群体性事件中网民的心理分析 …………… 113
一、网络群体性事件概述 ……………………………… 113
二、网络群体性事件中"意见领袖"的心理特征 …… 117
三、网络群体性事件中"草根网民"的心理特征 …… 119

第四章 群体性事件中的心理疏导 …………………………… 127

第一节 群体性事件中心理疏导的根基 ………………… 128
一、需要与群体性事件 ………………………………… 128
二、认知与群体性事件 ………………………………… 131
三、情绪与群体性事件 ………………………………… 135
四、仇恨与群体性事件 ………………………………… 138

第二节 现实群体性事件中的心理疏导 ………………… 142
一、认知的矫正 ………………………………………… 142
二、情绪的疏导 ………………………………………… 145
三、行为的引导 ………………………………………… 146

第三节　网络群体性事件中的心理疏导 ·········· 150

　　一、完善民意表达机制 ·········· 151

　　二、加强网民心理辅导 ·········· 152

　　三、引导网络意见领袖 ·········· 153

　　四、提升网民整体素养 ·········· 155

第五章　群体性事件中聚众犯罪的基本考察 ·········· 157

　第一节　群体性事件中聚众犯罪概述 ·········· 158

　　一、聚众犯罪概念的界定与辨析 ·········· 158

　　二、群体性事件中聚众犯罪的界定 ·········· 175

　第二节　群体性事件中聚众犯罪的静态考察 ·········· 180

　　一、群体性事件中聚众犯罪的基本现状 ·········· 181

　　二、群体性事件中聚众犯罪的行为人特征 ·········· 189

　　三、群体性事件中聚众犯罪的行为特征 ·········· 194

　　四、群体性事件中聚众犯罪的演化规律 ·········· 198

　第三节　群体性事件中聚众犯罪的动态考察 ·········· 202

　　一、群体性事件中聚众犯罪的准备阶段 ·········· 203

　　二、群体性事件中聚众犯罪的发生阶段 ·········· 208

　　三、群体性事件中聚众犯罪的激化阶段 ·········· 212

第六章　群体性事件中聚众犯罪的防控分析 ·········· 216

　第一节　群体性事件中聚众犯罪的致罪因素 ·········· 217

　　一、聚众犯罪的发生机理 ·········· 217

  二、聚众犯罪的社会因素 …………………………………… 220

  三、聚众犯罪的情境因素 …………………………………… 226

 第二节 群体性事件中聚众犯罪的防控对策 ……………………… 234

  一、聚众犯罪的防控路径选择 ……………………………… 234

  二、聚众犯罪的防控体系建构 ……………………………… 237

第七章 群体性事件刑法规制的根基与现状 …………………… 259

 第一节 群体性事件刑法规制的根基 ……………………………… 259

  一、群体性事件刑法规制的必要性 ………………………… 260

  二、群体性事件刑法规制的可行性 ………………………… 264

  三、群体性事件刑法规制的谦抑性 ………………………… 268

 第二节 群体性事件刑法规制的现状 ……………………………… 276

  一、群体性事件所涉犯罪的刑事立法 ……………………… 276

  二、群体性事件所涉犯罪的刑事司法 ……………………… 279

第八章 群体性事件刑法规制的缺陷与完善 …………………… 295

 第一节 群体性事件刑法规制的缺陷 ……………………………… 296

  一、群体性事件刑法规制的理论缺陷 ……………………… 296

  二、群体性事件刑法规制的立法缺陷 ……………………… 305

 第二节 群体性事件刑法规制的完善 ……………………………… 311

  一、群体性事件刑法规制的理论完善 ……………………… 311

  二、群体性事件刑法规制的立法完善 ……………………… 326

第三节 群体性事件中聚众犯罪的刑法应对 …………………… 334
一、聚众犯罪刑法适用的基本立场 ………………………… 334
二、聚众犯罪刑法适用的基本原则 ………………………… 337
三、聚众犯罪刑法适用的酌定因素 ………………………… 341
四、聚众犯罪刑法适用的重点难点 ………………………… 343

引 言

党的十八届四中全会通过的《中共中央关于全面推进依法治国若干重大问题的决定》（以下简称《决定》）指出："完善立体化社会治安防控体系，有效防范化解管控影响社会安定的问题，保障人民生命财产安全。"立体化的社会治安防控体系，是我国全面深化改革的重要内容，是社会转型期从预防、打击、惩治及教育等方面综合建构社会治安防控网络的总体目标。在此背景下，群体性事件作为社会治安防控的重点对象，对其进行防控也必须从"立体化"的视角出发，进行多维度、全方位的思考，综合运用跨学科、多领域的知识、经验及技术，对群体性事件展开立体防控。从刑法学、犯罪学和心理学角度对群体性事件及相关犯罪问题展开系统研究，就是"立体化"防控理念的一种具体体现。

21世纪以来，随着我国经济结构、政治体制、社会利益格局等多方面改革的不断深入，我国社会发展也逐步进入了革故鼎新、激荡变革的社会转型期。在社会转型期，无论是大到国家的战略布局和宏观规划，还是小到个人的自身成长和职业发展，最为显著的特征就是机遇与挑战并存。从社会管控层面来看，随着各方矛盾的集中凸显，多元化的社会结构难以自行消解"井喷"式的社会矛盾，导致转型期我国群体性事件呈现高发态势，给社会秩序的稳定带来了极大的压力。例如，《法治蓝皮书：中国法治发展报告（2014）》的统计显示，我国群体性事件近年来呈上升趋势，"群体性事件最为多发的年份主要集中在2010年、2011年和2012年，且逐年递增，人数超过100的群体性事件在2010年有163起，2011年有172起，2012年则有

209起"。①

群体性事件是转型期我国社会矛盾集中凸显的典型表现，能否对群体性事件进行有效防控，既关系到社会公众对当前社会秩序的整体认同，也关系到国家治理能力和治理体系现代化目标的实现。因此，无论是从政治学、社会学、犯罪学、心理学、管理学、法学等单一学科的角度对群体性事件进行研究，还是从多学科相交叉的角度对群体性事件展开研究，对当前我国社会矛盾的化解和社会秩序的维护而言，均具有必要性与紧迫性。本书认为，群体性事件在本质上是一种集群行为，而集群行为是受群体心理和外界环境所驱导的，只有深刻揭示群体心理动因与心理机制，并对环境因素进行机制性控制和引导，才能对群体性事件进行有效的心理疏导与犯罪防控，进而缓解我国社会的管控压力。

一方面，在社会转型期，随着我国传统的城乡"二元"结构逐渐被打破，再加上国内外文化交流的频繁化，社会公众的价值判断也逐渐走向了多元化。虽然这种多元化的趋势在表面上增加了大规模群体心理形成的难度，但从近年来发生的群体性事件来看，对于那些涉及自身利益或者具有相似权益受损经历的社会公众而言，在与其相关联的社会矛盾或者社会问题方面，依旧容易形成一致的认识，同时在现代通信技术和网络技术的助推下，社会公众之间的这种趋同认识比以往更容易形成大范围的群体心理。因此，转型期的这种群体心理生成机制具有更强的应激性，在某些社会热点事件的刺激下，容易成为群体性事件爆发的心理基础。

另一方面，在社会转型期，随着我国经济体制改革和城乡统筹发展的进一步深入，房屋拆迁、征地补偿、医疗改革、社会保障、就业保障等领域的社会问题更加突出，群体性"散步""堵路""上访""冲击政府机关"等现象时有发生，再加上贫富差距等方面的刺激，部分公众的"相对剥夺感"增强，进而产生"仇官""仇富""仇警"等不良社会心态。因此，转型期的社会环境的变迁，更容易使社会公众滋生不良社会心态，在这种不良心态的影响下，公众更倾向于实施越轨行为，这也是转型期群体性事件多发的一个重要原因。

从域外来看，西方国家对群体性事件的研究起步较早，自美国社会学家罗伯特·帕克（Robert Park）教授提出了"群体性事件"的概念以来，国

---

① 《14年间百人以上群体性事件发生871起》，载《新京报》2014年2月24日。

外学者普遍将群体性事件放在社会冲突理论的研究范畴中进行研究。此后，随着社会不断地进步以及群体性运动的日益增多，西方学界也逐渐开始从社会学、政治学、经济学、历史学、人类学、法学、心理学等多学科的角度对群体性事件展开研究，并对群体性事件的诱发原因、生成机制、防控措施等提出了一系列极具影响力的学说。例如，"价值累加理论""相对剥夺感理论""社会怨恨理论""模仿理论""感染理论"等。这些理论在西方学界对群体性事件的研究中起到了长足的推动作用，并为实践中群体性事件的诱因的分析和防控对策的选择提供了理论支持。例如，相对剥夺感理论认为，某一个体或者群体在社会生活中总会与其他个体或者群体进行比较，也会与自身在不同时期的状况进行比较，如果自己的期望与实际存在偏差，人们就会感到不公平，认为自己尚未得到应该属于自己的那一部分，进而在心理上产生不平衡，为群体性事件的爆发埋下心理隐患。因此，在群体性事件的防控方面，要通过一系列的社会制度保证社会公平、正义的实现，最大限度削弱个体或者群体之间的相对剥夺感。整体来看，虽然西方学界对群体性事件相关内容的研究较为全面、成熟，但带有强烈的本土性，这与群体性事件与各国政治、历史、经济、社会制度等密不可分具有紧密关系。不过，虽然群体性事件相关的知识存在国界，不能被我国直接借鉴运用，但作为研究群体性事件的方法，现有的一些理论范式和理论成果可以为我国群体性事件的研究提供借鉴。

从我国来看，在20世纪90年代以前，由于群体性事件较少发生，所以学界很少关注群体性事件，也没有形成相关理论。而20世纪90年代以后，群体性事件开始零星出现，也开始引起各方的关注，尤其是进入21世纪以后，随着我国经济社会的快速发展，社会矛盾开始集中凸显，群体性事件也出现了较快速度的增长，成为政治学、社会学、经济学、犯罪学、法学等学科领域的重点研究对象。正是在这种研究热情的促动下，理论研究和实证研究都得到了长足发展，并取得了一系列重要研究成果。从纵向上来看，我国学界对群体性事件的研究主要集中在群体性事件的界定、分类、原因、社会危害、防控对策和机制。一般而言，在群体性事件界定方面，学界一般都倾向于认为群体性事件属于人民内部矛盾。在群体性事件分类方面，尚未取得共识，学者都是基于自己的研究视角对其进行分类。例如，于建嵘教授就将群体性事件分为社会泄愤型群体性事件、维权型群体性事件、社会纠纷型群体性事件、社会骚乱型群体性事件及有组织犯罪。① 在群体性事件生成原因方面，大多数学者都是从社会、经济、政治、文化等方面进行分析；等等。从横向上看，学界不仅出现了跨地域的群体性事件实证研究，而且出现了跨学科的群体性事件综合研究，尤其是近年来社会学、政治学、经济学、历史文化学、犯罪学、法学等多学科交叉的研究，为我国群体性事件的整体认识和综合防控提供了理论支撑。

不过，对比研究可以发现，虽然我国群体性事件的研究取得了可喜的成果和进步，但仍然存在一些缺陷。首先，虽然大多数学者都从多学科交叉的视角对群体性事件进行研究，但由于受不同学科知识和研究方法的限制，在理论基础、分析工具、样本数量等方面都表现出了较大的随意性，导致最终的研究成果只具有"多学科"之表，而不具有"多学科"之实，进而导致无法形成系统的群体性事件理论。其次，学界对群体性事件的研究，往往预先将其视为消极之物而存在，而没有看到群体性事件在推动社会进步中积极的一面，导致最终的研究成果具有片面性和强烈的主观色彩，无法对实践中群体性事件的防控提供理论指导。再次，群体性事件是一个涉及面极为广泛的课题，对其进行研究不仅需要整体上的理论建构和把握，而且需要微观层面的具体分析和防控对策，而我国学界在研究中出现了"便利主义"倾向，没有很好地兼顾这两个方面，导致最终的研究成果实践操作性和适用性不强。最后，我国学界更倾向于对特定时期或者特定地域范围内的群体性事件进行概括式研究，而缺乏个案跟踪式的研究，导致研究成果的生动性不足，难以让人们从微观角度观察到群体性事件的生成机理。

因此，未来关于群体性事件的相关研究，应从"泛而全"的研究思路转向"细而精"的研究思路，即对群体性事件中的某一种或者某一类问题进行针对性的深入研究，提升研究成果的质量和价值，并为实践中群体性事件的防控提供可操作性的指引。例如，针对群体性事件中心理失衡的诱因可进行专门的心理疏导研究，对于群体性事件恶化升级后诱发的聚众犯罪等，可将其与一般的聚众犯罪相区分，展开更加具有针对性的研究。显然，在学界对群体性事件已经具有一定研究成果的基础上，展开这种相对比较精细的研究，不仅对理论研究范式而言是一种创新性的转型，而且对群体性事件的

---

① 于建嵘：《当前我国群体性事件的主要类型及其基本特征》，载《中国政法大学学报》2009年第6期。

防控实践而言，也是一种更加"接地气"的研究进路，可以为实践提供具体的指引，避免了以往"泛而全"的空洞与乏味。

综上所述，在社会转型的时代背景下，我国的社会矛盾正处于集中凸显期，受群体心理和外部环境的双重影响，群体性事件也正处于高发期。因此，如何有效防控群体性事件的发生与蔓延，是当下我国社会发展中的难题，也是值得理论界与实务界共同关注的课题。基于此，从心理学、犯罪学、社会学、政治学及法学等多学科视角对群体性事件的心理疏导与犯罪防控进行研究，无论是理论层面还是实践层面，符合时代需求，具有新颖性，具有重要的价值和意义。就理论意义而言，本书的研究有利于丰富群体性事件的研究视角、推动群体性事件理论研究的深入发展、完善群体性事件应对的理论体系；就实践意义而言，本书的研究有利于创新群体性事件的防控对策、突出群体性事件中聚众犯罪的针对性防控、实现群体性事件的多维度防控。同时，考虑到群体性事件是一个涵摄范围极广的学术命题和实践命题，涉及多学科的知识和方法，本书在对群体性事件进行研究时，始终坚持理论联系实践的原则，综合运用犯罪学、刑法学、心理学、社会学等多学科的知识和方法，并在具体的研究方法上，为达到资料收集翔实、分析说理透彻、防控对策可行的目标，运用了调查研究、比较研究、文献研究等多种研究方法。此外，在具体内容安排上，本书始终围绕"心理疏导"与"犯罪防控"展开，对我国转型期社会公众的心态以及群体性事件中参与者的心态进行了深入剖析，并在此基础上提出了群体性事件的心理疏导对策和群体性事件中犯罪防控对策。

第一章
群体性事件基础理论概说

近年来,随着我国社会主义市场经济的不断发展,社会矛盾也在一定程度上开始集中凸显,最为明显的特征就是群体性事件这一众多矛盾的集合体和敏锐点在各方利益的角逐中不断增多。从我国当前的情况来看,无论是规模还是频率,群体性事件的发生依然处于上升阶段,这不仅给社会公众的日常生活带来了负面影响,而且给我国的经济发展和社会稳定造成了严重阻碍。因此,无论是基于学理考量还是现实需求,都极有必要对群体性事件展开深入研究。群体性事件是我国社会主义市场经济发展进程中出现的新事物,具有强烈的时代特征,对群体性事件的认识和研究,在尚未形成系统化理论的背景下,从概念、特征及发展规律入手,是群体性事件研究领域的逻辑起点。

第一节 群体性事件的概念

概念是人们认识事物的基本工具,既是对客观现象的一种合理构建,也反映了人们认识对象的内在思维过程。人们对社会现象的认识都有一个从模糊到具体的过程,这一思维的过程也是人们认知能力从感性循序渐进地上升为理性的过程,概念的形成则是对这种思维过程的真实反映。对群体性事件这种特殊的社会现象的认识深度也可以从对其概念的形成中找到印证,科学的概念可以帮助人们从思维上避开群体性事件纷繁复杂的表象，从根源上更深刻地揭示群体性事件的本质属性，为进一步对之进行研究奠定基础。

在哲学社会科学研究领域，概念是进行思考和研究的基本单位，其反映了客观事物最本质的共同特性，是人类感性认识向理性认识的升华和总结，是一种富有创造性和概括性的逻辑思维活动。概念作为人们理性认识的产物，是用来描述现实中的某些相关的方面，并进一步构成所研究事物的定义性或规定性的工具。① 在现实世界中，概念自始就是一种边界的情况，它首先界定一个研究命题或客观事物的前提与限定，不仅反映在建构客观外在之对象上，亦可适用于主观内在的思维过程。② 对于群体性事件这一我国社会转型期的新生事物而言，亦是如此。基于群体性事件对国家治理、经济发展和社会稳定所具有的潜在破坏力，无论是专家学者、新闻媒体、领导干部还是普通公众，都对群体性事件给予了高度关注。从当前学理研究的整体视域来看，政治学、社会学、行政学、治安学及犯罪学等学科领域的专家学者都立足于本学科的研究视角对群体性事件展开了较为深入的研究，且有部分学者已经开始从跨学科的角度对群体性事件进行研究。综合来看，由于研究视角的差异和研究方法的不同，"群体性事件"的界定目前在学界尚未取得统一认识，不同领域的学者提出了不同的界定。例如，政治学领域的学者提出了"少数人闹事"③"群众闹事"④ 和"群体性上访事件"⑤ 等概念，社会学领域的学者提出了"集合行为""集群行为"和"群众事件"⑥ 概念，行政学领域的学者提出了"群众事件""聚众活动""群体性暴力事件"和"突发性抗争事件"⑦ 等概念，治安学领域的学者提出了"治安紧急事件"

---

① Robert K. Merton. Social Theory and Social Structure. New York：The Free Press，1949：87.
② ［德］马克斯·韦伯：《社会学的基本概念》，顾忠华译，广西师范大学出版社 2005 年版，第 28 页。
③ 《毛泽东选集》（第 5 卷），人民出版社 1977 年版，第 395 页。
④ 张建立：《群体性事件古今中外谈》，知识产权出版社 2011 年版，第 2 页。
⑤ 张百杰：《转型期中国群体性事件研究——基于法社会学的研究视角》，吉林大学 2011 年博士学位论文。
⑥ 张建立：《群体性事件古今中外谈》，知识产权出版社 2011 年版，第 5 页。
⑦ 中国行政管理学会课题组：《中国群体性事件突发事件成因及对策》，国家行政学院出版社 2009 年版，第 2 页。

"治安突发事件""紧急状态"和"危机事件"①"突发性事件"②等概念,还有犯罪学领域的学者提出了"社会敌意事件"③"社会泄愤事件"和"社会骚乱事件"④等概念。从规范刑法学角度来看,很少有学者从这一视角对群体性事件进行界定,不过从2013年最高人民法院、最高人民检察院《关于办理利用信息网络实施诽谤等刑事案件适用法律若干问题的解释》⑤正式引入了"群体性事件"这一概念后,从规范刑法学的角度对群体性事件进行界定的研究也开始逐渐增多。

一、"群体性事件"的语义学概念

由于语言的语言单位与语言单位所指事物之间的关联并不是直接的,而是间接地通过存在于人大脑中概念的反应,由语言单位或词汇通过概念来指称其所表达的事物。概念在这里作为语言单位便是语义表达最本源的语素结构,或者是逻辑形式系统中一组系统符号的综合反应。对一个事物进行深层次概念阐释时,首先应从该概念最基本的语义学上进行分析和研究。

根据中国社会科学院语言研究所词典编辑室编纂的《现代汉语词典》和中华书局出版发行的《当代汉语词典》的相关解释与界定,"群"是指聚在一起的许多人或物,如人群、羊群、建筑群等,还指众多的、成群的人;以量词使用时用于成群的人或东西之类,例如一群年轻人在欢笑、一群骏马在奔腾;用作形容词时意为"成群的",例如群居、群集、群岛等。"体"是指物体,如集体、整体、液体、固体等。"群体"与"个体"相

---

① 邓国良、贾江滔主编:《公共安全危机事件处置研究》,中国人民公安大学出版社2005年版,第54页。
② 郝赤勇主编:《学习人民警察法问答》,警官教育出版社1995年版,第164页。
③ 皮艺军等:《动态中的和谐——"社会敌意事件及调控·犯罪学高层论坛"发言摘要》,载陈兴良主编:《刑事法评论》,北京大学出版社2009年版,第182页。
④ 于建嵘:《当前我国群体性事件的主要类型及其基本特征》,载《中国政法大学学报》2009年第6期。
⑤ 2013年9月10日起施行的最高人民法院、最高人民检察院《关于办理利用信息网络实施诽谤等刑事案件适用法律若干问题的解释》第3条规定:"利用信息网络诽谤他人,具有下列情形之一的,应当认定为刑法第二百四十六条第二款规定的'严重危害社会秩序和国家利益':(一)引发群体性事件的;(二)引发公共秩序混乱的;(三)引发民族、宗教冲突的;(四)诽谤多人,造成恶劣社会影响的;(五)损害国家形象,严重危害国家利益的;(六)造成恶劣国际影响的;(七)其他严重危害社会秩序和国家利益的情形。"

对，是指由于许多在生理上发生相互联系的同种生物个体所组成的整体，一般泛指本质上有着某种共同特性或特点的个体组成的整体，例如英雄群体、事业群体、艺术群体等；①《辞海》中认为"群体"是区别于"个员"的，并由多数动物或植物个体组成，群体内的各个体统称为"个员"，是本质上有某种共同点的个体组成的整体，如群体意识或群体行为等。②"群体意识"是与"个人意识"相对应的一种社会意识结构，二者划分的标准是意识主体数量特征。"群体意识"是由一定的个人或成员所组成的社会共同体③的共同意识，是对各种群体共同的生活条件、社会地位、利益诉求、价值判断甚至是社会经历的一种综合反映，是群体共同实践的产物。"个人意识"则是个体或成员对自身特有的生活经历、生活条件、价值判断以及利益追求的一种具有明显差别性的个体实践产物。"群体意识"由"个人意识"组成但不是"个人意识"的简单相加，"个人意识"可以影响甚至改变"群体意识"，二者既有区别又有联系，在矛盾对立统一规律的支配下，当具备一定的条件时二者可以相互转化。④"群体行为"是作为社会心理学范畴的一个术语出现的，是指无组织的群众行为，该类行为的基本特征是暂时性和盲目性、被暗示性和情绪性、自发性和偶然性，其组织结构分散，无公认领导、无角色分化和归属感，共同目标短暂且凝聚力较低。一般而言，群体行为通常是由于某种社会情势之影响而引发的，例如网络谣言、虚假信息、街头事故或马路新闻等。⑤"性"的解释之一为"后缀"，用于加在名词、形容词或者动词的后面从而构成属性词或抽象名词，一般被用来表示事物的某种性质、属性或性能，例如党性、纪律性、普遍性、群体性、先天性、流行性、创新性、群集性或群聚性等。⑥"事"的含义之一是事情、事故、变故等，例如旧事新办、办事、国家大事、出事故、交通事故等。"事件"是名词，指历史上或社会上发生

---

① 《现代汉语词典》，商务印书馆2006年版，第1341页、第1136～1137页。
② 《辞海》，上海辞书出版社1999年版，第5451页。
③ 该社会共同体是指有组织的或无组织的、结构松散的或组织严密的、长期的或短期的群体、团体、族群、政党、阶级或民族，甚至是整个社会。
④ 《辞海》，上海辞书出版社1999年版，第887页。
⑤ 《辞海》，上海辞书出版社1999年版，第5452～5453页。
⑥ 《现代汉语词典》，商务印书馆2006年版，第1341页、第1528页。

的不平常的大事情,如群体性事件、历史事件、政治事件、危机事件等。①

在"群体性事件"中,"群体性"是用来表达名词"事件"的基本属性或外在特征,其所传达的信息是"事件"的外在表现形态,表明其所限定的"事件"是由多个成员或个体参与实施的聚合性行为或聚集性社会现象。在"群体性事件"中,"事件"这一名词有别于"事情",二者的区别之一是属种概念的区别,"事情"是"事件"的属概念或上位概念,"事件"是"事情"的种概念或下位概念;二者的区别之二是感情色彩的区别,"事情"是指人类在生活中一切活动或者人类在生活中所遇到的一切社会现象,②相对于"事件"来说具有中性、客观的描述色彩,缺少"事件"那种人为的价值判断色彩或贬义的感情倾向,而"事件"则多是指历史上曾经发生过的或社会上出现的打破常规或秩序的事情。20世纪德国政治理论家和思想家汉娜·阿伦特就认为,"事件"是那些打破正常程序或者常规过程的行为或现象。③ 由此,本书认为语义学上的"群体性事件"是指多个有着某种共同或类似特性的成员或个体基于某一因素而组合在一起,共同参与实施的一种打破社会常规或正常秩序的聚合性行为或聚集性社会现象。

二、"群体性事件"的政治学概念

群体性事件之于社会就像感冒之于人体一样,任何个体在成长发育过程中都难免要受到感冒病毒的侵袭,任何一个社会在其发展进程中都无法避免地会出现群体性事件,这是矛盾无时无刻存在于人类世界任何一个角落的哲理演绎。任何一个朝代、任何一个国家都不可能规避群体性事件这个社会自身自我调节的正常现象;同样,任何一个时期、任何一个区域都不可能彻底消除群体性事件的发生,只不过受不同历史时期、不同民族与国家文化价值、意识形态与思维惯性等方面的影响,对群体性事件界定的标准和称谓不同而已。例如,有的称为"造反",有的称为"暴动"或者"骚乱",有的称为"少数人闹事"或者"群众闹事",有的称为"游行、示威"或者

---

① 《现代汉语词典》,商务印书馆2006年版,第1245~1246页。
② 《现代汉语词典》,商务印书馆2006年版,第1246页。
③ 孙元明:《当前国内群体性事件及其发展趋势研究》,载《江南社会学院学报》2008年第3期。

"罢工、罢课",甚至有的称为"社会敌意事件"。不过,不管是哪种称谓,概念的内涵和外延基本上都大同小异,均是少数不受事件发生之时的社会规范所约束的打破常规的个别越轨行为。群体性事件中的是非曲直、合法与非法都是由占统治地位的社会力量与阶层按照其评价标准和价值尺度进行判断的,在价值评判过程中均带有浓厚的政治色彩。

一般而言,政治学意义上的群体性事件有广义和狭义之分。广义上的群体性事件泛指一切打破社会常规的群体性越轨行为,既包括群体性非暴力事件,也包括群体性暴力事件。在当下可以说包括具有社会敌意的"暴动"或者"骚乱"。"暴动"在一定意义上可以说与"暴乱"一词同义,是指某些个人或群体突然发起的有组织的打、砸、抢、烧、杀等暴力行动,亦指某个阶层或组织为了推翻某种政治制度或社会秩序而采取的有组织的集体武装行动。当下我国社会转型期所称的"暴动",多指个别不明真相的人或组织受某些不法分子或国外敌对势力的煽动、蛊惑而发起的,给人民群众生产生活和社会秩序带来一定混乱和危害的,有组织的打、砸、抢、杀、伤等暴力性行动。[①]"骚乱"与"动乱"相近,即秩序混乱或者不安宁[②],国外一般常将近似于我国群体性事件的紧急冲突性事件称为"骚乱"。"骚乱"常指三人或者三人以上的个别群体以扰乱社会治安为动机,聚集在一起意欲实施暴力犯罪或实施任何能够使情智正常的人认为是破坏社会治安的任何一种行为,该群体并且真正开始实施具体行动以实现其既定目标。狭义上的群体性事件仅指属于社会系统内部矛盾的某些个体成员基于某种利益诉求未能畅通表达或某种利益未达其预期目的,而采取由多人参与实施的打破常规秩序的非正常表达方式,给社会秩序的稳定带来一定影响的群体性社会现象。

从历史发展的角度看,2003 年以前在我国官方的讲话和文件中未出现"群体性事件"的表述,在此之前对群体性事件的称谓大致经历了五个阶段。具体如下:

第一,新中国成立初期至改革开放前这一时期,群体性事件被称为"群众闹事",这一词组的重点在"闹"字,反映出这一界定主要是从感性上对群体性事件的表面特征进行了归纳,同时在语义色彩上"闹"字也反映出政府对群体性事件的认识也仅停留在不规则、无秩序、无理性等不好的

[①] 张建立:《群体性事件古今中外谈》,知识产权出版社 2011 年版,第 5~6 页。
[②] 《辞海》,上海辞书出版社 1999 年版,第 3247 页。

一面。

第二，改革开放初期的"治安事件"，这一阶段对群体性事件的认识发生了变化，认为其是对社会治安的破坏，是总括性的归纳，没有揭示群体性事件的其他特征。

第三，20世纪80年代末期到90年代初期的"治安突发事件"，这一界定凸显了群体性事件的重要特征之一即突发性，但有些群体性事件并不是突发的，从其酝酿到发生可能要经过数月时间，凸显群体性事件的突发性从侧面反映出改革开放初期各种社会矛盾激化，但政府的社会管理能力有限，对群体性事件的集中爆发只有"招架之力而无还手之功"，只能消极应对。

第四，90年代中后期的"紧急治安事件"，这一界定是从积极治理的角度出发的，但是仍没有全面反映出群体性事件的特征。

第五，21世纪以来的由"群体性治安事件"到"群体性事件"的定型使用①，使群性事件不仅仅停留在治安管理层面，使其外延扩大，既可以包括理性的、合法的群体性聚集，也可以包括非理性的、非法的群体性聚集，其违法的性质也突破了治安管理的限制，在违法性和社会危害性严重时，为对之适用刑法评价扫除理论上的障碍。

2003年及以后，在我国官方的讲话及文件中开始频繁使用"群体性事件"的表述。

首先，胡锦涛同志在2003年11月22日召开的全国公安会议第二十次会议上的讲话中使用了"群体性事件"的表述。该讲话强调，"由人民内部矛盾而引发的群体性事件已成为当前影响我国社会稳定的一个重要突出问题；各级党委、政府都要按照党中央的要求，努力减少矛盾、缓解矛盾以及有效解决矛盾，积极预防人民内部矛盾引起群体性事件的发生，积极稳妥处置群体性事件，扎扎实实做好正确处理人民内部矛盾及其引发的群体性事件的工作；最低限度地减少群体性事件给社会稳定带来的危害和冲击"。可以说，"群体性事件"一词作为一个指代因人民内部矛盾而引发的群体性越轨社会行为的政治概念开始被正式公开提出。紧接着，罗干同志在2003年12月12日召开的全国政法工作会议上指出，要及时妥善处置好各种群体性事件，努力推进依法、稳妥处置群体性事件的各项工作进一步规范化、制度

---

① 曾海若：《群体性事件：从政治概念到法律概念》，载《中国人民公安大学学报（社会科学版）》2010年第6期。

化、科学化。①

其次，2004年11月8日，中共中央办公厅和国务院办公厅在联合转发中央处理信访问题及群体性事件联席会议《关于积极预防和妥善处置群体性事件的工作意见》的通知中正式使用了"群体性事件"② 这一概念。③

再次，温家宝同志在2006年的国务院第四次廉政工作会议上也曾强调，"有些地方发生的群体性事件，其中原因很多与政府部门的工作人员不严格依法办事、不严格按政策办事有很大的关系"。④

最后，中共中央办公厅、国务院办公厅于2009年6月30日联合印发的《关于实行党政领导干部问责的暂行规定》中明确规定，因在相关行政管理活动中滥用职权，强令或者授意实施违法行政行为的或不作为而引发群体性事件的；或者对群体性事件处置失当而导致事件升级、事态恶化，造成恶劣影响的，应对相关党政领导干部实行问责、追究其相应责任。

三、"群体性事件"的社会学概念

西方社会学领域的学术著作中常将"群体性事件"称为"集体行为""集群行为"，或"集合行为""社会运动"，或"抗争政治""社会危机"，或"社会冲突"等。在我国群体性事件的学理研究中，于建嵘教授、肖唐镖教授、向德平教授及孙元明研究员等学者也从社会学的角度对"群体性事件"进行了界定，各个学者的界定虽有所差异，但整体来看在某些方面还是取得了共识。

最早从社会学视角将"群体性事件"定义为"集群行为"或"集合行

---

① 罗干同志在2003年12月12日召开的全国政法工作会议上强调，"要正确处理人民内部矛盾，维护社会和谐稳定；就必须解决好群众关心的切身利益问题，从源头上预防、化解社会矛盾，就必须大力开展矛盾纠纷排查调处活动，妥善处理群众上访问题，及时妥善处置好各种群体性事件；大力加强基层调解的组织建设、完善维护稳定的工作机制，努力促使处理人民内部矛盾和群体性事件的工作进一步规范化、制度化、科学化"。

② 《关于积极预防和妥善处置群体性事件的工作意见》将群体性事件界定为：由人民内部矛盾引发的个别群众认为其自身权益受到侵害，而采取非法聚集、围堵等方式，向有关机关或单位表达意愿和诉求的事件及其酝酿和形成过程中的串联或聚集等活动。

③ 魏新文、高峰：《处置群体性事件的困境与出路——以警察权的配置与运行为视角》，载《中共中央党校学报》2007年第1期。

④ 温家宝：《深化改革、健全制度、加大预防腐败工作的力度》，载《人民日报》2006年2月28日。

为"（collective behavior）的是美国社会学家罗伯特·帕克（Robert. E. Park）教授和帕吉斯（E. W. Burgess）教授，二人于1921年合著出版了《社会学导论》一书，在该书中二人将"集群行为"或"集合行为"界定为一种因集体冲动或集群推动而引发的情绪冲动及不理性的个人行为。同时，该书指出"集群行为"或"集合行为"开始时并没有一种共同的态度和一致的目标，而是在临时成为某一群体成员后的相互交往中产生了某种暂时性的同质性倾向。① 美国社会心理学家斯坦莱·米尔格拉姆（Stanley. Milgram）教授认为，"集合行为"或"集群行为"是相对无组织的、自发产生的甚至是不可预测的一种临时组合行为，该组合行为没有凝聚性的共同感情纽带，它仅依赖于参与者成员个体间的相互刺激与感染。② 美国社会学家戴维·波普诺教授亦认为，"集合行为"或"集群行为"是指那些在相对自发的、无组织的或不稳定境况下，基于某种普遍的影响或鼓动而产生的不同于寻常的聚合行为。③ 约翰逊教授认为，"实际上社会冲突所重视的不是个人之间的、人际之间的或文化的层次问题，而是社会的结构层次问题"。④ A. W. 齐美尔曾在其社会学著作《一般社会学》中指出，从形式上来看，社会的整个进程是个人利益由于某种程度上与他人利益相冲突、某种程度上又与他人利益相一致而驱动的一个连续过程。⑤ 出生于德国的美国社会学家刘易斯·科塞教授认为，每一种类型的社会机构中都会有冲突和对抗的存在，因为作为社会成员的个体或子群体，都会基于其对资源和财富、地位和权力以及声望和社会认可的无止境追求而不断提出对抗性的或相互紧张的要求；但社会结构在承受和允许个体或子群体表达对抗性要求的方面是不同的，社会对作为社会成员的个体所追求目标能够满足的程度也是有所区别的，因此，社会结构

---

① 曾海若：《群体性事件：从政治概念到法律概念》，载《中国人民公安大学学报（社会科学版）》2010年第6期。
② [美]克特·W. 巴克：《社会心理学》，南开大学社会学系译，南开大学出版社1984年版，第176页。
③ [美]戴维·波普诺：《社会学》（下），李强等译，辽宁人民出版社1988年版，第566～567页。
④ [美]D. P. 约翰逊：《社会学理论》，南开大学社会学系译，国际文化出版公司1988年版，第569～570页。
⑤ [美]D. P. 约翰逊：《社会学理论》，南开大学社会学系译，国际文化出版公司1988年版，第314～315页。

在一定程度上的紧张或不和谐就在所难免。① 美国社会学家斯米尔塞教授认为，"集体行为"或"集群行为"其实是社会成员在受到威胁或紧张等压力情景时，为改变其所处环境而进行的尝试性努力或抗争。②

我国著名学者于建嵘教授认为，群体性事件是指有一定人数基于其特有目的而参加的，通过一些没有法定依据的行为给社会秩序带来一定影响的事件。③ 该类事件一般有四个方面共性特征：一是事件的参与人数必须达到一定数量；二是这些事件所进行的行为在程序上违背相关法律规定，甚至有些行为是法律或法规明文禁止实行的；三是参与聚集的成员不一定有共同目的，但却有大致相同的行为取向；四是该类事件会对人们的生产、生活秩序和社会管理秩序产生一定的消极影响，甚至是一定时期内、一定范围内的混乱。南京大学政府管理学院肖唐镖教授则认为，群体性事件是指在民众与民众之间发生的群体性冲突，特别是在民众与政府、官员之间发生的相对具有一定抗争性的互动，包括各类群体性的民间械斗和维权抗争，甚至是一些骚乱事件。④ 重庆社会科学院孙元明研究员认为，群体性事件应从广义与狭义两个维度来理解，广义的群体性事件是指，在特定情景下，人数众多的部分群众为争取某种利益或维护某种权益，而自发地公开向政府相关部门表达意愿或诉求的集体性行动，某些过于激烈的行为甚至表现出对社会秩序一定程度的破坏性，但其本身并不具有根本意义上的反社会性；狭义的群体性事件则是指，自发公开地聚众和共同实施一些违反法律法规、扰乱社会秩序、侵犯公民人身财产安全和危害公共安全的过激行为。⑤ 天津社会科学院刘晓梅博士认为，群体性事件属于一种因人民内部矛盾而发生的，脱离既定社会规范制约的集群越轨行为。⑥

社会学是以现实中出现的社会现象为研究对象，通过对社会关系和社会

---

① [美] L. 科塞：《社会冲突的功能》，孙立平等译，华夏出版社1989年版，第135～136页。
② 郑杭生：《社会学概论新修》，中国人民大学出版社2003年版，第140页。
③ 于建嵘：《当前我国群体性事件的主要类型及其基本特征》，载《中国政法大学学报》2009年第6期。
④ 肖唐镖：《当代中国的"群体性事件"：概念、类型与性质辨析》，载《人文杂志》2012年第4期。
⑤ 孙元明：《群体性事件概念阐疑、类型解读及其学科发展方向展望》，载《重庆社会主义学院学报》2013年第4期。
⑥ 刘晓梅：《建设和谐社会进程中群体性事件的法社会学思考》，载《中国人民公安大学学报》2005年第3期。

行为的分析来研究社会结构的功能，探究社会现象的发展规律，为解决一些现实的社会问题提供经验借鉴和理论参考。社会学维度下的群体性事件概念也应该能够概括一定的社会现象，属于相对广义的群体性事件，既能涵盖法律允许的合理的群体性表达诉求行为（如游行、示威），也能涵盖给社会带来一定社会危害的违法的值得犯罪学关注的群体性越轨行为，还能涵盖给社会带来严重社会危害值得刑法学关注的群体性危害行为。故此，本书认为，社会学上的群体性事件是指，在一定政治、经济和社会秩序相对稳定的社会结构内，某些个体社会成员因对资源和财富、权利和利益的追求与其所处社会结构的满足程度或满足路径发生错位时，采取的以群集为特征、以越轨为表象、以影响为结果，给其所处社会结构的社会管理产生一定压力，甚至是给其所处社会的社会秩序带来一定危害的集群性社会现象。

四、"群体性事件"的犯罪学概念

由于群体性事件是在一定政治、经济和社会秩序相对稳定的社会结构内部，因参与群体性事件的部分社会成员的某些需求与该社会结构的满足程度或社会管理层设定的满足路径发生错位而引发的非正常社会现象。因此，群体性事件也是该社会结构中政治、经济、文化等社会矛盾综合反映的"体温计"，群体性事件同时也在一定程度上体现着该社会结构中政府的社会控制机制是否有效运行以及其社会控制力的强弱。尤其在当前社会结构和利益分配正在发生深刻变革的背景下，政治体制和利益格局正在面临着社会矛盾的严峻挑战，贫富差距和两极分化现象正在进一步加剧，相对剥夺感和仇官妒富的底层情绪在不断增强，信息网络的飞速发展与虚拟社会的混乱无序，再加上基层政府职能转变相对落后以及其社会控制能力相对减弱，从而导致社会冲突的不断发生和群体性事件的不断上演，从某种程度上说这也是我国当前犯罪率较高的社会原因。因此，以犯罪人和犯罪行为为研究对象，以探究犯罪原因和犯罪形成机理为研究目标，以公平和公正、自由和秩序为价值追求，以有效预防犯罪减少犯罪危害为终极目的犯罪学，理应对群体性事件这一危及社会稳定的犯罪现象予以关注和研究。

然而，犯罪学是事实性学科，具有自己独特的逻辑起点和研究对象，系主要关注犯罪人和犯罪行为、犯罪原因和犯罪生成机理以及如何预防犯罪的社会科学。犯罪学与刑法学的本质区别主要体现在作为犯罪本质特征的社会危害性问题上。刑法学意义上对犯罪社会危害性的评价是政治与法律相统一的结果，也就是统治阶级借刑法中"刑罚"之规定的威慑力来达到其调整社会生活和管理社会秩序的目的。犯罪学意义上对犯罪社会危害性的评价则注重于事实性的概括，并努力淡化其中统治阶级的价值色彩和祛除法律规范的"过滤"作用，在尊重犯罪的自然起源和客观社会危害性的基础上进行研究和把握。① 用法国刑法学家卡斯东·斯特法尼的话说，就是"犯罪学家认为从犯罪中主要看到的应该是刑法实体背后所掩盖的'人的现象'与'社会现象'，而不是表面的刑法规定的那些法律实体"。② 即犯罪学看到的犯罪应该不仅仅是法律规定的产物，还应该是法律背后作为社会成员的人所实施的危害社会秩序的现实。③ 因此，犯罪学中的犯罪应该是客观存在的一种抽象的社会危害形态，应当由社会进行综合治理，并事先预防那些越轨的社会行为。因此，犯罪学不但研究刑法学意义上的犯罪，还研究危害性相对刑法上的犯罪较轻的一些社会越轨行为，即一些刑法上不认为是犯罪但具有一定社会危害性的社会行为。申言之，犯罪是在很多非规范性社会行为的不断积累而达到质变的，矛盾较为尖锐、社会危害性较大的社会现象。④

　　同理，犯罪学视野下的"群体性事件"也应注重其本身给社会秩序带来负效应的社会危害性的方面，而不过多强调刑事违法性和应受刑罚性的方面。例如，因利益诉求、其他利益或动机而引发的聚众非法围堵、冲击国家机关，聚众阻塞交通道路，聚众非法占据公共场所、扰乱公共秩序，非法集会、游行、示威，非法静坐、请愿、上访，甚至是聚众哄抢、打砸抢等行为。但是，犯罪学视域中的"群体性事件"应该是狭义的集群性活动，现实生活中的武装性骚乱或暴乱这种有组织犯罪活动不属于狭义的犯罪学上的群体性事件范畴。因为群体性事件尽管是超越法律制度之外的群体性危害行为，但它仍是基于人民内部矛盾处理不当或不及时而产生的，其本身并不在于挑战现存社会基本制度本身之合法性。群体性事件与团伙犯罪或犯罪集团抑或是黑社会性质犯罪的不同之处在于，群体性事件不是以哄抢财物、破坏稳定，甚至是打砸抢为直接目的的刑事犯罪活动，而是带有一定合理性因素

---

① 张远煌、吴宗宪等：《犯罪学专题研究》，北京师范大学出版社2011年版，第18页。
② ［法］卡斯东·斯特法尼等：《法国刑法总论精义》，罗结珍等译，中国政法大学出版社1998年版，第55页。
③ 张远煌、吴宗宪等：《犯罪学专题研究》，北京师范大学出版社2011年版，第16～17页。
④ 皮艺军等：《动态中的和谐——"社会敌意事件及调控·犯罪学高层论坛"发言摘要》，载陈兴良主编：《刑事法评论》，北京大学出版社2009年版，第235页。

的表达利益诉求的行为，违法犯罪行为只是群体性事件本身的盲从性和情绪性所附带产生的不良结果。群体性事件与聚众斗殴性质的群体械斗的不同之处在于，群体性事件不是纯粹的因为民间纠纷而引发的多数人殴斗的治安或刑事案件，而是把目标指向政府机关、企事业单位或其他社会管理者，因利益诉求或处理不当而引发的群体性社会行为。① 因此，本书认为，犯罪学意义上的群体性事件，应该是以隐性事由为诱发因素，以多人参与为主体特征，以利益诉求为情感动机，以公开实行为行为特征，以情绪激化为心理特征，以危害可控为发展进程的一种事出有因、违反法律规范、扰乱社会秩序和破坏社会稳定、应受政府和社会高度关注并积极采取措施加以治理和预防的集群性社会现象。

从我国学界目前的研究现状来看，犯罪学领域关于群体性事件的定义仍处于"百家争鸣"中。例如，于建嵘教授认为，我国的群体性事件是指有一定人数出于其特有目的实施的一些缺乏法律依据的，并给社会稳定造成一定危害的社会事件。根据实施者的目的、行为、特征及其行为指向，我国的群体性事件可分为社会纠纷型、维权行为型、社会泄愤型、社会骚乱型和有组织犯罪型等五种类型。② 有学者认为，群体性事件并不是一个单纯的治安问题，它是社会现代化进程中利益分配格局带来的多种综合社会矛盾的集中反映，是我国社会犯罪的重要基础，是探讨犯罪学前沿问题时应当密切关注的一个社会问题。③ 有学者认为，群体性事件是受特定的社会中介事项刺激所引发，以寻求某些共同利益为主，采取自发或有组织的聚众方式，与公共秩序和安全发生矛盾、对抗之行为或者活动。④ 亦有学者认为，群体性事件是由具有相对一致的动机或目的特定或不特定的多数人参与，参与过程中出现严重违法行为，破坏社会治安秩序、公共安全或危害他人，在处置过程中当事人容易与警方形成对立的危害行为。⑤ 还有学者认为，群体性事件是指

---

① 应星：《"气场"与群体性事件的发生机制——两个个案的比较》，载《社会学研究》2009年第6期。
② 于建嵘：《当前我国群体性事件的主要类型及其基本特征》，载《中国政法大学学报》2009年第6期。
③ 康均心、马力：《群体性事件：一个犯罪学应该关注的前沿问题》，载《法学评论》2002年第2期。
④ 陈月生：《群体性突发事件与舆情》，天津社会科学院出版社2005年版，第12页。
⑤ 范明：《"中外群体性事件"问题比较研究》，载《中国人民公安大学学报》2003年第1期。

因为人民内部矛盾所引起，由一定数量的人参与并且形成一定组织和目的的集体静坐请愿、群集上访、阻塞交通、围堵党政机关甚至是聚众滋事等，并给政府管理和社会秩序造成一定影响的群体行为。① 甚至有学者用"社会敌意事件"来指代群体性事件，该论者认为冲突事件经常是在社会敌意之驱动下发生，为了区别于维权类型的群体性事件，对于那些以社会敌意为基本驱动力的群体性事件应称为社会敌意事件。这里所说的敌意是中性概念，是民众心中深层次里埋藏着的意识表示或者情感，是当群体或个体中间出现紧张状态时，冲突双方所表现出来的对立意思表示、负面情绪或者是可能的侵犯行为，是作为社会心理学上的一个概念来指称群体性事件得以发生的内在动因，不是对群体性事件的政治定性。社会敌意，也可以被看作冲突事件② 处置者与事件之间的一个中介变量，社会敌意是双向度的，有可能对冲突双方造成负效应甚至是激情的危害后果；反过来，冲突双方的互动也有可能对敌意的发生、变化甚至是消除产生正面的良性影响或者是负面的恶性影响。

五、"群体性事件"的刑法学概念

刑法学以犯罪、刑事责任和刑罚作为研究对象，解决的核心问题是如何定罪量刑，对犯罪的关注在于法律的规定性和刑法所规定行为的应受刑罚处罚性。因此，刑法对其有关定罪量刑的用语也就必然具备概念的明确性和稳定性这一最低要求，立法时要尽量避免含糊其辞的模糊性用语，进而确保罪刑法定和国民的可预测性，同时确保刑法属于司法法这一安定性指导原理③ 不被偏离。

"群体性事件"这一概念在政治学、社会学和犯罪学视域内已经不是一个新鲜词汇，尽管称谓各异，但其本质所指基本上是大同小异，分歧不是很大。但是，迄今为止在刑法学这一规范视域中运用"群体性事件"的表述还为数甚少，从严格意义上讲，在刑法学领域还没有正式使用"群体性事

---

① 陈晋胜、张涛：《群体性事件经济成因分析》，载《山西大学学报》（哲学社会科学版）2004年第1期。

② 此处的冲突事件与本课题所称群体性事件基本是同义转换，本自然段的下文相同。

③ 行政法的指导原理是合目的性，司法法的指导原理是法的安定性，刑法应该以后者为指导原理，故在立法法、司法法和行政法的分类范畴中，刑法应属于司法法。参见［日］大塚仁：《刑法概说（总论）》，有斐阁2008年版，第2页。

件"这一概念,因此,从规范刑法学的角度对"群体性事件"概念内涵与外延的界定研究尚未完全展开。不过,随着 2013 年 9 月 10 日起施行的最高人民法院、最高人民检察院《关于办理利用信息网络实施诽谤等刑事案件适用法律若干问题的解释》中出现了"群体性事件"的表述后,从规范刑法学的角度对"群体性事件"进行研究的学者日趋增多。该解释第 3 条规定,利用信息网络诽谤他人而引发群体性事件的,应认定为《刑法》第 246 条第 2 款规定的"严重危害社会秩序和国家利益";① 言外之意就是,因利用信息网络诽谤他人而引发群体性事件的,应将其上升为国家主动追诉的公诉案件,不再受"诽谤罪"通过自诉才能追究"利用信息网络诽谤他人"行为人刑事责任的限制。另外,2013 年 9 月 30 日起施行的最高人民法院《关于审理编造、故意传播虚假恐怖信息刑事案件适用法律若干问题的解释》第 2 条第(一)、(三)、(四)、(五)项有关编造、故意传播虚假恐怖信息行为应当认定为《刑法》第 291 条之一规定的"严重扰乱社会秩序"的情形,第 3 条第(四)项有关编造、故意传播虚假恐怖信息行为应当依照《刑法》第 291 条之一的规定在五年以下有期徒刑幅度酌情从重处罚的情形,第 4 条第(三)项有关编造、故意传播虚假恐怖信息行为应当依照《刑法》第 291 条之一的规定处五年以上有期徒刑的情形,在该解释条文中虽然没有明确使用"群体性事件"的表述,但其含义所指均与"群体性事件"具有内在的相似性,这为在刑法学范畴内界定"群体性事件"概念提供了规范参考。

但是,关于何为上述刑事司法解释中所称的"群体性事件",该类解释中所使用的"群体性事件"概念的内涵与外延,无论是刑法还是相关刑事司法解释均未对之作出解释或规定,既使按照刑法规范学上"空白刑法"②

---

① 2013 年 9 月 10 日起施行的最高人民法院、最高人民检察院《关于办理利用信息网络实施诽谤等刑事案件适用法律若干问题的解释》第 3 条规定:"利用信息网络诽谤他人,具有下列情形之一的,应当认定为刑法第二百四十六条第二款规定的'严重危害社会秩序和国家利益':(一)引发群体性事件的;……"《刑法》第 246 条第 2 款的立法目的是防卫社会和保护国家利益将原本属于自诉的"诽谤罪"案件升格为公诉案件从重处罚。

② "空白刑法"是指刑法条文对于犯罪的构成要件没有作出完备规定,适用时需要参照其他法律、法规;或者说,构成要件的具体内容委任于其他法律、法规时,就是空白刑法。与空白刑法相对应的是完备刑法,完备刑法条文对于犯罪的构成要件有明确、完备的规定,适用时无须参照其他法律。刑法典的分则规范无外乎完备刑法和空白刑法这两种形式。参见张明楷:《刑法学》(第 4 版),法律出版社 2011 年版,第 31 页。

的适用逻辑，司法适用人员也找不到适用空白刑法必须参照的刑法所指向的有关"群体性事件"相关法律或法规。至此，鉴于《关于办理利用信息网络实施诽谤等刑事案件适用法律若干问题的解释》中已经出现了"群体性事件"的表述，"群体性事件"俨然已经属于发生学方法[①]中所要界定的一个原始性定义，即根据某种原始性的需要而将某些具有某种共同属性或某些相类似属性的一些个体归为一类，然后概括和抽象出这些个体的共有属性，根据这些共有属性来选定某个语词来统一指代这些个体的同一类事物。[②]

结合政治学、社会学和犯罪学上的"群体性事件"概念，基于刑法规定犯罪注重行为的社会危害性、刑事违法性以及应受刑罚处罚性的三大基本特征，刑法学上的"群体性事件"可以界定为因某种社会矛盾和某些虚假信息而引发的，由三人以上的人员聚众共同实施的违反国家法律法规的串联、聚集、游行、围堵、冲击、哄抢、聚众滋事或械斗骚乱等严重扰乱社会秩序、危害公共安全，甚至是打、砸、抢、烧等严重侵犯公民人身安全和公私财产安全的集群行为。基于这一界定，"群体性事件"概念的外延有以下几个方面：（1）人数较多且出现严重扰乱社会秩序或危害公共安全的非法集会、游行、示威或集体上访等集群行为；（2）聚众冲击、围堵党政机关、军事、司法机关，外国驻华使领馆，医院、学校、厂矿等企事业单位，致使该类机关或单位工作、生产、教学、科研等秩序中断的集群行为；（3）聚众堵塞公共交通枢纽、干线或非法侵占公共场所，致使交通秩序遭到严重破坏或大型体育比赛、文体活动无法进行的集群行为；（4）非法组织、恐怖活动组织或邪教组织等组织、策划的较大规模的聚集活动；（5）非法组织、邪教组织发布煽动言论引发民族、宗教较大冲突，造成公共社会秩序严重混乱的集群行为；（6）不法分子基于不良企图煽动、挑起的群体性滋事或群体性械斗行为；（7）聚众哄抢国家、集体仓库、重点工程物资，或在非常时期或某种紧急状态下、趁火打劫聚众哄抢或破坏救灾物资或其他公私财产的行为；（8）编造、故意传播虚假信息或诽谤他人引发集群行为，造成行政村、社区或乡镇、街道以上区域范围居民生活秩序严重混乱，致使武警、

---

① 发生学方法是反映和揭示自然界和人类社会或人类思维形式发展、演化的历史阶段、形态和规律的方法，其显著特点是把研究对象作为一个发展的过程，注重发展过程中主要的、本质的、必然的因素。

② 康均心、马力：《群体性事件：一个犯罪学应该关注的前沿问题》，载《法学评论》2002年第2期。

消防、公安、卫生等相关社会管理职能部门采取紧急处置措施的越轨社会现象;(9)编造、故意传播虚假信息引发集群行为,致使车站、码头、机场或商场、运动场、影剧院等人员密集的公共场所秩序严重混乱,致使公安、消防等相关社会治安管理部门采取紧急疏散措施的混乱社会现象;(10)其他严重扰乱社会秩序的集群行为或集群性越轨社会现象。

第二节 群体性事件的属性

群体性事件的发生也有迫不得已的客观因素和不可回避的历史规律,因此,要正确、稳妥地处理群体性事件,积极引导群体性事件正能量的发挥,避免或尽量减少群体性事件负效应的破坏作用,要增强政府公信力的可信任度和进一步缓和社会矛盾的尖锐化,必须着眼于社会稳定和长治久安,从群体性事件本身的政治属性、社会属性和法律属性着手,客观、全面、理性、谨慎地看待和应对群体性事件。因为"非自愿的服从虽然可以获得暂时的安全,但却不能成就对秩序的认同"。①

一、群体性事件的政治属性

群体性事件在政治意义上而言,是指在一个政治、经济和社会秩序相对稳定的社会系统内部,随着社会矛盾不断积累或由于统治阶级处理社会矛盾时的不及时或不适当,而导致少部分社会成员的利益诉求不能得到通畅地表达或者个别社会成员的利益未能达到其预期的目的,该部分社会成员基于表达其利益诉求或实现其预期利益而采取的由多人参与的,诸如静坐、游行、请愿、上访、集会、罢工、罢市、罢课,甚至是阻塞交通、群聚滋事、围堵党政机关等超越一般社会规范许可范围并打破一般社会常规,给统治阶级造成一定压力,同时也给社会秩序带来一定危害的非正常社会现象。

我国的群体性事件,从政治属性层面来考量,绝大多数源于人民内部矛盾,以拥护社会主义制度和祖国统一为前提,体现的是一种人民内部非对抗

---

① [英]安东尼·吉登斯:《现代性的后果》,田禾译,译林出版社 2000 年版,第 88 页。

性的关系。从历史辩证法的视角来看，人民内部矛盾并不是当下社会转型期才出现的新事物，在我国社会主义事业建设的各个历史时期都存在人民内部矛盾，只是在各个时期受多方面因素的影响其内容、表现形式及程度不同而已。例如，我国社会主义事业建设初期所讲的人民内部矛盾，具体包括工人阶级与农民阶级之间及阶级内部自身的矛盾，其中，工人阶级与农民阶级之间的矛盾，包括知识分子与工人、农民之间的矛盾以及知识分子内部的矛盾，工人、农民及其他劳动人民和民族资产阶级之间的矛盾，以及民族资产阶级内部的矛盾等。对当下处于社会转型期的我国而言，人民内部矛盾随着时代的变迁和经济社会的发展又被赋予了新的内容。2017年10月18日，习近平总书记在党的十九大报告中强调："中国特色社会主义进入新时代，我国社会主要矛盾已经转化为人民日益增长的美好生活需要和不平衡不充分的发展之间的矛盾。"

关于正确区分与处理人民内部矛盾和敌我矛盾这两类性质截然不同的社会矛盾的基本理论认为，厘清这个问题应该首先清楚何为人民，何为敌人。人民这个概念在不同国家和不同历史时期其内涵和外延都有所不同。在建设社会主义事业时期，一切赞成、拥护和参加社会主义建设事业的阶级、阶层和社会集团都属于人民的范畴，一切反抗、敌视和破坏社会主义建设事业的社会势力和集团都是人民的敌人。[①] 我国发生的群体性事件的参与主体大部分都是农民、民工、下岗工人、退转军人，他们都属于人民的范畴。具体来看，诱发群体性事件的起因也多是由于某种利益冲突未能得到适时、合理的解决，或者某些诉求意见未能得到畅通表达。社会转型期纵深发展的社会矛盾是群体性事件得以发生的深刻社会背景；经济发展不平衡、职业群体收入分配差别大是引发群体性事件的间接原因；贪污腐败、官僚主义、奢靡之风以及个别干部不规范的执法行为是催生群体性事件的助推剂；尤其是关涉民众的政治利益、经济利益和社会利益之间的矛盾是诱发群体性事件的最根本原因。诱发群体性事件的这些矛盾最终的外化形式就集中在民众与政府之间的冲突上，但是，我国人民政府是为人民服务的政府，是人民利益的代言人，是人民利益的真正代表者。人民政府和人民群众之间的矛盾是国家利益、集体利益与个人利益之间的矛盾，是长期利益与眼前利益的矛盾，是民主和集中的矛盾，是个别国家工作人员的官僚主义作风和人民群众之间的矛

---

① 《毛泽东选集》（第5卷），人民出版社1977年版，第364页。

盾。整体来讲，我国政府同人民群众在根本利益上是一致的。① 因此，我国绝大多数群体性事件的政治属性源于人民内部的矛盾，这是正确把握和处理群体性事件最基本的一个逻辑起点，也是缓和社会矛盾最基本的一个政治定位。

二、群体性事件的社会属性

群体性事件是人类群居社会不可回避的一个自我调节的客观社会现象。所以，社会属性是其作为一个社会现象与生俱来的先天性遗传基因。在一定程度上，群体性事件其实是一个重要的社会机制②，也是这一社会属性决定了群体性事件本身具有一些有利于执政党或政府及时发现社会管理制度的弊病和社会结构承受冲突能力的程度，以及整合冲突裂痕、缓和社会矛盾的积极功能，以便执政党或政府及时调整社会管理策略、消解社会矛盾，进一步稳固执政根基。因为冲突是集群内部管理者与被管理者、领导者与被领导者之间相互协调与衡平的基本方式，并由此推动社会关系与社会生产的进步和发展。因此，群体性事件不仅具有冲突破坏作用的负面效应，也有在冲突中稳定社会、弥合对立者之间裂痕关系的积极作用。从某种意义上讲，"冲突是社会的生命之所在，是社会赖以存在并不断发展的本源动力，逐步产生于个人、阶级或群体为不断寻求实现自己美好理想而进行的斗争之中"。③ 冲突也是每一个秩序稳定的政治社会所存在的普遍现象，它不仅存在于政治社会的各个领域，也贯穿于政治社会的自始至终。冲突是把"双刃剑"，它在其本身的对抗与缓和、控制与协调过程中，给政治社会带来了一定的紊乱与紧张，同时，也给政治社会的权力整合、秩序建立和规则形成，以及社会的稳定和政治的平稳带来了一定的契机。所以，要正确看待群体性事件，就不能抛开其社会属性而游离于社会学视野之外，单从群体性事件的政治学维度和法学视域关注其政治属性和法律属性。否则，犹如管中窥豹，看到的只有群体性事件给政治带来的破坏性和给法律带来的规范违反性，而看不到群体性事件有关缓和社会矛盾、促进制度调整和提高社会矛盾承受能力的正能

---

① 中共中央宣传部、教育局、国家教委思想政治工作司、共青团中央学校工作部：《毛泽东邓小平著作青年读本》，人民出版社1991年版，第284~285页。
② 董天策、钟丹：《当前群体性事件的报道与反思》，载《南京社会科学》2010年第3期。
③ [美] L. 科塞：《社会冲突的功能》，孙立平等译，华夏出版社1989年版，第6页。

量。由此会导致社会管理层对群体性事件更多的是打压和被动的负面应对，而缺乏缓和与积极的主动消解。

社会学着眼于社会整体，以具有社会性的社会事实或现象为研究对象，通过对社会关系和社会行为的分析来研究社会的内部结构与功能，研究社会现象或社会事实的发生与发展规律。尤其在西方社会，大部分学者主要是从社会学维度来研究社会危机或社会冲突的内部发生机理和冲突根源，来进一步避免社会冲突的升级或社会危机的恶化。斯米尔塞在首倡的"价值累加理论"中关于冲突的社会属性有其独到的论述，斯米尔塞认为，所有的"集体行为"或"集群行为"都是由结构性压力、诱发因素、不良心态、行为动员、社会环境、政府公信力下降以及社会控制机制降低等诸多因素相互作用、综合影响而产生的。某一个因素或少数因子的出现可能不足以引发集群行为，但当能够引发集群行为产生的多个因素同时出现时，该多个因素便会组合在一起发挥其作为单个个体存在时所远远达不到的能力与价值，催生集群行为出现的概率就会大大增加。①

马克斯·韦伯看待社会冲突的基本观点是，"冲突不可能被排除在社会生活之外……'和平'无非是冲突的一种形式，一种对立或冲突对象的一种变化，或结果最终是一种选择机遇的变化"。② 他提出的"科层制理论"认为，随着社会进入职业化的高水平发展，社会中的每一项职业都有一套特殊的权利和义务，这成为西方文明发展中一个广泛而普遍的趋势，这个问题也导致了社会生活官僚制和层级制的产生。经验证明，层级制在社会控制力、纪律严密性、效果可靠性方面与其他任何管理形式相比都颇显优越性，且能获得最高程度的效率，但由于更多的社会个人并不掌握这种管理社会生活的组织机制，故此，更多的社会个人并不能主宰自己的生存活动，于是这种科层级制的社会管理形式就产生了人的异化。③ 人异化的结果就是产生了阶级。阶级是以在经济领域中是否占统治地位的划分原则为基础的，而显贵阶层却是根据既得利益来划分的，无论是对个人还是对集体，这些利益都是极具意义的。由于价值观念、地位或荣誉在现实生活中的表现形式不同，这

---

① 郑杭生：《社会学概论新修》，中国人民大学出版社2003年版，第140页。
② [美] L. 科塞：《社会冲突的功能》，孙立平等译，华夏出版社1989年版，第7页。
③ [美] 安东尼·奥罗姆：《政治社会学——主体政治的社会剖析》，张华青等译，上海人民出版社1989年版，第69~72页。

就为不同的社会集团或者显贵阶层提供了他们的评估基础,社会冲突也就无法回避。①

德国社会学家达伦多夫受马克斯·韦伯思想的影响较大,而且对马克斯·韦伯的思想与观点进行了继承与发展。达伦多夫认为,权威是社会结构的共同因素,在社会生活中它比财产或地位更为普遍,社会的每一群体中均存在着统治与隶属(被统治)的地位,每一个统治地位均配有权威的存在。由于统治与被统治地位涉及是否拥有权威,因此二者对权威的追求与反追求便自然处于一种抗衡或冲突的状态。一提到冲突,一般人往往会联想到"抵抗",联想到"破坏",甚至会联想到"流血"和"分裂",但达伦多夫则认为,由于冲突是相互抗衡的对立者之间紧张与松弛的一种表现形式,因此,其也具有发现社会本身的问题并促使社会自身不断完善进而稳定社会的积极功能,承认和允许冲突的存在也是具有一定积极意义的。但冲突的积极功能并不是自发产生的,必须借助于对冲突的有效调节,否则,在结构松弛的社会或者开放的社会只是允许冲突的存在而不加以妥善调节与处理的话,则危害社会的结果会很有可能发生。不过,历史证明对冲突无论是否进行有效调节与关注,冲突的结果终究会导致社会结构变迁的发生,于是就有了改朝换代的说法。② 所以说,无论是历史时期哪一阶段的社会统治者,都必须注重社会冲突的缓和与衡平,进而调整、改革自身社会体制的适应性,促进社会对立面的融合和自身统治的平稳延续。

美国社会学家刘易斯·科塞认为,社会冲突绝不仅仅只起"分裂社会"或"破坏团结"的消极作用,它也可以在社会系统和其他人际关系中承担一定的内聚力和粘合力的功能。例如,在内群体与外群体关系的动态变化中,内群体的冲突往往会加强群体内部的团结与一致对外,有助于维持群体的疆界并增强群体内部社会系统的能动活力和协调统一,防止群体的蜕化,抵抗群体内部现有社会结构的变迁,进一步增强冲突在群际整合中的积极作用。但是,强调社会冲突积极方面的功能并不意味着否认社会冲突的某些破坏群体团结的消极作用,因为某些社会冲突的确会破坏群体的团结或者社会的稳定,甚至会导致某种特定社会结构的解体和催生另一种社会制度的

---

① 董俊山:《冲突与抉择》,人民出版社2013年版,第56页。
② 董俊山:《冲突与抉择》,人民出版社2013年版,第56~57页。

诞生。①

社会冲突能否发挥其对群体的内聚力和粘合力的功能，是否有利于群体的内部适应，关键是看在什么样的问题上发生的社会冲突和该社会冲突发生的社会结构，但社会冲突的类型与其所发生的社会结构类型均不是独立的变量。如果社会冲突针对的目标与价值、追求的利益和社会结构的基本假设并不抵触，那么这种社会冲突往往会对该社会结构发挥内聚力和粘合力的积极功能，促使社会管理层或统治层可能会根据个体或子群体成员之诉求，对现有的社会规范与权力关系进行调整和改革。如果社会冲突内部斗争的双方不再共同接受原有社会系统赖以存在的合法性基础的基本价值，那么这种社会冲突就会带来毁灭原有社会结构的灾难性危险。易言之，社会冲突是原有社会关系的平衡手段还是对对立要求的再调整手段，抑或是原有社会结构分裂的致命性威胁，在一定程度上取决于该社会冲突赖以发生的原有社会结构。不同的社会结构在承受社会冲突的能力和容许个体成员表达对抗的要求方面是不同的，有些社会结构可能会比其他社会结构更能承受冲突也更能容许社会成员表达其对抗性诉求。②

三、群体性事件的法律属性

群体性事件的法律属性是从群体性事件与法之间的关系来看待群体性事件的性质的。在有层级的人类社会里，法是一种以正义为存在根基的调整人与人之间社会关系的行为规范。马克思主义法律观认为，法是由具有社会管理职能的统治阶级予以制定和认可并保证得以落实的，确认、保护和发展该阶级所认可和期望的社会关系、社会秩序的一系列社会行为规范体系。该行为规范体系反映了一定物质生活条件所决定的统治阶级或人民的意志。③

通常所讲的法律属性就是指法的属性。④ 由于法是一种具有意志性、政治性和阶级性的科学，所以法的属性主要是指法的政治性、阶级性、强制性和规范性等基本属性。法的政治性是源于法是由统治阶级制定和认可的，所

---

① 董俊山：《冲突与抉择》，人民出版社2013年版，第52页。
② [美] L. 科塞：《社会冲突的功能》，孙立平等译，华夏出版社1989年版，第135～136页。
③ 张文显主编：《法理学》，高等教育出版社、北京大学出版社2007年版，第75页。
④ 法的属性有意志性、社会性、政治性、权威性、阶级性、强制性、规范性、正义性、平等性、人民性、民主性、共同性、普遍性、稳定性、客观性、科学性、规律性、原则性、灵活性、连续性、继承性等20余种属性，但一般来讲，主要是指法的阶级性、强制性和规范性。

以法基本上就是统治阶级意志的"代言人",是统治阶级借"法"之口来表达其所认可或反对的社会关系、所允许或禁止的社会行为。阶级是法律产生的基本前提,没有阶级也就无所谓法律,法的阶级属性是其本质属性,是认识法律产生、发展和消亡之规律的一个关键切入点,它决定着法律的内容、性质和发展的基本规律,决定着与其一致法的强制性和规范性。法的强制属性是法与生俱来的先天性基因所致,是法与道德规范和其他行为规范的关键区别之处,保证其有效实施的国家强制力是法的内在行为力,而其他的一般"暴力"或"恣意动粗"恰恰是无组织的、破坏法之运行的非法行为,甚至是构成犯罪的危害行为。正如耶林所说,"没有国家强制力做后盾的法律,不是一把不燃烧的火就是一缕不发亮的光"。①

法的规范属性是因为法本质上是一种行为规范体系,法不仅是一种出自国家的裁判规范,也是一种规定权利与义务的社会规范,更是一种调整人与人之间互动关系的行为规范。在一个有序的社会里,认可什么行为、反对什么行为,允许什么行为、禁止什么行为,保护什么行为、制裁什么行为,在该社会统治阶级所制定的一系列规范之内都有明确的规定或指引。简而言之,法律属性主要表现为法律的意志性和政治性、阶级性和强制性以及法律的规范性。法律的阶级属性决定着法律的中枢神经,法律的规范属性决定着法律的实际内容,法律的强制属性决定着法律的威力根源,缺少这些属性中的任何一个,就没有现实意义上的法律。没有统治阶级的国家意志,就无所谓法律的诞生,没有法律的规范指引就无所谓法律的运行,没有作为后盾的国家强制力就无所谓法律的实施。② 值得注意的是,公民在对待自己的权利时,权利首先应当在事实的可能范围内以最大限度加以实现,这就需要适当性原则与必要性原则作为保障。③

首先,属于合法事件的群体性事件是指基于自身某些利益受到影响或某些诉求没能顺畅表达、合理满足的群体,为了维护其自身利益或表达其合理诉求,进而采取一些合理、适当的手段、方式与政府或企业和平对话、交涉协商进行维权的群体性事件。这些群体性事件在行为实施过程中并没有出现扰乱社会秩序、危害公共安全的过激行为,反而是利益受损或诉求受阻的群

---

① 张文显主编:《法理学》,高等教育出版社、北京大学出版社2007年版,第78页。
② 刘瀚:《法律属性面面观》,载《法学季刊》1985年第3期。
③ 梁迎修:《权利冲突的司法化解》,载《法学研究》2014年第2期。

体通过合法、适当的集体行动合理地维护其自身利益或表达其自身诉求，在实质上更有利于社会矛盾的解决和社会秩序的稳定。例如，2005年发生在深圳的"西部通道事件"①，尽管事件过程中也出现了不少维权业主集会、游行甚至是集体上访的行为，但综观事件的整个进程，对话协商、和平维权成为西部通道相关业主的主要维权形式，最终使得西部通道事件得以妥善的自动消退。②

其次，属于一般违法事件（轻微违法事件）的群体性事件则是指一些群体基于表达利益诉求或被某些具有不良企图的人蛊惑或煽动，在盲从和感染心理支配下盲目地参与一些群体行为，在该群体行为的过程中出现了一些轻微的违法现象，给生产、生活秩序带来一些轻微危害的事件。对于此类群体性事件一般应采取相对缓和的正面应对方式予以处置，对事件的当事者大多应以批评教育为主或者是行政纪律处分。例如，2013年9月14日发生在河南省商丘市柘城第二高级中学的因学校售高价食品而引发学生打砸食堂的事件，事件中该校的上千名学生参与其中。③

再次，属于治安事件的群体性事件一般是指聚众共同实施的，相关群体行为在一定程度上违反了《集会游行示威法》《治安管理处罚法》《道路交通安全法》《公安机关处置群体性治安事件规定》等相关法律法规，在一定程度上扰乱社会秩序、妨害公共安全、侵犯公民人身和财产安全，具有一定社会危害性的群体性事件。具体来讲，大多是一些非法集会、游行、示威、集体上访或者是围堵、冲击党政机关、企事业单位，一些在集体上访过程中堵塞交通干线、破坏交通秩序，有的甚至是聚众械斗等聚众性的群体行为。针对此类群体性事件，公安等相关职能部门一般要采取一些紧急处置措施防止事件局势的进一步扩大。对事件的一些主要当事者要进行警告、罚款、行政拘留等行政处罚，但是，此类群体性事件大多属于一般违法，尚达不到上

---

① "西部通道事件"是因西部通道侧接线工程而引发的事件。西部通道侧接线工程是连接香港西部通道的辅助工程，由于2003年的全线高架桥方案改为2005年修改后的全线地下方案，通道工程两个排气口附近的周边居民由于担心噪音和尾气污染而成为积极维权的事件参与者，多从进行游行、示威和集体上访，政府就环评报告组织相关专家与业主进行辩论，先后进行20多次协商对话会。

② 毕雁英：《群体性事件的性质及其根源分析》，载《江南社会学院学报》2011年第2期。

③ 董飞：《河南商丘回应学生打砸食堂：个别同学称饭不合口》，载 http://news.qq.com/a/20130917/017260.htm?pgv_ref=aio2012&ptlang=2052。

升为涉嫌犯罪的刑事事件的程度。

最后，属于刑事事件的群体性事件则是指事件中某些群体行为符合刑法意义上犯罪行为的社会危害性、刑事违法性以及应受刑罚处罚性三大基本特征的群体性事件。该类群体性事件具有突发性、聚众性、危害后果严重性等特点，常指出现严重扰乱社会秩序、危害公共安全或者严重侵犯公民人身、财产安全等群体骚乱行为的事件。这些群体骚乱行为大多是指违反国家法律法规的非法聚集、游行、示威、围堵、冲击、哄抢、聚众滋事或械斗，甚至是打、砸、抢等极具破坏性的群体行为。

需要注意的是，对于群体性事件法律属性的定位不能一概而论地认定是一般违法事件或治安事件抑或是刑事事件。究其原因，首先，群体性事件作为一个事实的社会现象或行为是变化的、动态的、立体的，而对一个具体群体性事件法律属性的认定则是静态的、终局的、扁平的；其次，群体性事件的法律属性是统治阶级站在统治立场对群体性事件作出的一种有选择的价值判断，是群体性事件本身的客观社会危害性与统治阶级意志不相容的结果，是统治阶级在社会性需要与阶级性需要之间寻求最大近似值的结果。在群体性事件的法律属性问题上，关注的不仅是群体性事件本身"人的现象"和"社会现象"，而且是有关群体性事件法律实体的法律现象。① 还有，作为法律评价者看到的往往是群体性事件最后的危害结果和其行为的规范违反性，较少关注群体性事件诱发因素的深层次根源及合理成分，缺乏对群体性事件立体思维的整体认识和全面剖析。一般而言，对社会事实或现象静止的、局部的、表面的认识路径，不利于对现象或事实背后社会矛盾的正确分析，也不利于从根本上认识群体性事件的症结而进一步寻求妥善的解决方法。高压的强制手段虽然可以获得激进事件暂时的平息，但却不能从根本上消退群体性事件。

第三节 群体性事件的类型

群体性事件这一被人类自身制造出来的"内部风险"（Internal Risk）与自然灾害、安全事故或卫生疫情等"外部风险"（External Risk）相比，

---

① 张远煌、吴宗宪等：《犯罪学专题研究》，北京师范大学出版社2011年版，第13~17页。

无论是在发生机理上还是对社会稳定秩序的冲击上，均有复杂的原因和难控的可变性。① 因此，对社会现实中出现的错综复杂的群体性事件进行科学分类，然后根据具体分类分析群体性事件得以发生的原因及演化过程，有利于我们掌握群体性事件的生成、演变及发展规律，进而为群体性事件的心理疏导和综合防控提供合理依据。

一、国外对群体性事件类型的划分

基于不同的研究目的和分析视角，域外学者对群体性事件进行了多元化分类，这有助于对群体性事件这一复杂社会现象的深入分析和研究。在西方学界，对民众抗争行为的分类，一般认同依据行动组织和意识以及行动目标诉求为标准的三分法，即将民众抗争行为划分为"集体行动""社会运动"和"革命"三种类型。这三种类型的民众抗争行为均是与"选举""政府会议"和"官方集会"等体制内政治行为有本质区别的体制外政治行为。布鲁姆将集体行为分为普通社会运动、特殊社会运动和表现社会运动，例如，青年运动、妇女运动、和平运动等属于普通社会运动；改造运动或革命运动属于特殊社会运动；宗教运动或风尚运动属于表现社会运动。华斯则将民众抗争行为分为四类：一是有党徒运动；二是无党徒运动；三是特殊运动；四是革命运动。杜拿和纪利安则将民众抗争的集体行动分为价值取向的社会运动、控制社会运动、分裂社会运动、参与取向的社会运动、迁徙社会运动、表现社会运动、理想运动、权利运动、革命运动、抵抗运动等10种类型的社会运动。② 对法国和西欧的民众抗争运动有较多研究的梯利则从纵向的历史角度将民众抗争运动分为竞争型集体行动、反应型集体行动、主动型集体行动。③

---

① ［英］安东尼·吉登斯：《失控的世界》，周红云译，江西人民出版社2001年版，第22～23页。
② 陈国钧：《中外社会运动比较研究》，中央文物供应社1981年版，第10～13页。
③ 肖唐镖：《当代中国的"群体性事件"：概念、类型与性质辨析》，载《人文杂志》2012年第4期。

二、我国对群体性事件类型的划分

在国内关于群体性事件分类的研究中，于建嵘教授根据事件参与者的身份、事件指向的目的和发生机制，以及事件的行为特征和造成的社会后果，将群体性事件分为维权行为、社会泄愤事件、社会骚乱、社会纠纷和有组织犯罪五种类型。① 另外，于建嵘教授在对湖南衡阳20多年来的农民抗争活动进行纵向历史研究时，将其分类为三个类型，即1992年以前的"日常抵抗"形式、1992年至1998年的"依法抗争"或"合法的反抗"形式、1998年以来"有组织抗争"或"以法抗争"阶段的"合法权益"或"公民权利"政治性抗争。② 肖唐镖教授认为，要从民众行动的组织程度、议题指向和目标属性、民众诉求的目标范围、行动手段的合法程度四个方面来把握群体性事件的分类，而且将四个方面紧密地结合起来，才能够较为确切地把握群体性事件的基本性质和发展态势。③ 我国台湾地区学者吕世明根据群众行为的性质、内容和组织特征，将群体性事件划分为政治性群体性事件、社会性群体性事件、涉外性群体性事件、预谋性群体性事件、偶发性群体性事件。

学者张建立将群体性事件分为维权型群体性事件、社会骚乱型群体性事件、恐怖袭击型群体性事件、涉外型群体性事件、民族宗教型群体性事件、利益纠纷型群体性事件；简洁的分类法可以将群体性事件分为政治型群体性事件、经济型群体性事件、社会型群体性事件。④ 学者徐乃龙根据事件参与人员规模将群体性事件分为小规模群体性事件和大规模群体性事件；根据事件性质划分为政治性群体性事件、激情性群体性事件和涉外性群体性事件；根据事件发生的场所和地区划分为单位内部发生的群体性事件、公共场所发生的群体性事件、重要地区发生的群体性事件和其他场所发生的群体性事件；根据事件表现形态划分为暴力型群体性事件、非暴力型群体性事件；根

---

① 于建嵘：《当前我国群体性事件的主要类型及其基本特征》，载《中国政法大学学报》2009年第6期。

② 于建嵘：《当代中国农民的维权抗争——湖南衡阳考察》，中国文化出版社2007年版，第123~124页。

③ 肖唐镖：《当代中国的"群体性事件"：概念、类型与性质辨析》，载《人文杂志》2012年第4期。

④ 张建立：《群体性事件古今中外谈》，知识产权出版社2011年版，第132~135页。

据事件有没有准备的状况划分为偶发性群体性事件、预谋性群体性事件；根据事件主体的结构状况划分为同质性群体性事件、集群性群体性事件、混合型群体性事件。① 学者王赐江依据群体性事件的指向目标不同划分为基于利益表达的群体性事件、基于不满宣泄的群体性事件、基于价值追求的群体性事件。② 学者童星根据群体性事件是否具有组织和直接利益诉求这两个维度，将群体性事件划分为有组织和直接利益诉求型群体性事件、有组织但无直接利益诉求型群体性事件、无组织但有直接利益诉求型群体性事件、无组织也无直接利益诉求型群体性事件。③ 学者单光鼎则认为我国现阶段的群体性事件有"无诉求也无组织且多带有情绪宣泄的集体行为"和"有明确诉求目的且组织化程度稍高甚至已见社会运动端倪的集体行动"，同时其也认为，根据群体性事件的诉求、组织化程度和持续时间以及事件对制度的扰乱程度，亦可将群体性事件分为"集体行为""集体行动""社会运动"和"革命"四种类型。④ 另外，还有学者根据其他标准对群体性事件进行了分类，例如，根据群体性事件的规模分为特大型群体性事件、大中型群体性事件、小型群体性事件；根据群体性事件的性质分为经济型群体性事件、社会型群体性事件、政治型群体性事件；根据群体性事件的过程分为偶发型群体性事件、预谋型群体性事件；根据群体性事件的成因分为激发型群体性事件、诱发型群体性事件、自发型群体性事件；根据群体性事件的特征分为维权抗争型群体性事件、突发骚乱型群体性事件、组织犯罪型群体性事件、政治型群体性事件；根据群体性事件的现场分为现实生活型群体性事件、虚拟世界型群体性事件（或网络集群行为）；根据群体性事件的结构分为正式群体性事件和非正式群体性事件。⑤

---

① 徐乃龙主编：《群体性事件的预防和处置》，中国人民公安大学出版社2002年版，第10~15页。
② 王赐江：《群体性事件的类型化及发展趋向》，载《长江论坛》2010年第4期。
③ 童星、张海波：《群体性突发事件及其治理——社会风险与公共危机综合分析框架下的再考量》，载《学术界》2008年第2期。
④ 覃爱玲、单光鼎：《"散步"是为了避免暴力》，载《南方周末》2009年1月15日。
⑤ 具体可参见孙元明：《群体性事件概念阐疑、类型解读及其学科发展方向展望》，载《重庆社会主义学院学报》2013年第4期；王来华、陈月生：《论群体性突发事件的基本含义、特征和类型》，载《理论与现代化》2006年第5期；陈晋胜：《群体性事件研究报告》，群众出版社2004年版，第26~37页。

三、刑法中群体性事件类型的划分

以上关于群体性事件的分类多是从社会学、政治学或群体性事件本身行为事实的角度进行不同的分类和研究。本书拟从群体性事件刑法规制的维度，以刑法对于群体性事件介入和干预的时机与力度为切入点，在以引发原因、人员规模、组织程度、事件性质和危害程度为分类参考标准，将我国社会生活中经常出现的群体性事件分为良性群体性事件、中性群体性事件和恶性群体性事件。

良性群体性事件是指基于民众的合法利益诉求或社会纠纷而引发的，事件参与人员规模在百人以下，社会危害程度不大的无预谋、无组织的偶发性维权型或利益纠纷型群体性事件，良性群体性事件在性质上属于经济型群体性事件。刑法对于良性群体性事件的介入和干预，应保持足够的理性与谦抑甚至是消极，不能由于过于担心社会秩序不稳定甚至趋于"崩溃"，而动不动就上升到"上纲上线"的刑法高度去处置。相反，在此类群体性事件中，刑法应该只是作为维护社会秩序的"守夜人"角色，不能轻易动用刑法的强制介入和干预。

中性群体性事件是指事件发起人或参与人基于对社会的不满和怨恨，借一些正常利益诉求或普通社会纠纷的时机组织或发起的，事件参与人员规模在几百人到几千人之间，区域性影响较大，有组织、有预谋的社会危害性较大的社会泄愤型或民族宗教型群体性事件。该类群体性事件一般具有以下特征：一是事发偶然且升级迅速和失控性强；二是事件参与者绝大多数与引发事件的导火索并无直接的利益关系；三是事态的扩大和升级往往多与流言的传播或谣言的蛊惑有密切联系；四是事件参与者在群体无责任和法不责众心理的渲染下，很容易出现狂热和过激行为，极易造成严重的社会危害甚至出现群体性暴力行为。① 所以，刑法对于中性群体性事件的介入和干预，应保持谦抑性的基本底线，以合理控制和消解群体性事件为基本目标，切实、合理地介入和干预，不能一味地退让或谦抑甚至是妥协，否则会丧失控制和消解群体性事件的良好时机。

恶性群体性事件是指一些基于价值追求，被某些境内外敌对势力操纵或

---

① 何显明：《群体性事件的发生机理及其应急处置》，学林出版社2010年版，第5~6页。

掌控的，有明确诉求目的并且组织化程度较高的有预谋、有组织的政治性群体性事件或社会骚乱型群体性事件，以及一些受境外敌对势力操控的某些涉外性群体性事件。另外，一些参与人员众多的有组织犯罪和恐怖袭击型群体性事件，或在全国范围内有较大影响，参与人员规模在万人以上的特大型群体性事件也属于恶性群体性事件的范畴。鉴于恶性群体性事件的组织化程度高、预谋性强、波及范围广、危害性极其严重、影响极为恶劣等特征，刑法对恶性群体性事件的介入和干预应保持一定的积极性，即在保障人权的基本前提下，积极、适时、快速、高质、高效地对恶性群体性事件进行刑法干预和控制，争取恶性群体性事件控制和消解的有利处置时机，防止恶性群体性事件的进一步恶化或升级，进而防止给社会和民众带来更大的危害和损失。

第四节　群体性事件的生成

无论是从犯罪学的角度来审视还是从社会学的角度来考量，群体性事件均可以说是我国当下无法回避的一种社会现象。群体性事件存在和发展于特定的社会土壤之中，反映当下转型时期的诸多社会问题和矛盾，深刻的社会转型背景是群体性事件不断发生和愈演愈烈的根源性原因。研究和防控群体性事件，必须在深刻解读"经济体制大幅度变革、政治体制推进性改革、社会结构深层次改变、利益格局结构性变化、思想观念深刻性变化、通信技术飞速性发展"的社会转型背景的同时，深入挖掘群体性事件生成的原因及过程。唯有如此，我们才能正确认识和掌握群体性事件的发展规律，才能对群体性事件的预防和控制提供建设性对策。

一、群体性事件的生成原因

当前，我国正处于社会转型的重要时期，对包括犯罪现象在内的一切社会现象的解读和认知，"都离不开社会转型这一个特定的历史环境"。[①] 然而，在传统认识过程中，"人们较多关注的是事件和现象本身，而对事件背

---

① 陈兴良：《刑法的人性基础》，中国方正出版社1999年版，第316页。

后的内在依据却缺乏深入分析"。① 因此,在社会转型的大背景下,对群体性事件这一社会矛盾集中凸显的现象的解读和认知,首先需要厘清其生成的原因。

(一) 群体性事件发生的政治原因

群体性事件的产生与存在一定程度上与政治有着密切联系。尤其是我国当下社会转型的深水期,政治体制改革相对滞后于经济体制改革和社会结构变迁,不能在制度上为新的经济体制、新的社会结构和新的利益格局提供应有的制度和体制保障,不可避免地会造成一系列的社会变迁综合症,也就为群体性事件的孕育和发生埋下了伏笔。

另外,现阶段国内阶级矛盾在一定范围内并不会完全消失。国内外敌对势力和反动宗教势力时刻没有放弃其颠覆和反动的阴谋,而且不时还有操纵和策划的抬头发展情势。同时,受封建残余思想的影响,官僚主义、形式主义、享乐主义和奢靡之风依旧在部分党政干部身上存在,行政不作为和行政乱作为现象依旧突出,等等。这一系列的现象容易引发民众的强烈不满和怨恨,容易形成社会不稳定的政治根源,进而成为诱发群体性事件的不可忽视的政治原因。此外,民族宗教问题也是我国当下诱发群体性事件的一个政治原因。我国是多民族国家,民族与宗教这两个问题往往相互交织在一起,容易成为境外敌对势力和反动宗教势力进行破坏民族团结和国家统一的切入点。国外敌对势力和国内外反动宗教势力或民族分裂主义分子往往利用民族宗教工作的个别失误或者宗教派别的纷争,特别是在少数民族地区,利用少数民族群众的民族感情或信教群众的宗教感情,借机个别正常的社会纠纷或普通事件,策划、组织、煽动不明真相的群众聚集闹事,甚至是通过发动社会骚乱或者武装暴乱的政治性群体性事件,达到其不可告人的反动政治目的。②

(二) 群体性事件发生的经济原因

自 20 世纪 90 年代以来,我国经济体制的重大变革是群体性事件产生和发展的重要经济原因。群体性事件的经济原因是,源于群体性事件的参与主

---

① 许勇:《"接点政治":农村群体性事件的县域分析——一个分析框架和以若干个案为例》,载《华中师范大学学报(人文社会科学版)》2009 年第 6 期。
② 徐乃龙主编:《群体性事件的预防和处置》,中国人民公安大学出版社 2002 年版,第 30 ~ 33 页。

体大多是具有相同或相类似利益的人，易言之就是"利益群体"。利益群体是指在社会体系中，在物质利益上或经济利益方面具有相同或相近的地位，在利害关系或诉求上有着相同或类似之处，在处境或命运上有着相通之处的社会群体。清华大学李强教授以社会成员的利益获得或受损状况为分类标准，将我国的社会成员分为社会底层群体、利益相对受损群体、普通获益者群体和特殊获益者群体四种利益群体类型。[①] 经济体制的重大变革导致不同社会利益群体的重新组合与分化，致使各种不同的经济群体和社会群体之间产生了错综复杂的经济矛盾和利益冲突，加剧了社会结构的深刻变化，深化了社会矛盾的尖锐发展，增强了社会利益群体之间的不平衡性，进而形成群体性事件产生和发展的经济性根源。[②]

自20世纪80年代以来，我国的改革开放进入蓬勃发展的时期，市场经济体制取代计划经济的经济体制改革取得了深入发展，同时激发了社会各方面的活力，促进了经济快速高效地增长，带来了物质财富的不断积累，也促进了民主法治的进一步发展，人民的生活水平也有了大幅度提高。但是，"我国社会经济增长速度与社会失范的增长速度是一种正相关的关系，随着经济增长，失范也在增长"。[③] 经济发展的同时，也带来了社会结构的深层次改变、利益格局的结构性变化和思想观念的深刻性变化，以及通信技术的飞速发展，使这些在旧有计划经济体制下不能爆发和深化的社会矛盾，逐步尖锐化和激烈化。

新旧经济体制转换过程中具体经济制度层面的摩擦和不协调，旧有经济体制的惯性和新的经济体制的不成熟和相对薄弱，导致社会调控机制处于相对薄弱或无力的状态，成为滋生社会冲突的矛盾根源。由于我国物质基础比较薄弱和计划经济体制的影响深远，经济体制改革中的部分失误，市场经济发展不够完善，社会保障体系也不够健全，导致不同的利益群体在收入分配和利益获得的实践中，贫富差距不断拉大，这些问题的不断积累逐渐成为诱发群体性事件的潜在因素。我国现有多种经济成分之间的利益冲突和不成熟发展，尤其是外资企业和私营企业在管理和监督方面不够成熟，致使外资企

[①] 李强：《当前中国社会的四个利益群体》，载《报刊文摘》2003年3月5日。
[②] 陈晋胜、张涛：《群体性事件经济成因分析》，载《山西大学学报（哲学社会科学版）》2004年第1期。
[③] 朱力：《变迁之痛：转型期的社会失范研究》，社会科学文献出版社2006年版，第78页。

业管理者和私营企业主与劳动者、雇用者之间的利益冲突成为诱发群体性事件的潜在因素，尤其是在沿海经济发达地区，因劳资关系而引发的诸如罢工、罢市、静坐、游行、请愿等各种形式的群体性事件时有发生。这种经济快速发展与社会矛盾不断凸显同时并存的矛盾格局，给社会公共秩序的维护和管理带来了前所未有的挑战，为群体性事件的发生提供了不可忽视的社会基础。集中反映经济利益冲突的企业改制遗留的福利保障问题、征地拆迁过程中补偿款的发放和安置问题、环境污染引起的维权问题、劳资纠纷引发的各种争议日趋成为我国当前经济发展中的矛盾集中点，也逐渐成为诱发群体性事件的经济根源。

此外，政府部门管理社会和控制社会的能力滞后于时代的发展，在衡平社会冲突和化解社会矛盾方面缺乏相应的经验，这使得各种社会矛盾和纠纷在处置过程中由于处置手段缺乏相应的妥当性而进一步尖锐化。"我们生活在一个充满压力、矛盾和不确定性的时代。……现代社会是一个矛盾的社会。"① 因此，在我们现在这个充满矛盾的社会，群体性事件的产生和出现，是我国经济体制变革和深入发展导致多种社会群体利益分化，引发各种社会矛盾不断尖锐化的社会现象。

（三）群体性事件发生的社会原因

我国近年来的改革开放，无论是从社会意识上还是从社会心理上，抑或是社会结构上均有较大幅度的改变，尤其是社会结构转型的升级与非帕累托改进②的改革纵深发展相互作用，使社会结构失衡和利益分化日趋严重，甚至已经威胁到了社会共同秩序的稳定。"社会结构是社会体系中一种分配与调动资源的社会机制"③，尤其是社会结构的革新性改变较大程度地促进了新的利益格局的形成，新的社会利益格局在嬗变的过程中所释放出的冲击波，对旧有的社会结构形成巨大的颠覆性力量，反过来促进新的社会结构的

---

① ［英］韦恩·莫里森：《理论犯罪学：从现代到后现代》，刘仁文、吴宗宪等译，法律出版社2004年版，第31页。
② "帕累托改进"是由意大利经济学家帕累托提出的一个经济学概念，即一种制度的改变中没有输家，而至少有一部分人能赢；帕累托改进是通过持续改善，不断提高社会的公平与效率，从而使社会和事物发展达到"理想王国"。简言之，各方都有利、都同意的事情或制度安排，一定是帕累托改进；如果一种改进剥夺了一部分人的既得利益，不管是否能带来更大的整体利益或者是否有助于实现崇高的目标，都不是帕累托改进。
③ 徐经泽、杨善民：《社会学概论》，山东大学出版社1991年版，第6页。

快速形成和发展。社会结构在新旧交替过程中最突出和最集中的表现就是社会矛盾的不断加深和社会冲突的频繁出现，由于新旧两种社会结构的双重存在，旧的社会结构正在解体而新的社会结构又尚未形成，所以，现有的社会结构对社会矛盾的化解能力和对社会冲突的容纳程度，还达不到完全消解社会矛盾和衡平社会冲突的要求，社会矛盾加剧和社会冲突升级发展到一定程度就会以各种各样的群体性事件表现出来，并在一定程度上释放社会矛盾和社会冲突的负能量。在对待群体性事件时，我们要充分认识到，转型期的中国乡村社会，农民心目中的现代法治观念尚未真正形成，传统礼治观念仍对其个人行为和乡村秩序发挥着重要影响。①

社会体系中资源和权力在政府部门、企事业单位和个人之间，以及政府部门、企事业单位和个人内部之间的配置和交换，形成一种社会利益分配的复杂模式。现有的社会利益分配机制，实践中体制内和体制外分别遵循着不同的分配机制，在体制内和体制外的相互作用过程中，体制内和体制外的两种分配机制存在互换关系。② 造成现有的社会利益分配机制难以达到现有社会结构的衡平需要，不能满足各方社会利益群体的衡平之需。所有制和产权结构的种类多样，致使个体经济、民营经济、私营经济和国有经济以及外资企业、合资企业中的劳资关系处于一种紧张关系，尤其是在利益分配和权益保障方面往往存在较为激烈的冲突，这一系列新型社会矛盾的出现和深化，使社会关系逐渐复杂化，同时导致大量社会资源和利益分配的错位和不公。新型经济制度的不成熟、新型经济成分的多样化和社会资源分配的不合理、不成熟，拉大了社会成员的利益分配差距，造成城乡、地区之间的发展不平衡。③

显然，这些特殊利益群体的存在，影响了市场经济制度所要求的机会公平这一基础性机制，致使我国社会体系中不同利益群体之间的利益衡平关系出现了严重的失衡，威胁了基本的社会公平，加速了社会矛盾的尖锐化，并孕育了新的社会冲突的产生。在社会资源总量不变的情况下，特殊利益群体获得了较多的社会资源或利益，其他利益群体必然要失去一部分应得的资源

---

① 王露：《伦理视角下中国乡村社会变迁中的"礼"与"法"》，载《中国社会科学》2015年第7期。
② 郑杭生：《关于我国城市社会阶层划分的几个问题》，载《江苏社会科学》2002年第2期。
③ 陈晋胜、何卫平：《群体性事件社会成因分析》，载《山西大学学报（哲学社会科学版）》2003年第5期。

或利益,尤其是处于社会底层的弱势利益群体,既不掌握政策制定的话语权,又不具备获得资源和利益的较强能力,势必造成该群体应得的资源或利益被特殊利益群体掠夺。这会使得社会底层利益群体的相对剥夺感、心理失衡感和对政府的不信任感不断增强,甚至会感觉到自己被现有的社会所抛弃。底层利益群体在面对贫富分化不断拉大、生活状况和水准的较大反差时,强烈的社会公平感极度失衡和被剥夺感日渐强烈,在遇到诉求不能顺畅表达或无人理会,或者某些权益遭受侵害之时,他们会采取容易吸引人们眼球尤其是政府重视的"群体性效应"的方式表达自己的诉求、维护自己的权益,甚至会采取一些情绪化的非理性群集行为,以便达到自身利益的补给和合法权益的维护。① 另外,人口流动的加快和社会管理机制的相对落后,也给社会结构的稳定带来了一定程度的冲击。

由于社会利益结构的相对失衡和社会利益分配机制的相对落后,我国社会结构呈现"两头大中间小"的两极社会形态,这种不协调的社会结构使得各种社会群体之间的关系处于一定的张力之中,甚至是一种潜在的冲突之中,社会矛盾易于激化、社会危机易于发生。② 在这种相对不协调的社会环境中,一些"仇官妒富""法不责众""匿名效应""从众心理""弱者互帮""闹访即获利""群体效应的工具性利用心态"等不良社会心态就会滋生和蔓延;再加上个别政府官员"规则性依赖"的处事逻辑、"选择性执法"的执法嗜好等,是群体性事件日渐频发的重要社会心理因素。

(四) 群体性事件发生的传媒原因

在互联网信息技术飞速发展的当下,手机通信和网络通信正在迅猛崛起和加速普及,无论是繁华的都市街角还是偏远地区的大街小巷,现代通信网络可以说是无处不在、无处不有。手机通信和互联网信息不仅大幅度地改变了民众交往的方式,更广泛地拓宽了民众接受和传播信息的途径和渠道,为人们进行跨地域和跨范围的相互联系提供了更为快捷、便利、经济的联络手段。

互联网的快速发展及其对社会发展的深刻影响,使得"人人都有麦克风"和"个个都是评论员"的虚拟网络社会正在以惊人之速日益壮大,各

---

① 莫洪宪、郭玉川:《群体性事件的成因分析及防控对策——以利益关系为视角》,载《江西警察学院学报》2011年第1期。
② 何显明:《群体性事件的发生机理及其应急处置》,学林出版社2010年版,第7页。

种形式的"自媒体""社会媒体"和"大众媒体"等网络媒体如雨后春笋般遍地生根、发芽和壮大。这些网络媒体,尤其是网络自媒体的产生和发展附带催生了谣言的不断肆虐。谣言的出现与传播不为名即为利,甚至不排除另有不可告人之目的。谣言编造者往往借"公众言论自由"之名行"谋取个人私利"之实;但是,网络的发言自由,不是造谣的自由,也不是诽谤的自由,更不是"网络暴力"的自由。网络传媒的自由与现实生活的自由均是相对的自由,是不以侵犯他人合法权益为前提的自由,网络言论自由是发声者的权利,也是对发布或传播信息必须保持客观真实的义务,更是对他人权利尊重的义务。[①]

这些网络媒体的渗透力、影响力和策动力愈加不可忽视。再加上当前我国正处于诸多社会矛盾日益深化的社会转型期,近年来发生的多数群体性事件都有社会泄愤的情感宣泄和利益矛盾难以衡平的社会背景,不少群体性事件引发的直接因素,往往都隐含着强势群体与弱势群体之间的利益冲突。然而,这些恰恰容易成为网民关注的舆论焦点,并进一步采取网上发帖、转载跟帖和"人肉搜索"等信息挖掘、加工、传播等互联网信息手段,将某个局部性的偶发事件进行别有用心的联系、放大甚至是歪曲后在互联网上传播,进而形成线上与线下、虚拟与现实之间相互交错、互相影响的舆论跟进模式,促使偶发事件的影响向更广的区域、甚至是全国和域外进行扩散,从而进一步诱发群体性事件或者给群体性事件的控制和消解增添难度。[②] 有些甚至能够促使个人或非政府组织借助网络媒体平台和力量,与社会管理层的官方媒体形成抗衡之势或挑战姿态。

(五)群体性事件发生的制度原因

当前社会法律实践中存在一些怪现象,就是部分民众"信闹不信法""信行政不信司法",当自身利益受到损害时,不是通过合法的渠道表达利益诉求,而是采取一些非理性的方式维权。例如,各地群访群闹现象比较多发,堵党委、政府的大门,在法院、检察院门口聚众喊口号、拉横幅、贴标语等现象更是司空见惯。之所以会出现这些怪现象,不仅仅是因为行政权力的膨胀,更是因为司法公信力的降低。民众对既有规则的不满、法律诉讼机制的低效、社会底层法治意识的淡薄、基层民众维权能力的薄弱、群访就见

[①] 麦九:《网谣的危害与治理》,载《群众》2013年第11期。
[②] 何显明:《群体性事件的发生机理及其应急处置》,学林出版社2010年版,第216页。

效的潜规则感染、闹访就受益的先期信访案例指引等均是事件当事者热衷于群体性涉法闹访的现实原因。个别官员在社会管理中规则依赖的不正常表现和选择性执法的不理性倾向[①]，以及对表面稳定的强烈偏好和不合理的"一票否决"的行政问责机制，给群体性涉法闹访事件的频发提供了滋生的温床。由此可见，我国当下社会法治环境有待完善、行政管理人员法律素养偏低、民众法治意识淡薄以及法治信仰尚未形成等事实，均是当下涉法群体性事件频发的一个重要法治原因。

首先，群体性闹访事件组织者或发起者在闹访事件中存在理性计算。一般认为，群体性事件的参与者多是非理性的盲从、群体性的催眠和群体无自我的感染，但是对事件的发起者或组织者来说，却忽略了行动者的理性成分。因为，"局外人往往认为行动者的行为不够理性或者不够合理，这并不能反映行动者真正的原始意愿；用行动者的眼光来衡量，他们自认为自己的行动是合理的，是经过理性计算的"。这也就是我们在解释社会活动时，为什么必须从行动者的角度或立场去解读和探究他们行动的动因与逻辑才能找到其思维或行动的真正本源性的原因所在。[②] 人在寻求解决问题的途径中，通常会首选成本小、见效快、易操作、利益多的方法和手段。那些看似盲从和非理性的群集性抬尸闹访、围堵大门甚至是打砸行为，其实发起者或组织者意识里却有种关于利益计算的理性，他们深知"会哭的孩子有奶吃"和"大闹大解决、小闹小解决、不闹不解决"的现实解决逻辑。

其次，民众维权渠道不畅通、诉求表达机制不健全、底层维权能力不足、法治意识淡薄，以及对"同命不同价""同地不同价""类案不同判"等既有规则的不满。当前法律体制不完善、诉求表达机制不健全、部分官员腐败、某些执法人员执行力差、办事拖拉等问题导致法律维权渠道不畅通，民众对司法的信任度较低，对司法的不信任和法律程序的复杂望而兴叹、有所畏惧，缺乏足够的信心与信任。往往青睐于通过群集和闹访这些容易刺激政府神经的激情手段来打破既有的资源配置格局，避开解决问题的法律途径而寻求解决问题的政治资源。由于底层人员知识及人脉的短缺导致其维权能力的不足和软弱，这种维权能力不足的心理弱势刺激他们在群体性闹访事件

---

① 陈柏峰：《群体性涉法闹访及其法治》，载《法制与社会发展》2013 年第 4 期。
② [美] 詹姆斯·S. 科尔曼：《社会理论的基础》（上），社会科学文献出版社 2008 年版，第 18 页。

中较容易表现出用不理性来先发制人的激情。另外，群体性闹访事件不仅是事件发起者或组织者事先理性计算的行为，也是法律体制和政府治理逻辑的产物，社会管理体系的制度安排和社会管理者的内在治理逻辑为群体性涉法闹访现象的频发提供了现实的发展空间。尤其是政府治理逻辑的规则依赖性较强和选择性执法明显，政府危机管理中问责机制的不科学等。在社会基层管理实践中，部分官员处置问题的"规则依赖"倾向是我国和西方国家同样存在的普遍现象。①

二、群体性事件的生成过程

近年来，经济体制改革的不断深入和市场经济的不断蓬勃发展，为社会底层利益群体、社会弱势群体和社会边缘群体不断产生和扩大奠定了社会基础，为群体性事件的孕育和发展提供了土壤。群体性事件与其他任何事物一样，并不是一蹴而就的，群体性事件必须在具备一定条件的基础上才有可能发生。一般来讲，群体性事件的生成过程包括准备、发生、激化和消解四个阶段。

（一）群体性事件的准备阶段

群体性事件的准备阶段是大多数群体性事件在发展过程中都需经历的阶段。只是错综复杂的群体性事件的酝酿时间长短有所不同，有的经过几周、几个月甚至是一年或几年之多，有的只是经过几个小时、几天甚至有的会瞬间骤然发生。群体性事件准备或酝酿阶段的特点，一般表现为酝酿的"潜在性""隐秘性""试探性""循序反复性"和"渐进性"。"月晕而风，础润而雨。"群体性事件准备或酝酿阶段尽管多是在隐蔽、秘密或半秘密状态下进行的，但群体性事件往往也有一定的酝酿征兆。例如，在维权抗争型和利益纠纷型群体性事件中，酝酿征兆多表现为某些利益受损群体会先通过合法和正常的渠道，利用上访信、请愿书、大字报、小字报的形式发布自身的利益诉求或愿望，以期引起相关部门或人员的重视。在一些带有聚众斗殴性质的群体性事件中，酝酿征兆往往表现为事件涉事者一方情绪激昂或双发各执一词、争执激烈，进而引起无关利益的第三方争相围观、议论纷纷。群体性事件酝酿或准备的方式，一般是通过网络传媒和手机信息相互联络、组

---

① 陈柏峰：《群体性涉法闹访及其法治》，载《法制与社会发展》2013年第4期。

织,利用动作性的语言进行情绪渲染,激发无关利益第三方的认可和同情,进而引发连锁反应,为诱发群体性事件制造舆论氛围,或者利用演说、宣讲、哭诉等方式鼓动群体情绪,发动集群效应的呼应情绪。①

(二) 群体性事件的发生阶段

群体性事件经过孕育阶段和准备阶段,在具备引发群体性事件的利益纠纷或民众诉求、事件参与群体共同关注的问题、参与人员相类似的群体情绪或情感、所谓的"民意领袖"人物和事件参与主体的骨干成员,以及引发群体性事件恰当的时机等基本条件下,加上一些流言的传播或谣言的误导,甚至是个别心怀叵测之人的蛊惑和煽动,群体性事件中利益受损群体对既有规则和现实社会利益格局的不满与怨恨,在"匿名效应""从众心理""群体无责任""法不责众"等不良社会心态的强化蔓延下,平时唯唯诺诺的胆小、木讷之人也会激发出慷慨陈词的激情,平时老实本分的温顺之人也会迸发出意想不到的粗野和狂躁,这一系列情绪和行为的叠加,就会使群体性事件由潜在的酝酿转为现实的发生。另外,矛盾纠纷的调停者或处置者,如果稍有不慎就会触及事件诱发矛盾或纠纷的敏感神经,就有可能在事件参与者或无关利益第三方中产生"官商勾结""警匪一家"等消极印象,进而刺激、引发群体性事件的群体情绪,形成不满情绪的扩散效应,与事件无任何利益关涉的第三方以及对事件起因与过程均无了解的围观民众,也会迅速加入群体性事件之中。这些群体的不断参与和壮大,有可能进一步激化群体性事件,使群体性事件的发展进程变得更为激烈。②

(三) 群体性事件的激化阶段

群体性事件的激化阶段是在群体性事件发生以后,由于事件处置主体的"体制性迟钝"、利益协商机制的缺失和民众制度化利益表达方式的落后,事件发生的根源性社会矛盾和利益纠纷得不到及时缓解,再加上群体无理性的集群效应和无直接利益关系人的不断加入,以及虚拟网络的不适当放大和不真实宣传等,均在不同程度上刺激着群体性事件的不断扩大和升级。"体制性迟钝"是在大量非直接利益关系人加入群体性事件的规模不断扩大,上级政府对下级政府问责的日趋严厉和增强的背景下,致使地方政府、组织

---

① 徐乃龙主编:《群体性事件的预防和处置》,中国人民公安大学出版社2002年版,第48页、第50页。

② 何显明:《群体性事件的发生机理及其应急处置》,学林出版社2010年版,第13页、第15页。

或官员多采取非"包"即"捂"或"盖"的策略。事件处置主体在对相关部门汇报群体性事件发生、发展情况时多采取"报喜不报忧""多报轻少报重"的选择性汇报方式,因此而形成的对处置群体性事件有利时机的错失或延误,从一定程度上降低了化解社会矛盾、消解社会冲突的能力。[①] 当前我国民众的制度利益表达有个体意见表达和团体意见表达两种方式。由于法治和文化发展相对落后以及体制方面的原因,以语言接触、反映、信访或申诉的个体意见表达方式在实践中力量甚微、效果不佳。依靠社会组织的团体意见表达方式,由于我国社会组织发展的微弱,更是让利益受损的社会底层利益群体的多数民众不敢寄希望于这种团体意见表达方式。相反,在制度化表达方式难以奏效和制度化表达渠道不顺畅的现实下,采取制度外依靠集群性质的群闹群访的利益表达方式或途径,倒出奇地会快速引起相关权力部门或职能部门的关注和重视,并且较快达到事件参与者发动群体性事件的终极目的,这种不正常的诉求逻辑和"闹访能获利"的不良社会心态,助推着群体性事件朝着进一步扩大的方向不断发展。

(四) 群体性事件的消解阶段

同任何事物的发展轨迹一样,群体性事件也最终脱离不了"产生、发展、消亡"的这一客观规律。群体性事件发展到最后,要么自动消退、要么被动消退、要么异化为刑事案件,理论上也不排除恶化为社会骚乱或暴乱,甚至是引起社会结构颠覆性重组或社会制度根本性变革的可能。其实,从某种意义上讲,无论是群体性事件异化为刑事案件还是恶化为社会骚乱或暴动,抑或是引起社会制度的变革,都是群体性事件的一种消亡形式。[②] 群体性事件在发生后,如果政府部门或相关处置群体性事件的职能部门对群体性事件发生的根源把握不清晰,对事件的发生和发展关注不够,对事件的防范和处置反应滞后,就有可能按着"民意—民怨—民怒"的逻辑发展成为影响严重的社会冲突或骚乱。如果再有一些心怀叵测、另有企图的破坏分子以及一些对社会不满或满怀怨恨的人员参与,唯恐天下不乱、伺机制造混乱的这些人会在群体性事件中趁机实施打、砸、抢等暴力犯罪活动。这种局面一旦被境内外敌对势力或宗教反动势力利用、操控,甚至会由一般的民间纠

---

① 黄豁、朱立毅、肖文峰等:《"体制性迟钝"的风险》,载《瞭望》2007年第24期。
② 徐乃龙主编:《群体性事件的预防和处置》,中国人民公安大学出版社2002年版,第52~53页。

纷或普通案件异化为民族宗教冲突，甚至是政治事件或危害严重的社会骚乱。

但是，综观近年来群体性事件的演变逻辑，多数群体性事件也并非难有回天之术或无法先期妥善控制，因为多数群体性事件都是基于"民意—民怨—民怒"的逻辑进行发展的。如果政府和相关社会管理部门加强对"社情民意"的关注程度，不断拓宽民众制度内的诉求表达渠道和完善制度化的利益协商机制，最大限度地做到"集中民智、反映民意、推动民主"，规范和管理网络媒体的传媒活动，健全网络舆论反应的快速机制，切实牢牢把握网络传媒的主控权，最大限度地发挥现代通讯科技的正能量，使之成为畅通民意表达和推进民主发展的现代通信渠道，切实从根本上消化和解决群体性事件背后的根本社会问题和利益矛盾，群体性事件就会得到回落和消退。因为社情是社会矛盾的"晴雨表"，民意是执政行为的"温度计"，对社情和民意的尊重是现代政治文明的核心所在。

现实社会中，多数群体性事件的孕育阶段，往往是以"社情民意"的形式出现在社会体系中；多数社会矛盾的激化或群体性事件的发生，往往是地方政府或相关职能部门对这些"社情民意"的反应滞后或漠不关心。如近年来发生的重庆万州群体性事件、四川大竹群体性事件、湖北石首群体性事件、安徽池州群体性事件等，这些多由无直接利益关系人参与的群体性事件，基本上都是由一般的民间纠纷或普通治安或刑事案件诱发并快速异化、升级的。当然，也有一些群体性事件刚刚事发不久，由于没能博得众多无直接利益第三方民众的关注与同情，或者自身行为不符合大众心理而遭受舆论的谴责，抑或是惧怕法律的制裁或政府的制裁，就很快萎缩与消沉进而自行回落。

第五节　群体性事件的发展态势

处于社会转型时期的我国，随着经济体制改革的不断深入，社会结构也随之经历着深层次的变革，政治体制改革也在积极稳妥地推进，利益格局也正经历着结构性改变。不过，上帝在右手送给民众福祉的同时，左手又拿走了人类原本拥有的一些美善。改革发展给民众带来经济提升和生活水平提高的同时，也带来了贫富差距不断扩大、两极分化日趋严重、民众相对剥夺感增强等一系列社会矛盾纵深发展的负效应。意识形态领域价值追求的博弈之争导致境外反华势力的煽动挑拨和国内少数人的蛊惑策划。还有基层民众"仇官妒富"的不满与怨恨、"法不责众"心态的侥幸与暗示，以及弱者互帮同情的心理传染与默化等不良社会心态的强化蔓延。另外，手机、网络等现代通讯科技的传媒刺激，以及信息网络和虚拟社会的混乱和无序，再加上基层政府职能转变的相对落后、社会控制能力的相对减弱以及民众合法认同感的逐步滑坡，多种经济矛盾、利益冲突和社会矛盾都在不同程度地助推着引发群体性事件的深层次诱因不断发酵，导致当下社会转型时期，群体性事件日益表现出愈演愈烈的发展态势和组织化程度逐步增强的对抗趋势。上述原因的综合作用，导致我国当下的群体性事件整体呈现诱因日趋复杂、数量不断攀升、规模不断扩大、危害日趋严重、控制难度加大的演变态势。

一、群体性事件的诱因日趋复杂

当下，国际社会的多元化发展生机蓬勃，意识形态和价值追求相互碰撞，经济社会中不稳定因素和不确定问题不断刷新，社会结构在城乡发展、劳动就业、收入分配、利益衡平、社会管理等方面仍然面临着诸多问题和挑战，造成我国现阶段处于矛盾多发期，也使得我国群体性事件的诱因日趋复杂。

由于我国社会转型和改革发展正处于纵深发展的深水期，传统的社会矛盾根源和新型的社会冲突因素均成为社会不稳定的因素，成为易于引发群体性事件的深层诱因。这些引发群体性事件的间接诱因，既有社会转型本身的因素，也有民众个体层面的心理原因；既有价值追求不同的政治因素，也有法律政策滞后的制度原因；既有社会纠纷的个人利益受损，也有环境维权的公共利益受损；既有警民冲突和官民冲突的紧张关系，也有族群冲突和价值评判的信仰分歧。总之，群体性事件的发生是社会转型和变迁过程中多种复杂因素综合作用的结果，是各种社会矛盾和利益冲突的集中反映。

这些引发群体性事件的深层诱因反映在具体的社会现实中，就是经济体制转型遗留下来的下岗职工再就业困难、物价不断上涨、房价大幅度飙升、基本社会保障难以满足其基本需求，进而导致下岗人员、失业人员、个别离退休人员和部分在岗人员的生活较为困难、社会保障体系不足。社会管理层出台的一些政策制度部分脱离于社会现实和一些行政人员执法行为的失范，给个别群体人员的切身利益造成了一定程度的损害。一些自然资源产权纠纷的长期发酵，新型非法集资和金融诈骗犯罪的严重危害，金融制度规范的相对落后和金融管理漏洞导致部分被融资人员财产利益的受损。还有城镇化发展带来的失地农民或被拆迁人员相关利益难以得到保障的新型社会冲突根源，以及关于征地拆迁相关配套法律制度的缺失，导致征地强拆成为引发群体性事件的一个重要因素。

群体性事件的诱因日趋复杂，导致土地征用群体性事件，劳资纠纷、医患纠纷、权属纠纷等社会纠纷群体性事件，警民冲突、官民冲突群体性事件，环境维权群体性事件，族群冲突群体性事件等不断发生。例如，2012年7月2日发生在四川的"什邡反钼铜项目"事件和同年7月28日发生在江苏的"江苏启东事件"，以及10月25日发生在浙江的"宁波镇海PX"事件，都是由于涉及公共利益的环境维权问题而引发的群体性事件。另外，从个别地方有关群体性事件的公开报道也可以看出，当前引发群体性事件的诱因日益复杂和广泛。例如，人民网"甘肃频道"曾报道，甘肃省2010年1月至7月发生的群体性事件涉及领域广泛，涉及征地拆迁的比例达到23.8%，其中诱发因素涉及征用农村土地的群体性事件达14.4%，涉及城市拆迁的群体性事件达9.4%。[①]

群体性事件的诱因日渐多样化，从群体性事件诱因关于利益受损的公、私视角来看，群体性事件的深层诱因可以分为公共利益受损和个人利益受损两种类型。公共利益受损类诱因具体包括征地强拆和官民冲突以及环境维权等谋求群体性利益的因素，个人利益受损类诱因包括社会纠纷和族群冲突以及警民冲突等主要涉及某些事件当事者个人利益的因素，这一类型的群体性事件往往是由小事件急剧扩展为事态严峻的群体性事件。法制网舆情监测中心于2012年12月27日发布的《2012年群体性事件研究报告》统计数据显示，2012年由于公共利益受损而引发的群体性事件占57.8%，由于个人利益受损而引发的群体性事件占42%（如图1所示）。其中，因征地强拆引发的群体性事件占22.2%，因官民冲突引发的群体性事件占13.3%，因环境维权引发的群体性事件占8.9%，因社会纠纷引发的群体性事件占24.4%，因族群冲突引发的群体性事件占8.9%，因警民冲突引发的群体性事件占

---

① 李如旦：《甘肃2010年上半年发生群体性事件近600起》，载http://gs.people.com.cn/GB/183283/13684077.html。

22.2%。其中，因社会纠纷引发的群体性事件发生的比例最高，因征地强拆和警民冲突引发的群体性事件发生的比例次之，因族群冲突和环境维权引发的群体性事件发生的比例最低。①

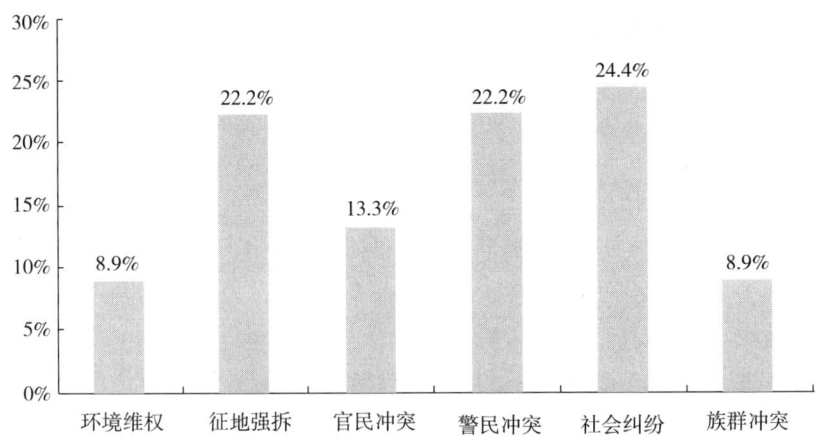

图1 群体性事件诱因比例

2012年群体性事件的诱因中"征地强拆"和"警民冲突"引发群体性事件比例均占群体性事件总数的22.2%，仅次于包含劳资纠纷、权属纠纷、医患纠纷等多种纠纷的社会纠纷引发的群体性事件所占的比例（24.4%），这不得不让人深思其背后的社会原因。另外，也很值得政府和学者们关注的一点是，在2012年以前的群体性事件诱因中，环境维权和族群冲突并不引人注目，但在2012年群体性事件的诱因比例中却分别达到了8.9%，这一现象折射出群体性事件引发根源的社会矛盾已经有了新的变化与动向。②

二、群体性事件的数量不断攀升

在我国市场经济蓬勃发展的当下，由于政府调整社会资源配置的收入分配体制与经济发展的步伐尚未形成良好的对接，导致利益分配呈现畸形发

---

① 陈锐、程琴怡、孙小荃：《2012年群体性事件研究报告》，载http://www.legaldaily.com.cn/The_analysis_of_public_opinion/content/2012-12/27/content_4092138_3.htm。
② 陈锐、程琴怡、孙小荃：《2012年群体性事件研究报告》，载http://www.legaldaily.com.cn/The_analysis_of_public_opinion/content/2012-12/27/content_4092138_3.htm。

展,成为社会矛盾相互交织、相互刺激的冲突根源,进而加剧城乡发展、地区发展和行业发展的不平衡。尤其是以城乡经济社会发展一体化为目标的城镇化进程,由于土地征收和拆迁补偿等相关制度滞后,致使被征收土地的农民的合法权益不能受到应有的保障,致使所涉区域的生态环境受到不同程度的破坏,以及城镇化进程中流动人口的不断增长给社会管理带来了较大压力。一系列社会矛盾在不断地积攒和孕育,而法制变革的互动却没能跟上经济和社会发展所要求的应有速度,致使某些易于引发群体性事件的深层次社会问题不断滋生,这助推着群体性事件的数量不断攀升。

综观近年来群体性事件的演变情况,自 20 世纪 90 年代以来我国群体性事件的数量整体上呈现不断攀升之势。根据 2008 年 9 月《瞭望新闻周刊》的报道,"我国 1993 年的群体性事件发生数目 0.87 万起,2005 年全国群体性事件发生数则上升到 8.7 万起,到了 2006 年就超过 9 万起,并且一直保持着上升的势头"。① 中国社会科学院 2007 年、2008 年和 2009 年连续三年发布的《社会蓝皮书》也均认为,我国的群体性事件近年来一直呈现为攀升态势,群体性事件恶化的趋势较为明显。2010 年中国社会科学院《社会蓝皮书》亦显示,2010 年我国群体性事件仍旧处于多发态势。2011 年我国群体性事件的发生情况仍旧呈现出明显的频发态势。② 法制网舆情监测中心在其发布的《2012 年群体性事件研究报告》中认为,2012 年我国群体性事件的增长速度呈上升趋势。③ 中国社会科学院社会学研究所副所长陈光金撰写的《2012 至 2013 年中国社会形势分析与预测》研究报告指出,据我国全国总工会统计,2012 年 1 月至 8 月,全国共发生 120 多起因为劳资纠纷而引发的规模在 100 人以上的集体停工事件,270 多起参与人数达 30 人以上的集体停工事件,发生地点分布在我国的 19 个省份。另外,据 2012 年 12 月 18 日中国社会科学院发布的《2013 年社会蓝皮书》指出,近年来,我国每年发生 10 余万起基于各种社会矛盾而引发的群体性事件,并且引发诱因以征地拆迁、劳动争议和环境污染居多。其中,50% 以上的群体性事件源于征

---

① 高新民、吴桂韩:《领导干部应对群体性事件案例选评》,中共中央党校出版社 2011 年版,前言。
② 孙元明:《国内群体性事件发展趋势分析与预测》,载《云南师范大学学报》2012 年第 4 期。
③ 陈锐、程琴怡、孙小荃:《2012 年群体性事件研究报告》,载 http://www.legaldaily.com.cn/The_ analysis_ of_ public_ opinion/content/2012 - 12/27/content_ 4092138_ 3. htm。

地拆迁，约30%的群体性事件源于劳动争议或环境污染，约20%的群体性事件源于其他的社会矛盾。同时还指出，在经济社会大环境不稳定的社会背景之下，我国在劳动就业、收入分配、社会管理等方面，将面临诸多复杂而极具挑战性的问题。当前，我国社会劳动关系的加剧幅度尽管有所趋缓，但是其紧张程度仍不容忽视。依据人力资源相关部门的统计，2012年1月至2012年9月，我国各级劳动争议仲裁机构立案的劳动争议案件有47.9万余件，同比增长11.9%，这些案件涉及约66万名劳动者，同比增长19.4%。从一些典型的案例来分析，劳动密集型企业和小微型企业仍为劳动争议的多发企业。其他一些大型企业的劳动争议也时有发生，且以外资企业居多，严重者甚至引发罢工或游行之类的群体性事件。其引发劳动争议的主要原因是一些直接利益矛盾和企业的管理不规范、不完善。[①]

通过政府相关部门公开的统计数据来看，我国近年来群体性事件发生情况明显表现出逐年攀升的多发态势。1993年全国大约发生群体性事件8700余起，1994年大约发生10000余起，1996年群体性事件的发生数量比1994年增长了约10%，1997年发生群体性事件15000余起，1999年群体性事件案发数量达到31200起，2002年发生的群体性事件有50500余起，2003年发生的群体性事件达到58500多起，比2002年增长了15.8%[②]，2004年发生的群体性事件达74000余起，2005年则上升为87000余起，2006年、2007年、2008年三年每年均超过了90000起，2009年全国群体性事件发生数字开始首次突破六位数达到100000起以上，2009年比1993年群体性事件年发生量增长了11.49倍之多。[③] 通过这些数字可以看出，群体性事件的发生数量从1994年刚刚超过10000余起到2003年的58500余起基本上增长了4.85倍，群体性事件发生数年均递增11.1%。从这些群体性事件增长速度的数据可以看出，1994年以来我国群体性事件的总量呈现不断上涨的趋势，增速总体上呈现先慢后快的增长规律。具体到年份的增速情况，1995年至1996年期间群体性事件的

---

① 中国社会科学院：《社会蓝皮书：每年各种群体性事件多达数万起》，载 http://society.people.com.cn/n/2012/1218/c1008-19933666.html。

② 刘晓梅：《建设和谐社会进程中群体性事件的法社会学思考》，载《中国人民公安大学学报》2005年第3期。

③ 宋宝安、于天琪：《我国群体性事件的根源与影响》，载《吉林大学社会科学学报》2010年第5期。

年均增长速度在10%左右，但自从1997年以后群体性事件的增速明显加快，尤其是1997年至2004年群体性事件的年均增长速度高达14.3%，超出1994年至2004年群体性事件年均10%的平均增速，1997年至2004年期间有的年份增速可高达40%以上。从总量来看，我国群体性事件的数量从1994年的10000余起到2004年的74000余起，上升了64000余起，增长了6.4倍。

从不同时期、不同地方群体性事件发生的情况来看，我国群体性事件数量明显呈现逐年攀升的态势。例如，从山东省颇具代表性的某市来看，该市1998年和1999年共发生群体性事件872起，其中，1998年该市发生群体性事件415起，相比1997年发生群体性事件的数量增加了89.5%；1999年发生群体性事件457起，相比1998年发生群体性事件的数量增长10.1%。山东省另一具有代表性的地区1998年和1999年发生20人以上的群体性事件共173起，其中，1998年发生58起，比1997年上升210%；1999年发生115起，比1998年上升近200%。① 又如，甘肃省社科院包晓霞研究员于2011年1月8日在甘肃省社科院"五本系列'蓝皮书'"成果发布会上称，甘肃全省2010年1月至7月期间共发生群体性事件597起，相关涉案人员28627人，相比2009年同期群体性事件上升了54%，相关涉案人员上升了18.5%。群体性事件参与人员达500人以上的有50起以上。②

三、群体性事件的规模不断扩大

综观近年来群体性事件的规模，群体性事件的参与人数也在不断地增加。由于社会矛盾的不断深化和逐步尖锐化，两极分化不断拉大，社会结构的中间阶层不断缩小，社会底层人员数量在不断增加，导致不少人对社会现实存在诸多不满和怨恨。这些心怀不满人员没有机会发泄怨恨，但一旦遇到风吹草动，便会借题发挥，在"群体无名氏""群体无责任"不良心态的感染下，再加上仇官心理的滋生和妒富心情的蔓延，以及干群关系的紧张和政府社会控制力的减弱，部分伺机发泄内心不满的社会闲散人

---

① 杨和德主编：《群体性事件研究》，中国人民公安大学出版社2002年版，第29~30页。
② 李如旦：《甘肃2010年上半年发生群体性事件近600起》，载 http://gs.people.com.cn/GB/183283/13684077.html。

员，会积极参与到群体性事件中，并在事件中顺水推舟、乘势而下。根据政府公布的相关统计数据显示，1994年至2003年群体性事件的参与人数基本上处于增加之势，少则上百人、多则上千人甚至是上万人的大规模群体性事件已不属罕见。1994年至2003年期间，全国发生的群体性事件参与人数由73.2万人次攀升到307.3万人次，2003年比1994年增加了3.9倍，年平均增加14.6%。① 2003年发生的群体性事件参加人次比2002年发生的群体性事件参加人次上升了6.6%。② 2004年全国群体性事件参与人员的规模指数与1994年相比，以1994年群体性事件参与人数为基点（100）计算指数，1994年至2004年由100上升到515，增加4.2倍。③ 2005年全国发生的群体性事件中参与人数平均达20人以上的群体性事件有8万余起。2009年1月至7月期间，我国发生的重大群体性事件就达1.2万余起。④

从近年来发生的群体性事件来看，人员规模较大且具有代表性的主要有以下几起：2004年10月18日发生的"重庆万州事件"和同年10月27日发生的"河南中牟回汉冲突事件"⑤；2005年6月26日发生的"安徽池州事件"和同年12月5日发生的"广东红海湾事件"；2007年1月17日发生的"四川大竹事件"和同年6月1日发生的"厦门PX项目事件"。2008年为我国群体性事件的多事之秋，主要有：（1）6月28日发生在贵州的"瓮安事件"；（2）7月19日发生在云南的"孟连事件"；（3）9月9日发生在湖南的"吉首事件"；（4）11月3日发生在重庆的"出租车罢运事件"；（5）11月7日发生在深圳的"宝安事件"；（6）11月17日发生在甘肃的"陇南事件"。2009年我国也发生了几起严重的群体性事件，主要包括6月19日发生在湖北的"石首事件"、7月24日发生在吉林的"通钢事件"。

---

① 《提高构建社会主义和谐社会能力：中央和中央部委领导同志在省部级主要领导干部提高构建社会主义和谐社会能力专题研讨班上的报告》，中共中央党校出版社2005年版，第155~156页。

② 刘晓梅：《建设和谐社会进程中群体性事件的法社会学思考》，载《中国人民公安大学学报》2005年第3期。

③ 胡联合、胡鞍钢、王磊等：《影响社会稳定的社会矛盾变化态势的实证分析》，载《社会科学战线》2006年第4期。

④ 杜维民：《应急管理十日谈》，中共中央党校出版社2010年版，第21页。

⑤ 张少云：《河南"中牟事件"后回汉民族关系调控研究》，中央民族大学2010年硕士学位论文。

2010 年主要有两起群体性事件，分别是 9 月 10 日发生在江西宜黄的"拆迁自焚事件"和 11 月 2 日发生在云南的"昭通事件"。2011 年发生的大规模群体性事件主要有 6 月 6 日发生在广东潮州的"古巷事件"、6 月 9 日发生在湖北的"利川事件"、6 月 11 日发生在广州的"增城事件"和 9 月 21 日发生在广东的"乌坎事件"。相比于 2011 年，2012 年发生的大规模群体性事件并不逊色，主要有 4 月 10 日发生在重庆的"万盛事件"、4 月 12 日发生在云南的"永胜事件"、5 月 5 日发生在广东的"海丰事件"、6 月 18 日发生在广州的"非裔人群体性事件"、7 月 2 日发生在四川的"什邡反钼铜项目事件"、7 月 28 日发生在江苏的"启东事件"、8 月至 9 月多地发生的"反日游行打砸抢事件"、9 月 23 日发生在山西太原的"富士康事件"和 10 月 25 日发生在浙江宁波的"镇海 PX 事件"。2013 年发生的群体性事件，主要有 6 月 13 日发生在广西南宁的因交通事故引发的群体性事件。[①]

四、群体性事件的危害日趋严重

随着社会矛盾的不断深化，群体性事件诱因的涉及面也在不断扩大，群体性事件的危害领域也随之不断扩张，危害后果也日趋严重。有些境外反华势力和国内社会敌意势力操纵、渲染的群体性事件，给法律的权威、国家机关的形象、政府的社会控制能力、社会民众的安宁生活，甚至给国家的政治稳定和中国共产党的领导带来了一定程度的挑战。

（一）敌意势力的政治渗透有所显现

境外反华势力和国内敌对势力均是社会敌意群体的重要组成人员，以及在意识形态上强烈抨击我国的西方反华势力，这些势力没有丝毫放松过对我国经济发展与社会稳定的干涉和破坏，其利用群体性事件本身带有的激情化负面情绪、容易被激发的利益矛盾、事件中参与人员的感性盲从以及网络媒体的不当渲染、散播等途径，当发生一些可以利用的群体性社会矛盾或个别治安、刑事案件时，便会趁机煽风点火、歪曲事实、诬蔑政府，将一些本属于正常的利益诉求或一般的社会纠纷，极力放大为具有政治色彩、宗族冲突或民族矛盾的社会骚乱事件。同时，境内外社会敌意势力伺机利用这些带有

---

① 参见《新疆妥善处置一起群体聚集闹事事件》，载 http://news.ifeng.com/gundong/detail_2013_06/29/26939611_0.shtml。

社会敏感度较高的利益矛盾事件，歪曲传播、诬蔑造谣、肆意炒作，进而来攻击我国的社会制度和价值理念，丑化执政党和政府的形象，极力促使群体性事件的经济利益政治化、社会问题意识形态化，进而达到其不可告人的目的。例如，在广东"乌坎"事件的发生及持续过程中，在网络上建立的"乌坎热血青年团"（后来称"乌坎爱国青年团"）[1] 不断给境外媒体提供一些歪曲事实的视图材料，如"村民集体下跪"的视频、图片，境外媒体再就此不真实的事实肆意炒作，导致国际四大通讯社等上百家境外媒体蜂拥至"乌坎事件"发生地，最终致使该事件迅速成为国际社会舆论媒体竞相关注的焦点。

（二）群体性涉法闹访现象不断增多

当前基层社会管理的实践中，群体性涉法闹访现象不断增多，成为群体性事件发生的一大特征。群体性涉法闹访是指一些本应该通过司法机关或其他行政机关依法解决的社会纠纷，但利益相关者却利用信访制度，以群体性聚集、闹事的聚众方式来行使自身的信访权利、诉求表达，给党政机关及其他社会管理机构施加压力督促其重视直至解决相关问题，以期通过此种捷径快速、有效地实现自身利益诉求或其他相关利益的现象。由群体性涉法闹访引发的群体性事件一般比较容易博得多数人的道义同情，多是一些牵涉人员伤亡或者敏感社会纠纷的问题，具有一定的情绪感染力。该类事件一般是由县级以下基层党委政府代替相关司法或行政部门处置解决。即使群体性涉法闹访事件最后得以息事宁人，也往往是政府既承担了应该承担的责任也承担了没有责任的责任，例如，一些"医疗纠纷""交通肇事"或者"伤害致死"之类的群体性涉法闹访事件，无论是从法律的角度还是从道义的立场来看，大部分都与政府无关。[2]

不过，政府往往是不但放弃对部分事件当事者应有的治安处罚甚至是刑事处罚，反而是照单全收以给付超过法律应当给付的赔偿来换取当事者的利益满足。例如，有些从事医疗纠纷研究的学者就总结出，在许多医疗纠纷处

---

[1] 2009年2月，网名代号"爱国者一号"的人通过网络社交平台建立了"乌坎热血青年团"，后来改名称"乌坎爱国青年团"，到2011年，乌坎热血青年团的成员人数已扩展至上千。一些在校中小学生也纷纷暗地加入，成了流行元素。参见刘建锋：《乌坎密码》，载 http://news.sina.com.cn/c/sd/2012-06-12/135124579057.shtml。

[2] 陈柏峰：《群体性涉法闹访及其法治》，载《法制与社会发展》2013年第4期。

置过程中,群聚和暴力发挥了很重要的影响力,相关医疗机构在取得和平解决医疗纠纷的过程中不少是支付了超过法律规定应当支付的赔偿金。① 也有学者研究表明,在当前社会转型时期社会维稳压力不断增强的背景下,法院甚至是通过"创造性地适用法律"予以满足当事人的利益诉求,甚至加重行政部门作为当事人的责任。②

(三) 人身伤害与财产损失程度严重

近几年发生的人员规模较大的典型群体性事件,大多都造成了不同程度的人员伤亡和公私财物损毁,不仅直接造成了严重的经济损失和部分民众人身、财产甚至生命的侵害,也给经济发展的社会环境带来了较大冲击。一些典型的群体性事件表现出严重的暴力倾向,事件中的打、砸、抢、烧等暴力行为给民众的社会心理造成了一定的压力,使事件发生地的民众处于恐慌、焦虑之中,严重破坏了事件发生地民众安定祥和的生活环境与和谐稳定的社会秩序。

2008 年 6 月 28 日发生的贵州"瓮安事件",造成 150 余人受伤,县委、县政府 104 间办公室,县公安局 47 间办公室被烧毁,县公安局刑侦大楼 14 间办公室和 42 辆车辆被砸坏,户政中心全部档案资料被毁,办公电脑被抢走数十台。2008 年 7 月 19 日发生的云南"孟连事件",造成当地村民 2 人死亡、17 人受伤,执勤民警 41 人受伤、行政干部 3 人受伤,执行任务车辆 9 辆被砸毁,执勤警械 102 件被损坏。2010 年 11 月 18 日发生的泸西"11·18"煤矿械斗事件,造成 9 人死亡、48 人受伤,其中当场爆炸致死 2 人、当场枪击致死 2 人,其余 5 人经抢救无效死亡。

根据法制网舆情监测中心在 2012 年 12 月 27 日发布的《2012 年群体性事件研究报告》统计显示,2012 年发生的群体性事件中,73.3% 的群体性事件造成了公私财产损失,有人员受伤的群体性事件比例占 71.1%,造成人员死亡的恶性群体性事件比例达 2012 年总体群体性事件的 8.9%,能够得以和平解决或基本没有造成损失的群体性事件比例仅占 11.1%(如图 2 所示)。③

---

① 陈柏峰:《群体性涉法闹访及其法治》,载《法制与社会发展》2013 年第 4 期。
② 贺欣:《法院推动的司法创新实践及其意涵》,载《法学家》2012 年第 5 期。
③ 陈锐、程琴怡、孙小荃:《2012 年群体性事件研究报告》,载 http://www.legaldaily.com.cn/The_analysis_of_public_opinion/content/2012-12/27/content_4092138_3.htm。

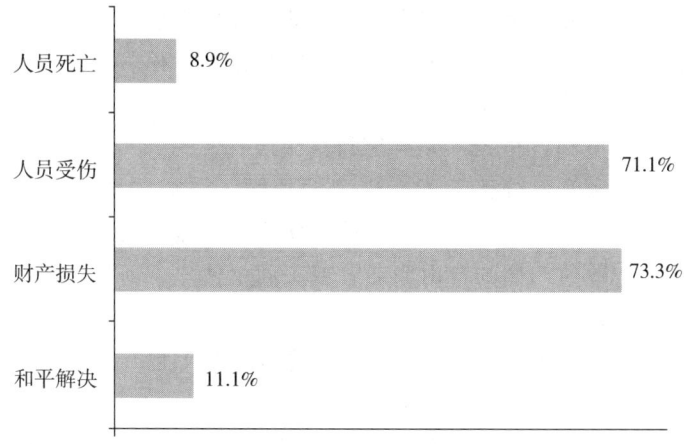

图 2　2012 年群体性事件危害后果比例

五、群体性事件的防控难度加大

近年来发生的群体性事件不仅在数量上逐步攀升，而且在人员规模上也不断扩大。同时，群体性事件发生过程的组织化倾向也日渐增强，价值追求型的政治渗透和宗教反动势力的插手也有所增多。"群访就解决""闹访就获利""群体无责任"等不良社会心态和政府官员"规则依赖"的处置嗜好相互迎合，再加上网络通信技术等信息传播工具的飞速发展，导致舆论传媒对群体性事件的深层次影响持续增强，这一系列趋势都在一定程度上增加了群体性事件的防控难度。

（一）参与主体多元化

从群体性事件行为参与者的组成结构来看，事件参与主体呈现多元化趋势。近几年发生的群体性事件参与者不再仅仅是传统意义上"利益主导型"的直接利益相关者[1]，为数不少的非直接利益相关者也开始积极参与群体性

---

[1] "利益主导型"是指在传统的群体性事件中，行为参与者最关心的往往是一些与其切身利益息息相关、看得见摸得着的具体利益问题。这些群体性事件的诱因多是涉及相当一部分人的利益受损，并且该类利益诉求多数都有一定的合理性，容易得到社会上许多人的同情与支持。共同的利益诉求将许多人聚集在一起、容易形成共同的目标又极易得到利益相关者的响应，使得聚集的群体不断扩大直至群体性事件的发生。可以说，突发事件中的群体是以一定的共同利益为基础而结集起来的结合体，利益在群体性突发事件中占据着主导地位。参见中国行政管理学会课题组：《中国群体性事件突发事件成因及对策》，国家行政学院出版社 2009 年版，第 11～12 页。

事件，逐步成为研究群体性事件不可忽视的一部分当事群体。群体性事件的传统参与者，往往是与群体性事件引发诱因利益直接相关的失地农民或被拆迁住户，失业人员或下岗职工以及部分离退休人员，医疗纠纷受害者或民事纠纷当事人，环境利益相关者等自身利益受损的一些个人或群体。随着社会矛盾的不断深化和利益分配不平衡现象的加剧，一些"毕业即失业"的大学生或者复员、转业军人，户籍所在地与实际居住地相分离的"人户分离"人员，没有固定单位归属的自由职业者或工商个体户，新型经济组织和社会组织的从业人员，[1] 部分教师、医生或底层知识分子，机关、事业单位改革的分流人员，甚至是少数利益受损的个别党政干部等也开始成为群体性事件的参与者。

例如，2005年8月6日发生在大冶市的"8·6"群体性事件，就是由大冶市两位时任市委副书记和时任大冶市民政局局长等党政官员带头组织、策划、指挥实施的。[2] 这些大量与群体性事件引发诱因没有直接利益冲突的非直接利益相关者，基于对既有规则的不满和发泄自己的社会私愤，也逐渐成为群体性事件参与者的重要组成部分。对此现象，《瞭望新闻周刊》根据对广东省、上海市、江苏省和浙江省等经济发达地区社会矛盾的调查结果，将其称为"无直接利益冲突"，并指出社会冲突的众多参与者与群体性事件本身其实并没有什么关系，只是一种表达自己不满和发泄私愤的一种情绪表达方式。[3]

（二）行为方式激烈化

无论是"重庆万州事件"还是"四川大竹事件"，无论是"贵州瓮安事件"还是"云南孟连事件"，无论是"甘肃陇南事件"还是"湖北石首事件"，无论是"广东乌坎事件"还是"广州增城事件"，无论是"重庆万盛事件"还是"江苏启东事件"，以及2012年夏季多地频发的"反日游行打砸抢事件"均表现出行为的激烈性，行为情绪的对抗性也日趋加剧。

群体性事件参与行为的表现方式不但倾向于激烈化，而且暴力程度也不

---

[1] 范铁中：《社会转型期我国群体性事件的现状与趋势分析》，载《中国浦东干部学院学报》2012年第6期。

[2] 参见《大冶"8·6"事件有人幕后指使》，载 http://news.sohu.com/20060225/n242017275.shtml。

[3] 钟玉明、郭奔胜：《社会矛盾新警号》，载《瞭望》2006年第42期。

断增强。常见形式多是围堵、冲击党政机关，阻塞交通干线，暴力殴打他人或者毁坏财物，甚至有的是群体性武装械斗。（1）围堵冲击党政机关。由于贪污腐败和一些行政行为失范，导致政府公信力和司法公信力降低，一般群体性事件的事发诱因多是牵涉社会利益的问题，民众往往把最后的症结与根源归结到政府那里，总感觉只有政府重视或作出决定，所寻求的利益问题才有解决的希望，所以大部分群体性事件当事者认为只有给政府施加了压力才会引起政府的重视，施加压力的最快、最见效的手段就是围堵党政机关大门，在群体无理性的刺激和盲从下冲击党政机关的情形也屡见不鲜。（2）阻塞交通干线。群体性事件当事者普遍在潜意识里有种认识，就是"找谁都不如找政府、找政府不如堵马路"和"堵了马路、营造了声势、官员才重视"，所以现实中的群体性事件常出现堵公路、卧铁轨、封桥梁等制造交通瘫痪现象。例如，2008年9月3日发生的湖南"吉首事件"，在事发次日上午就有不少当事者多次到主要街道和当地火车站聚集，导致交通瘫痪和部分火车延误。（3）暴力殴打他人和毁坏财物。群体性事件过程中警察往往处于事件矛盾的最前线，也是群体性事件当事者发泄不满与怨恨的最直接对象，所以警察和其他处置群体性事件的行政工作人员在事件发展过程中与涉事群众基本上是处于矛盾的对立面，事件参与人员对警察和行政人员的殴打行为也是事件激化的一个最常见行为方式，当事件事态恶化到一定程度，对事件旁观者和无辜人员的暴力殴打行为也是较为普遍。例如，2008年发生在贵州的"瓮安事件"中，据有关部门统计，在事发过程的6月29日上午高峰时期有6000余人参与该事件，不少人向执勤的武警、公安人员投掷石块和砖头，直接参与打、砸、烧的人员就超过300多人。暴力毁坏财物也是群体性事件行为激烈化和情绪对抗化的一个基本表现。例如，"瓮安事件"中，烧毁瓮安县党政机关的办公室160多间，砸坏警车和其他车辆42辆，伤害人员150人，造成直接经济损失1600余万元。[①]（4）群体性武装械斗。在资源、地界等社会纠纷或宗族冲突引发的群体性事件中，冲突双方相互纠集多人、持械械斗、彼此暴力攻击的现象多次出现，这种群体性武装械斗造成人员伤亡的后果也颇为严重。此类行为激烈的较为典型的群体性事件有2004年10月27日发生的"河南中牟回汉冲突事件"和2010年11月18日

[①] 高新民、吴桂韩编：《领导干部应对群体性事件案例选评》，中共中央党校出版社2011年版，第59页。

发生的云南泸西"11·18"煤矿械斗事件，还有河南省豫东地区两个县交界处的多个村庄的村民，在 2000 年至 2007 年因林场地界纠纷多次发生的村民群体性械斗事件。

（三）事件发生组织化

20 世纪，我国社会中群体性事件较少发生，即使有所发生也多是自发性、松散性的群体性事件。但是，近年来，群体性事件发生、发展和部分事件事态进一步恶化过程中的组织化程度不断提高。不少参与人员众多的群体性事件，多有部分人员的组织、策划、指挥以及积极的煽动或蛊惑，事件的平缓消退或恶化升级往往受一部分"领头羊"人员的影响，甚至个别的群访或闹访，背后是有一定信访经验的"上访专业户"在幕后指挥和操纵，有的甚至是一些有利益关联的国家公职人员或村委、社区基层负责人在组织和指挥，还有的甚至出现跨地域串联、联动的大范围组织现象。一些企业老板在所谓老乡情节、兄弟情分的意识下，在碰到老乡或同乡利益受损或自认为被欺负的情况下，积极地用手机或网络号召外地同乡前去支持或声援，在人力、物力上积极支持，推动群体性事件事态的进一步扩大和恶化。有预谋、有策划、有组织的群体性闹访现象不断攀升，群体性事件的人员参与规模不断扩大，波及地域、辐射范围也不断扩张。组织化倾向较强的群体性事件一般事先对事件发生的借口、时间、地点、聚集方式和事件过程中政府的应对等方面均有一定程度的计划和安排。这些事件发生的组织化倾向进一步加大了群体性事件的处置难度。此类群体性事件的典型现实案例有 2004 年 10 月 27 日发生的"河南中牟回汉冲突事件"、2005 年 8 月 6 日发生大冶市"8·6"袭警事件和 2005 年 12 月 5 日发生的"广东红海湾事件"。

（四）传媒影响深入化

手机和互联网等通信技术的快速发展给群体性事件的孕育和发生带来了深刻的影响。传媒在群体性事件信息传播的影响力和激化力方面，给政府对群体性事件的有效控制增加了较大难度。网络媒体对群体性事件的传媒影响主要体现在两个方面：

一方面，网络媒体在一定程度上左右着所谓的"民意"，左右着大多数事件参与者对事件的认识和评价。基于网络自媒体的广阔舆论平台，在众多网民无理性的渲染和传播下，进而形成具有一定影响力的虚拟共同体，给社会管理层快速有效处置群体性事件带来了较大的舆情引导和管控压力。当然,不可否认网络舆情在依法处置群体性事件方面有着不可替代的强化社会监督效能。但是,众多网民对网络讯息真伪的辨别能力和程度,以及对既有规则的不满和"事情闹大就有获利"等不良社会心态的潜意识影响,还有网民自身所不可回避的非理性情感宣泄,很容易使网络舆情形成"不管有理没理都是政府没理"一边倒的"有色情感"批判,这往往也很容易形成影响群体性事件不能客观、正确处理的舆论影响系数。

另一方面,网络媒体给社会管理层关于网络舆情的管控提出了多元化的挑战。现时代的网络媒体具有传播主体多元化、传播内容复杂化和传播途径多样化的新特征,这些新特征给社会管理层对网络舆情的引导和规制提出了严峻的挑战。首先,网络舆情的偶发性与突发性给社会管理层应对群体性突发事件的反应能力与反应速度提出了挑战。其次,网络舆情传播的内容复杂和渠道多样,在讯息的收集、引导和监测方面,增加了网络管控的难度。另外,现代通信网络的开放之程度和信息传播的隐蔽之程度决定多种虚假信息充斥其中,使得相关网络通讯的管控部门依据现有的管控技术和手段,很难进行网络舆情的有效甄别和监测。一旦引发群体性事件,网络谣言往往很容易控制大多数事件参与者的盲从心理,进而在一定程度上左右群体性事件的发展方向,也在一定程度上制约社会管理者对群体性事件处置方式与措施的选择,进而在传媒的影响上致使群体性事件的控制难度不断加大。①

由此看来,关于群体性事件的传媒影响,尤其是网络传媒中的编谣、传谣问题,每一个网络媒体人在发声或转帖之时,应客观理性地"三思而后行",思考自己的发帖、转帖行为,有没有可能会"惹是生非""火上浇油"。每一个网络媒体人均应坚守传播信息的客观真实和不侵犯他人合法权益之底线,坚守相关法律法规不被突破和国家利益不被危及之底线,坚守社会公共秩序不被侵犯和公民道德的公序良俗之底线,不断提高网络自律的自觉性。主流媒体和相关社会文化建设也应勇于担当其引导网络媒体健康有序发展的应有责任,依法对网络媒体传播的无序行为予以合理规制,这不仅是对他人法益的保护,也是对网络媒体人个人自由的捍卫。② 面对群体性事件传媒影响深入化的新型发展态势,社会管理层试图再用传统"封锁消息、回避媒体、隐瞒真相或者以对抗方式消极被动应对舆论监督"的舆论控制

---

① 何显明:《群体性事件的发生机理及其应急处置》,学林出版社2010年版,第217~221页。
② 麦九:《网谣的危害与治理》,载《群众》2013年第11期。

手段，去有效处置群体性事件或稳妥管控事件的发展势态，注定会适得其反、欲盖弥彰。① 真正的出路应该是变被动为主动，各地党委、政府应加强官方舆论引导平台建设，进行专业化经营和完善，提高对网络舆情有效监测和适时控制的能力，对有可能诱发群体性事件的网络舆情采取主动应对的策略，只有这样才能有效应对群体性事件传媒影响深入化发展态势的新型挑战。

　　由于群体性事件的诱因复杂而广泛，不但涉及问题多而且涉及领域广，当下社会转型时期处置群体性事件比以往时期更富有艰巨性和挑战性。大部分群体性事件多是合理与不合理的杂糅体，是合法与不合法的集合体；常常是基于合法且合理的动机产生，通过过激或违法的方式实施，或者是开始的合理要求与后期的过分要求相互掺杂，多数事件当事者的过激行为与少数事件当事者的违法行为相互交织，再加上境外敌对势力、少数宗教反动势力和极个别邪教极端分子的插手，煽动或蛊惑不明真相人员参与群体性事件。这使得事发当局难以当机立断、理性甄别，一旦甄别不当、决策失误、应对不当，极易激化事件矛盾、引发群体性事件的进一步升级和更加严重的危害后果。其实，大多数事件参与者与事件诱因并无直接利害关系，多是为了趁机发泄自己关于社会的不满而参与其中的。一些看似不大的社会矛盾如果得不到重视或处理不及时、不适当，一旦引发群体性事件，很难达到双赢的处理结果。所以，各级地方政府和相关职能部门必须对此予以重视并认真反思，进一步纵深研究群体性事件的积极应对措施和妥善处置策略，努力避免或者尽可能地减少群体性事件恶性后果的不断翻版。② 有效控制和积极稳妥地处置群体性事件，认真分析研究新形势下的社会矛盾，关注社会底层民众的心声和利益诉求，及时解决事关底层民众切身利益的民生问题，从根源上扭转群体性事件多发的态势。

---

　　① 邹建华：《突发事件舆论引导策略——政府媒体危机公关案例回放与点评》，中共中央党校出版社 2009 年版，第 2 页。

　　② 陈锐、程琴怡、孙小荃：《2012 年群体性事件研究报告》，载 http：//www.legaldaily.com.cn/the_ analysis_ of_ public_ opinion/content/2012－12/27/content_ 4092138_ 3. htm。

第二章
社会转型期社会心态的失衡与调控

社会心态是一段时间内弥散在整个社会中不断变化且体现一国国情的宏观社会心境状态，具有国民性、动态性、弥散性、普遍性等特征，由社会认知、社会情绪、社会价值观和社会行为倾向构成。社会心态作为一种社会心理事实，与社会实践紧密相关。改革开放至今，中国社会正在经历从农业文明向工业文明的伟大变革，社会的急速转型造成了如今复杂的社会心态。一方面，社会实践决定了社会心态，社会心态好似一面镜子映照着社会实践的方方面面，故而，刻画一个社会的最好办法莫过于揭示这个社会的心态。[1]也正因为如此，有学者将社会心态比作社会的"晴雨表"和"风向标"。[2]另一方面，社会心态反作用于社会实践，积极的社会心态能够为社会发展提供动力，消极的社会心态则是妨碍社会前进的阻力。群体性事件作为我国社会转型期社会矛盾集中凸显的一种表现形式，其在社会心态层面表现为社会心态的失衡。因此，对转型期我国社会心态失衡的表现、影响因素及调控展开系统分析和研究，是对群体性事件进行心理疏导的前提。

---

[1] 夏学銮：《当前中国八种不良社会心态》，载《人民论坛》2011年第12期。
[2] 孙伟平：《论影响社会心态的诸因素》，载《吉首大学学报（社会科学版）》2013年第1期。

第一节　社会转型期社会心态失衡的表现

我国正处于社会转型期，社会实践的剧烈转变带动了社会心态的快速变迁，且随着时代的发展与社会的进步，同以往的社会心态相比，由于各方面原因的综合作用，我国当前的社会心态在整体上表现出一定的失衡性，同时，这种失衡的社会心态在一定程度上支配着当前我国社会的群体性"越轨"行为。要研究转型期社会心态的失衡表现，首先必须厘清社会心态的基本维度。在以往学者研究成果①的基础上，本书拟借鉴心理学上"知""情""意"的分类方式，从社会认知、社会情绪、社会价值观和社会行为倾向四个维度考察转型期我国社会心态的失衡表现，以期对我国社会转型期的社会心态有一个较为客观、全面、深入的认识，进而为群体性事件的心理疏导在社会心态层面找到恰当的切入点。

一、社会转型期社会认知的失衡表现

社会认知指社会成员对特定社会现象相对一致的认识或理解。社会认知的指标大致包括：社会安全感、社会公正感、社会信任感、社会支持感、社会认同与归属感和社会幸福感等。② 下面主要就这几方面展开论述：

（一）社会安全感问题

社会安全感是对所处社会环境安全与否以及安全程度的相对一致的认识或理解。根据中国社会科学院研究人员调查的结果，不难发现，转型期我国社会的安全感并不高，只有不到20%的被调查者认为目前所处的社会环境"很安全"，大多数被调查者（约占60%）倾向于认为"比较安全"。就具体的问题领域而言，安全感最低的是交通安全领域和食品安全领域，等级标示皆为"非常不安全"；劳动问题、财产问题和医疗问题的安全感居中，介于"不太安全"和"比较安全"之间；隐私问题和人身问题的安全感最高，

---

① 王俊秀：《社会心态的结构和指标体系》，载《社会科学战线》2013年第2期。
② 杨宜音、王俊秀等：《当代中国社会心态研究》，社会科学文献出版社2013年版，第38页。

属于"比较安全"。① 其他社会机构进行的调查也得出了相似的结论,如问卷星2011年底进行的社会安全感调查。②

通过以上调查数据可以看出,虽然整体处于比较安全的状态,但转型期我国的社会安全感水平并不高,其中,食品安全最令人担忧。此外,我国当前的社会性弱势群体呈现出数量大、物质生活贫困、遭遇种种歧视、权益受损等现状,并由此引发的社会矛盾和群体事件上升,社会性弱势群体犯罪激增等现象③,这也在一定程度上加剧了社会安全感的下滑。

(二) 社会公正感问题

社会公正感是对社会公平、正义与否以及公平、正义程度的相对一致的认识或理解。社会成员的公正感关乎着他们对社会生活的满意程度,对政府的信心和信任,影响着他们生产创造的主动性和积极性,进而牵涉到社会能否和谐发展的重大问题,因此有必要对社会公正感这一指标进行研究。但是社会转型引发了诸多纷繁复杂的社会问题,使得不少社会成员得出了社会缺乏公正的判断。

根据曹颖等人的调查数据,社会公正问题在7点量表中的得分仅有3.87,低于中间值4,其中北京的得分为3.74,外地的得分为4.04,表明转型期我国的社会公正感处于较低水平,且北京居民的公正感较之外地居民更低。19.2%的人认为自己生活状况与周围人的差距是造成不公正的最主要原因,所占比例最大;其次是自我归因,占16.1%;再次是社会提供的机会不足,占12.8%。④

(三) 社会信任感问题

社会信任感是对社会以及社会成员之间信任与否以及信任程度的相对一致的认识或理解。转型期我国社会信任感严重缺失,正如郑杭生教授所说:"随着社会结构的转型、体制和制度的变迁、群体和组织的解体和重组,传

---

① 覃国慈:《当前社会心态盘点与调适》,载《新疆社科论坛》2013年第2期。
② 问卷星:《社会安全感现状及原因调查统计结果》,载 http://www.sojump.com/jq/1207140.Aspx。
③ 曲伶俐:《论社会支持理论下的社会性弱势群体犯罪预防》,载《法学论坛》2014年第1期。
④ 曹颖、徐珊珊、陈满琪:《转型期的社会心态研究——基于公众与信访人的实证分析》,载王俊秀、杨宜音主编:《中国社会心态研究报告 (2012—2013)》,社会科学文献出版社2013年版,第233页。

统意义上的社会信任（包括公众对政府的信任、公众对他人的信任）遇到了很大的挑战。"① 2010 年 10 月和 2011 年 12 月，社会心态研究课题组分别对三个城市（北京、上海和广州）和七个城市（北京、上海、重庆、广州、武汉、西安和郑州）进行了社会信任度的调查。前次调查得分为 62.9 分，低分飘过及格线；② 后次调查得分较之前一次更低，低于及格线，仅为 59.7 分，跌破了"低度信任"的最下限，社会信任状况堪忧。③ 从一些典型事例上也能看出转型期我国社会信任感水平较低这一事实。如"小悦悦事件"折射出了人际间的不信任，"瓮安事件"（2008 年）则体现了群众对政府部门的不信任等。

（四）社会支持感问题

社会支持感是对是否受到其他社会成员心理、精神、物质、行动上帮助、鼓励等形式的支持以及支持程度的相对一致的认识或理解。根据 2011 年《社会心态蓝皮书》公布的结果，亲属、朋友、同学、同事是人们获得社会支持的主要来源。④

从北京市居民社会支持的调查可以看出，73.5% 的居民认为目前的社会支持属于中等水平，所占比例最高；1.6% 的居民认为社会支持属于低度水平，所占比例最低；认为社会支持充分的居民处在中间位置，占 24.9%。至于支持的来源，所占比例较高的依次是配偶、其他家人、亲戚、朋友、同学或同事，分别是 40.52%、36.65%、35.73%、33.95% 和 16.69%，而来自工作单位、党团工会和宗教团体等处的社会支持则相对偏少，所占比例分别是 6.77%、1.42% 和 0.12%。⑤

（五）社会认同感问题

社会认同感是社会成员对于社会、组织、群体或者其他个体的接纳、排斥，以及自我归类为特定组织或者群体成员的相对一致的认识和理解。转型

---

① 郑杭生：《当社会信任出问题的时候》，载《北京日报》2007 年 6 月 11 日。
② 王俊秀：《中国社会心态：问题与建议》，载《中国党政干部论坛》2011 年第 5 期。
③ 王俊秀：《关注社会情绪 促进社会认同 凝聚社会共识——2012—2013 年中国社会心态研究》，载《民主与科学》2013 年第 1 期。
④ 刁鹏飞：《中国城乡居民的生活压力及社会支持》，载王俊秀、杨宜音主编：《2011 年中国社会心态研究报告》，社会科学文献出版社 2011 年版，第 72 页。
⑤ 王俊秀：《关注社会情绪 促进社会认同 凝聚社会共识》，载王俊秀、杨宜音主编：《中国社会心态研究报告（2012—2013）》，社会科学文献出版社 2013 年版，第 7~8 页。

期我国社会存在普遍的底层认同和弱势心态,即社会成员倾向于将自己归类至社会底层和弱势群体。根据 2010 年 12 月《新京报》所做的调查,18.8%的社会成员认为自己"非常弱势",61.9% 的社会成员认为自己"一般弱势",认为自己"一点儿也不弱势"的仅占 12.2%,而且根据一般社会认知,社会地位、经济收入较高的精英群体中认为自己属于"弱势群体"的也大有人在。根据 2010 年 12 月《人民论坛》进行的一项问卷调查,公司白领、知识分子(主要为高校、科研、文化机构职员)和党政干部中几乎有半数的人认为自己属于"弱势群体",所占比例分别是 57.8%、55.4% 和 45.1%。[①] 此外,在我国城镇化进程中,"不平等城镇化效应"表现突出,导致进城务工人员基于户籍壁垒很难得到城镇居民的认同,即使部分进城务工人员获得了城镇户籍,但并不等于立刻就获得了平等的经济社会资源。[②]

(六) 社会幸福感问题

社会幸福感是社会成员对社会幸福与否以及社会幸福程度的相对一致的认识和理解。根据一系列的调查数据显示,转型期仍有待提升我国社会幸福感整体水平。一是国际数据比较,根据 2005 年至 2009 年美国"盖洛普世界民意调查"得出的"幸福感排名",中国大陆排名第 125 位。[③] 二是国内数据比较,根据 2010 年中国民生指数课题组的调查,74.2% 的被调查者认为自己"比较幸福"(59.2%)或者"非常幸福"(14.9%),12.3% 的被调查者认为自己"不幸福"(2.5%)或者"不太幸福"(9.8%),余下的被调查者选择"说不清幸福还是不幸福"(13.6%)。[④] 虽然有超过七成的社会成员认为自己生活幸福,但是"千里之堤,毁于蚁穴",少数人的不幸福感会从很大程度上削弱社会的整体幸福感,因此,提升社会整体幸福感,特别是不幸福人群的幸福感仍然是转型期一项不可忽视的重要任务。

二、社会转型期社会情绪的失衡表现

社会情绪是指社会成员对于特定社会现象相对一致的情感性反应或评

[①] 王慧:《社会转型下的心态难题》,载《人民论坛》2011 年第 18 期。
[②] 陈云松:《城镇化不平等效应与社会融合》,载《中国社会科学》2015 年第 6 期。
[③] 唐珍:《国人幸福感在下降,没有 10 年前快乐了》,载 http://news.xinhuanet.com/life/2010-10/18/c_12670750_2.htm。
[④] 王俊秀:《2010 年中国城市居民幸福感调查报告》,载王俊秀、杨宜音主编:《社会心态蓝皮书:2011 年中国社会心态研究报告》,社会科学文献出版社 2011 年版,第 26 页。

价,主要包括社会焦虑、社会冷漠、社会愤恨、社会痛苦、社会愉悦、社会浮躁和社会贪婪等。① 概括来说,转型期我国社会心态以正向的情绪状态为主,多数社会成员拥有平和的中性情绪,负向情绪存在但体验程度并不高。② 虽然负向社会情绪并未占据社会心态的主导地位,但其"引爆点"较低,对社会稳定的破坏力仍然相当大,因此,有必要对转型期负向社会情绪的失衡表现进行深入分析。

(一) 社会冷漠

社会冷漠是社会普遍存在的漠然、无视、不关心、不为所动、麻木等情绪的综合体。有学者认为冷漠是当前最可怕的社会心态,是21世纪中国社会最大的悲哀。③ 虽然社会在进步,但社会成员间的人际关系却表现出了失衡状态,越来越冷漠化,比如,城镇化的进程导致熟人社会的逐渐瓦解,取而代之的是陌生人社会。此外,从媒体的相关报道来看,经常出现老人倒地需要救助时无人施以援手、有人跳楼时围观者不但不劝阻反而起哄、怂恿等事例。

事实上,冷漠心态背后反映出的是社会成员普遍存在的挫折感和无助感。若是这些消极感受无法运用有效、适当的措施加以引导,当它们集聚到一定程度的时候就会借助一些社会热点事件集体宣泄出来,一旦失控,就极有可能诱发群体性事件。因此,社会情绪冷漠化在一定程度上也是引发群体性事件的关键因素,值得注意。

(二) 社会愤恨

社会愤恨是社会普遍存在的不满、敌视、怨恨、仇恨等情绪的综合体,转型期我国社会愤恨最为典型的表现就是"三仇"情结严重,即仇警、仇官和仇富。

以仇警为例,仇警是社会普遍存在的对警察表现出来的不满、敌视、怨恨、仇恨等负向情绪。一方面由于警察往往处于社会矛盾处理过程中的最前沿,与矛盾或者纠纷当事人直接正面接触,警察这种特殊的职业性质使其极

---

① 杨宜音、王俊秀等:《当代中国社会心态研究》,社会科学文献出版社2013年版,第39页。
② 曹颖、徐珊珊、陈满琪:《转型期的社会心态研究——基于公众与信访人的实证分析》,载王俊秀、杨宜音主编:《中国社会心态研究报告 (2012—2013)》,社会科学文献出版社2013年版,第233~235页。
③ 夏学銮:《当前中国八种不良社会心态》,载《人民论坛》2011年第12期。

易成为矛盾或者纠纷当事人负面情绪的指向对象；另一方面在于当前我国处于社会转型期，社会矛盾多发且复杂，在处理各种矛盾或者纠纷中由于个别警察的处置方式欠妥，容易引起群体性的排斥反应，如在各地的征地拆迁过程的警民冲突。从近年来发生的群体性事件来看，无论是瓮安"6·28"事件、上海"7·1"事件，还是衡东"5·11"、湖北"石首"事件等，均出现了袭击警察的现象，这在一定程度上反映出群体性事件中仇警情绪相当普遍。另外，社会成员仇官和仇富的比例也很高，据调查分别为83.8%和63.9%。①

（三）社会失意

社会失意是社会普遍存在的失落、无奈、悲观、绝望等情绪的综合体。这种社会情绪是社会的不稳定因素，容易诱发群体性事件，直接影响转型期我国社会主义和谐社会的构建。文建龙先生在《论弱势群体的消极社会心理》一文中认为，失落的社会心态是一个社会的弱势群体"在社会横向比较中感受到自己不如人，以往的神圣和追求趋向幻灭的消极心理状态"。②在以往我国城乡二元分割的社会结构中，社会失意群体多为社会底层民众或者其他弱势群体，但随着城镇化进程的不断推进和贫富差距的不断拉大以及相对剥夺感的不断增强，社会失意群体的范围不断扩大，甚至精英阶层也出现了社会失意的群体心态。③ 失意的社会成员易演化为"怨气一族"，形成怨社会、怨政府、怨机制、怨他人等不良、消极的群体心态。"怨气一族"只从外部寻找自身失意的原因，而看不到自身问题所在，久而久之不仅不利于自身的发展，而且容易将这种不良心态扩散至他人，进而对社会稳定产生

---

① "社会心态嬗变与和谐社会建设研究"课题组：《社会心态嬗变与和谐社会建设研究》，河南人民出版社2008年版，第223~234页。

② 文建龙：《论弱势群体的消极社会心理》，载《安庆师范学院学报（社会科学版）》2005年第5期。

③ 从目前我国的社会人员结构来看，下列三类社会成员容易产生失意情绪：一是曾经在事业中处于上游，掌握一定社会资源，拥有一定社会地位、政治影响、财富占有或文化创造，却由于某些客观或主观原因而今不再占据某种优势的人员；二是虽然仍身处精英位置，但随着身份的变动、地位的升迁已与原来的情境或者离自己理想中的情境相距遥远的人员；三是经过辛苦努力和个人能力希望成为精英人群，但现实却达不到个人理想时而深感怀才不遇，空有抱负而无法施展的人员。参见王慧：《社会转型下的心态难题》，载《人民论坛》2011年第18期。

消极影响。①

（四）社会浮躁

社会浮躁是社会普遍存在的心浮、轻浮、躁动、急躁、不耐烦等情绪的综合体。一篇题为《中国人为什么丧失了慢的能力？》的网络文章对我国民众当前的浮躁现象进行了分析，其中列举了以下几种浮躁现象：上网，经常狂点"刷新"；跟帖，要抢"沙发"；寄信，一定得特快专递；拍照，最好是立等可取；坐车，首选高速公路、高速铁路、飞机，而且最好是直达；做事，当然要名利双收；创业，最好能一夜暴富；结婚，必须有现房现车。几乎每个阶层、每个行业都弥漫着一种躁动不安的情绪，浮躁成为一种社会通病。经济领域，人们思富心切，期盼一夜暴富，只看眼前利益，捞一把是一把，缺少打造品牌和"老字号"的理想；文化领域，某些艺人期望一炮打响、一夜走红，通过口水战、绯闻、艳照、走光、露点等非常规手段来提高知名度；教育领域，为了考核、晋级、荣誉，假论文、假文凭乃至假院士频频曝光；传媒领域，一些电视台为了提高收视率，不讲究节目品位和档次，模仿成风，将"秀丑"的网络红人搬上荧屏，赚人眼球，俗不可耐，甚至制造假新闻，严重扰乱了社会秩序。② 我国当前社会中存在的这些浮躁情绪，不仅容易在社会群体中产生认知上的偏差和心理上的失衡，而且容易影响社会主流价值观念的形成与发展，进而为社会管理中增添不稳定因素。

三、社会转型期社会价值观的失衡表现

社会价值观是社会成员用来判断特定社会现象是否有意义的相对一致的评价标准，主要包括国家观念、道德观念、权利观念、公私观念、责任观念、财富观念、人际观念、权力观念和文化观念等③。社会价值观是社会心态中较为稳定的组成部分，但随着我国进入转型期，社会的巨大变迁也带动了社会价值观的转变。最显著的变化就是社会价值观的多元化，对特定的社会现象，不同的社会成员会有不同的看法。

---

① 傅金珍：《转型期社会心态失衡问题的治理》，载《内蒙古农业大学学报（社会科学版）》2012年第5期。
② 覃国慈：《当前社会心态盘点与调适》，载《新疆社科论坛》2013年第2期。
③ 杨宜音、王俊秀等：《当代中国社会心态研究》，社会科学文献出版社2013年版，第40页。

(一) 道德观念模糊化

社会转型期，我国传统的社会价值观念也随着政治经济体制的转变悄然发生了变化，传统道德观念的变化尤为突出。在发展市场经济的大背景下，多元化和多层次的利益主体受利益驱使，衍生出多样化的道德评价标准，有的重义，有的重利，造成社会总体上的道德评价标准杂乱无章。一元化的传统道德评价标准被打碎，社会成员的思想意识随之受到猛烈冲击，"以集体主义为核心"的传统道德观念日渐衰落，萌生出了诸多负面现象，例如，道德表现自私化、趋利化，一切以满足个人利益至上，置集体利益于不顾等。除此之外，道德约束力也有所下降。原有的道德体系正在凋零衰败，新兴的道德体系又尚未建成，在这一"中空"阶段，道德在社会生活中的调节作用和积极影响因其内部自身存在的冲突和矛盾产生相互抵消的效果，大大降低了道德的权威性和评价功能。[①]

(二) 权利观念过激化

公民通过恰当的渠道和适宜的方式表达诉求、维护权益是一国法治建设成熟的表现，本身也彰显着一国国民较强的维权意识。随着我国市场经济的发展和社会主义法律制度的不断完善，我国公民的维权意识有了较高的提升，但随着近些年我国城镇化进程的不断推进，社会矛盾开始集中凸显，一方面导致了矛盾处置过程中公权力与私权利之间的关系紧张化，社会矛盾进一步激化的风险增大；另一方面导致了公民权利受损的概率增大，再加上部分矛盾处置人员不当的处置方式，容易诱发过激的维权行为。例如，在征地拆迁中出现的"自焚"维权行为、在医疗纠纷中出现的"停柩"维权行为、在涉诉纠纷中出现的"闹访"维权行为、在群体性纠纷中出现的"堵路""堵门""散步"维权行为，甚至一些纠纷中出现的群体性械斗维权行为，等等。

当前我国民众维权中出现的行为过激化表现，从社会心态层面来考察，是民众权利观念过激化的外在表现。这种过激的权利观念不仅在个体层面影响公民法律意识的培养，而且在群体层面影响我国法治建设的进程。虽然我国法治建设进程中公民维权意识的增强是法治建设的一大目标，但是这种过激的维权方式反而会制约我国法治建设的快速发展。

---

① 黄乾政：《当代中国社会转型期的公众道德建设》，西南政法大学 2010 年硕士学位论文。

(三) 家庭观念离散化

家庭观念是价值观在家庭问题上的集中体现。社会转型促使社会各个层面发生巨大而深刻的变化，家庭作为社会的最基本组成单位，必然会随着社会变迁的大背景发生变化，这也彰显出这一变化背后家庭观念的转变。总体而言，转型期我国社会的家庭观念更加多元、务实，同时重视个人的主体意识，家庭成员间关系趋于平等。家庭观念在择偶观、性观念、事业观、亲情观等方面已经有了明显而具体的变化，最为典型的就是青年人在择偶时，"传宗接代"观念和"性贞洁"观念有所淡化。①

四、社会转型期社会行为倾向的失衡表现

社会行为倾向是社会成员对特定社会行为相对一致的准备状态，主要包括公共参与行为倾向、利他行为倾向、歧视与排斥行为倾向、矛盾化解策略、冲突应对策略和生活动力源等。② 社会行为倾向不等于社会行为，前者只是后者的准备或者说是萌芽阶段，不能将二者混为一谈。

（一）公共参与行为倾向较弱

公共参与影响着国家治理现代化的进程，它关系着政府决策的科学性，是提升社会成员公民意识、增强其社会归属感和认同感的重要途径。公共参与行为倾向是考察社会成员参与社会事务意愿的重要指标，通过对它的研究可以预测社会成员参与社会事务的方式和程度。当前，我国民众的公共参与热情正在逐渐提高，以《刑法修正案（八）（草案）》和《刑法修正案（九）（草案）》向社会公开征求意见为例，前者从2010年8月29日至2010年9月30日向社会各界征得意见7848条，参与人数共计1221人，③ 而后者从2014年11月4日至2014年12月3日向社会各界征得意见51362条，参与人数共计15096人。④ 虽然后者的参与人数较之前者有了显著提升，但是同我国13亿人口的基数相比，此种参与行为的程度仍显不足，说明转型期

---

① 王俊秀：《关注社会情绪 促进社会认同 凝聚社会共识——2012—2013年中国社会心态研究》，载《民主与科学》2013年第1期。
② 杨宜音、王俊秀等：《当代中国社会心态研究》，社会科学文献出版社2013年版，第40~41页。
③ 数据来源于中国人大网，载http：//www.npc.gov.cn/npc/flcazqyj/node_ 8195_ 3. htm。
④ 数据来源于中国人大网，载http：//www.npc.gov.cn/npc/flcazqyj/node_ 8195. htm。

我国社会的公共参与行为倾向仍然较弱。

（二）公众利他行为倾向欠缺

利他行为倾向是指社会成员的行为有利于其他社会成员和社会的倾向性，是助人为乐、慈善、志愿等行为的基础。近年来，中国社会的志愿者服务、爱心捐助等利社会行为不断涌现，在汶川地震等地质灾害救援以及2008年奥运会等大型活动中，都可见志愿者和爱心人士的身影，表明我国社会整体的利他行为倾向正在增强。

但是，当前我国社会的利他行为倾向仍然存在习惯性、主动性欠缺的问题。从上述事例可以看出，大事件激发下的利他行为倾向明显，然日常生活中这种倾向却不显著，说明利他行为倾向缺乏习惯性。如地质灾害救助中社会成员积极捐款捐物，而2010年下半年昆明、青岛、南京、北京等地区却出现了"血荒"的困境。另外，经过组织的利他行为仍然是多数，如单位组织捐款、集体献血等现象，都在一定程度上表明社会公众的利他行为倾向缺乏主动性。[①]

（三）司法化纠行为倾向不强

矛盾化解策略是社会成员遇到矛盾、冲突时首先会采取的行动策略。目前，上访在一定程度上成为了我国民众首选的矛盾冲突解决策略，诉讼的使用率反而很低。上访策略和沟通策略是用得最多的解决问题手段。前者主要用于解决征地拆迁补偿问题（26%）、社会保障纠纷（24.4%）、环境污染问题（16.7%）、下岗安置问题（15.4%）、司法不公（13.2%）、劳资纠纷（12%）等。后者主要用来解决医患冲突（33.5%）、劳资冲突（29.2%）、社会保障纠纷（21.8%）等。诉讼策略的解决问题使用率很低，其中最常见的是用来解决司法不公问题，但所占比例也仅仅是8.1%。[②] 还需值得注意的一个问题是，群体性事件中司法化纠行为倾向还受公众意见的影响，因为公众意见本身是一种存在主观、恣意和片面之可能的社会评价，而法官评价公众意见时又一次存在主观、恣意和片面的可能，所以即便在二阶证成阶

[①] 王俊秀：《关注人民的尊严和幸福 促进社会的公正与和谐——2010—2011年中国社会心态研究》，载《民主与科学》2011年第3期。

[②] 王俊秀：《关注人民的尊严和幸福 促进社会的公正与和谐——2010—2011年中国社会心态研究》，载《民主与科学》2011年第3期。

段，公众意见的地位和作用仍可能遭到怀疑或非议①，进而会影响到群体性事件中的当事人是否会采取司法化纠行为。

综合来看，社会转型期我国的社会矛盾正处于多发期，无论是个体层面还是群体层面，民众的社会心态在一定程度上均出现了失衡的现象。这种失衡的社会心态不仅容易在群体之间形成一种不良的负面情绪，而且容易诱发群体性的"情感宣泄"，这也是社会转型期我国群体性事件多发的心理原因。因此，深入分析社会心态失衡的原因，并在此基础上提出科学的调控策略，既是当前学界研究的重点，也是当前我国政府在社会治理中值得重点关注的社会问题。

第二节　社会转型期社会心态失衡的影响因素

改革开放至今，我国完成了从农业社会向工业社会、又从工业社会向信息社会的转型，也完成了从计划经济向市场经济的转轨。社会实践决定着社会心态，这种转型与转轨必然有可能诱发我国社会心态的失衡。整体来看，转型期造成我国社会心态失衡的主要因素包括政治、经济、社会、文化、个体等五个方面。

一、社会转型期社会心态失衡的政治影响因素

（一）官员行政问责机制不完善

2003年的"非典"拉开了我国行政问责的序幕，经过12年的发展，我国行政问责机制取得了诸多新成绩，如《关于实行党政干部领导问责的暂行规定》对问责的范围、程序、方式等作出了原则性规定；又如党的十八大以来，我国加大了问责的实施力度，将其作为防治腐败的一项重要举措。但行政问责在我国毕竟是一个从无到有的过程，所以现阶段仍然存在不完善之处。一是行政问责落实的不够充分。由于受"管理论"影响，我国现行行政法律制度尚未对行政机关有效治理群体性事件提供系统和科学的规范性

---

① 陈林林：《公众意见在裁判结构中的地位》，载《法学研究》2012年第1期。

指引。① 例如，暴力拆迁的新闻报道常见诸于媒体，但涉事官员被惩处的依然是个案。二是行政问责缺乏透明性和公开性。比如，瘦肉精猪肉、染色馒头、毒生姜事件等，每一起安全事故发生后，被问责的官员问责随后又会复出。上述问题的出现，与官员行政问责机制的不完善密切相关，而这些不完善易导致社会公众心态在冲击中失衡。

（二）矛盾各方沟通机制不健全

社会转型必然产生社会矛盾，社会矛盾会引发社会心态的变化。要解决好社会矛盾，健全的沟通机制是基础，也是安抚、改善、调整社会心态的必要手段。缺乏沟通机制或者沟通机制不健全则会影响社会矛盾的处理效果，引起社会心态的急剧变化，使社会公众由此产生焦虑、失望、愤怒等不良心态。当前，各种矛盾沟通举措不断涌现和发展，但是仍然没有形成健全的机制。以政民关系为例，政府部门越来越重视政务公开和信息发布，如召开新闻发布会、建设政务微博微信等，前者的关注重点是单方面的信息给予，易造成双边交流的缺失，后者虽然为政民对话提供了平台，但是由于政府的参与度不高，以及网络便捷性和匿名性造成的网络发言碎片化和非理性化，使得双方之间也很难形成有效的对话。因此，我国矛盾各方的沟通机制仍需发展完善，注重矛盾处置主体与当事主体之间的沟通协商，通过充分尊重社会中的所有平等主体，以最大限度实现当事人利益最大化的方式，兼以权力公开为基础，引导利益当事人选择基层民主和法治方案。②

二、社会转型期社会心态失衡的经济影响因素

财富分配不公乃至利益格局失序必然会造成社会心态的失衡。社会转型期影响社会心态的经济因素主要是制度设计的不完善。改革开放以来，我国的市场经济迅猛发展，但是由于我们是摸着石头过河，受主观认识和客观实践的约束和限制，在制度设计上还存在诸多不完善之处，致使经济转轨过程中社会成员在财富拥有、社会地位等方面产生了较大差距，造成社会心态失衡，从而严重影响社会和谐。

---

① 戚建刚：《论群体性事件的行政法治理模式——从压制型到回应型的转变》，载《当代法学》2013 年第 2 期。
② 周尚君：《地方法治试验的动力机制与制度前景》，载《中国法学》2014 年第 2 期。

(一) 产权交易的平等性不足

当前我国产权交易中存在普遍的侵权或者不平等现象,造成这一现象的首要原因是不充分的产权制度改革。具体而言,该现象主要有以下两个表现形式:第一种是公司企业内部资本主体与劳动主体之间不平等的产权交易,前者是强势群体,后者是弱势群体,前者压制后者薪资的做法本质上就是对其财富的一种掠夺。第二种是各个要素所有者间不公平的"买卖交易",如政府廉价征收农民土地的行为。不平等的产权交易会导致强弱两极分化严重,使社会不公平加剧,进而影响社会心态。

(二) 致富途径的正当性欠缺

致富的手段多种多样,既包括合法、正当的,也包括不合法、不正当的。有学者就将我国当前社会存在的致富手段划分成五大类:一是劳动致富,包括体力劳动和脑力劳动;二是特殊才能致富,如演艺人员的表演、唱歌、舞蹈、乐器演奏等才能;三是机遇致富,如彩票中奖、继承遗产等;四是滥用权力而致富;五是非权力的违法致富,如偷税漏税、走私贩毒等。[①] 前三类是合法、正当的致富手段,后两类则是违法、不正当的致富手段。现阶段行贿受贿、贪污腐败等以权谋私、滥用权力的现象层出不穷,经济类犯罪也屡见不鲜,通过这些不正当手段取得财富必然会引起社会成员的不满和仇恨,也容易造成社会心态的失衡。

三、社会转型期社会心态失衡的社会影响因素

(一) 大规模的人口流动

人口的流动会引起不同价值、文化、生活方式之间的碰撞、冲突和变化。在这一融合过程中,如果外来社会成员不能很好地融入当地群体,就会成为"边缘人""过渡人""边际人",产生心理上的不适感,进而出现社会心态的混乱状态。伴随着城镇化进程,我国外出务工人员数量会不断增多,不同地域之间、城市和乡村之间的差异都会引起社会成员的心态失衡。且现在的年轻一代,他们既有艰苦奋斗、憧憬幸福生活的进取心,又存在失

---

① 朱平:《贫富差距的合理性及其限度》,载《南京师范大学学报(社会科学版)》2001年第5期。

望、焦虑的消极心态,这种矛盾心态常见于"蚁族""北漂族"中间。[①]

(二) 不协调的社会结构

社会结构会随着社会利益格局的变化而变化,各个群体、阶层之间的差异性也会随之扩大。历史经验表明,最适当、最稳定的社会结构是"纺锤"型结构。该种社会结构以中产阶级为中坚力量,因此,该阶级代表的进取、开放、理性、宽容、平和等积极向上的心态就会占据社会主导地位,从而压缩了其他消极社会心态的存在空间。但这是一种理想状态,现实的情况是我国现在仍然是"金字塔"形的社会结构,中产阶级并不占多数,反而是底层社会成员众多,顶端阶层人数所占比例不大。[②]

(三) 非常态的就业压力

当前,我国待就业人口不断增加,再加上经济体制改革和经济结构调整的大背景,各地都存在严峻的就业压力。目前,我国竞争性和垄断性失业并存、隐性和显性失业并存,一方面新生劳动力不断涌现,另一方面就业岗位不足,造成劳动力总量过剩,失业人员增加,进而影响社会稳定,引发社会心态的失衡。

(四) 不完善的社保体系

随着社会转型,我国经济总量节节攀升,相关经费预算加大,为科教文卫体等社会事业的长远发展提供了经济基础。但是同经济发展的速度相比,我国社保体系的完善进程仍旧略显滞后。以教育为例,我国的公共教育经费预算仍显不足,预算紧缺制约了办学水平的提高和办学条件的改善。此外,还有卫生医疗、失业保障、社会安全保障、公共服务设施及配套等涉及社会成员切身利益的问题需要完善。这些问题若是没有得到妥善处置,极易演化为尖锐的社会矛盾,从而导致社会心态的失衡。

四、社会转型期社会心态失衡的文化影响因素

除上述影响因素之外,社会心态失衡的深层次影响因素还应当从社会思想文化中挖掘。

[①] 邱吉、孙树平、周怀红:《当前社会心态的考察分析与实践引导》,载《中国特色社会主义研究》2012 年第 2 期。

[②] 覃国慈:《当前社会心态盘点与调适》,载《新疆社科论坛》2013 年第 2 期。

(一) 主流文化导向不明

受到社会当中非主流文化的冲击和干扰，加之社会"边际人"的数量增多以及社会组织程度的削弱，我国当前的主流文化对社会成员的影响正在逐步减退，从消极意义上来讲，这一现象在某种程度上加剧了社会成员行为的失灵、失范。因为主流文化的导向不明，会衍生出诸多似是而非、模棱两可的说法，造成社会成员在文化判断上无所适从、不知所措，进而产生焦虑、失望、偏激等消极的社会心态。

(二) 多元价值冲突激烈

经济基础决定上层建筑，社会从传统型向现代型转变，必然引发价值观从传统向现代演化，但是社会转型毕竟是一个历时长且道路曲折的发展进程，传统和现代两个产生于不同社会形态的价值观之间非常有可能出现并存、冲突、空白等各种情形。在不同价值观相互碰撞、交织的大背景下，社会成员的价值观会呈现出多元化的形态，既有中国传统价值观，又有西方流入的现代化价值观；既有市场经济体制下重视个人主义的价值观，又有计划经济体制下重视集体主义的价值观。由于缺乏统一或者主导性的价值标准，社会心态也随之呈现出五花八门的混杂状况，诸多不良社会心态因此有了生长空间。[1]

(三) 传统思想尚未革新

我国历来有"均贫富""劫富济贫"的传统思想。经过历史的沉淀和实践的发展，社会成员早已在潜移默化中接受了平均主义的理念，对贫富差距的心理承受能力不高。但是改革开放以来，社会成员间的贫富差距逐渐被拉大，受"均富贵"传统的影响，社会心态极易失衡。而且在致富途径的选择上，有些社会成员是通过占有资源优势挤入富人行列，更有甚者通过非法途径获得财富，此类情形造成的贫富差距肯定会引起其他社会成员更加严重的心理失衡。

(四) 外来文化介入

全球化的深入发展带来文化的跨国界传播，随着我国的对外开放，与国外进行文化交流的机会增多，各种良莠不齐的外来价值观念和生活方式逐渐

---

[1] 覃国慈：《当前社会心态盘点与调适》，载《新疆社科论坛》2013年第2期。

渗透到我国社会之中，悄然潜进各个社会成员的生活，直接冲击着我国的传统观念和价值取向。部分外来文化采取欺骗性手段，以多样的形式消解着我国的传统文化，严重威胁到我国正常的文化秩序和社会的健康发展。

五、社会转型期社会心态失衡的个体影响因素

社会心态虽然不是社会成员个体心态的简单相加，但后者是前者形成的基础，因此，社会成员的个体因素对社会心态的形成和发展有着举足轻重的作用，社会成员个体心态的失衡必然冲击社会心态的整体平衡。

（一）个体认知存在偏差

社会成员个体心态的健康与否影响着社会心态的平衡与否，但转型期不少社会成员存在个体认知偏差的问题，对良好社会心态的形成产生了阻碍。社会转型期是各种社会矛盾和社会问题的集中凸显期，这是社会前进的必然规律。但是部分社会成员无法正确看待这一规律，从而产生认知偏差，具体包括以下四种情形：第一种是以偏概全，即见到或者碰到社会的阴暗面，就认为其他社会成员乃至整个社会都是消极负面的；第二种是非黑即白，认为一切事物不是对的就是错的，不是好的就是坏的；第三种是看不到事物积极、阳光的一面，只看得到事物消极、阴暗的部分；第四种是过分自信或者过度自卑。这四种类型的认知偏差，非常容易衍生出不满、偏激、消极、极端等社会心态，这些心态的累积与集聚，就会产生群体的社会心态失衡，容易给群体性事件的发生埋下"恶因"。

（二）个体情感缺乏支持

随着经济和社会的飞速发展，社会成员的生活节奏越来越快，生活方式也随之改变。同传统的社会生活相比，现今的社会成员因缺少时间而忽略了各自间的相互交往，个人生活单调和孤立，人际关系也逐渐淡漠化、疏远化，来自友情的支持大幅度减少。整体而言，当前社会的人际关系呈现出情感冷漠、互相封闭、缺乏诚信友爱的消极状态。除却友情支持，亲情支持对于个体而言也是必不可少的。家庭向来具有维护其成员心理健康、提供亲情支持的重要作用，但现如今，家庭的稳定性下降，破裂、重组的比例大幅上升，意味着来自亲情的支持也随之减少了。[1]

---

[1] 吴大兵：《当前我国公民社会心态失衡的非经济因素探析》，载《前沿》2010年第17期。

(三) 个体需求波动较大

根据马斯洛的"需求层次理论"可知，人的需求是按照生理需要（第一层次）——安全需要（第二层次）——社交需要（第三层次）——尊重需要（第四层次）——自我实现需要（第五层次）的顺序由低层次向高层次渐进式地获得满足。在我国，社会成员进入社会之前，仅凭借家庭的力量就基本能够满足生理、安全甚至是社交的需要，但是当他们步入社会，开始向着尊重需要和自我实现需要的满足努力时，会惊觉位于最底层的生理需求却依然没有得到满足，由此不可避免的产生悲观失望、迁怒于人、消极厌世的社会心态。[①]

第三节 社会转型期社会心态失衡的调控

社会心态属于社会意识范畴，有它自身发展变化的规律，它由社会存在所决定，又反映社会存在。但是，人们在社会心态面前并不是完全无能为力的，人们可以通过适当的方式加强社会心态的引导，将社会心态调适为对社会发展有利的正能量。目前，我国正处于激荡变革的社会转型期，无论是社会结构、经济体制、利益分配格局还是个人的价值观念、生活模式、情感状况以及社交行为等，均处在快速变革与深度转型的过程中。而社会心态作为公众心理的基础，在这一转型过程中会不断表现出来，而且会影响人们的生活方式和行为习惯。社会心态失衡是多方面原因共同作用的结果，对失衡的社会心态进行调适，是一项复杂而又系统的工程。具体而言，可以从以下几个方面入手。

一、平衡社会利益

世界各国的实践证明，任何一次社会转型必然会引起不同群体之间的利益冲突，同时，社会转型也会释放推动社会发展的巨大能量。改革开放也是

---

① 邱吉、孙树平、周怀红：《当前社会心态的考察分析与实践引导》，载《中国特设社会主义研究》2012 年第 2 期。

我国社会的一次极大转型，随着改革的不断深入，社会公众对改革缔造的利益期望值也越来越高，加之改革时代的改革难度持续加大，利益分配方面的矛盾也愈加凸显。因此，必须通过构建科学、合理的利益分配格局，才能缓解当前的社会心态失衡。①

首先，统筹经济社会发展、统筹城乡发展，通过完善相关制度，逐步建立公平公正的经济社会管理体制，改变城乡"二元分割"的局面，增强社会福利水平。

其次，坚持和完善按劳分配为主体、多种分配方式并存的分配制度，健全劳动、资本、技术、管理等生产要素按贡献参与分配的制度，全面贯彻党的十八大关于深化收入分配制度改革以及国务院关于收入分配改革的意见等一系列重要精神和要求措施，逐步缩小不同阶层之间的收入分配差距。

最后，加强税收制度的改革与创新，通过加大社会二次分配的整体力度，对较低的社会阶层进行相应的利益补偿，以期缩小贫富差距，逐步形成科学、合理、有序的利益分配格局，进而避免因社会收入差距的不合理、不适度而引起社会利益矛盾的激化。

二、加大反腐力度

党的十八大召开以来，新一届中央领导集体重点部署反腐倡廉工作，打掉了一大批附着在制度上的"老虎"和"苍蝇"。这样的反腐工作与反腐决心，赢得了公众的肯定与支持，社会风气得到了极大转变，尤其是"把权力关进制度的笼子""踏石留印，抓铁有痕"等反腐口号，更是让民众对党的反腐工作给予了极大的厚望。

（一）透明反腐

十八大以来，反腐透明度不断增强，从网上来看，每一次巡视结束后，中央纪委监察部网站都会及时开设相应的专栏，对巡视情况进行公告，指出巡视中发现的各种违法违纪现象，并对情节极其严重，给国家造成严重损失的行为进行严厉惩处。这些做法不仅传递出了中央透明反腐的决心，也传递出中央反腐务求实效的坚定意志，同时也极大地增强了中央纪委巡视工作的

---

① 侯晋雄：《转型期社会心态问题与构建和谐社会》，载《陕西理工学院学报（社会科学版）》2006年第6期。

透明度与公信力。

（二）责任反腐

党的十八届三中全会明确提出："落实党风廉政建设责任制，党委负主体责任，纪委负监督责任。"2014年1月14日，习近平总书记在十八届中央纪委三次全会上也强调，要落实党委的主体责任和纪委的监督责任，强化责任追究，不能让制度成为"纸老虎""稻草人"。中央纪委也多次强调，落实好党风廉政建设主体责任和监督责任，就是牵住了党风廉政建设和反腐败斗争的"牛鼻子"。"两个责任"是同一责任范畴的两个侧面，不能互相替代，更不能互相削弱，必须相互协调和共同促进，形成双轮驱动的工作格局。"两个责任"的提出，抓住了党风廉政建设和反腐败斗争的关键环节，是十八届三中全会关于全面深化改革部署的一个重点。

（三）节日反腐

以往，每到节假日，送礼之风盛行，导致春节、中秋、国庆等节假日成为腐败易发节点。2012年12月，在中央"八项规定"出台后不久，中央纪委监察部就针对2013年元旦、春节发出通知，要求切实改进工作作风，加强廉洁自律。在该份通知中，中央纪委明确用了9个"严禁"，禁止一些节假日的不正之风。自此以后，每逢重要节庆，中纪委都会发出通知或部署检查，对节日中出现的公款送节礼、公款吃喝、公款旅游和奢侈浪费等不正之风进行查处。同时，为了强化监督，中纪委在网站上还公布了举报电话、邮箱，设置了举报窗口，开通了监督举报直通车，增强反腐民众参与，在最大程度上打击节日腐败。

（四）网络反腐

随着社会进入网络时代，网络反腐也成为了反腐实践中的一大创新。在中央大力反腐的背景下，2013年4月，人民网、新浪网、搜狐网、网易网、腾讯网、新华网等多家网络媒体均同时在他们的首页推出"网络举报监督专区"，并将中央纪委监察部、中组部、最高人民检察院、最高人民法院和国土资源部（现为自然资源部）的网络举报平台整合在一体，建立了一个网络举报大厅，进入该厅可随意进入上述部门的举报窗口。同年，中纪委监察部网站也正式开通。该网站由监察部（已并入国家监察委员会）网站、国家预防腐败局网站、全国纪检监察举报网站、纠风之窗和工程建设领域治理工作网站"五网合一"而成，接受网络信访举报是其主功能之一。

通过不断探索，我国已逐步走出了一条具有中国特色的反腐道路，取得了明显绩效。但是，我国正处于发展的关键期、改革的攻坚期、矛盾的凸显期，社会转型时期所面临的腐败形势依然严峻，因此，我国的反腐败工作依旧任重而道远。

三、增强社会支持

建立行之有效的社会支持系统，是形成良好社会心态的有力保障，具体可以从以下几个方面入手[①]：

（一）健全文化教育与支持系统

作为化解心理压力、维护健康心态的一种教育资源，健康的社会文化支持系统为赢得社会公众支持发挥了重要作用。因此，需大力建设积极健康的社会文化以影响社会公众，加强社会主义精神文明建设。一方面，提供健康、文明、高雅的文娱欣赏和表现活动，排解公众压力、舒缓心情；另一方面，净化消极文化影响，杜绝、取缔"三俗"文化，营造一个积极而高雅的文化氛围。同时，还要不断弘扬健康的社会时尚、伦理道德和价值观念，倡导与人合作、真诚友善的人际关系，谴责和约束各种不良行为，增进信任感和亲和力，塑造心理安全感。

（二）健全社会保障与评价系统

社会转型期，诸如分配制度、劳动用工制度、养老保险制度等利益制度格局不断调整，极易刺激公众的神经，加大其心理压力，增添了不安感和危机感。尤其因失业、不正当竞争、才能得不到发挥等缘由导致的心理创伤加重的现象显现。因此，亟须建立一整套合理完善的社会保障体系和考核评价体系，保障公民的被帮助和被支持，使其能在公平、合理的竞争环境中充分发挥才华。

（三）健全心理咨询与调适系统

心理不适应现象是面对社会转型的急剧变革而普遍、突出的心理症结，严重威胁公众心理健康，为此，必须高度重视心理健康问题，加强心理干预和疏导。因此，首先，应大力普及心理知识，在全社会范围内大力宣传心理

---

① 张大均：《公众心理健康与社会文明进步》，载《重庆邮电学院学报（社会科学版）》2004年第6期。

卫生与心理保健知识，消除心理困扰、心理问题就是思想问题、道德问题的误解。其次，公正对待心理病患，给予充分的关心和爱护，而不是歧视。再次，规范心理咨询机构管理，依靠专业学术团体进行职业资质认证，保证心理健康教育科学有效地进行。最后，培养心理干预人才，把过硬专业素质和健全人格特征作为培养目标，开展科学化和规范化的咨询、保健服务，为社会公众心理健康护航。

四、健全沟通机制

社会心态是社情民意的重要方面，是人民群众的利益、愿望和要求所系，因此，要培养良好的社会心态，需要建立健全诉求表达机制、信息反馈机制和权益保障机制。

（一）建立健全诉求表达机制

我国正处在社会转型期，经济、政治、文化、社会和生态等问题与矛盾多发、并发、交织、互动，不断通过社会舆论、社会情绪拨动着社会各阶层成员的心态。不良社会情绪急需"减压阀"和"出气口"，因此，社会公众诉求机制的构建和完善就尤为重要。这就要求我们更加重视社会公众的情绪疏导，扩大政治参与和社会参与的范围，为积极社会心态的培育创造良好环境。当前，健全社会公众的诉求机制要将重点放在社情民意的表达渠道、网络和路径的规范以及长效机制的构建上，特别是为弱势群体建立有效的利益表达渠道，切实倾听弱势群体的心声，务实解决其实际问题。另外，还需要以法律来规范民众的行为，引导其理性表达利益诉求，达到有效避免矛盾和冲突的效果。

（二）建立健全信息反馈机制

信息反馈机制是全面了解社会心态、保证政情民意有效通畅的重要渠道，是做到上情下达、下情上报的必然设计。在我国，各级人民代表大会与政治协商会议、决策听证制度、公众咨询制度、人民来信来访制度、社会协商对话制度等制度设计都属于该机制。它们或以直接或以间接的方式发挥作用，但都服务于加强党和政府同人民群众的联系，有助于及时了解和反映社情民意。但其制度还有待进一步完善，作用发挥也有待加强。要进一步健全民主制度，丰富民主形式，扩大公民有序的政治参与，使其制度化、规范化、程序化。要进一步完善深入了解民情、充分反映民意、广泛集中民智、切实珍惜民力的决策机制，形成利益表达全面化、平衡有效化和调整科学化的利益协调机制。要充分尊重公众的知情权、参与权，坚持"大家的事大家议，大家的事大家办"，推进听证和公示制度，鼓励公众参与决策，在充分表达和有效吸纳的基础上，促进良性社会整合机制的形成。

（三）建立健全权益保障机制

针对目前社会成员对法律认同度不高的现状，需要进一步完善我国的法律制度体系，提高法律制度的可操作性，着力提升法律在公众权益保障方面的效能，尽量降低人们运用法律程序维护自己权益的成本，培养公众运用法律解决纠纷、维护合法权益的信心和习惯。以法律援助制度为例，该制度的设计初衷就是为了保障人权，实现社会公平正义，但是由于管理体制混乱、援助经费紧缺、援助队伍水平参差不齐等原因，大大影响了法律援助制度的实施效果。对症下药，我们可以从构建法律援助的专门立法、实现援助经费的开源节流、提升援助队伍的专业素养等方面健全这一权益保障机制。

五、引导媒体舆论

改革最终是让民众共享成果，而民众的情绪和看法又形成舆论影响改革的进程，因此，对公众进行舆论引导至关重要。在这个层面，多主体共同发挥着作用，媒体主体不可或缺、责无旁贷。从引导的必要性和可行性上，调适公众的社会心态都不得不借助报刊、广播、电视等传统媒体和微信、微博等新兴媒体，以达到消除民众不安情绪、引导公众社会行为的目的。

（一）坚持客观全面的报道原则

当前，个别媒体为错误的报道观念影响，采取了偏激的报道原则，造成了不恰当甚至是恶劣的社会影响。如以产生"轰动效应"相标榜，以刺激观众的感官为能事；报道热点问题时"火上加油"，揭露社会阴暗面时缺乏全面、正确的分析，在引导社会心态方面添乱多过帮忙。因此，在原则把握上，媒体应顾全大局，还原真相，探究真实原因，而不是先入为主，绑架公众的思想，切忌盲人摸象、断章取义、过度报道，避免颠倒黑白、混淆是非的报道。

（二）创建灵活多样的互动平台

社会主体多样化，因此舆论的推介平台也需灵活多样。传统媒体时代，以主流媒体为主，合作推广民生栏目，无疑可为政府"议事"和民众"办事"提供便捷服务；互联网时代，"网络问政"活动的展开也可以为网民讨论、互动，政府了解社情民意、纠正舆论导向、统一思想、化解怨气提供更广阔的天地；在大众创业、万众创新的改革时代，官方、领导的权威发布之外，专家、群众代表对社会热点问题、政策的解读、认知和发声更是被重视和传播，这对情绪的疏导、问题的理性分析和解决办法的生成及一致意见的达成都益处良多。总之，媒体灵活多样的平台要成为民众与政府之间的沟通桥梁，起到"灭火器"的作用。

（三）宣传典型有力的正面形象

正面形象是社会的标杆，其宣传要传递正能量，营造新风正气。中央电视台"最美乡村教师""最美司机""最美乡村医生"等"最美"系列活动，每年评选的"感动中国"人物，以及每每见诸报纸、电视的彰显高尚道德情操的凡人善举等，都是强有力的正面形象。与标签效应和破窗效应相反，对这些人物和活动的报道发挥的是良好的示范效应，就像点点星光一般，能逐渐照亮整片夜空，吸引和勉励越来越多的人参与其中。媒体对这种正面形象的有力宣传将促进正向舆论，有助于培育积极向上的社会心态，消解消极、错误的不良社会心态。

（四）加强系统有效的网络监管

网络监管是网络时代不可缺少的一环，为其健康、良性发展起到了防火墙的作用。一要引领健康的网络文化，助推积极的主流意识形态，唱响网上健康文化的主旋律；二要警惕不良的网络行为，时刻监控"网络推手""水军"等对网络舆论的不良影响，主动、快速、有效地解决网民的合理诉求，"早说话、说实话、会说话"，切实在与民众的交流互动中"立主导""达共识"；三要及时、有力地破除谣言，即要在第一时间构筑抵制谣言的"防火墙"，在信息披露方面抢占先机、抢得"话语权"。同时，网络相关法律法规的完善，也是互联网法治化不可缺少的一环，有助于推进舆论的健康发展。

六、重视个体调适

社会心态由社会成员的个体心态有机组成，良好的社会心态是建立在健康的个体心态基础之上的，因此，在重视社会心态调节的同时，更要重视个体心态调节，有必要从个体自身出发克服和消除不良社会心态。具体而言，可以从以下几个方面入手。

（一）加强思想道德修养

作为个体心态健康的思想基础，良好的思想道德修养促进个体形成、拥有积极向上的心态，其养成需要不断的学习和磨炼。因此，个体应当努力学习蕴含良好思想道德的传统文化，坚持学与思统一、知与行统一、他律与自律统一，在思辨、实践和对比中实现自身思想道德修养的提升，同时积极培育当代社会主义核心价值观，并将其内化为个人行动、处事的准则。

（二）促进正向自我认同

正如吉登斯所说，自我认同是个体在自身的亲身经历和不断地反思对自我的理解的过程中不断形成的，而非某个给定结果。[1] 因此，包含自我认同的社会转型对于每个社会成员都是挑战与机遇共生、并存的。社会成员应当充分发挥自己的主观能动性，主动投身于社会的变迁当中，一方面直面现实、正视自我，准确给自己定位，明确自身的奋斗目标；另一方面自觉重视教育和培训，主动学习，增强融入社会的能力。

（三）注重自身情感调节

情感的缺失、错位、扭曲容易导致感情用事、情感过激，不利于健康心态的形成，因此，疏导和控制情感的学习、遭遇矛盾和冲突时的冷静、评判事件时的客观，就显得尤为重要。在尊重的基础上理解与自己不同的思想和行为，在理智的基础上客观、冷静地不断自我反省、自我纠正，以实现情感调节的根本目标——理性、平和与克制。如此，健康的个体心态才能确立，良好的社会心态才能形成。

（四）正确定位自我价值观

价值观是个体的思想指引和行为导向，积极健康的价值观是个体保持良好心态及正确行为的前提和保证。因此，个体应当自觉排除市场经济的负面作用以及社会风气的不良影响，主动摒弃拜金主义、功利主义、享乐主义、极端个人主义等错误、消极的价值观，以社会主义核心价值观为参照，不断矫正和确立积极健康的世界观、人生观、成功观、财富观等，明确自己的人

---

[1] ［英］安东尼·吉登斯：《现代性与自我认同》，生活·读书·新知三联书店1998年版，第52～53页。

生定位，培养正确的理想信念，在火热的社会转型实践中激发自己的创造潜能，肩负起自己的使命，实现自己的人生价值，创造一个有意义、有价值的人生。

第三章
群体性事件中参与者的心理分析

从学理研究来看,以往学者对群体性事件的研究中主要集中在客观的社会危害性上,而少有学者对群体性参与者的主观心理进行深入剖析。这种研究现状导致以往对群体性事件的处置、防范建议多是如何进行"围追堵截",而很少从心理疏导层面提供防控策略和预防机制。实践已证明,一味地强调对群体性事件参与者的暴力处置或者强制带离,不但不能够起到化解社会矛盾、消弭隔阂的目的,反而会不断加剧群体性事件参与者与政府的对立情绪,群体性事件不断升级。因此,在注重妥当的事前、事中、事后处置行为的同时,有必要从心理学层面解析群体性事件中参与者的心理活动。掌握群体性事件形成与演变中的心理动因,对群体性事件中的组织领导者、一般参加者、袖手旁观者以及网络群体性事件中网民的心理特征进行类型化分析,挖掘其内在的心理变化规律,并在此基础上作出科学判断,采取有针对性的心理疏导策略。

第一节 群体性事件生成与演变中的心理动因

"群体性事件是转型期我国的一种社会现象,通常表现为一定人数参加的，通过没有法定依据的行为对社会秩序产生影响的事件。"① 群体性事件在本质上是一种集群行为，是人们在激烈互动中自发发生的无指导、无明确目的、不受正常社会规范约束的众多人的狂热行为。事实上，群体性事件并非"空穴来风"，也非"处心积虑"，而是社会矛盾的"日积月累"。这一过程中，社会矛盾的"量变"在某些特定事件的催化下急剧"质变"，呈现出群体性的激烈对抗局势。

一、群体不公的心理

群体性事件由于突发性强、破坏性大，且有碍社会稳定，一直以来备受人们关注，并受到公权力机关的强力抵制。公权力机关多停留在群体性事件结果的消极评价上，而较少关注促成群体性事件发生的心理动因，也较少准确掌握群体性事件中公民的合理诉求。2000年公安部颁发的《公安机关处置群体性治安事件规定》，就曾把"群体性治安事件"定义为"聚众共同实施的违反国家法律、法规、规章、扰乱社会秩序的，危害公共安全，侵犯公民人身安全和公私财产安全的行为"。显然，这一规定过于着眼于群体性事件的客观危害后果，而忽视群体性事件中人们的主观合理诉求，难以得到公众认同，其结果必然将公权力机关置于公众的对立面，这也是公权力机关处置群体性事件时容易遭致公众对抗的原因。本书认为，群体性事件的外在结果虽然表现为严重的社会危害，但是其行为的主观方面确是对社会公平、正义的向往和追求，是参与者努力表达自己的利益诉求进而达到积极维权的一种表现。不过在群体性事件中，由于参与者的相互刺激和激情狂乱，导致个体理性减弱，行为也容易出现过激和失范。因此，从这一角度来看，崇尚公平、追求正义是群体性事件的"本"，而破坏秩序、危害社会是群体性事件的"末"，如果在群体性事件处置过程中"本末倒置"，不仅不利于群体性事件的妥善解决，反而会助长群体性事件的气焰，使其愈演愈烈。正是基于此，2004年中共中央在制定《关于积极预防和妥善处置群体性事件的工作意见》时，将群体性事件重新定义为"由人民内部矛盾引发、群体认为自身权益受到侵害，通过非法聚集、围堵等方式向有关机关或单位表达意愿、提出要求等事件及其酝酿、形成过程中的串联、聚集等活动"。

---

① 梅传强、滕超：《论维权性群体性事件中职务犯罪的法律处置》，载《河北法学》2014年第5期。

群体性事件从根源上讲栖息于社会矛盾之中，是利益诉求两极分化的结果。不公正的际遇正日益成为群体性事件发生的重要动因。而不公正的际遇主要来自对比，如果对比者之间相差无几，即便生活困苦，依然能够坦然接受；而如果对比者之间霄壤之别，则即便生活富足，也会产生愤懑情绪，久而久之容易心理失衡。例如，生活在社会底层的公众三代人节衣缩食尚不能购一蜗居之地，而"房姐""房叔"等轻轻松松就可坐拥多套房产，其差距之大令人惊异。虽然普通公众生活节俭，终日奔波在工作第一线，但其收入依然难以追逐飙升的房价，而现代"土豪"们却能够整日挥金如土、骄奢淫逸。普通公众辛勤劳作，希冀安居乐业，却因个别公职人员公而不仆，养尊处优，拿着人民的"俸禄"却对人民"颐指气使"。这种强烈的对比，往往容易使公众心理失衡，进而借助群体性事件宣泄心中的积怨。加之，社会制度的不公平又为群体心理提供了温床，公众在通过正当救济程序难以维护自己正当权益之时，这种心理在趋同事件中易于引发共鸣，导致群体性事件呈现出井喷之势。

此外，公众需求之间的差异也会引发不公感，进而成为导致群体性事件发生的心理诱因。这些需求是以一种层次的和发展的方式，并以一定的强度和先后次序彼此关联起来的，其顶端则是最高的自我实现。和谐状态下的公众需求应当属于同一层级或者较为接近的层级，并在共同需求下形成一致目标并予以通力实现。实践表明，共同的利益需求，更容易结成群体，倘若利益需求的人分属不同需求层次，且都占有一定的数量时，则具有相同需求层次的个体更容易结成群体，产生强烈的情绪共鸣。同时，不同的群体之间会不自觉地相互比较，且对高层次的需求充满无限向往。如果有公平竞争的平台，低需求层次的人群可以通过努力获得高层次需求，则群体之间通常不会产生激烈对抗。反之，倘若低层次需求的群体无论如何都不可能达致高需求的人群，且高层次需求的人群并非通过努力，而是通过投机获取，则群体之间的不公感就会加剧，并随着群体数量的增多而随时有发生群体性事件的可能。转型期的我国，利益需求呈现出两极分化，我国底层需求群体和顶层群体数量庞大，形成强大的群体对峙，极大地加剧了底层需求群体的不公感。这种不公感促使该阶层群体在竞升高级阶层无望的情况下参与群体性事件，进而表达自己的利益诉求。由此可见，群体性事件之所以集聚众人，在于群体内个体需求之间的趋同，以及对抗群体需求的强烈愤懑，是出于对公平处遇的善意追求使然，而非蓄意破坏的恶性目的。

二、抱打不平的心理

群体性事件中，每个个体都可以借助群体的力量，展现自己抱打不平的英雄魅力。但是，问题是群体行为并非是一种理性行为，人们理所应当认为的正义，可能只是在片面信息理解上的结果，其实质可能偏离正义，因此群体参与者的好心也许办成的是错事。事实上，群体性事件本身只是点燃矛盾的导火索，其发生的根源是囤积已久的社会矛盾。

由此可见，群体性事件无论是恶果还是好果，都是建立在对正义的追求基础上的，是人性中善的激发，应当说是一种好的动因。然而，令人遗憾的是，这种本性激发后，在情绪的激动状态下，个体情绪犹如脱缰野马，难以控制其进度和方向，导致群体性事件中参与者行为的失范。不过，我们不能因此否定群体性事件发生的善性基础，夸大群体性事件的恶性方面，将群体性事件的参与者不加甄别地纳入人们的对立面，并对其贴上负面标签，否定其发生的正当性依据。假若如此，群体性事件的解决必然不能得到人们的认同，其结果不仅无助于化解社会矛盾，还有使矛盾升级的风险。

三、宣泄愤懑的心理

群体性事件还可以发泄个体愤懑，使个体内心的积怨和压力得到宣泄。群体性事件的显著特征是"去个性化"，又叫"个性消失"，亦可叫"去压抑化""去抑制化"，是指个体在群体压力或群体意识的影响下，自我导向功能的削弱或责任感的丧失，并产生一些个体单独活动时是不会出现的行为。社会心理学认为此现象是由于在众人之中失去理性，放弃了对自己行为的控制。群体中的个体处于匿名状态，单个的个体对抗强大群体或者公权的威胁被消失殆尽，个体有足够的动机参与群体性事件，发泄自己在个体环境中不敢发泄的愤怒，宣泄自己在个体环境中压抑已久的情绪。同时，当强大的集体成为个体的载体后，个体有了对抗强大群体的资本。此外，由于群体力量的强大，个体完全可以借助集体的力量宣泄自己的不满，表达自己的合理诉求，而无须畏惧强权的欺凌和强势的镇压。当单个的个体转化为集体的一员，集体的"我们"借着个体的"我"而开口说话，个体的"私欲"借着"我们"这个集体的力量得以发泄。换言之，群体性事件中，个体既可以享受集体力量的庇护，又可以自由发泄自己的愤懑。孤立的个体很清楚，在孤身一人时，他连自己的正当权益都不能捍卫，更不要谈及匡扶正义，但是当他成为群体的一员时，他就会意识到人数赋予他的力量，这足以使他有信心与其他的强大群体抗衡。值得注意的是，群体性事件中不可避免的有流血和冲突，个体需要付出代价，如果没有委屈和愤懑，个体是不可能付出如此代价参与其中的，因此，仅仅把群体性事件归因于纯粹的情绪感染是没有依据的。

四、依附群体的心理

群体性事件中，个体通过加入群体，获得群体的庇护，并伸张其诉求，其对群体性事件的参与是一种群体心理原型的回归。心理原型实际上是一种集体无意识，是人类在种族进化的漫长过程中积累起来的，在人类心灵中仍然活跃着的祖先的经验，是人类世世代代积累的共同经验。① 原型与典型情境相关，是人们在典型困境中的本能应对。群体心理原型是集体生活的一种回归。由此可见，群体心理原型一直植根于人们心中，从未走远。当个体遭受外在威胁时，群体心理原型就容易被唤起，并指引人们寻求群体的帮助。

群体心理原型也是合群本能的固化。人类具有合群生活的本能，这是最具社会意义的人类本能之一。合群本能最简单的作用方式就是"孤独使人不安，入群使人满足"。② 这一心理特点在日常生活中随处可见，如生患绝症的病人渴望亲人和朋友的照顾，其群体的力量足以让他缓解疼痛，勇敢面对病魔挑战。相反，如果脱离群体的关照，病人一般会颓废沮丧，而少有战胜病魔者。

合群一般在具有相似的人之间表现得较为突出。③ 物以类聚，人以群分，具有相同经历、相同诉求的人，更容易同病相怜，从而结成群体。这也是为何群体性事件的主体多是弱势群体，而鲜有强势群体参与其中的原因。此外，个体参与群体性事件的另一个动因源于，在群体中不管个体是否为组织出过力，他都能够享受其他人带来的好处。④ 毋庸置疑，群体心理原型在

---

① 袁彬：《刑法的心理学分析》，中国人民公安大学出版社 2009 年版，第 218 页。
② [日] 渡边淳一：《爱情从没进步过》，载《读者》2014 年第 16 期。
③ [英] 威廉·麦独孤：《社会心理学导论》，余国良、雷雳、张登印译，浙江教育出版社 1999 年版，第 63 页。
④ [美] 曼瑟尔·奥尔森：《集体行动的逻辑》，陈郁、郭宇峰、李崇新译，上海人民出版社 2003 年版，第 13 页。

合群本能的作用下更具感召力,是个体对抗强大公权和群体的不自觉反映。由此可见,群体性事件并非对暴力的向往和迷恋,而是群体心理原型作祟的结果,若要消弭群体性事件的负面影响,必须取信于民,并缩小群体之间的差异性,最大限度地减少群体之间的冲突。

第二节 群体性事件中组织领导者的心理分析

群体性事件以积习已久的社会矛盾为基础,以某个特定社会热点为动因,以组织领导者的积极倡导为前提,以群体参与为特征,以极端行为为表现方式[①],具有一定的社会危害性,而多被给予负性评价,鲜有正面肯定。我国正处于社会转型期,出现群体性事件是各方面矛盾综合作用的结果。群体性事件中的组织领导者是群体性事件的策划者,其心理活动对群体性事件的发展趋向具有决定性作用。因此,有必要对群体性事件组织中领导者的心理活动进行着重分析,对其进行正面引导,化消极的危害性为积极的可塑性,避免群体性事件向群体性犯罪恶化。

一、维护权益的心理

群体性事件并非空穴来风,而是事出有因。群体性事件中的组织领导者一般都是利益受损者,在自身利益遭受侵害时,会自然产生一种朴素的维权想法。面对强大的利益侵害者,特别是公权力的侵害时,弱小的个体难以与之形成对抗,而期望通过集结群体维护自己合法利益的想法便会萌生。群体性事件的组织领导者多是社会底层民众,他们策动群体性事件多是一种万般无奈的自保选择。正如有学者所言,"个体的反抗如此羸弱,只能依靠社会自力救济的形式,通过社会集体的力量,来获得受害合法权益救济"。[②]

实际上,在利益不受损的情况下,没有人会甘愿冒对抗国家、侵犯公权的风险而集结公众发动群体性事件。我们必须承认人是理性的,人是能够在

---

① 龚正荣:《群体性事件的产生及其预防》,载《中共浙江省委党校学报》1999年第3期。
② 王宝治:《社会自力救济行为的法理分析——群体性社会事件研究的一个新视角》,载《河北法学》2009年第12期。

理性思维的情况下作出趋利避害的选择。毋庸置疑，"人们所争取的一切，都同他们的利益有关"。① 群体性事件激情所为的表象后面是权衡利弊的理性选择。申言之，组织领导者无非就是为了借助群体力量维护自己受损的利益、表达自己的诉求、寻求一个公正的说法。从这个层面上讲，群体性事件的组织领导者是在维护权益的心理需求下，实施的策动多人对抗特定群体的行为，具有一定的正当性。

毋庸讳言，群体性事件中的组织领导者策动群体性事件的心理动机与群体性事件组织领导者的权益息息相关，是满足自我需要的结果。需要是个体活动的基本动力，也是个体行为动力的重要源泉，是解答群体性事件组织领导者缘何实施群体性事件的金钥匙。② 随着需要层次的上升，需要的力量相应减弱。在高级需要出现之前，必须先满足低级需要。群体性事件组织领导者的利益需要通常都是最低级的需要，试图吸引的参与者也是与其需要趋同的，因此对抗的力量更强。

群体性事件因组织领导者的策动而产生，是意志作用的结果，在分析中应严格甄别组织领导者的主观罪过，并在此基础上作出合乎情理的应对策略。群体性事件中，组织领导者只能对自己的行为负责，对意志作用的结果承担责任，而不能对自己意志以外的后果进行担当。从这个意义上讲，我们"不能一概将群体性事件视为违法或是犯罪，或从政治态度上加以预设"。③ 若组织领导者仅仅是为了维护自己的合法利益，满足自身的合理需求而实施的组织行为，且在群体性事件的倡导过程中，没有追求也不可能预见群体性事件的损害后果，则因缺乏意志因素，不应承担刑事责任，若造成损害可纳入民事赔偿的范围。反之，组织领导者策动群体性事件不仅是为了维护自己的合法利益，还试图以此为导火索，达致不法目的，则群体性事件的危害结果是组织领导者期望的结果，应当承担刑事责任。

二、英雄担当的心理

"化身英雄""伸张正义"成为群体性事件中领袖或核心人物的象征，是群体性事件组织领导者策动群体性事件的不竭动力。群体性事件的组织领

---

① 《马克思恩格斯全集》（第1卷），人民出版社1961年版，第82页。
② 彭聃龄：《普通心理学》，北京师范大学出版社2004年版，第327页。
③ 关鑫：《论公民不服从——兼论群体性事件的解决思路》，载《河北法学》2010年第4期。

导者不仅可以在群体性事件中维护自己的利益，还能通过发动群体性事件得到群体成员的拥护，成为群体中的英雄。从这个意义上讲，成为群体性事件的组织领导者，需要的不仅是一时热情，还要有旷日持久的坚持、超乎常人的付出。

一个个体如何才能成为权威的专家，令人敬仰的英雄？一种方法是从传达听众赞同的观点开始，这样会使他看上去很聪明。① 群体性事件的组织领导者通常需要依靠自己的信息传递集结与其利益一致的人。如果某个体是从多数派中投奔而来的，那么他会比那些自始至终居于少数派的人更有说服力。如群体性事件中的组织领导者多是利益受损最严重的人。② 若居于少数派的人想要获得群体的支持，则需要将自己的利益诉求进行转换，以期与多数派的利益趋近。"人生来具有同情心、互助心和正义感。"③ 一个具有正义感的"英雄"更容易得到群体的拥护，并促成群体性事件的发生。

同时，一个意图成为群体性事件的组织领导者，还需具备自信的品质，并在传递信息中刻意为之。那些炒作既定目标坚持不懈并且表现出领导气质的人通常能赢得信任并鼓舞其他人追随自己。④ 群体性事件的组织领导者在英雄情结的作用下，淋漓尽致地展现自己的自信乐观，无以复加地突显自己的非凡魅力，使人们在其眼花缭乱的迷人假象面前沉醉，最终心甘情愿的接受组织领导者的领导，并参与到群体性事件中。此外，组织领导者为了奴役参与者的思想，尽量采用激情、肯定的语词，快速、坚定的语气，使参与者根本无法理性分析其意图，从而使情感占据上风，理性退居二线，并在激情感染之下迅速加入群体。

除此之外，群体性事件的组织领导者还必须让潜在的参与者认可自己的英雄形象，对策动计划坚信不疑，并愿为此赴汤蹈火、在所不惜，唯此，群体性事件才可能实现组织领导者的既定目标。事实上，信任是一个过程，需要以组织领导者的实际行动和可信性承诺作为基础。正如甘地、

---

① ［美］戴维·迈尔斯：《社会心理学》，张智勇、乐国安、侯玉波等译，人民邮电出版社2008年版，第184页。
② ［美］戴维·迈尔斯：《社会心理学》，张智勇、乐国安、侯玉波等译，人民邮电出版社2008年版，第235页。
③ 朱启臻、张春明：《社会心理学原理及其应用》，中国社会出版社2002年版，第255页。
④ ［美］戴维·迈尔斯：《社会心理学》，张智勇、乐国安、侯玉波等译，人民邮电出版社2008年版，第237页。

马丁·路德·金和其他一些伟大的领袖所做的一样,甘心为了自己的信仰而承受痛苦的精神,有助于人们相信个体的真诚之心。① 为了实现自己的英雄梦想,有的组织领导者不惜自我牺牲,以期获得群体的认同,并成为群体的伟大领袖。

综上,群体性事件归根结底是人们英雄情结作祟的结果,对群体性事件的抑制不能采取粗暴的随意掐灭方式,而应对其进行因势利导,通过合法、合情、合理的方式予以解决。同时,畅通政府与公众的对话机制,引导英雄之火在正当的轨道内燃烧。

三、谣言诱导的心理

谣言,又称为流言,"一种以公开或非公开渠道传播的对公众感兴趣的事物、事件或问题的未经证实的阐述或诠释"。② 回顾以往发生的重大群体性事件,不难发现谣言对群体性事件的发展壮大发挥着煽风点火、推波助澜的功效。比如,湖北"石首事件"中"死者因知晓酒店老板贩卖毒品招致被杀而非自杀"的谣言、贵州"瓮安事件"中"初中生李树芬是奸杀后被脱光衣服投入水中而非溺水死亡"的谣言、广东"沙溪事件"中"武警开枪致人死亡"的谣言等。一般而言,群体性事件中谣言传播大致需要经过三个阶段,即"众说纷纭"群体意识的觉醒阶段、"谣言井喷"的群体意识形塑阶段、"谣言惑众"群体暴力行为的酝酿阶段。在这三个阶段中,部分群体性事件的组织领导者希望通过谣言的传播达到以下三点效果:

首先,引诱人们的愤怒情绪。根据心理学研究表明,公众在信息传播中的"情绪选择"是谣言成功传播的重要因素,越是能够激发人们厌恶、生气、恼怒等强烈情绪的谣言,其传播就越迅速、广泛,即使所传播的信息内容荒诞不稽,也依然如此,这是人类的本性使然。③ 群体性事件中,组织领导者散布似是而非的谣言,勾引人们的愤怒情绪,营造一个有利于其达至目的的社会心理环境。公众在此环境中得到一定的情感皈依,容易产生情感共鸣效应,提升群体情绪的紧张度,强化双方的敌对观念,这正是谣言的厉害

---

① [美]戴维·迈尔斯:《社会心理学》,张智勇、乐国安、侯玉波等译,人民邮电出版社2008年版,第184页。
② 胡钰:《公众传播效果》,新华出版社2000年版,第219页。
③ [美]卡斯·R. 桑坦斯:《谣言》,张楠、迪杨译,中信出版社2010年版,第98页。

性所在。在贵州"瓮安事件"中，政府未能有效防范谣言的扩散，未能及时发布客观真实信息，导致未能主导舆论发展，进而群众愤怒情绪失控。须知，谣言不仅仅是语言上的不客观或不准确，而是蕴含着强大的心理助力，谣言之所以能勾引出人们的愤怒情绪，关键在于利用了"情感投射"，使得谣言能够联系人们的潜在心理需求和利益诉求，人们压抑已久的情绪立即引爆。

其次，错乱人们的正确认知。根据认知心理学中双加工理论的研究，由于情绪的加工属于自动加工过程，而公众首先会被这种强烈的情绪所感染，形成强烈的情绪体验，这种体验会削弱控制加工过程，使受众在情绪被激发后很难去辨别谣言信息的真实性，而是直接将这些内容看作真实信息加以接受并传播。[①] 群体性事件中的组织领导者，散发谣言、引爆公众的情绪、错乱人们的正确认识。此外，由于人们都有"先入为主"的观念，当谣言先于真实言论进入人们的认知领域，后续对谣言的纠正和驳斥就变得异常艰难。实际上，群体性事件中的参与者大多是善良的公众，他们爱憎分明、嫉恶如仇，参与群体性事件仅仅只是期望用自己微薄的力量为弘扬社会正气尽一份绵薄之力而已。群体性事件的组织领导者正是瞅准了公众的这一心理，精心散布谣言，并大搅浑水，使良善的公众在谣言的轮番轰炸之下，不当激发正义情感，导致群体性事件的发生。

最后，误导人们的合理行动。群体性事件的组织领导者力图通过谣言误导人们的合理行为，使人们在参与群体性事件时陷入错误认识，从而把背离正义的行为当作合理的行为来实施。群体性事件的组织领导者充分抓住公众的不满心理，夸大社会矛盾，并将矛盾双方对立起来，使暴力冲突变得合理、可行。群体性事件的组织领导者通过挑战人们的道德底线，隐匿真相的枝节信息，夸大真相的惊骇之处，触动公众的不公正感，以寻求公众的支持，诱导其做出非理性的过激行为。毋庸置疑，社会不公正心理乃是引爆群体性事件的导火索，谣言无非就是挑战人们对不公正做法的憎恶底线。当人们失去分析问题的理性，并对谣言深信不疑时，谣言内容所触及的利益群体就会奋起反抗，并做出异乎寻常的行为。从这个意义上讲，政府应当及时公布真相，积极与公众沟通，努力塑造自己的清廉形象，增加权力机关的公信

---

① 孙嘉卿、金盛华、曹慎慎：《灾难后谣言传播心理的定性分析——以"5·12汶川地震"谣言为例》，载《心理科学进展》2009年第3期。

力,唯此,谣言才能不攻自破。

四、聚众造势的心理

群体的力量是无限的,群体性事件的组织领导者意图成就的"英雄美梦""宏图伟业"必须借助群体的力量才有望实现。因此如何利用谣言,发挥个体魅力形成聚众之势,在群体性事件组织领导者的心理活动中就显得极为重要。

合群的本能驱使,使聚众造势成为可能。人们在合群本能的驱使下,获得加入群体、寻求群体庇护的动力。合群本能是最具社会意义的人类本能之一。[①] 合群是一种原始映象,人类早期的猿群、氏族以及现代的国家等都是群体的结合,是人们在长期的社会发展中,已然形成的合群习惯。事实上,孤立的个体生活无依、孤独无趣,难以在险恶的自然环境中安然度日。而群体中的个体由于可以借助群体的力量团结协作,获得生活必需并相互依靠应对困难,完全不用忍受孤单、寂寞就可享受来自群体的温暖和快乐。合群的本能实际上也反映人的一种群体归属感,是人在险象丛生的自然环境中渴求关怀和依靠的心理需求。群体性事件组织领导者抓住人们的合群本能反应,对群体归属感的渴求,大肆鼓吹群体的优越性,使人们对群体生活产生无限向往,并激情加入。即便少数没有加入者也会基于群体归属感的需求而左右摇摆,并在流言蜚语的感染和领导魅力的感召下坚定入群的信念,从而聚众造势。

聚众造势还要求行为的一致性,因此群体性事件的组织领导者需要通过自己的行为感染群体参与者,使群体成员积极模仿自己的行为,最大程度实现群体行为的一致性。值得注意的是,群体行为的感染效果取决于实施某一行为人数的比例,若"在一个有限范围内做出某一特定行为的人的比例越高,行为感染的效果便越显著",[②] 反之,则感染效果越差。基于此种考虑,群体性事件的组织领导者通常标榜自己维护的利益与公众利益是一致的,诱使公众模仿自己的行为,最大程度增加自身行为在群体中的比例,以此提高感染的效果,形成聚众之势,实现自己策动群体性事件的目标。

[①] [英]威廉·麦独孤:《社会心理学导论》,余国良、雷雳、张登印译,浙江教育出版社1999年版,第62页。

[②] [美]伦纳德·伯克维茨:《社会心理学》,张霁明译,吉林人民出版社1988年版,第107页。

此外，行为的互助性是聚众造势的催化剂。行为只有具有互助性，群体参与者才有积极性加入其中，并在相互协作中达致群体性事件的目标。人具有一种"为了'互助'而应当与其同伴合作的天然感情"，且"大脑的诡辩法不能抵御这种互助感情"。① 事实上，对于一些需要团结互助才能实现的宏大目标，个体能力显然无论再强都是难以企及的，如齐心协力推翻一辆罐车，非一人能为，此时团体的协作就显得尤为重要。此种情况下，群体参与者的目标是一致的，都是为了推翻一辆罐车，但是有的人擅长推车头，有的人擅长拉车尾，每个个体都有渴望别人与之合作共同实现这一目标的意愿。此时，群体性事件组织领导者的牵头，能够使他们一拍即合，迅速形成聚众之势。故而，当群体性事件的组织领导者捕捉到这些互助信息后，只需在具有合作意愿的公众中稍加煽动，就能吸引其加入群体并投身其中。

由此可见，聚众造势是公众合群本能的激发、群体归属的捡拾、一致行为的造势、互助行为的催化，有其发生的心理根据，是信息传递过程中共鸣的结果。避免此种群体性事件组织领导者聚众造势目的的达成需要对症下药，针对组织领导者发布的信息，揭穿其真实意图。对于确是维护合法利益的，指出聚众造势的危害性，引导其通过正当途径解决；对于真实意图与公众意愿不符且违法的，应当向公众揭露其真实目的，并给予组织领导者重磅之击，使其得到应有的惩罚。只有采用此种方式，才能保证聚众造势之势是良势而非恶势。

五、自我表现的心理

每个个体都有自我表现的欲望，群体性事件组织领导者倾心竭力地策动群体性事件、劳神费力地拉拢公众，无非也是为了得到人们的关注，期望成为万人瞩目的焦点，实现自我才华的展示，成就伟大抱负的宏大夙愿。群体性事件中组织领导者的自我价值在轰轰烈烈的事件发生过程中展露无遗，因此，对具有强烈表现欲望的组织领导者更具诱惑力。

自我价值是指个体选择一定的价值标准对自身进行价值评判获得的关于自身总体价值的概念。② 自我价值的定位因人而异。自我价值的实现与否需

---

① ［美］曼瑟尔·奥尔森：《集体行动的逻辑》，陈郁、郭宇峰、李崇新译，上海人民出版社2003年版，第155页。

② 金盛华：《社会心理学》，高等教育出版社2005年版，第38页。

要通过自我价值感进行评判,是一种个体对自身价值评判结果的体验。[1] 反映的是自我价值的状况,主要由两个根本性因素决定:一是自我价值支持,二是自我价值定位。前者是客观的自我价值依托,后者是自我价值的诠释体系。当一个个体的自我价值定位体系处于暂时稳定的状态时,自我价值支持资源越多,个体的自我价值感越积极,并会向内表现出更为肯定的自我感念,向外表现出更为积极的自尊和自信的特点。[2] 自我价值的支持,是一个自我价值资源的寻找和成就过程。当人们自我价值定位以后,就会努力创造条件,网罗自我价值资源,尽可能地创造条件实现自我价值。在这些自我价值的实现过程中,都需要通过自我表现来实现。毫无疑问,被人们发现和认可有助于自我价值感的提高。

自我表现能够发泄组织领导者的偏见情绪,使压抑的内隐怒火冲破传统的窠臼肆意喷发,从而享受酣畅淋漓的释放快感。偏见是一种针对特定目标群体的习得性的态度,它包括支持这种态度的消极情感(厌恶)和消极信念(刻板印象),以及逃避、控制、征服和消灭目标群体的行为意向。[3] 偏见激发了自我表现的欲望,带有偏见的人总是试图通过展现个体魅力证明持有偏见者的诸般不是,卖弄自己的非凡能力和绝世才华。

此外,自我表现也是组织领导者角色扮演的必然结果,群体性事件的组织领导者担当的是群体领袖的角色,其角色扮演意味着抛头露面、发号施令,并在举手投足中尽现领袖气质,需要角色理论的解读。角色理论是一种试图从人的社会角色属性解释社会心理和行为的产生、变化的社会心理学理论取向。由于这一理论的基础概念是"角色",其基本原理也是借助于戏剧比拟来阐发的,故称为角色理论。角色理论家用戏剧比拟现实生活,认为具有一定社会身份者的行为,如同戏剧中扮演一定角色的演员的行为。[4] 群体性事件的组织领导者如若想成为群体真心拥护的领袖,并长久控制群体,就需要在群体中积极展现自己的领导才华,严正声明自我立场与群体立场的一致性,坚定承诺个体为群体事业献身的决心。群体性事件组织领导者只有积极扮演好自己的角色,才可能在群体中永葆其核心地位,实现其策动群体性

---

[1] 金盛华:《社会心理学》,高等教育出版社 2005 年版,第 38 页。
[2] 金盛华:《社会心理学》,高等教育出版社 2005 年版,第 39 页。
[3] [美]理查德·格里格、菲利普·津巴多:《心理学与生活》,王垒、王甦等译,人民邮电出版社 2003 年版,第 521 页。
[4] 金盛华:《社会心理学》,高等教育出版社 2005 年版,第 29 页。

事件的目标。由此可见，自我表现在组织领导者角色扮演中的重要性。

群体性事件组织领导者自我表现的心理是实现自我价值，抒发偏见情绪，契合角色扮演的必然结果。在群体性事件的预防中应当积极引导正性的自我价值，贬抑负性的自我价值。同时，强调自我价值实现路径的正当性，避免正性自我价值在路径中的变异。除此之外，应当加强偏见群体之间的沟通与合作，积极创造相互之间依靠合作实现共同目标的情境，以此减少偏见的效果，避免负性自我表现的滋生。最后，倡导正面人物的角色定位，重磅打击诸如"绿林大汉""黑道老大"的角色扮演，以此减少群体性事件的发生。

第三节 群体性事件中一般参加者的心理分析

群体性事件的发生依赖于一般参加者聚集所形成的群体心理，并在群体心理机制的作用下演化为群体性事件。群体性事件发轫于个体的相对剥离感，在不公正的处遇面前，人们集群声讨、叫板权威。这种狂热情绪极具感染力，足以传染相同经历者引起共鸣，抑或正义者的侠肝义胆，并在一般参加者共同集体效能的权衡下彼此模仿，群体激化。因此，分析群体性事件中一般参加者的心理机制对于从心理疏导层面预防和控制群体性事件的爆发具有重要意义。

一、愤懑爆发的心理

群体性事件的发生肇始于个体的相对剥离感，是个体追求公平正义、宣泄愤懑的心理机制。当群体性事件中一般参加者实际所有的东西不能达到他们自己认为的程度时，便会产生一种"相对剥夺感"。不管一般参加者是寻求经济保障、自我表现，还是一种归属感，只要他们的努力没有得到应有的报答，其目的没有得到完全实现，相对剥夺感便随之而来。

不可否认，相对剥离感使被剥离个体和剥离人群之间的界限更加清晰，并形成利益的对立。同时，两者之间不可逾越的鸿沟又使矛盾不断激化，个体愤懑逐渐飙升，以至在被剥夺个体再次遭受剥夺时，其就会拼死回击，以寻求他人的共鸣，并聚集群体，共同抗击剥夺群体，争取被剥夺的利益。这一群体心理作用过程，与被剥夺者的个体愤懑和利益剥夺程度休戚相关。一般而言，被剥夺程度越高，个体愤懑越强烈，个体回击引发群体性事件的可能性越大，反之，则可能性越小。被剥夺程度，愤懑程度和群体性事件发生呈正相关的关系。究其原因，主要是因为群体性事件，需要煽动，需要共鸣，若被剥夺程度低，群体性事件一般参与者愤懑不强烈，则不易引起其他人的认同，较难聚集成群，或形成较大的群体，并在群体性事件中和强大的公权和群体抗衡。值得注意的是，每一次群体性事件的发动都需要成本，这些成本在下次群体性事件中不会再现，如果群体性事件不能成功，这些成本将不再出现，即沉没成本。因此，本书认为，群体性事件的一般参加者一般会权衡利弊，在群体性事件确实合乎正义、紧迫必要，且万般无奈的情况下才会冒险参加。从这个意义上讲，把群体性事件的参与者归结为"群氓"和"乌合之众"是有失妥当的。

二、群体认同的心理

群体认同，是指个体对某一组织或群体的归属感，起源于对群体成员关系的认识和作为群体成员所产生的价值观和情感意义，包括对群体的认知、情感与行为反应。个体对抗群体能否引发群体性事件，取决于其他个体的群体认同，即其他个体是否认可个体的对抗行为，并感同身受其处境，进而加入其中，共同争取一致的合理利益。因此，当一般参加者决定对抗群体并付诸行动时，总是希望最大限度地获得其他一般参加者支持，并吸引其参与其中，以此形成强大的群体与拟争取权益的群体抗衡。而如何获得一般参加者支持，形成群体认同，这就需要通过情绪感染，唤起共同利益个体的群体心理原型，激发非共同利益个体的正义情感、英雄情结，使其在狂热的情绪煽动下产生群体认同，参与群体性事件，增强群体的对抗力量。情绪感染具有催化和发酵的作用，还会使人感情冲动，丧失理智，削弱个体的责任感和社会控制，破坏现有的社会规范，表现出一些过火的行为来。毋庸置疑，情绪感染使一般参加者获得群体认同，增加群体力量，统一群体行为。

情绪感染主要在两类人中产生群体认同。第一类是具有相同经历，共同利益的个体。在这类人中，个体的对抗行为正是自己想做而不敢做的事情，是自己朝思暮想被剥夺的利益，加入其中，自己可以与他人并肩作战，在感受集体庇护的同时，争取自己的合法权益。这一情绪感染机制建立在个体之间利益需求趋近的基础上，如果两者相去甚远，人们从趋利避害的角度，就不可能为了他人的利益而甘愿参与群体，甚至付出更大的努力。第二类是具有正义感，好打抱不平者的情绪感染。这类人通常与对抗个体并不属于同一阶层，同一利益群体，本不可能被情绪感染，产生群体认同。但是由于这些人都是性情中人、爱憎分明、疾恶如仇，更容易被情绪感染。当群体性事件中对抗个体的悲惨遭遇唤起了他们担当大义、匡扶正义的念头，他们就"易因情绪传染而从众"，"而在群体中，每种感情和行动都具有传染性，其程度之强，足以使个体随时准备为集体利益牺牲自己利益"①。为了正义在群体性事件中以身殉职的一般参加者不胜枚举。由此可见，群体性事件中的一般参加者通过情绪感染使旁观者产生群体认同，壮大群体力量，增加群体利益诉求的胜算机会。

三、盲目从众的心理

目前，我国学界普遍认为从众心理是群体性事件中普遍存在的心理因素之一，亦是推动群体性事件发生、发展的动力因素之一。何谓从众心理？从众心理是指个体由于受到真实的或想象的群体压力的影响，从而使得个体行为或信念上发生改变。② 根据从众的程度不同，可以分为表面从众和内心从众两种。换言之，从众可能是表面服从，亦可能是内心接受。具体而言，群体性事件中，一般参加者在群体压力的影响下在知觉、思维、判断及行为方式上与群体中多数成员保持一致的倾向性。但这种倾向的一致性是有程度差别的，有些一般参与者可能在其行为表现上是服从群体的要求，而其内心却模糊混乱或坚持与群体不同的信念，另外有些一般参与者可能不但外在行为完全认同群体成员的做法，而且内心信念也与群体其他成员保持一致。

既然从众心理是群体性事件中一般参与者普遍存在的心理表现之一，因此，需要探究从众行为的产生原因，从而更好地为我们预防从众现象的发生提供依据。从国内外学者的研究来看，从众行为的缘由是多方面的，但主要有以下几点：

首先，刺激信息的模糊性所致的判断失误。群体性事件中部分参加者由于个体知识、信息、能力缺乏等原因导致对一些模糊性信息不确定时，容易人云亦云，这样更容易形成心理上的安全感。因为在不确定的情境中，人们

---

① ［法］占斯塔夫·勒庞：《乌合之众》，夏杨译，商务印书馆2011年版，第11页。
② 俞国良：《社会心理学》，北京师范大学出版社2006年版，第419页。

大多会参照其他人的做法，这也是公众的普遍心理特征之一。

其次，来自群体其他成员的压力，当群体性事件一般参加者发现自己的观点与身边多数人的观点不一致时，由于害怕受到多数人的排挤而孤立无援，从而丧失群体归属感，在这时会感到较大的压力。在此情境下，个体容易保持沉默，导致占优势地位的多数人的意见愈发显露，而处于劣势地位的少数个体意见愈发弱小，这称之为"沉默的螺旋"。

最后，责任分散效应的影响，群体性事件中一般参加者想和大家保持行为上一致性，即使大家都错了，也不会受到处罚，这是典型的"法不责众"的心理。

四、集体效能的心理

群体性事件致力于群体特定目标的实现，是不特定多数人实施的集群行为，其中群体性事件中一般参加者对集群行为结果有效性的认识和能否实现的目标估计，是群体性事件得以发生的直接影响因素，而集体效能就是群体对这种认识和估计的反映。集体效能是群体成员对本群体能否完成特定任务或实现特定目标的估计，集体效能对群体性事件有正向的预测作用。[①] 若集体效能较高，一般参加者认为群体性事件能够改善自身的不利处境或实现正义价值诉求，则有利于群体性事件的发生。反之，若集体效能较低，一般参加者认为群体性事件无助于改善自身的不利处境或实现正义价值诉求，则不利于群体性事件的发生。

集体效能和群体认同都兼有促成群体性事件的发生机制，群体认同是一般参加者在情绪感染之下对群体行为的认同，来自感性的认识，而集体效能是对群体目标能否实现的评价，是理性层面的考量，两者共同作用于群体性事件，影响群体性事件的发生。当群体认同和集体效能评价一致时，一般参加者参与群体性事件是其意愿所在，且利益诉求实现的概率较大，个体有足够的动机参与群体性事件，群体性事件发生的可能性较大。但是，当集体效能和群体认同不一致时，群体性事件能否发生，就是一个颇为棘手的难题。本书认为，一般情况下，每个个体都是理性的，他会理性计算自己的成本和得益，并在权衡利弊的情况下做出决策。当某一事件的群体认同不高，参与

[①] 贾留战、马红宇：《群体性事件的社会抗争模型及其研究展望》，载《管理现代化》2011年第4期。

群体的人较少，但是集体效能较高，发生群体性事件实现群体目标的概率较大时，则较易发生群体性事件。此种情况下，一般参加者参与群体性事件不会利益受损，反而会获得一定的利益，因此没有理由不参与其中。反之，若群体认同较高，集体效能较低，参与群体性事件虽然付出巨大代价，但却终难达到群体目标，一般参加者自然较少参与群体性事件。此外，集体效能和群体认同的关系也是相互转化的，当群体认同异乎强大，而集体效能几无可能的情况下，人们也可能出于对自由和尊严的向往，以飞蛾扑火之势群集起来，挑战几乎为零的集体效能，农民起义就是这种关系的最好例证。

上述论述不难看出，集体效能对群体性事件的发生具有决定作用，而群体认同只是群体性事件发生的心理基础，有群体认同不一定有群体性事件，但是没有集体效能则几乎不可能发生群体性事件。但是，我们毋宁忘记的是，群体性事件并非理性倡导的必然，强大的群体认同随时都有可能在情绪感染下，转化为失控的江水。群体行为的狂热，足以使人们为了正义或自身诉求献身。此时，强权镇压的结果只能是两败俱伤的结局，是"零和"博弈的结果，对社会并无促进意义。

五、群体极化的心理

群体性事件的发生关乎情绪感染，是人们在群体认同的基础上，基于集体效能的抉择，这一过程存在群体极化。即群体讨论倾向使成员的初始观点得到加强的现象。[①] 在群体性事件中，群体极化主要是通过一般参与者行为的相互模仿来实现的。集群行为具有自发性、狂热性、非常规性、短暂性等特点，在瞬间发生的群体行为中，群体成员根本不可能进行事先讨论，如何行为、如何表达自己的利益诉求，只能依靠模仿。而模仿是一种再现他人的行为，在集群行为中大家相互模仿，从而发生共同的行为。一人叫喊，应者云集，一人上去，群体蜂拥。总之，模仿使整个群体产生一致的行为。因为一般参加者在突发事件前不知所措，无计可施，只好模仿他人，看到他人怎么做，自己也跟着怎么做，这样便产生了集群行为。因此，群体性行为容易出现极端化。如果群体中的组织领导者行为富有冒险精神，那么群体性事件

---

① 周感华：《群体性事件心理动因和心理机制探析》，载《北京行政学院学报》2011年第6期。

中的一般参加者的行为也因模仿而富有冒险精神；反之，如果群体中的带头行为偏向保守，则群体性事件中的一般参加者的行为也趋于保守，而且一般参加者一旦加入群体中，个体意志就逐渐因群体模仿丧失自我，成为集体意志的影子。正如法国学者塞奇·莫斯科维西所言："当个体聚集到一起时，一个群体就诞生了。他们混杂、融合、聚变，获得一种公有的、窒息自我的本能。他们屈从于集体的意志，而他们自己的意志则默默无闻。"① 群体性事件之所以饱受诟病、备受苛责就是因为人们在群体极化的诱导下，极易步入集体非理性的泥沼，从而造成极大的危害后果。群体性事件中，公众肆意攻击政府、摧毁公共设施、砸毁交通车辆、焚烧档案资料等，无疑都是群体极化的结果。在群体意志的左右下，一般参加者甘于冒险、富于激进，其行为多有超越群体诉求的界限。同时，群体性事件中，个体无法准确把握自己集群行为的度，虽然出于自保之意、正义之情，但却可能偏离其初衷，危及公共秩序或者他人人身、财产安全。从这个意义上讲，群体性事件的控制关键在于抑制群体的恶性极化。

第四节　群体性事件中旁观者的心理分析

作为转型时期我国社会矛盾集中体现的群体性事件②之所以能够吸引普通公众的目光，究其原因是人的好奇本能在"作祟"，使人们对群体性事件这一与社会稳定常态背道而驰的病态现象表现出浓厚兴趣。好奇冲动驱使个体接近和仔细探究引起好奇的物体③，人们会不自觉地在事发现场外围聚集，形成一定规模的旁观者集合。在复杂心理机制的作用下，这些旁观者都有可能发展成为群体性事件的参与者甚至是越轨行为实施者，起到扩充群体规模，增强群体性事件破坏性的反作用，因此，研究群体性事件中旁观行为

---

① ［法］塞奇·莫斯科维西：《群氓的时代》，许列民等译，江苏人民出版社2003年版，第18页。
② 梅传强、胡江：《通过化解社会矛盾实现对群体性事件的有效预防》，载《法学杂志》2011年第1期。
③ ［英］威廉·麦独孤：《社会心理学导论》，余国良、雷雳、张登印译，浙江教育出版社1999年版，第43页。

的恶性转化机制有着十分重要的意义。同时,旁观者并非群体性事件的初始参与者,组织性和对群体的依附性不强,与事件没有直接的利益联系,是极不稳定的偶合群体,这就决定了他们不具有鲜明的立场,心理上具有可引导性,为政府采取相应的心理疏导措施中断这一进程,避免旁观者转化为越轨行为实施者提供了可能。

一、旁观者向参与者转化的心理

部分旁观者因为"并不想从团体中得到什么——这个团体对他们并没有吸引力"[①],抑或是觉得参与这一事件并不会给自己带来好处,甚至会给自己造成不利后果,所以,在满足了自己的好奇本能之后就会自行离开现场。但是,不排除有人会在合群本能或者功利主义思想的影响下出现从旁观行为向参与行为转化的可能性。

(一)合群本能的驱使

合群本能是最具社会意义的人类本能之一。[②] 人是社会、文化和历史的产物,一些超越生物性的社会需求组成了人的性格结构的基本元素,其中有一项就是归属。[③] 人们过共同的生活,不仅是为了满足生存的需要,更为重要的是要满足归属的需要。被社会化的人需要与其他社会人交往,需要在群体中生活,任何脱离群体的人都无法获得正常发展。合群本能最简单的作用方式就是"孤独使人不安,入群使人满足"。[④] 这种作用在个体面对那些与自己极为相似的人时表现的更为突出[⑤],因此,当个体在旁观群体性事件时会感受到被群体排斥在外的疏离感,这种被孤立的处境促使个体想要参与到事件中去,成为群体中的一员,尤其是在事件涉及个体的相关利益或是群体成员与个体具有相同或相近的身份、地位与境遇时,这种被孤立的感觉会愈发强烈,驱使旁观的个体越发地想要融入到群体中去。

---

① [美]伦纳德·伯克维茨:《社会心理学》,张霁明译,吉林人民出版社1988年版,第116页。
② [英]威廉·麦独孤:《社会心理学导论》,余国良、雷霁、张登印译,浙江教育出版社1999年版,第62页。
③ 高觉敷:《西方社会心理学发展史》,人民教育出版社1992年版,第134页。
④ [英]威廉·麦独孤:《社会心理学导论》,余国良、雷霁、张登印译,浙江教育出版社1999年版,第63页。
⑤ [英]威廉·麦独孤:《社会心理学导论》,余国良、雷霁、张登印译,浙江教育出版社1999年版,第229页。

（二）功利主义的考量

人们在有意识状态下决定是否实施某一行为时，一般都是经过理性思考，在避苦求乐、趋利避害思想影响下做出的一种对自己有利的行为选择。① 边沁的"唯乐说"就认为，"大自然把人类置于苦乐两种势力的统治之下，只有它们才指示我们应当做什么活动，支配我们怎么做。"② 在边沁看来，"苦"与"乐"是决定人如何行为的两个因素，行为的目的不外乎是求乐而避苦。这一学说能够很好地解释部分旁观者为何会有意识地使自己卷入到事件中去。一方面，群体性事件参与者这一身份对个体的吸引力并不仅仅在于获得归属感，还在于个体能够通过这一身份获得利益。因为在群体中，不管个体是否为组织出过力，其都能够享受到其他人带来的好处。③ 当认识到有利可图时，旁观者就会在趋利避害思想的影响下奋不顾身地投身到群体中去。另一方面，部分旁观者有意识地使自己卷入群体并不是想要获得某种积极利益，只是迫于群体压力，消极地避免自己被群体孤立。尤其是当个体与群体成员在身份、利益方面相同或相近并且相互认识时，这种来自群体的压力就会更加沉重，足以逼迫旁观者放弃自己的意见，自觉加入群体，在直觉、判断、信仰以及行为上采取与群体相一致的言行，有的旁观者参与到群体性事件中去，也有这样的心理。

二、参与者向从众者转化的心理

一般而言，在群体性事件中，参与者转化为从众者的过程可以细分为从众心理产生和从众行为产生两个阶段。

（一）从众心理产生

1. 群体情绪的感染

旁观者一旦被卷入群体性事件，就容易在心理上陷入无意识的从众状态，这一转变发生的关键就在于群体情绪的感染。人生来具有同情心、互助

---

① 我们不否认见义勇为、无私奉献等高尚行为背后存在的利他动机，只是在一般情况下，人们都会选择对自己有利的行为方式。
② 高觉敷：《西方社会心理学发展史》，人民教育出版社1992年版，第11页。
③ ［美］曼瑟尔·奥尔森：《集体行动的逻辑》，陈郁、郭宇峰、李崇新译，上海人民出版社2003年版，第13~14页。

心和正义感①，这些自然情感使人与人之间产生情感共鸣成为可能，为情绪的相互感染架设了便捷的桥梁。人具有一种"为了'互助'而应当与其同伴合作的天然感情"，且"大脑的诡辩法不能抵御这种互助感情"。② 所以，当群体性事件的主体属于社会弱势群体时，旁观者心里的天平就会不自觉地偏向事件主体一方，认为他们是值得同情的，并且这种同情心理又会引发互助的自然情感，促使个体下意识地为群体中的其他个体提供帮助。除同情心可以引发互助行为外，正义感也可能引发互助行为。旁观者在知晓事件主体是因为受到不公平待遇才采取这种破坏社会稳定的方式维护自身的合法权益后，正义感便会油然而生，认为自己有责任帮助其讨回公道。因此，旁观者在同情、互助、正义等自然情感的驱使下，易在心理上形成对群体的认同，并在移情作用下出现感同身受的幻觉、产生情感共鸣，为群体情绪的感染建立通路。"群体人易因情绪传染而从众……情绪相互传染决定着群体行为选择的倾向。……在群体中，每种感情和行动都具有传染性，其程度之强，足以使个体随时准备为集体利益牺牲自己利益。"③ 在强烈的群体氛围之下，旁观者很难抵挡这种夸张并且极具传染性的情绪影响，一旦被群体情绪感染，旁观者就成为了"自我人格消失的野蛮人"④，受一股陌生的非理性力量摆布从而产生从众心理。

2. 传统观念的影响

文化对从众现象也起着重要影响，在不同的文化背景下从众出现的比例是迥异的。西方文化强调更多的是个体主义，个体具有较大的独立性，从众现象出现的比例相对较低。而我国传统文化强调的是集体主义，在此种文化氛围中个体更容易产生从众心理。在集体主义观念的指引下，"多数人"成为正确的"代言人"，从众成为获取真理的一种方式。正如托克维尔所云，平等时代的人们认为"既然每个个体享受等量的阳光，真理不照耀到绝大多数人身上就是不可能的"。⑤ 我国文化到处都暗含着集体主义的精髓，且

---

① 朱启臻、张春明：《社会心理学原理及其应用》，中国社会出版社2002年版，第255页。
② ［美］曼瑟尔·奥尔森：《集体行动的逻辑》，陈郁、郭宇峰、李崇新译，上海人民出版社2003年版，第155页。
③ ［法］古斯塔夫·勒庞：《乌合之众》，夏杨译，商务印书馆2011年版，第11~12页。
④ ［法］古斯塔夫·勒庞：《乌合之众》，夏杨译，商务印书馆2011年版，第16页。
⑤ ［法］加布里埃尔·塔尔德：《模仿律》，何道宽译，中国人民大学出版社2008年版，第165页。

这种观念经过长时间的积淀已经成为我国公众的一种潜意识，塑造了我国公众独特的国民性格。在集体主义传统观念之下生活的我国公众会不自觉地想要融入群体，按照多数人的意愿行事，可以因时因地因情作出变通，不坚持己见、固守一式，强调求同、和谐，力求使自己从属于某个群体。因此，较之西方我国公众更容易在心理上表现出无意识的从众倾向。

（二）从众行为出现

从众心理想要外化为从众行为，还需要借助"模仿"这一媒介的作用。模仿是针对外显行为而言的，是指在没有外界控制的条件下，个体受到他人行为的刺激，自觉或不自觉地使自己的行为与他人相仿。[1] 许多模仿行为自始至终都是在无意识状态下实施的。群体性事件中的旁观者在从众心理的影响下，自主思考的能力丧失，群体代替个体做出决定，行为成了手段而非目的，个体通过模仿不自觉地在行为上与群体保持一致，出现从众行为。而且"在一个有限范围内做出某一特定行为的人的比例越高，行为感染的效果便越显著"，[2] 即实施某一特定行为的人数越多、行动越是一致，旁观者就越是容易被这种普遍的行为感染，进而下意识地模仿这一行为。群体性事件的一个显著特点便是参与者人数众多、规模庞大，在这样的环境中，行为感染的效果尤为显著。除此之外，在无意识从众心理的支配之下，旁观者会表现出对群体更多的依赖性和服从性，拥有想要与群体保持一致的强烈愿望，因此，当众人都实施一定行为时，这种群体的一致行动就成为旁观者模仿的对象，旁观者由于身临其境也会自然而然地实施这一行为，从而产生行为上的无意识从众。

三、从众者向越轨者转化的心理

从众行为最终发展为越轨行为，即从众者转化为越轨者，从众者心理一般需经过以下三个阶段：

（一）从众行为进入激愤状态

群体性事件从最初发生到最终得到自我消解或者妥善处置，总是需要有

---

[1] 全国13所高等院校《社会心理学》编写组编：《社会心理学》（第4版），南开大学出版社2008年版，第302页。

[2] ［美］伦纳德·伯克维茨：《社会心理学》，张霁明译，吉林人民出版社1988年版，第107页。

个过程，在时间上存在一定的跨度，而且政府为维持现场秩序常常需要出动警力。但群体冲动急躁的特性决定了他们没有耐心等待，当场得不到符合群体预期的答复，他们就会认为自己的愿望没有实现、诉求没有满足、纠纷没有解决，加之警察的出现愈发让群体感到自己的行为受到阻碍或是受到威胁。同时，强大的群体数量使群体中的个体感到自己无所不能、势不可挡，在这种狂妄心态的诱导下，他们"无法认知障碍……不知道在愿望和实现愿望之间会遇上种种障碍"[①]，"群体人没有不可能的概念，在他们看来没有什么事是不能做的，没有什么目标是不能实现的"[②]。因此，他们会将阻却其行动步伐的障碍通通视为充满敌意的挑衅，产生愤怒的对抗情绪。旁观者作为群体中的一员，在其从众行为受到阻碍后，也会在狂热激情的蛊惑下进入激愤状态。

（二）外部刺激导致越轨行为

群体是"刺激因素的奴隶"[③]，当群体处于激愤状态时任何一点外部刺激都会引发大规模的越轨行为。这些外部刺激之所以会有如此大的威力，是因为群体"永远只看到他们认为应该看到或是他们希望看到的东西"[④]，所以，当群体人被累积的愤怒蒙蔽了双眼的时候，无论是流言、谣言的盛行，还是某一特殊事件的发生，都会使他们产生集体认识错误，进而导致群体越轨行为的发生。同时，群体中情境拥挤和信息过载造成的个体心理饱和，也容易使群体人在受到额外的外部刺激后忧虑不安的情绪明显增加，出现粗暴的语言和行为，为越轨行为的出现奠定心理和行为基础。作为群体人，旁观者自然也会在受到外部刺激后改变自己的行为模式，使自己的从众行为向越轨行为发生转化。

（三）群体共识诱发不当幻觉

旁观者在融入群体之后独立的人格开始逐渐消退，取而代之的是群体共识，而恰恰是这种"群体共识"强化了行为的"正当性"与"合理性"，会让个体认为自己实施的一切行为都是合乎情理与法律的，因为大家都觉得应该这么做。行为人甚至会给自己的行为披上更为神圣的外衣，认为这是一

---

① ［法］古斯塔夫·勒庞：《乌合之众》，夏杨译，商务印书馆2011年版，第27页。
② ［法］古斯塔夫·勒庞：《乌合之众》，夏杨译，商务印书馆2011年版，第28页。
③ ［法］古斯塔夫·勒庞：《乌合之众》，夏杨译，商务印书馆2011年版，第22页。
④ ［法］古斯塔夫·勒庞：《乌合之众》，夏杨译，商务印书馆2011年版，第29页。

种"替天行道"的正义行为,正如勒庞所说的,"团体共同的行动还给了他一种正义的错觉,无论发动多么惨无人道的暴行,群体人也不认为自己是邪恶的,心中反而感觉自己负有替天行道的使命"。① 正是这种行为正当化的幻觉,使得法律规范和道德规范的约束力量在群体性事件中形同虚设,群体性事件中的参与人员肆无忌惮地放纵自己的破坏本能,而且在无意识状态下群体人的理性丧失,卑劣的欲望得以释放。在破坏本能和卑劣欲望的双重驱使下,越轨行为得以强化,最终给社会造成巨大伤痛。

综上所述,在群体性事件中旁观者向越轨者的完整转化中,旁观者会在群体情绪的感染下产生从众心理和从众行为,然后通过模仿群体的越轨行为直接发展成越轨者。

第五节　网络群体性事件中网民的心理分析

随着互联网技术的发展与普及,网络已经成为人们日常生活不可或缺的一部分。当前,我国网民群体的力量正在不断壮大,网民干预事件、挖掘真相、寻求公正的作用也越来越大,在众多网民的参与与鼓动下,一些社会热点或者案例经过网络渲染和放大以后,容易快速发酵成网络群体性事件。必须承认,借助信息网络手段传播群体性事件的相关诉求和呼声,在获得相似群体的支持后,确实能够为维权者塑造更大的心理优势。② 网络群体性事件的发生多是由于网民的心理没有得到及时的关注和疏导而引发或者加剧的,因此,有必要对网络群体性事件中网民心理进行深入分析,进而为网络群体性事件中网民心理疏导提供认知基础。

一、网络群体性事件概述

网络群体性事件是一个争议比较大的概念,争议焦点在于网络群体性事件是否仅限于发生在虚拟的网络空间。有人从纯粹的字面含义来理解,认为

---

① [法]古斯塔夫·勒庞:《乌合之众》,夏杨译,商务印书馆2011年版,第28页。
② 梅传强、贺洪波:《通过微博维权预防群体性事件之研究》,载《法商研究》2013年第2期。

网络群体性事件只能发生在网络空间，即只要在同一时间内的同一网络平台上发生了群体意见的聚集就构成群体性事件，而不问这些网络行为是否对现实社会造成了影响。反对者则认为，只有网络行为引发了现实社会上的群体性事件才能称之为网络群体性事件。本书认为，要承认网络群体性事件这一概念，首先必须证实网络空间的现实存在，而且对现实社会生活产生了影响。由于网络科技的发展，小到人们在网上购物、交友、娱乐，大到国家的网上行政办公、政令发布、军事国防、国际贸易等，都有网络的介入。就连比较严肃的法庭审判也需借助于网络工具，尤其是法庭审理的网上直播。所以我们不得不承认网络空间是真实存在的，并且对现代人的生活起着重大的影响。

如果有人为了表达对政府的不满而聚集大量网民在同一时间攻击政府办公网站，造成了网站的崩溃和瘫痪，严重影响了政府正常的网络办公的话，本书认为这样的事件与群体上访围堵政府机关导致政府无法正常办公的事件在社会危害性上没有什么差别，将其认定为群体性事件也是合理的。因此，只要网络上的群体聚集行为的社会危害性达到一定程度，就可将其认定为网络群体性事件。不过，网络虚拟空间与现实物理空间的相互影响正在加强，在一定程度上可以说，在自媒体时代背景下，没有纯粹脱离于网络的现实群体性事件，也没有纯粹脱离与现实的网络群体性事件，网络与现实在群体性事件中往往交织在一起。近几年发生的群体性事件也明显表现出了这一趋势，例如，在2011年发生的广东"乌坎事件"、2012年发生的大规模"反日游行事件"中，QQ、微博、论坛等网络交流平台在事件的发生发展过程中起到了信息传播的媒介作用。

因此，如何将现实群体性事件与网络群体性事件进行严格的界分，无论是理论上还是实践中均存在一定的难度。本书认为，对于那些网络只作为一种传播工具的群体性事件不宜界定为网络群体性事件，因为在这些事件中起到真正破坏作用的并不是网络。只有在下列两种情况下才能将群体性事件称之为网络群体性事件：一是网络空间内的行为具有群体行为一般特征，并且网络群体行为本身造成了一定的社会影响；二是网络空间的行为是引发现实社会群体性事件的关键因素时，从原因分类上可以称之为网络群体性事件。

(一) 网民及其规模

"网民"一词最早由米切尔·霍本 (Michael Hauben) 所创立，至今仍未得到统一界定。我国互联网信息中心（CNNIC）将网民定义为①：半年内使用过互联网的 6 周岁及以上的我国公民。立足于本书对群体性事件的独特研究视角，我们倾向于这样的定义，即网民是指通过互联网获取信息并在网上参与讨论、发表评论，进而对现实社会形成一定影响力的居民。②

中国互联网信息中心发布的《第 33 次中国互联网络发展状况统计报告》显示，截至 2013 年 12 月，我国网民规模达 6.18 亿，全年共计新增网民 5358 万人。③ 我国网民的规模是我国除 9 亿多农民外最大的新兴权利阶层，其中，手机网民规模达 5 亿。腾讯微博事业部提供的数据显示，微信用户已达 5 亿，海外用户超过 1 亿，截至 2013 年 10 月，微信公共账号超过 200 万个。④

（二）网民属性

根据中国互联网信息中心发布的《第 33 次中国互联网络发展状况统计报告》显示，截至 2013 年 12 月，我国网民在性别结构、年龄结构、学历结构、职业结构方面的基本情况如下表：

我国网民基本情况

结构	基本情况
性别结构	男女性别比例为 56∶44，与 2012 年情况基本一致。当涉及的是个体求职、安置、福利等利益关系矛盾，或是要对政治、社会问题等表达某种意愿时，参与者普遍为男性群体。当涉及家庭暴力、婚外情、虐待儿童、动物等问题时，参与的主体大多为女性。

---

① 崔婷婷：《2.53 亿的背后》，载《互联网周刊》2008 年第 16 期。
② 史树梅：《网络事件中的网民心理特点与行为影响研究》，山东师范大学 2011 年硕士学位论文。
③ 安卓网：《中国互联网络信息中心（CNNIC）在京发布〈第 33 次中国互联网络发展状况统计报告〉》，载 http://world.kankanews.com/device/2014-02-04/3831497.shtml。
④ 宋识径、李丹丹：《"柔性"管理半年，网络空间"清朗起来"》，载《新京报》2014 年 2 月 28 日。

续表

结构	基本情况
年龄结构	网民中 30 岁以上各年龄段人群总占比为 43.0%，与 2012 年相比有所提升，说明我国使用互联网的人群开始从青年向中老年延伸。中老年比较关注社会问题，而且特别关注官员风纪、司法公正等社会热点问题，常常利用网络发表意见，提出建议。
学历结构	网民中小学及以下人群占比为 11.9%，初中学历人群占比为 36%，与 2012 年底相比均有所上升，特别是初中学生的升幅较大，说明我国网民继续向低学历人群延伸。高中以上人群互联网普及率比较高，增长空间有限。一般来说，受教育程度低的人，对社会规范的适应力较弱，自控力较差，易受暗示和感染，从众性强，因而较易参与到网络群体性事件中。反之亦然。
职业结构	网民中规模最大的群体是学生，占比为 25.5%。个体户/自由职业者占比为 18.6%。企业中管理人员占比为 2.5%，一般职员占比为 11.4%。机关事业单位中，领导干部和一般职员占比分别为 0.5% 和 4.3%。退休和无业/下岗/失业群体占比分别为 2.4% 和 10.2%，说明越来越多的大龄或经济条件较差的人群使用互联网。大学生对社会热点问题抱有极大热情，观点比较偏激，易被煽动蛊惑，是网络群体性事件参与者中的重要组成部分。其他的社会弱势群体，容易遭受不公正的社会待遇，当自己的诉求得不到满足时，就在网络上发表言论。

（三）网民参与网络群体性事件的形式

网络群体性事件是指在互联网上发生的有较多网民围绕某个主题参与讨论并诱发现实危害行为的集群事件。随着互联网技术的发展，网络群体性事件开始逐渐增多，其涉及范围也在不断扩大，网民在虚拟社区中主要通过书面文字形式来发表观点、表达思想和交流情感。有关调查显示，有 91.1%

的网民使用过网络论坛,其中 29.8% 的人经常在各种网络论坛中参与讨论。[①] 网络时代,每个个体都可成为网络记者,极易引发网络群体性事件。网民参与网络群体性事件的形式主要有以下几种:

1. 发帖、跟帖

发帖、跟帖是网民参与网络群体性事件的最主要形式。网络群体性事件通常是由比较有影响力的 BBS 论坛中的帖子所引发的,网民通过跟帖、转帖、网上签名、人肉搜索和黑客攻击的方式作出回应,甚至部分网民采取网下行动。总的来说,网络群体性事件主要依赖话语手段,网民自发地通过话语形成网络群体,进而形成公共舆论,甚至可能影响事件发展及结果。

2. 新闻评论、视频评论

当网络媒体将某一事件报道之后,网民可以直接针对报道进行评论。这种评论多是在比较大型的新闻网站,如新浪、网易、腾讯等。新闻评论比视频评论的规模更大,也更容易吸引网民的追随。

3. QQ、微信等手机 APP 推送

当前 QQ、微信两大社交 APP 吸引了大量的人群,同时随着智能手机和宽带网络的大面积覆盖,似乎全民皆"记者"的时代已经到来。一旦某一热点事件或者群体事件发生,随着不同网民的转载和推送,会在 QQ 群、微信群、微信公众号等网民"集聚地"迅速传播。不仅会形成"波涛汹涌"的网络民意,而且会发生线上沟通、线下参与的互动式集群。显然,这种网民集群化参与群体性事件的趋势,对网民意见的引导及群体性事件的防控提出了更高的要求。

二、网络群体性事件中"意见领袖"的心理特征

网民是网络群体性事件的参与者,他们对事件的发生、发展起着关键作用。目前,群体性事件中的网民参与者主要包括"意见领袖"和"草根网民"。

"意见领袖"是传播学上的经典概念,最早由拉扎斯菲尔德提出,即指活跃在人际传播网络中,经常为他人提供信息、观点或者建议并对他人施加

[①] 谢新洲、王秀丽、田丽等:《互联网问题系列调研报告:网民,掀起你的盖头来》,载《光明日报》2010 年 5 月 27 日。

个体影响的人物。① 网络世界也有意见领袖，他们以互联网为平台，通过聊天室、论坛、网站和博客等传播信息、聚拢舆论、评论热点、跟踪事件等行为，影响广大网民。从网络传播信息到网络舆论的形成，再到网络群体性事件的发生，意见领袖在其中起着举足轻重的作用。意见领袖在网络舆论和网络群体性事件中扮演着多样性的角色。例如，网络意见的反映者、网络舆论的引导者、网络意见的传播者、网络意见的沟通者、网络舆论事件真相的揭露者，这种多重的角色使意见领袖在网络事件中占据着重要的地位，其对网络舆论的引领和激发有其他参与者无法比拟的力量。在网络群体性事件中，借助意见领袖的力量，可以使网络群体性事件得到及时、妥善、合理的解决。一般来说，网络群体性事件中的意见领袖主要有三类，具体分析如下：

1. 社会权威和精英。该类意见领袖主要包括党政机关的代表、权威的专家学者、影视明星以及媒体知名人士，他们关注时事、跟踪热点、剖析现象，从国家治理、制度建构、社会管理以及权利保护等角度向公众传递信息。相对来说，该类意见领袖的网络言论相对比较客观、中立，具有一定的专业性和权威性，对社会管理阶层有较强的舆论影响力，因此，该类意见领袖有很多网民跟随。

2. 事件当事人和利益相关人员。该类意见领袖包括事件当事人自己及其亲属、朋友、代言人等，其网络言论一般具有较强的主观色彩和情感色彩，舆论渲染成分较多。如"药家鑫事件"中，张妙的代言人是最易成为意见领袖的，也是事件的核心人物，他们一般是有计划地通过网络来动员群众形成舆论。该类意见领袖的诉求比较明确，且掌握大量的信息，他们在描述中往往掺杂着强烈情绪和煽动意志，极易获得草根网民的同情和支持，吸引更多的网民参与网络舆论，进而为形成网络群体性事件奠定舆论基础。该类意见领袖的心理动因归根到底是一种获利心理，即想通过网络动员群众形成舆论，直接改善自己的利益或通过改善群体利益间接使自己获利。

3. 网民代表。该类意见领袖由普通受众产生，代表普通受众表达相对一致的社会意见，即民意。他们是社会意见的积极表达者，是网络讨论的积极参与者。民意通过政治所塑成的强势舆论场，对于司法决策尤其是程序决策

---

① 郭庆光：《传播学教程》，中国人民大学出版社1999年版，第209页。

的影响是不容小觑的。① 首先，网民代表具有强烈的表现欲望，他们渴望在人前显露，从众人的关注、点赞和追随中获得心理满足。在求新、求异心理驱使下，其言语表达会显得偏激和刺激，高亢的情绪也会在整个群体中蔓延，网络群体性事件也会因此一触即发。其次，网民代表怀有深深的"草根情结"，他们具有很强的自我意识，具有明显的反官方、反权威的意见倾向，更愿意相信非官方的信息来源，这在贵州"瓮安事件"中表现得尤为明显。最后，网民代表怀有深刻的"英雄主义情结"，他们坚信自己站在正义的一方，甚至认为自己是全民的英雄，渴望通过网络舆论实现自己的"英雄梦想"。

三、网络群体性事件中"草根网民"的心理特征

草根网民在网民中具有绝对的数量优势，但从身份上来看，却属于"无权无势"的群体。不过，草根网民能产生极大的话语能量，因而其话语影响力不容忽视。早在2006年，《时代周刊》就把全球亿万网民评为2006年度人物。近年来，从线上到线下，网络上逐渐出现了"微观改变中国"的现象，如"邓玉娇案"中的公民正义观察团，"宜黄事件"中的钟家母亲救援行动、律师援助团，"陈光明事件"中网民自发组织的临沂旅游团、网民舆论声援团等，这些行动体现了草根网民具有较强的话语权。此外，网络意见领袖的话语效力往往要通过广大草根网民的支持来实现。不过，值得注意的是，由于网络的匿名性和草根网民成分比较复杂，这会使得网络群体性事件中草根网民的心理难以把握，对其进行疏导也会存在一定的难度。在此，我们从认知、情感和动机方面对草根网民的心理特征进行简单分析。

（一）认知特征

1. 质疑思维

质疑是指提出疑问，请人解答。比较而言，网络中容易形成质疑的氛围。在网络中，由于互动的影响，个体的质疑会集合起来成为一种集体的质疑，在群体影响下，网民的质疑心理被强化、放大，有的甚至形成质疑一切事实的偏执。② 长期以来，质疑已成为一些网民思维方式的基调。积极的质

---

① 李奋飞：《舆论场内的司法自洽性研究：以李昌奎案的模拟实验分析为介质》，载《中国法学》2016年第1期。

② 彭兰：《现阶段我国网民典型特征研究》，载《上海师范大学学报（哲学社会科学版）》2008年第6期。

疑思维可以帮助人们探究事物真相，促进问题的解决，而如果对任何事物都持质疑心态，甚至条件反射式地怀疑一切，则容易使人走到狭隘与极端的境地。质疑权威心态的危害性在于：在拒绝权威部门舆论引导和社会动员的同时，对谣言等虚假信息也敞开大门，受大量负面信息的误导、煽动，网民的不满情绪会急剧膨胀，这种负面情绪的膨胀会对政府的公信力产生严重的削弱。

之所以质疑已成为草根网民思维方式的基调，原因很复杂，不仅与社会普遍的诚信缺乏，网络中信息发布者多元化，相关政府部门信息发布的不及时、措辞的不恰当，个别部门掩瞒事实真相、发布虚假信息等客观因素相关，而且与当前公众对权威的公正性与合法性缺乏社会认同，一些网民把质疑当作表现个性的一种方式等主观因素相关。

2. 刻板印象

"刻板印象"是指个体对某些人或事持固定、概括而笼统的看法。现实社会中，公众对社会强权一方形成了刻板印象，如富人成为了"为富不仁"的代名词。其实，刻板印象就是一种简单化思维，是人的一种心理本能，一种心理防御机制。刻板印象既有积极的一面也有消极的一面，积极的一面表现为简化了认知过程、节省了时间和精力，还能帮我们摆脱某些情绪的困扰；消极的一面表现为根据少量信息做出普遍性结论，忽视个体差异，导致片面甚至错误，也造成更多的误解和冲突。

刻板印象在网民中表现很突出。网络群体性事件中，网民在弱者与强者之间常常同情弱者、在贫与富之间常常支持贫者，这种惯性思维无疑影响人们对真相的正确判断。当热点事件发生后，网民往往对弱者不分皂白地同情和对强者毫不客气地声讨，伴随强烈的情绪表达。例如，"史上最毒后妈""宝马撞人""哈尔滨警察打死大学生"等事件，网民对于后妈、撞人者、警察所持的否定性态度，导致网络舆论呈现出一边倒的趋势。

就网民自身来说，造成网民刻板印象主要原因有三：一是网民常常把复杂的社会问题道德化，变成了一种简单的是非善恶的道德对立，忽略了问题的根源，这是有局限的；二是网民纯粹从自身利益角度出发，将事物放在符合自身利益或违背自身利益的角度去思考，从而解决自身的一些困惑，释放自身的心理压力；三是网民频繁的群体互动效应强化了简单化思维，简单的意见表达容易被人理解和认同，在网络传播中它们更容易被放大，甚至成为优势意见。① 从客观因素来看，网民刻板印象的形成有其经验基础，与同类事件不断发生、反复强化有关。

3. 首因效应

首因效应是指根据初始信息形成的印象对后续的认知和评价所产生的影响，实际上指的就是"第一印象"的影响，它是人的先入为主的主观倾向，具有普遍性。在网络群体性事件中网民同样有这种认知心理现象。例如"李刚门"事件的网络舆情引爆后，尽管李刚本人在央视道歉，都难以改变一些网民心中的初始印象——官二代、官官相护等；由于有肇事者呼喊"我爸是李刚"的狂傲行为，多数网民对未经查证的信息深信不疑，造成大量的非理性评价。

4. 群体极化

群体极化最早由芝加哥大学法学院教授詹姆斯·斯通于1962年在研究群体决策时提出，其认为，"如果一开始群体内成员的意见比较保守的话，经过群体讨论后，决策就会变得更加保守；相反，如果个体意见趋向于冒险的话，那么讨论后的群体决策就会更趋向于冒险，这种现象被称为'群体极化现象'"。② 也就是说，群体讨论会导致冒险或保守的极端倾向，多数情况是偏向冒险这端。

美国心理学家萨拉·凯拉尔（Sarah Keira）在研究中发现，群体极化现象既在现实中存在，也在网络中存在，他的同事凯斯·桑坦斯也证明，网络中的群体极化现象更为突出，大概是现实生活中面对面时的两倍多。③ 实际上，网络的匿名性、便捷性、相对自由性的特点加重了网络群体极化现象。

在影响网络群体极化的众多因素中，网民群体自身因素最为关键。④ 首先，网民群体中个体责任感的弱化与分散。网络中由于有很强的匿名性，网民往往责任感淡化，行为更加放纵。其次，网民群体易受暗示和从众。网民在网络中更相信被群体认可的观点，并与群体保持一致，失去了自己的独立

---

① 彭兰：《现阶段我国网民典型特征研究》，载《上海师范大学学报（哲学社会科学版）》2008年第6期。

② 戴笑慧、冷天虹：《网络群体极化现象简析》，载《新闻记者》2009年第7期。

③ ［美］凯斯·桑坦斯：《网络共和国：网络社会中的民主问题》，上海人民出版社2003年版，第47页。

④ 徐殿、陈少卫：《网络舆论参与中网民"群体极化"倾向问题探析》，载《消费导刊》2010年第1期。

思考。最后，网民群体内部的高度同质性。一般来说，网民所接受的信息是经过过滤后的相同或者相似观点，原有的观点易被强化而走向极端。

(二) 情感特征

1. 群体性怨恨

中国社会科学院 2011 年发布的《社会心态蓝皮书》认为，"群体性怨恨"成为我国十分明显的社会心态，这种"群体性怨恨"是公众不满情绪的反映，要警惕"群体性怨恨"扩大为整个社会的情绪。公众情绪常常是社会的折射和结果。一个时期以来，公众不满情绪主要指向贪污腐败、不作为的官员、"为富不仁"的商人和不公平的社会现象，正如《网民参与网络公共事件心理与行为调查》问卷结果所显示的，在"引发网络公共事件的现实原因"中，排在前三位的分别是"官员腐败"（73%）、"滥用公权力"（72.2%）和"司法不公"（67.2%）。

群体怨恨情绪与网络传播的特征关系密切。首先，在虚拟的网络空间，公众内心本身积淀的怨恨情绪更容易被激发。其次，网络互动性的传播特征增加了网民群体心理和情绪的相互感染率。情绪感染的心理机制主要是暗示和模仿。在热点事件舆情的传播过程中，个体网民的怨恨情绪常常受到猎奇和求趣的网友的特别关注，在信息互动过程中，怨恨情绪又被进一步放大，尤其是微博出现后，"评论加转发"的互动传播模式为群体性怨恨情绪的感染提供了更加便捷的通道。一旦个别微博用户发表了带有怨恨情绪的内容，受暗示心理的影响，其他微博用户可能会产生强烈的内心体验，对怨恨情绪产生强烈的认同感，并有意无意地模仿同样的心理过程和情绪。最后，网络匿名性助长群体怨恨情绪的燃烧。网络中的个体更容易抛弃规范的约束，更加大胆地表露出内心的怨恨。同时网络传播互动性特征使个体的怨恨情绪产生"同频共振"效应，群体怨恨情绪的"着火点"变得更低，也容易被"点燃"。①

仇官仇富是群体性怨恨情绪的主要表现。仇官仇富是指人们对富人（特别是对一夜暴富、为富不仁的商人）、官员（特别是贪污腐败、滥用职权、不作为的官员）表现出怀疑、不满、愤怒、仇恨的心态。网民的仇官仇富情绪有一定的现实性，是对现实的映射。在网络中，这种情绪变成了网

---

① 燕道成：《群体性事件中的网络舆情研究》，新华出版社 2013 年版，第 127~130 页。

民对社会正义的寻求。网民通过在网络中的发言和行动来表达自己对相对被剥夺感的不满、对弱势群体的同情以及对不公正现象的斥责。

不同的网民，其仇官仇富情绪的表现有所不同。有些网民能表现出一定程度的理智和克制，不会有恶意的言语或人身攻击。有些网民却表现出仇官仇富心理的偏激与泛化，表现为对所有官员、富人不加区分的愤怒、仇视情绪，并伴有非理性的行为方式。造成这种差异的原因，可能与其在现实生活中的不同体验有着直接的关系①。

2. 群体无聊情绪

国外学者多从心理学角度研究"无聊"问题，把"无聊"定义为"一种不愉快、短暂的情感体验，个体对当前活动感到缺乏兴趣和不能集中注意力"的状态，或者是"对活动和生活缺乏意义的焦虑状态"。② 在网络空间，由于无聊者很容易遇到更多的无聊者，于是网络空间中开始出现群体性无聊的现象。如"贾君鹏"事件，最初只是一句无聊的调侃（"贾君鹏，你妈妈喊你回家吃饭"），却引来数十万人火热的关注，网络媒体竞相报道，更多网友加入恶搞大军，折射出了眼下许多网民处在精神文化方面的空虚、无聊状态。利用互联网来宣泄无聊的各种活动，可以迅速影响网络公共空间，在很大范围内引起其他网民的关注和互动，因而网络中群体无聊情绪传播快、传染性强。

引发网络中群体无聊有复杂的主客观原因。就客观原因来说，如多元化社会所带来的迷茫感和选择压力，以及无处不在的矛盾冲击，使得现代人长期处于心理紧张状态，容易造成心理负荷过载而产生身心疲惫感，进而怀疑人生目标、社会价值，陷入目标和意义缺失的状态；转型时期不和谐因素增加，得不到有效解决，使得发牢骚抱怨的现象和消极否定的态度增长，并被网络放大；个体需要难以得到满足，产生"动机挫折"，在现实社会难以排解而转向网络，逐渐演变成集体的不满状态。就主观原因来说，如当前我国30岁以下的年轻人群体是网民的主体，他们追求刺激，叛逆性强，喜欢上网聊天、论坛"灌水"、网络游戏，怀疑信仰、理想、世界观，他们甚至承认自己猥琐而卑贱。③ 于是，迷茫、彷徨、寂寞纷至沓来。网络群体性无聊

---

① 张晓莉：《网络群体性事件中的网民心理及行为研究》，南京师范大学 2012 年硕士学位论文。
② 王玮：《网络群体无聊问题研究》，中共中央党校 2011 年硕士学位论文。
③ 王玮：《网络群体无聊问题研究》，中共中央党校 2011 年硕士学位论文。

生成过程中，无聊网民的注意力很容易被一些片面、非理性和具有煽动性的言论以及一些"搞笑"、无意义的事件所吸引，进而纷纷参与到网上的讨论和事件的发展之中，最终演变成网络群体性事件。

（三）动机特征

在网络群体性事件中，网民参与者的行为背后都具有各自的行为动机，比较复杂。一般而言，主要包括以下五种动机。

1. 追求利益

网民的行为实际上是网络经济人受利益驱动的结果。在网络"匿名制服"的纵容下，网络经济人更普遍地趋向于有限理性甚至非理性，表现出更加明显的趋利特征。以利益为纽带，网络群体性事件涉及了事件当事人、普通网民、意见领袖、网络推手、政府部门、媒体等众多主体。网络群体性事件的发展变化是多方主体利益较量的结果，当网民在现实社会中常常由于利益（经济、医疗、拆迁、教育、安全等）直接受威胁、侵害而激起对自身利益的诉求和追偿，甚至一些非直接利益相关者（网络曝客、网络看客、网络哄客、网络暴民等）为了获得对自身有利的收益，也密切关注或积极推动事件进展，如"西安宝马彩票案"。

2. 维护权利

现实生活中，当正常的社会诉求渠道不畅，网络就成为部分公众维护权利的主要通道，而且网络往往具有将个体维权变成集体维权的能力。我国网民的权利意识和维权要求正在不断增长，权利动机逐渐成为网民积极参与网络群体性事件的"合法性"盾牌。网民对权利的需要可以分为基本权利的需要、知情权的需要以及话语权的需要。因而，网民的维权动机相应地表现为维护基本权（包括生命权、健康权、财产权、获得报酬权等）、争取知情权、抢夺话语权。广大网民常常一边倒地同情和支持弱势者，指责与谩骂强势群体，并一致要求政府维护普通公众基本权利，这实际上是网民维护和捍卫包括自身在内的社会公众基本权利的表现。

3. 宣泄负向情绪

情绪分为正向和负向两种。我们更应该关注社会负向情绪，因为负向情绪的积累可能对社会产生破坏性能量。2013年初，中国社会科学院社会学研究所发布的《社会心态蓝皮书》认为，我国社会情绪总体以正向为主，但存在的一些不利于个体健康和社会和谐的负向情绪。负向情绪，如心烦、无奈、紧张、郁闷、担心、易怒、烦躁、不安、失望、愤怒等情绪平均程度介于"比较轻微"和"中等"之间。而且,负向情绪的燃点降低、爆发激烈、指向明确,在相互感染下容易出现群体失控,往往后果极其严重。负向情绪与需求不满足、不信任、社会阶层分化有密切关系。如官民对立、贫富差别、改革分歧、宗教信仰不同等都可以导致负向情绪产生。

心理能量积累到一定程度,人就要找宣泄的出口。网络正好为人们提供了一个情绪发泄的场所和渠道。与传统媒体比较,负向情绪更容易在网络上得到宣泄,因为网络有其自身的匿名性、交互性、方便性及快捷性,而且网络宣泄的成本较低。网络负向情绪宣泄有两面性,其积极性体现在它是一种预警,并减少破坏性能量的积累,避免发生危害性更大的群体性事件;其消极性体现在负向情绪传播受"情绪交感效应"的影响,可能会引发公众更多的负向情绪,特别是网络上的愤怒怨恨情绪也容易被带入现实生活中,造成社会矛盾和冲突。而且网络又可能被少数人所操控或利用,或者因为缺少管理及合理引导,对缺少判断力的人形成误导,甚至可能成为摧毁社会结构和变革社会文化的集体行动的动力来源。比如在多起"富二代"驾车肇事事件中,肇事者往往倾向于采取息事宁人的手段,网民经历了愤怒声讨——讽刺嘲弄——无奈感叹("可惜你爸不是李刚")——灰心麻木的过程,网络似乎成了负向情绪的"垃圾场"。因此,管理者高度重视并正确引导网络负向情绪宣泄具有重要意义。

4. 伸张道义

英国哲学家弗朗西斯·培根说,人之所以为人,而没有成为狼,就是因为人有正义感。网络绕过行政壁垒为网民提供了最便捷、最直通的民意互动场所。在这里,网民既可以表达自己的民意诉求,也可以对恶势力怒目以待;既可以一吐为快,也可以对弱势群体拔刀相助、展现侠义风采。因此,网络为实现网民惩恶扬善、伸张正义的"英雄主义情结"提供了可能。在网络中,网民以语言为武器,表现出对强暴者的深恶痛绝和对弱小者的同情和怜悯[1],这在湖南"罗彩霞事件"、山西"黑砖窑童工事件"中均得到了充分体现。

5. 探究真相

探究真相是人的好奇心的体现。在扑朔迷离的事件面前,网民探求事件

---

[1] 史树梅:《网络事件中的网民心理特点与行为影响研究》,山东师范大学 2011 年硕士学位论文。

真相的心理得到充分的激发和表露。网络搜索是网民应用互联网最主要的功能，网民可以应用网络在更广阔的范围中搜索到更多需要的信息，一些网络事件也是借助网民"打破砂锅问到底"的精神才得以推进和解决。如在"华南虎事件"中，以论坛、博客用户为主要代表的网民在互联网平台掀起了一场舆论打假的热潮，最终以网民的胜利宣告结束。在"哈尔滨警察打人事件"中，网民从考问警察到同情警察、从支持死者到质疑死者，网民对真相的追求颇费周折。在"杭州飙车事件"中，从对车速的质疑到对肇事者飙车"前科"资料的搜索，都是网民求真心理的牵引。[①] 在"躲猫猫"事件中，正是因为有了网民调查团的介入，案件细节才得以曝光。

---

① 史树梅：《网络事件中的网民心理特点与行为影响研究》，山东师范大学 2011 年硕士学位论文。

第四章
群体性事件中的心理疏导

社会压力的发展有两种趋势：一种是负向的转化，即社会矛盾转化为社会压力，社会压力转为社会冲突，而后造成社会伤害，使社会发展背负了巨大的社会成本；另一种是正向的转化，即社会压力减压、社会矛盾纯化，使社会压力和社会矛盾无法转化为社会冲突，减少社会发展中的成本。显然，对社会发展而言，需要的是社会压力的正向转化，但这种转化的前提是要有一套社会压力的疏导与缓解机制，其中，心理疏导就是这种机制的重要内容之一。中共中央《关于构建社会主义和谐社会若干重大问题的决定》也指出："加强人文关怀和心理疏导，引导人们正确对待自己、他人和社会。"因此，心理疏导是群体性事件以及其诱发的聚众犯罪防控的重要手段，在一定程度上讲，群体性事件的心理疏导就是对聚众犯罪的预防，是犯罪防范的体系的一部分。

从一般意义上讲，群体性事件以及其诱发的聚众犯罪都是社会矛盾的产物，具有一定的历史必然性。但是，就每一起群体性事件而言，其是否发生，在主观层面是要受到参与者心理的支配和性格的影响的，因而从个体层面来看又具有一定偶然性。梅传强教授认为："对犯罪的控制，包括行为人内在的自我控制和外在的社会控制。自我控制是指通过塑造良好人格，用社会责任感和良心来控制和约束自己的犯罪冲动；社会控制是指通过改善社会生活条件和制定良好的社会政策，尽量减少或消除引起人们心理失去平衡的犯罪诱惑源。"① 因此，应对群体性事件以及其诱发的聚众犯罪，不仅要强调社会预防的重要性，也应当重视心理预防与心理疏导的重要性。在对群体性事件参与者进行心理疏导时，要注重参与者的内在完善，从民众认知的改善、情绪的缓和、行为的转化等方面进行疏导，进而预防现实群体性事件和网络群体性事件的发生。群体性事件的心理疏导，既是控制群体性事件的重要措施，也是防范有群体性事件诱发的聚众犯罪的重要措施。

第一节　群体性事件中心理疏导的根基

在群体性事件中，参与者聚众的动机以及在聚众中的犯罪心理，都完全与个体事件中行为人的心理相异。"群体心态是人类及其社会的一种本原状态，它基本处于一种无意识的或者理性基本趋零的潜在的状态。"② 由此可见，群体性事件中参与者的行动在很大程度上是受群体心理支配的，因此，如何识别群体心理、分析其作用机理，以及对其加以引导，是预防和控制群体性事件的重要措施。

公众为什么会有聚众的动机？公众聚众的心理要素有哪些？聚众环境下的群体心态为什么能够引发聚众犯罪的动机和目的？显然，厘清这些问题是对群体性事件进行心理疏导的前提，也是心理疏导的根基所在。根据群体性事件发生的一般表现和规律，以及群体性事件中最易出现的聚众犯罪的特征和规律，本书认为，群体性事件参与者的认知、需要、情绪、偏见和歧视与聚众犯罪行为的关系最为密切，这些心理因素一旦形成偏差，并在综合作用的基础上容易使参与者的主观恶化，产生聚众犯罪的心理危险。不过，具有聚众犯罪心理的参与者并不必然实施聚众犯罪，只有在与相关"社会因素"发生作用，并在一定情境的催化作用下才会实施聚众犯罪。

一、需要与群体性事件

人是需要的动物，需要本身并无善恶之分，但"如果个人有意蔑视社

---

① 梅传强：《犯罪心理生成机制》，中国检察出版社2004年版，第4页。
② 黄建钢：《群体心态论》，浙江大学出版社2004年版，第6页。

会主流价值、有意要冲破社会法律的约束,采取社会不认可的方式追求需要的满足,那么,就可能构成犯罪"。① 当前,我国大部分群体性事件及其聚众犯罪都源于利益问题,都是利益群体进行利益博弈的手段。在这种利益博弈过程中,当参与者需要的内容或者满足需要的方式不为社会所认可时,便会形成需要偏差,进而促使个体在群体性事件中实施更为激烈的聚众犯罪等行为。

(一) 需要内容的偏差

人的需要必须符合社会规范的要求。如果一个人追求的是一种社会规范所不能容忍的需要,那么该需要就可能转变为需要偏差,从而促成犯罪人格中的需要偏差的生成。近30年来,伴随着我国经济的快速发展,即便人们的财富相较于过去的境地已有长足的改善,但与社会上不少人所拥有的财富相比,有的人仍感觉自己被相对剥夺了。这种"相对剥夺感越大,人们造反的可能性越大,破坏性也越强"。② "已经拥有许多而想拥有更多的人,其失意感要大于一无所有而只想拥有一点点的人。另外,只缺一样东西的人也会比缺很多东西的人更不满。"③ 在这种相对剥夺感心理支配下,人们的价值期望值在提高,有的期望值甚至超出政府和社会所能承受的范围。这时,如果政府不具备满足人们价值预期的能力,就会导致民众产生巨大的心理落差,聚众犯罪甚至社会骚乱就很有可能发生。这种心理现象也提醒我们,贫富差距不能过于巨大,财富过于悬殊必然造成人们相对被剥夺感积累,长此以往,必将加深社会怨恨,加剧贫富对立,增加犯罪行为,进而累及社会稳定与财富的持续积累。

在群体性事件诱发的聚众犯罪中,能够聚众并动员大规模人群参与,这本身就说明其诉求已经经过大众的考量并达成了群体共识,一般来说,能够达到群体共识的诉求往往都有其合理的一面,完全不合理、不合法的诉求很少。但不可否认的是,确有一些人在无理取闹,其诉求要么于法无据,要么超过了合理的限度。课题组成员在调研访谈时,有一基层交警大队长对谈到:"现在有的人有合理要求时闹,没有不合理要求时也闹,遇到敏感时间时更要闹,提的要求往往漫天要价无法让对方接受。特别是在有人死亡的交

---

① 梅传强:《犯罪心理生成机制》,中国检察出版社2004年版,第62页。
② Ted Robert Gurr. Why Men Rebel. Princeton: Princeton University Press, 1970.
③ [美] 埃里克·霍弗:《狂热分子》,广西师范大学出版社2008年版,第49页。

通事故中，出于死者为大的传统观念，无论死者在事故中有无过错，也无论这些过错的大小，人们往往是同情死者一方。有的死者家属趁机提出超出现有赔偿标准数倍的天价赔偿金额，当对方不同意或无法满足其要求时，他们往往以不火化尸体、抬尸堵路、堵政府作为要挟条件，使事故处理工作陷入僵局。这种情况在我们处理交通事故时非常普遍，我们对此非常无奈深感无从处置。不理他们的无理要求吧，他们会越闹越大；但要理吧，对方当事人也不答应给这么多钱，政府和我们交警大队也不可能有这笔开支。最后有时逼得我们不得不利用自己的亲戚朋友关系，四处请求一些社会热心人士出一些钱，对死者家属给予人道上的抚恤。"①

（二）满足方式的偏差

群体性事件诱发的聚众犯罪中，需要偏差生成的最主要方式是个体满足需要的方式不为社会认可。"行为人犯罪的内在根源是运用社会不认可、不能容忍的方式满足自己的某种需要。"② 也就是说，即便是正当的、社会规范所允许的需要，但如果个体在实现该需要时所选择的手段和方式不为社会规范所认可，不为社会规范所容忍，也可能促成需要偏差的生成。

具体而言，当前民众要求解决的大多数问题都是有一定道理的合法诉求。然而，目前的实际情况是民众反映问题、解决问题的有效渠道，诸如行政复议、司法诉讼、人民信访等渠道，无法从根本上真正解决所有民众的实际问题，因此，当民众的权益受到侵害却无法找到畅通、有效的解决方式时，便会脱离法律的轨道寻求当前最有效、最简便、成本最低的方式来实现其诉求。

当前，在普通民众看来，通过聚众堵路、围堵政府机关等扰乱公共秩序的方式，将具体利益问题转化为社会问题甚至政治问题，无疑是最能引起社会广泛关注、最能给政府施压而使其不得不回应的最为便捷、有效的权益救济手段。课题组成员在调研、访谈时从一位副市长处了解到，"一些群众的要求确实是有他的合理的一面。但是有的群众嫌按司法程序和行政正常程序去办的话，花费高不说，时间还长，他们认为很多时候按规矩办事很少有人理会、有人重视，搞点动静出来马上就会有人管有人来过问了。现在不少群众一碰到问题都是这样想这样效仿去做的，因为这样解决问题不但快，而且

---

① 课题组成员 2014 年 8 月 12 日对 P 县交警大队长 Z 先生的访谈。
② 梅传强：《犯罪心理生成机制》，中国检察出版社 2004 年版，第 62 页。

动静闹得越大产生的效益也大"。①

但是，群体性事件也好，群体性事件诱发的聚众犯罪也罢，它们首先是对规则的侵犯和破坏，哪怕是采取静坐或者散步这种非暴力的方式来追求需要，同样也是违反有关集会游行法律法规规定的，也必然会侵害到有同样需要的他人的利益，侵害到社会规则和维护人们正常工作、生活的社会秩序。显然，借群体性事件及其诱发聚众犯罪进行利益救济的方式不能被社会和社会规则所认可。虽然现代社会越来越注重保障人权、维护个人权益，但不管怎样也不能为了个人需要而置国家、社会和他人的利益于不顾。因而，每一个民众在表达和追求自己所需的过程中，都应当顾及自己的行为是否违反现有社会规则，是否因此给他人的权益带来了损害，是否因此破坏社会秩序危及国家稳定。如果合理、正当的需要不能以合法的方式去实现，而是采取非法的、不正当的超越规则与秩序的方式进行，那么其结果必然超过社会心理的容忍度而承担包括刑事处罚在内的各种法律责任。

二、认知与群体性事件

认知是指当事人对于事项实际情况的判断和预测，是包括感知、判断、推断和评价在内的社会心理活动。积极的社会认知，可以消解处于萌芽阶段的社会矛盾，而消极的社会认知，会不断滋生社会矛盾，促使社会矛盾向着不利于社会发展、对社会秩序稳定构成威胁和破坏的方面转化。② 犯罪"其实质是行为人对社会规范的敌视、蔑视"。③ 如果社会成员对价值观念、道德规范、法律规范等现实主流社会规范不信任、漠视或者怨恨，势必导致其行为的偏差，包括实施犯罪行为的可能。具体到群体性事件，参与者的这种不正确态度主要表现在以下几个方面：

（一）对社会规范的轻视

现实的社会规范被越多的社会成员所信任和接受，而且接受的过程越短，犯罪就越少发生；反之，就会造成比较多的社会成员与社会规范冲突，引发更多的犯罪。聚众的社会成员大都有一种普遍的信念，那就是现有的社

---

① 课题组成员 2014 年 5 月 10 日对 D 市副市长 Y 先生的访谈。
② 陈晋胜、何卫平：《群体性事件社会成因分析》，载《山西大学学报（哲学社会科学版）》2003 年第 5 期。
③ 梅传强：《犯罪心理生成机制》，中国检察出版社 2004 年版，第 2 页。

会规范和解决途径是不可信的，也是无法解决现实问题的。进行现有体制内的诉求表达几乎没有实现其利益的可能性，或者无法达到其期望值。只有通过体制外的方式进行表达，以此将利益问题转化为政治问题，才能引起政府和领导的重视，才能增强利益满足的强度。所以聚众的直接动机在于给政府带来压力，并由此引起社会关注和领导重视。因为，引起领导重视往往是解决问题的最快、最好路径，并且引起重视的领导层级越高，解决问题的可能性就越大、越快。这些不信规范信个人的信念成为群体性事件中聚众者的主要心理依据。

形成这种信念既有历史原因，也有现实因素。从历史上看，我国社会一直有信"清官"不信"法律"的传统，有冤屈找清官以及对清官的渴望成为公众的普遍心理。在这样的传统文化的影响下，普通公众一旦遇到问题，首先便理想化地寄希望于能够找到一位"位高权重"的官员。

从现实来看，司法、行政、信访、社会的众多规则和途径在解决矛盾和冲突方面确实存在诸多限制和不足。这些现实遭遇必然导致人们对体制内救济特别是通过法律途径解决问题的可信度下降，而对权力、清官解决问题的可信度总是信赖甚至迷信。因此，历史上缺乏规则的传统与现实中社会规则确实起不到理应具有的作用，二者共同导致了民众对现有规则的质疑。

（二）对社会规范的蔑视

对社会规范的蔑视，就是不重视社会要求，不把社会规范放在眼里的意思。[①] 如果一个人对社会规范采取蔑视的态度，无视社会规范特别是不重视法律规范，不按法律要求去维护自己的权利，那么就会引发其实施一定的违法犯罪行为。现实表明，在群体性事件及其附随的聚众犯罪中，规范在聚集后的人群面前往往显得苍白无力，或者说往往被激情支配的人群轻视或者无视。之所以会出现这一情形，是因为群体性事件中的参与者聚众后往往会产生以下心理。

1. "无名氏"心理

法律责任以明确的个体行为为基础，个体行为越能确定则法律责任越能界分。[②] 一般而言，在一个容易识别个体行为及其责任的环境中，民众不易采取违法犯罪行为，相反，如果是在一个无法或很难确定是哪个个体实施了

[①] 梅传强：《犯罪心理生成机制》，中国检察出版社2004年版，第25页。
[②] 吴克云：《群体行为心理的理性分析》，载《公安研究》2007年第4期。

违法犯罪行为的环境中，民众则容易随大流或放纵自己的行为。由于聚众行为是以群体的整体形式出现的，个人没有明显的群体或个人标志，因而个人身份处于隐蔽状态。具体而言，聚众下的个人往往认为自己在群体中是无名的，认为自身处于"无名氏"状态下，自己就是整体，整体就是自己，自我感觉个人被淹没于众多的人群之中不易被他人识别，所作所为也不易被人知晓和受到追究。在这种状态下，民众变成了缺乏理智的"无名氏"，变成了勒庞在《乌合之众》中描述的"智力水平十分低下的动物"[①]。并且，这种无名感越强烈，人的理智就越缺乏，人的行为也越自由，越不受约束。

2. "无责任"心理

在非共同犯罪中，每个罪犯对自己所犯罪行无法推卸，罪责自负。但是在由群体性事件演变而来的聚众犯罪中，存有无名感的参与者会认为，行为是以整体出现的，个人只是群体的一分子，那么"出事则大家顶"，责任应当落在群体身上，由聚众的整体承担而不是其个人承担。这种"责任分担"的意识基于责任的分散而形成责任的减轻，使群体中各成员减轻或解除了对个人行为的责任感，大大增强了实施严重犯罪的可能性。群体中的每个人都认为自己的责任是限定的，对于超过的责任是可以回避的，个人不会因此招致惩罚。即使惩罚，他们认为由于责任分散在每个人身上，因而也不会对参加的每个人都处罚。于是一见有人实施破坏行为，自己也毫不犹豫、不计后果地参与其中。为什么平时不敢犯罪的人在加入聚众后胆敢实施犯罪，很重要的原因就是聚众下的个人责任感的分散、淡化甚至消失，为行为人消除了后顾之忧。

3. "随大众"心理

在明知行为违法或者犯罪的时候，群体性事件的参与者惧于法律的威慑一般不会去实施聚众犯罪行为，但如果在聚集的人群中有人实施了此类行为，并且实施了这类行为的参与者不仅没有被处罚，相反还因此得益时，那么其他参与者就会纷纷效仿，进而产生"从众行为定式"和法不责众的心理定势。事实上，在几乎所有的群体性事件诱发的聚众犯罪中，政府所能惩罚或处置的只是首要分子或者极端行为者，对于绝大多数参与者而言，政府不会也不宜去追究责任。而这时社会舆论也大多倾向于民众，大多质疑基层政府和相关领导，以致在不少群体性事件中不仅使一些地方领导被问责以平

---

① [法]古斯塔·勒庞：《乌合之众》，冯克利译，中央编译出版社2004版，第1页。

民怨,而且民众的诉求也得到广泛的社会关注和迅速的解决。这种行为逻辑不仅降低了民众闹事的社会风险,而且也使民众形成了一种心理定势,那就是在这种情况下触犯刑法可以被人们所理解。这种相似情况的处理形成的心理定势必然减弱人们的责任意识和对暴力行为的内在抑制。当群体性事件参与者认为在特定环境下的犯罪行为可以为人们所理解,并为政府所原谅时,那么必然会促使他们使用暴力来表达自己的诉求。

总之,在群体性事件中,处于无名氏状态下的参与者必然产生责任淡化和法不责众的心理,这种心理又必然加速其罪责的弱化,加强参与者有关"诉求合理而行为就合理"的偏执认识,出现参与者明知行为犯罪却偏执地认为这是合理且必要的逆反性社会心理,从而促使行为人在群体性事件中失去自我约束而置法律于不顾,最终导致群体性事件演变为聚众犯罪事件。

(三) 对社会规范的敌视

按照《现代汉语词典》的解释,"敌视"就是"当作敌人看待的意思"[1]。对社会规范的敌视主要表现为对现存社会持极端的否定或敌视态度,对现行社会制度、规范和价值准则产生强烈的、自觉的心理对抗,并外化为主动实施反社会的行为。"对社会的敌视态度,即是指行为人有意仇视社会,与社会为敌的意思。这种态度是反社会人格中程度最严重、意识最清楚、意志最坚决、情感倾向最明显的心理活动。"[2]

实践表明,当前在群体性事件中参与聚众犯罪的行为人都直接或间接有过自身利益被侵犯、遭受过不公平对待的经历,这种经历大都会使当事人心中产生对社会或政府部门的不满,这种不满日积月累,便会在人们心中形成一种强烈的社会积怨。在这种社会积怨的作用下,这些参与者会不自觉地对现有社会价值准则和社会规则产生心理抵触,进而敌视并否定这些准则和规范。具体而言,在群体性事件及其附随的聚众犯罪中,不少民众会将现有的一些社会规则视为不合理而加以否定、敌视,进而将实施违法犯罪行为视为对自身权利受损的正当反应,认为自己的行为是合理抗争,是对侵权行为的阻止和对自身权利的正当维护。这种对社会规则的敌视否定心理产生并积累到"无法容忍"的程度时,民众往往借偶发的群体性事件来发泄对政府各部门甚至社会制度、社会规范的不满和积怨,因此,这时哪怕是一起微小的

---

[1] 中国社会科学院语言研究所:《现代汉语词典》,商务印书馆2002年版,第269页。
[2] 梅传强:《犯罪心理生成机制》,中国检察出版社2004年版,第52~53页。

事件也可能引发打、砸、抢、烧等大规模的暴力型聚众犯罪。

三、情绪与群体性事件

情绪是人们对外界刺激所产生的心理和生理反应。"当客观现实不能满足需要时而产生的否定性、消极性反应，即形成我们常说的所谓情绪情感偏差。"① 实践表明，在不满情绪、激情、愤怒、民粹主义等群体不良情绪的影响下，群体理性相对弱化并容易出现过激行为，容易驱使人们倾向于以聚众犯罪行为这种侵犯性、攻击性较强的方式来解决矛盾和冲突。鲍德克尔和詹姆逊指出："处于冲突之中就是处于情绪的冲突之中……冲突使人感到不舒服的部分原因就在于它伴随着情绪。"② 考察我国众多的群体性事件以及由其引发的聚众犯罪案件不难发现，从群体性事件这种一般性的冲突演变升级到聚众犯罪这种激烈的对抗，不满情绪、激情、愤怒、民粹主义在其中无不相继发挥着不可忽视的作用。

（一）不满情绪的发泄

不满情绪是当前社会普遍存在且容易成为群体性事件中引发聚众犯罪的心理之一。③ 从 2004 年重庆"万州事件"、2005 年安徽"池州事件"、2006 年浙江"瑞安事件"到 2007 年四川"大竹事件"、2008 年贵州"瓮安事件"，再到 2009 年广州"新塘事件"，一个个原本简单的个案之所以能演化为群体性事件甚至伴随打、砸、烧、抢等暴力行为的聚众犯罪事件，其背后都是不满情绪的随意发泄，是有针对性的不满在一些地方的群众中形成了情绪基础，引起了相互感染并在特定的情境下产生了情绪共鸣。不满、反感如果长期得不到化解，就必然积累和浓缩成集体愤怒，继而演变成聚众犯罪的

---

① 马进：《群体性事件背后的群体心态》，载《探索与争鸣》2009 第 3 期。
② M. Bodtker, J. K. Janeson. Emotion in Conflict Formation and its Transformation: Application to Organizational Conflict Management. International Journal of Conflict Management, 2001: 260.
③ 情绪不同于认知的地方在于它往往是最不可控的。这是因为情绪与非理性的强相关性，会促使猜测、幻想、不满、反感等与实际不相吻合的成分增长，会导致理性缺失状态下的人们更加意气用事，更加忽略对方的感受以及实际问题的解决，既逐渐降低既有规则对人们的约束作用，又助推对抗意向与对抗行为的生成。柏拉图曾认为："情绪是一种狂乱的、无法控制的、与理性相抗的力量，理性与情绪的关系就好比赛马中人与马的关系，情绪是充满野性的马，它需要驾驭者—理性的控制。如果驾驭者不能很好的控制马，理性就会偏离轨道。"参见止锦英：《决策心理学》，上海教育出版社 2006 年版，第 177 页。

内在诱因。

(二) 激愤情绪的迸发

激情是一种迅猛爆发、激动而短暂的情绪状态,人在处于激情状态时,控制能力骤减,因而往往出现不顾一切、孤注一掷的行为。① 考察近年来由群体性事件诱发的聚众犯罪案件可以看出,"突发型"聚众犯罪案件呈逐渐增多的趋势,不仅在数量上逐渐超过了"积聚型"聚众犯罪案件,而且在参与人数、对抗程度及危害后果等方面也超过了后者。而就"突发型"聚众犯罪案件,其参与者一般处在"激情状态"之中,这些参与者虽然主观上没有蓄谋,客观上也没有蓄谋的行为,但是一旦由于某些原因使其情绪失控,其便会在激情状态下实施暴力行为,而不顾及后果。例如,在广州"增城事件"中,不少参与者没有直接经济利益诉求,仅仅因为郁闷失落、发泄情绪而参与到事件中,甚至部分参与者对此毫无顾忌,将其视为一次集体的狂欢,刺激、好玩、兴奋、过瘾、宣泄等非理性认识在参与者之间蔓延。正是在这样一种心态下,参与者通过对别人行为的效仿,更容易实施打、砸、烧等暴力犯罪行为。

(三) 愤怒情绪的加剧

愤怒是由群体性事件诱发的聚众犯罪最显著的不良情绪。从我国近年来发生的群体性事件来看,群体愤怒几乎是产生群体性事件中聚众犯罪的一个最为重要的因素。"所谓愤怒,是指个体对造成某种事件的动因或条件而采取的一种具有攻击倾向的情绪反应。是个体实施攻击行为的心理资源。"② 虽然攻击行为也不一定都是由愤怒产生的,但愤怒状态下的人们更兴奋,更容易采取攻击行为来发泄这种情绪。因为,"愤怒的一个不言而喻的规则就是愤怒是自发而不是蓄意的"③,"'正常的疯狂'源自情绪的唤起"④。在群体性事件升级演变过程中,群体之所以与政府暴力相向,主要原因在于在特定的情境下,情绪被激化并弥漫着愤怒、恐慌。这时愤怒成为主导人们行为

---

① 沈政主编:《法律心理学》,北京大学出版社1986年版,第280页。
② 李维:《社会心理学新发展》,上海教育出版社2006版,第563页。
③ [新西兰] K. T. 斯托曼:《情绪心理学——从日常生活到理论》,王力译,中国轻工业出版社2006版,第97页。
④ [新西兰] K. T. 斯托曼:《情绪心理学——从日常生活到理论》,王力译,中国轻工业出版社2006版,第1页。

的核心力量，使人们处于一种弥漫性的亢奋之中，甚至达到无法控制的非理性状态。这种状态非常容易引发当事人产生攻击的欲望或者意向，使民众以暴力形式来发泄愤怒成为可能。

按照勒庞的一致性幻觉理论和感染理论，构成群体的个人一旦融入群体之中，这些个人便获得了一种与其作为个体时根本不同的一种群体心理，在这种集群心理支配下的思想、行为和感情将会变得与平时作为个体时有诸多不同。参与群体的成员在作为参与前的个体时，可能是一个遇事冷静、沉稳的有素养的个人，但在参与群体后也许就会变成一个做事武断、暴躁的野蛮人，甚至表现出身不由己的狂躁和狂热，表现出原始人的热情和英雄情操，有的甚至是残忍或暴虐。① 与此同时，由于受到匿名、模仿、感染、暗示等因素的作用，个体参加到群体之后就会丧失其作为个体时的理性，由最初的自制和理性逐步走向失控和狂热。在这种情况下，聚集在一起的个体在相互间的心灵支持和情绪感染下，其判断力、控制力大大降低，这时一旦有人作出过激的行为或者喊出一句过激的口号，都可能引发不受控制的群体性失范行为。在泄愤型群体性事件中，旁观的非利益相关者由于与当事人发生感情共鸣，在当事人和现场氛围的感染下，其愤怒情绪下的非理性特点尤为突出。

(四) 民粹主义的渲染

民粹主义又称为平民主义，它"与社会中下层群体存在的不满情绪相关联……体现了崇尚全民利益、实现政治参与和利益表达平民化的进步意识，内含了对民主、平等、公正、自由观念的追求，对社会底层利益、弱势群体的高度关注，这些对社会的发展都具有积极意义"。② 然而，近几年来，无论是 2011 年发生的厦门"PX 事件"，还是 2013 年以来连续发生的江门、花都、茂名"PX 事件"，社会上关于 PX 项目所形成的一边倒的舆论氛围，

---

① 勒庞提出的"一致性幻觉理论"（Crowd Illusion Theory）认为，群体能产生一致性的"集体意向"（或"幻觉"）。这种意向来自群体成员的潜意识。他还认为，群体中的人似乎有一种大权在握的感觉，通俗地讲，就是"群能壮胆"，置身于群体之中的人易受群体传染，并有效仿他人的倾向。勒庞还进而提出了感染理论（Contagion Theory），认为群体能够对其成员实施催眠作用。个人在群体影响下忘记了自己的个性和平常的自控力，完全服从于群体的感情。于是，群体似乎被赋予了生命，个体成员之间的情绪彼此摩擦、相互攀升，通过激化情绪，将个体成员推向冲动，乃至非理性，甚至是暴力行动。参见严庆：《从冲突到整合》，中央民族大学 2010 年博士学位论文。

② 熊友华：《群体性事件中的民粹主义宣泄》，载《中国教育报》2011 年 8 月 29 日。

不仅扭曲了 PX 项目本身的意义，而且连锁性地累及了不少地方正常的城市管理。从一个城市的管理来看，各种垃圾始终是需要在城市的某一个或多个地方处理，但如果谁也不想把垃圾处理项目建在附近，那么最终这个城市也必将被垃圾淹没。从 PX 项目来看，它本身是当前代表世界先进水平的垃圾处理项目，但在整个社会和舆论的喧嚣下，项目本身的合理性和必然性不断地民粹化消解，并在多个地方不同程度地弥漫着情绪化的对立和暴戾之气，那就是只要建 PX 项目就不行，至于如何法治化、制度化地解决城市管理这一重要问题却无人问津。在这种民粹主义情绪的喧嚣下，不仅政府治理日程被中断，而且极易使这些事件演变成非理性的极端宣泄。一段时间以来，这种宣泄在城管、城市拆迁中都有其鲜活的体现。

而当下各地"无直接利益冲突"现象的频频出现，与这种非理性的民粹化喧嚣不无关联。从众多的"无直接利益冲突"案例来看，无论是为首者还是积极参与者、围观起哄者，在他们心里或多或少地存在民粹主义的潜意识，那就是一旦有聚众事件，代表公权力的政府总是被设定为"有问题"，并常常条件反射式地对官员、富人乃至整个现存权力体系进行"有罪推定"。这种"有罪推定"反映在街头小巷，也散播在网络空间，使无政府行为成为一种时尚，而这时一旦出现导火索事件甚至一个敏感话题都将引发非理性的发泄，进而促成对抗政府治理的舆论力量的形成，而那些理性看待问题的却招致围攻和无理性的谩骂。可以说，这种"大民主"化的民粹主义所暗含的无政府行为如长此以往，必然会异化社会大众结构，撕裂社会各个阶层，削弱人们的理性与政府治理的合法性。

四、仇恨与群体性事件

在复杂的社会关系中，仇恨是一种普遍存在的消极心理，是一种蕴含于人性深处的本能。只要有社会，就会有人与人之间的偏见、歧视与仇恨。"在一定的结构性因素下，人们就会产生相应的结构性怨恨、剥夺感或压迫感。这就为集体行为的产生酝酿了必要的社会心理条件。"[1] 仇恨犯罪是基于仇恨动机而实施的被刑法所否定的刑事恶行，也称为歧视与敌意犯罪、偏见犯罪、因偏见引起的暴力犯罪。"本质上说，仇恨犯罪就是偏见引发的犯

---

[1] Neil J. Smelser. Theory of Collective Behavior. Routledge and Kegan Pugan Pual Led., 1962.

罪。但是，'仇恨'犯罪并非真正关乎仇恨，而是涉及偏见与歧视。"① 因为在现实中仇恨的背后往往隐含着偏见与歧视，三者之间不过就一步之遥。

从已发生的案例来看，聚众犯罪一般包含着仇恨犯罪，或本身就是"仇恨犯罪"。在犯罪种类上，仇恨犯罪不仅包括群体犯罪，也包括个体犯罪。而聚众犯罪是聚众实施的犯罪，属于群体犯罪。因此，仇恨犯罪是种概念，因仇恨引发的聚众犯罪是属概念，是仇恨犯罪研究的主要内容。与其他犯罪动机相比，仇恨心理一旦形成，不仅难以消除，而且极易从个体传染至群体。而持仇恨心理的群体，一旦被外界激怒，就极易使用极端手段实施聚众犯罪行为，这与其他动机引发的聚众犯罪相比更加具危险性。"在现代社会的运动中，怨恨成为一股起决定作用的强大力量。"② "如果不满和愤恨情绪达到无法回头的程度，那么冲突就会表现为暴力的形式。"③ 现实情况表明，在仇官、仇警、仇富等结构性怨恨以及土客之间、民族之间偏见与歧视日益积累、蔓延的当下，聚众犯罪相应地呈现出一种难以遏制的高发态势。

（一）"三仇"心理

在我国经济社会转型过程中，仇官、仇富、仇警心理不断蔓延。与我国阶层分化加速、贫富差距加大相伴随的是，当下贫富对立心理不断加剧，"仇富"心理持续蔓延，人们不仅普遍质疑富人财富来源的正当性，对大多数富人致富方式持否定态度，而且在穷人与富人发生冲突后，民众舆论几乎一边倒，没人同情富人的遭遇，相反却对穷人的极端行为助威、呐喊。中科院"中国社会状况综合调查"课题组的调查显示，在7139名被调查者中，56.5%的人认为穷人与富人的差异最大，16.1%的人认为干部与群众之间的差异最大，二者占到了被调查群体总数的72.6%；24.7%的人认为穷人与富人之间最容易产生矛盾，23.6%的人认为干部与群众之间最容易产生矛盾，二者占到了被调查者总数的48.3%。④ 在"仇官""仇警""仇富"等结构性怨恨日益积累蔓延而又缺乏心理减压时，人们

---

① ［美］詹姆斯·R 雅各布、古姆伯利·波特：《仇恨犯罪—刑法与身份政治》，土秀梅译，北京大学出版社2010年版，第1~11页。
② ［德］马克斯·舍勒：《价值的颠覆》，生活·读书·新知三联书店1997年版，第54页。
③ ［法］让·马克·夸克：《合法性与政治》，中央编译出版社2002年版，第307页。
④ 李培林主编：《2009年中国社会形势分析与预测》，社会科学文献出版社2009年版，第27页。

很容易产生与现有权力体系对立、敌视的态度,这种否定态度一旦被外界激化,会迅速将仇恨心理外化为群体性事件甚至聚众犯罪。

事实上,"三仇"的实质是对社会不公的仇恨。民众仇恨的"官"是贪腐之官,是那些官商勾结、坑害百姓的"官";民众仇恨的"富",是那些为富不仁的人;民众仇恨的"警",是那些执法不作为、乱作为的警察。在群体性事件及由其引发的聚众犯罪中,无论是维权还是泄愤,民众的主要目的是改变生存状况,而不涉及政治诉求。因此,从这一角度来讲,"三仇"仇恨的对象不是现有的基本政治制度,而是个案中的地方政府或者个案中的官员、企业主、警察等。

(二) 土客矛盾

"土客"矛盾实际上是移民群体与定居的土著之间发生的矛盾和纠纷。在我国古代农耕社会,源于对土地资源的争夺,土客械斗此起彼伏,历数百年不止,清朝咸丰、同治年间发生在广东珠三角地区的土客大械斗最终还导致了大规模的战争发生。我国当下,伴随着大规模的人口流动,以农村人口为主的外来务工人员与当地居民的矛盾和冲突日益加剧,由此引发的群体性事件甚至聚众犯罪对当地社会治安造成了越来越严重的影响。

当大量的外来务工人员涌入城市,其廉价的劳动力必然挤占当地劳动力市场,打破原有的相对平衡的工作竞争环境,在一定程度上对当地居民形成就业压力,从而引发当地居民对外来务工人员的敌视与排斥。加之外来务工人员在身份上与本地居民的差别,长期以来,外来务工人员与本地人员之间在就业机会、失业救济、用工环境、子女教育等各方面都产生巨大的反差,使他们处于弱势境遇。当这种弱势境遇给外来务工人员带来的一系列生存、发展障碍和限制,使他们不具备其他群体的发展空间时,各种不平衡心态以及被社会排斥、被社会边缘化的心理便会逐步形成,继而产生与其他群体的情感对立与否定情绪。这些对立情感和否定情绪容易使他们产生逆反心理,并将利用非法手段获取利益视为一种自我救济的合理方式,或视为社会对他们应有的补偿。在这种情形下,由于参加者抱有自认为行为正当的态度而更容易受到情绪感染和从众等社会心理因素的影响,稍有任何外来的歧视和敌对,都有可能激起不自觉的抵制和反击,使事态极端化、暴力化。

这类现象在潮州古巷、广州增城、中山沙溪等地发生的群体性事件中表现得非常明显。2011年发生的潮州古巷"6·6"事件，最初是工厂老板恶意伤人，最后演变为四川籍外来务工人员与当地居民之间的冲突；紧接着，广州增城新塘镇"6·11"事件，从治安联防队员与街头小贩之争，升级为大规模的四川籍外来务工人员对当地政府机关和当地人的打、砸、烧等暴力行为；再到2013年中山沙溪"6·25"事件，因四川籍少年与当地少年的民间治安纠纷引发的大规模的当地人与外地人的族群冲突。这些事件无不深刻地折射着因偏见、歧视而引发的仇恨犯罪，实质上是本地人与外地人之间长期存在的"土客"矛盾的集中爆发。

（三）民族偏见

不同民族之间因地域、语言、信仰的差异形成了民族之间的隔阂、偏见甚至歧视。人类自有民族以来，就存在民族偏见与歧视。民族偏见与歧视作为当今世界一个突出的社会问题，给世界各国带来的不单单是理不清的烦扰，更多的还是在民族仇恨的历史阴影下不断升级的摩擦与战乱。

与一般意义上的冲突不同的是，民族类事件在利益冲突基础上往往都具有价值领域的冲突，参与者由于具有鲜明的价值边界和身份边界，因而极易引发大规模对抗甚至是流血和战争。组织者也很容易利用民族之间的隔阂和偏见，聚集群体怨恨，推衍出族群内普遍认可的抗争逻辑。美国之所以将仇恨犯罪作为法律术语并专门列为一类犯罪进行规制，主要就是源于种族、宗教、民族偏见引发了大量针对人身或者财产的犯罪。在我国，这类事件尽管数量不多，但由于其涉及价值领域和意识形态，加上境外势力常常利用这类事件激化各种矛盾，煽动民众与政府的对立情绪，策动民众走上街头，因此其一旦发生，就往往伴随着强烈的、长时间的冲突和对抗，甚至演化成打、砸、抢、烧等严重的社会骚乱和社会动荡。

综上，应该说，当正义缺失时，聚众犯罪这种具有仇恨性质的犯罪在现实中可以起到吸引社会公众和舆论关注问题的强烈效用，但是，应该看到的是，"法外复仇"的恶性循环不仅削弱社会的理性与克制，而且也将造成国家、社会和他人合法权益的进一步伤害。

第二节　现实群体性事件中的心理疏导

在社会生活中，当一个人对事物的认知是理性的、正确的，将自己的情绪也调适在最佳状态时，是不会实施社会越轨行为的。这种状态中的行为人是最为理想的社会人，其不仅对道德、法律等层面的规范表现出真诚的遵守，而且对越轨的社会行为也是给予帮助和矫正。然而，这种状态只是社会发展需要的理想状态，在现实生活中，无论是从众多个体的横向比较来看，还是从单一个体发展的纵向比较来看，一个人都不可能将自己的认知和情绪保持在最佳状态。因此，无论是个体还是群体，都需要对其认知和情绪进行调适，使其尽量保持在与社会发展相一致的相位。群体性事件中参与者的认知和情绪都严重偏离了正常的轨道，对个人发展和社会稳定都极为不利。因此，极有必要对群体性事件的参与者进行心理疏导，矫正其错误的认知、缓和其愤懑的情绪，同时阻却其行为的负向转化。

一、认知的矫正

人健康发展的标志之一是主体具有良好的社会认知能力。社会认知在群体性事件升级过程中起着基础性作用，它决定着冲突各方到底以何种方式来看待其所面对的问题。当认识不断恶化甚至形成不可让步的紧张局面时，冲突化解的难度就会大大增加，因为，强硬的立场不仅明确了他们所诉求的内容，同时也确定了满足这种诉求所必须采取的方式，而这些方式往往是对方所不能接受的。一旦形成了非此即彼的对立状态，协商、对话、妥协等化解冲突的常用办法的功能将弱化，相反，情绪、威胁、极端化等恶化冲突的行为将更为凸显。所以，在群体性事件中，政府需要做的第一件事就是要利用各种方法引导大家形成有利于冲突化解的认知框架，其中关键是要客观认知矛盾和冲突；凝聚法治共识，减少"问题化"表达；抢占舆论阵地，防止谣言的传播。

（一）理性看待矛盾

马克思主义哲学认为，社会存在着各种矛盾。通常来讲，最具有活力的社会恰恰充满矛盾。社会存在矛盾和冲突是一种极为正常的现象,社会和谐稳定不是指一个社会没有矛盾或者不发生冲突,而是指国家能够把矛盾和冲突纳入自己的制度框架内,使之不致发展为更大的社会动乱。但是,在当前个别官员的潜意识中,仍然将矛盾和冲突片面地界定为"反功能的""有害的事物"。科塞认为:"我们所关心的是社会冲突的功能,而不是它的反功能,也就是说,关心的是社会冲突增强特定社会关系或群体的适应和调适能力的结果,而不是降低这种能力的结果。"① 由此表明,矛盾和冲突的功能是具有两面性的。多元化冲突能够防止社会整体性分裂,冲突可以作为"安全阀"防止大规模破坏,可以作为平衡机制有助于社会维系等都是矛盾和冲突的正面功能。因此,要改善认知,首先要改变对矛盾和冲突的片面认识,要客观、理性地认识和看待矛盾和冲突,并以平常的心态处理,而不能追求表面的和谐,也不能因为个别人善于"闹事"就伤害规则在社会治理中的主导作用。

(二) 坚持法治底线

"制度化是组织和秩序获取价值观和稳定性的一种进程。"② "冲突制度化的社会更稳定,整合程度更高,这种社会系统允许对立的要求迅速而直接地表达出来,能够通过消除不满的根源而不断调整自身的结构。"③ 一个运行良好的社会应当是一种高度制度化的社会,这种制度化不仅仅包括社会上存在着用来约束特定行为的规范,也内含着这些规范能够得到良好的遵从。不被多数人遵从,制度本身不仅不能够起到约束人们行为的作用,反之,却可能降低政府的威信和治理合法性。

坚持法治底线,就是要改变依靠国家强制力甚至国家暴力压制群体性事件的粗暴做法、改变用行政手段摆平的简单做法、改变"花钱买平安"的功利主义做法,回归法治途径,把法治思维和法治方法运用到化解社会矛盾的实践中,把社会矛盾化解在法治的框架内,把维护社会秩序建立在维权的基础之上,逐步形成民众遇事找法、政府办事依法、矛盾各方解决问题用法的良好法治习惯。

---

① [德] 刘易斯·科塞:《社会冲突的功能》,孙立平等译,华夏出版社1989年版,前言。
② [美] 塞缪尔·亨廷顿:《变化社会中的政治秩序》,王冠华等译,生活·读书·新知三联书店1989年版,第12页。
③ [德] 刘易斯·科塞:《社会冲突的功能》,孙立平等译,华夏出版社1989年版,第114页。

(三) 控制谣言传播

在很多群体性事件中，人们经常会相互打听事件进展和内幕，对相关信息表现出高度的关注。民众在这种信息"饥渴"状态下，若政府没有及时、全面地公布相关信息，就会给谣言的传播留下空间。谣言的迅速传播往往恶化人们对特定事项的认知框架，并引起情绪、价值、思维等一系列的变化，对群体性事件升级为聚众犯罪起催化作用。要防止谣言、流言的传播对事件的发展产生不良影响，政府就必须做好信息工作。英国危机公关专家杰斯特提出了公共冲突中进行沟通的"3T"原则①，即主动提供信息、提供全面信息、尽快提供信息，这对群体性事件中谣言的控制具有借鉴意义。

1. 信息提供要主动

当前，出于控制、管理的目的，我国基层政府在应对群体性事件时仍然沿袭的是传统做法，尽可能不让社会民众知道事件的相关信息。事实上，这种被动的信息提供模式已经不适应信息时代的要求。在民众获取信息的渠道日益广泛、便捷的时代背景下，政府"一厢情愿"地控制信息的传播已经变得不可能，相反，政府越是想遮盖、越是想控制，效果往往越适得其反。在这种情况下，政府必须要努力争取信息发布的主动权，在群体性事件中主动发布相关信息，引导公众舆论，而不能"沉默不语"或者发布虚假信息。

2. 信息提供要全面

在过去的管理中，地方政府在处置群体性事件时出于稳控事态、稳定民众情绪的目的来发布信息。以往，不少地方政府都有一个潜在的假设，即民众是一个容易出事、容易失控的群体，一旦知道了相关消息则可能会发生骚乱，导致社会秩序混乱，增加政府公共秩序维护的难度。所以，他们可能选择不告诉民众实情或者不告诉民众全部情况。这种现象的普遍存在导致了在群体性事件处置中政府公信力的下降，民众对政府所发布信息的真实性会产生怀疑，甚至从政府发布的信息的反面去理解事件的真相。因此，要改变这种现状，政府首先要相信民众的理性行为能力，在此基础上，向群体性事件的当事人及其他社会公众及时提供有关事件真相和处置的相关消息。

3. 信息提供要及时

在贵州"瓮安事件"中，李淑芬跳水死亡后谣言四起，但当地政府和公

---

① ［美］罗伯特·希斯：《危机管理》，王成等译，中信出版社2004年版，第99页。

安机关在李淑芬死亡 7 天里都没有采取任何措施予以辟谣。关键时候政府"失声"就必然导致虚假信息泛滥、谣言四起，许多民众受谣言所惑，怨恨政府和公安机关，以致出现一呼百应、万众聚集的局面。因此，要克制谣言的传播，就要与谣言"赛跑"。要比谣言更主动、比谣言更全面、比谣言更及时，与谣言抢跑道、与谣言争速度。只有在谣言传播的各种渠道上与谣言开展全面的竞争，才能最大限度地抑制谣言的传播及其对事件所产生的负面影响。此外，要尽可能地让当事人现身说明真相，因为在谣言面前当事人的话是最可信的。同时，要主动邀请中介组织或民间代表介入，让他们来说明事件真相，因为他们的非官方背景更容易得到社会认可。

二、情绪的疏导

在群体性事件的升级演变中，民众带有情绪甚至情绪有些失控都是正常的。面对高情绪的聚众群体，客观认错、纠错等处置艺术、处置技巧的把握，对群体情绪的缓和与控制显得尤为重要。

（一）客观认错

对群体性事件中的民众而言，口头和行为上的认错、道歉是控制其情绪的最重要的表达方式。一方面，认错具有疗伤的效应，政府客观承认自己有过失或者有过错的态度，能够恢复民众失去的自尊；另一方面，认错也是一种缓和彼此对立的武器，政府将因自己表现出来的负责任态度而重新获得民众的信任，从而减少对立情绪。

对政府及其官员来说，首先，认错道歉要真诚，要放下身段，将自己与民众放在平等的地位上，客观地去看待自己的责任，真诚地去检讨自己的过失，这样才能得到民众的理解和接受。其次，认错还要有针对性，要体会民众的难处，把民众的困境及其尊严当回事，真正寻找民众情绪高涨背后的深层理由，这样才能有效缓解民众紧张或愤怒的情绪。最后，认错要把握好度。因为与政府认错道歉相联系的必然是一种行为、利益格局或者制度规则等方面的改变，在认错前政府就必须考虑清楚是否能够在这些方面满足民众的诉求。同时，在双方争执白热化的场景下，认错道歉并不一定能被对方接受。因此认错还需把握好表达的场景、形式，这样才能让民众真正接受。

（二）及时承诺

承诺是在群体状态下控制民众情绪的另一种手段。恰当、合理的承诺能够表达出政府解决问题的诚意，减弱民众的敌对情绪。但承诺也意味着政府和相关方要承担兑现的义务，因此，现场由谁来承诺、如何承诺、承诺什么等都至为关键。

在由谁来承诺方面，民众最希望的承诺主体一般都是当局的最高领导人或与冲突事件直接相关的责任领导，这时民众普遍的心理是"谁的官大谁解决问题的权力就越大""谁管事谁说话才算数"。因此，只要是民众要求的相关领导在现场，或者能够赶到现场的就应直接面对群众，而不是采取回避或拖延的策略。相关领导无法赶赴现场时，被派往现场解决问题的领导者要敢于担当，让民众相信自己的权威，确信自己能够解决问题。

在承诺什么以及如何承诺方面，对群体性事件处置者而言，也是一个非常难以把握的问题。因为聚众者的诉求往往是刚性诉求，这些诉求虽然大多具有一定的合理性，但不一定合乎现有法律的规定，或者不一定是当地政府或现场领导有资源能够拍板解决的。这时，如承诺过头就会给兑现增加难度，要是之后又无法兑现，反而会成为引发事件升级的新因素；如果承诺不到位，又会让民众失望，民众会认为没诚意而使矛盾进一步激化。对此，政府及其决策者应当从以下几个方面把好承诺的度：（1）属于态度性的承诺要坚决表达，但不宜过多而给人以回避现实问题的感觉；（2）对于实际问题能做主的应大胆承诺，不能做主的要表明态度，说明情况，以及给予回复的确切时间；（3）在紧急情况下要以缓解当下的紧张状态为要。

（三）包容克制

一般而言，粗暴、简单的执法往往是导致官民冲突、警民冲突直至聚众闹事的重要原因。例如，在河北"定州事件"中，当地政府在征地补款尚未发放的情况下，采取高压威逼的手段强征农民土地，直至民怨沸腾，最终酿成6名村民死亡的恶性事件。又如，在2009年发生的云南"孟连事件"中，公安机关多次草率出警阻拦胶农却从未倾听胶农的诉求，简单压制矛盾、随意定性事件为黑恶势力案件而出警进村抓人，最终将矛盾引向自身，使原本打算通过司法途径解决问题的胶农将矛头指向公安机关，矛盾瞬间升级爆发，酿成流血冲突事件。

三、行为的引导

在群体性事件中，随着矛盾的不断激化以及参与者情绪的高涨，再加上别有用心者在事件中的蛊惑和煽动，群体性事件参与者身份和行为也会随之发生转化，进而进一步激化群体性事件中的矛盾，使群体性事件向聚众犯罪升级和演化。一般而言，群体性事件恶化过程中的行为转化主要有旁观行为向参与行为的转化、参与行为向越轨行为的转化，甚至在矛盾急剧恶化时，旁观行为也会直接演化为越轨行为。因此，在对群体性事件进行心理疏导时，要尽量阻却旁观行为向参与行为、参与行为向越轨行为的转化。

（一）旁观行为的引导

1. 及时公开信息

在现实生活中，有的政府部门习惯性地认为通过封锁消息可以延缓和压制事件的发展，为处置应对群体性事件争取更多的时间。然而，在传统媒体和新兴网络的夹击下，这种做法只会引起公众更加浓厚的兴趣。简单禁止会产生"禁果效应"，即越是禁止的东西，人们越想要了解它。因此，与其费尽心思封锁消息，不如大方地公开信息，正确引导舆论。通过拓宽信息发布渠道、完善信息发布机制便能够有效地满足公众的好奇心，消解旁观行为出现的心理基础。

信息具有时效性，因此，信息不但要公开，还要及时公开。"任何声音当第一时间占据了人的脑海，不管它是正确的还是错误的，你后面想再用新的正确的声音去覆盖它是非常难的事情。"① 这是首因效应在发挥作用，当多种信息被个体连续感知时，个体总是倾向于相信第一种信息，对其印象深刻。因此，信息必须于第一时间公布，这样的信息才能牢牢地占据人们的脑海，引导个体成为理性人，帮助旁观者用理性抑制自身的合群本能。

2. 提高行为成本

提高行为成本最有效的措施就是加大处罚力度，实现处罚的必定性。"对于犯罪最强有力的约束力量不是刑罚的严酷性，而是刑罚的必定性。"② 不能因为害怕"群众闹事"就一味妥协，对应当处罚之人也予以宽宥，"如果让人们看到他们的犯罪可能受到宽恕，或者刑罚并不一定是犯罪的必然结果，那么就会煽惑起犯罪不受处罚的幻想。"③ 在提高行为成本的同时还需降低

---

① 单飞跃、高景芳：《群体性事件成因的社会物理学解释——社会燃烧理论的引入》，载《上海财经大学学报》2010年第6期。
② ［意］切萨雷·贝卡里亚：《论犯罪与刑罚》，黄风译，北京大学出版社2008年版，第62页。
③ ［意］切萨雷·贝卡里亚：《论犯罪与刑罚》，黄风译，北京大学出版社2008年版，第110页。

行为收益,这就要求政府在处置群体性事件时一定要注意区分参与者的性质,对浑水摸鱼者不但要剥夺其所获得的不正当利益,还应当给予相应处罚,以期杜绝旁观者的投机心理,预防旁观行为向参与行为的转化。

上述原理同样适用于旁观者迫于压力不得已加入群体的情形。如果将个体被群体孤立看作是一种利益受损,那么迫于压力加入群体的行为就是通过"避苦"来积极保护自己的既得利益免受损失,利益未受损也可以视为是一种消极获利。若加入群体的消极获利小于所需付出的成本,那么,旁观者抵制入群的愿望就会抵消这种群体压力并竭力避免自己被卷入群体中。

(二) 参与行为的引导

1. 劝导旁观者脱离群体

法国社会学家塔尔德明确指出,"从梦境中清醒过来有一个前提:个体必须暂时逃离他所处的社会环境"。① 所以,要想避免旁观者受到群体情绪的影响进而演变成从众者,最为有效的方法就是劝导其退出该群体,离开所处的群体环境。在对旁观者进行劝导时,一定要注意方式方法。有实验证明,当一个个体做出自己的选择和决定时,如果因为外界的压力而使他失去自由选择的机会,迫使他舍其所好,选其所恶的话,会使其产生心理抗拒,其结果往往是对被迫选择的降低好感,而对被迫失去的增加好感。② 这是人的逆反心理在作祟,它会促使旁观者反其道而行之,最终导致破禁行为的出现,因此,有必要采取疏导法,以平等协商的态度对从众的不良倾向加以疏导,进而达到"软性"抑制的目的。

2. 破除法不责众的幻想

要破除集体主义迷信思想,最为重要的就是引导人们独立思考。政府可以通过媒体向持有不同意见的个体提供舆论上的支持,鼓励其坚持己见,从而削弱集体的一致性,为其他个体争取独立思考的空间,引导更多的人独立做出判断,降低从众心理出现的概率。"如果团体的意见不太一致,团体就会被看作对现实的判断是不准确的,大家便可以对它置之不理。对于主观问题,出现歧义并不奇怪,但是,其他人的同意意见确实能够增强人们对于一种意见的正确性的信心。由于获得了这种支持和这种得到了增强的信心,人

---

① [法] 加布里埃尔·塔尔德:《模仿律》,何道宽译,中国人民大学出版社 2008 年版,第 64 页。

② 梁仙伦、南穆:《社会心理效应的哲理启示》,山东教育出版社 1992 年版,第 87 页。

们便更加深信他们对大多数人的意见的反抗是正确的。"① 通过支持少数人的意见，降低群体的一致性，可以瓦解旁观者对集体的盲目崇拜和极度信任，使其得以脱离对群体的盲从。

3. 发挥先锋模范的作用

在塔尔德看来，"社会是模仿，模仿仿佛是梦游症"。② 既然对于社会而言，模仿是难以治愈的梦游症，那么不妨多树立正面的榜样，为模仿提供好的范本，促进模仿发挥积极作用。具体而言，媒体和网络等信息发布平台应当全面、客观、如实地报道群体性事件，不能为了吸引受众进行有失偏颇或虚假的报道，要多发掘事件处置过程中蕴含"正能量"的信息，尽量避免旁观者因受到不良甚至是错误信息的暗示将错误的榜样作为自己模仿的对象。榜样不能随意树立，需要具备一定的自身条件，"有魅力的人不用说话，别人也会听他的话，服从他的指挥。他只需要行动，一个难以察觉的姿态就足以让人家跟随"。③ 因此，在树立榜样时一定要选取"有魅力"的人，才可能出现"一呼百应"的效果。一个个体是否"有魅力"往往与他的学识和社会地位有关，基于此，应当将学识渊博、德高望重或有一定号召力且行为正确的个体树立为榜样，从而为旁观者提供正面的模仿对象，使其不至于走上歧途。

（三）从众行为的引导

1. 畅通沟通渠道

群体的行动受阻感是其在不知道事件处理进展的状况下产生的一种自我暗示。要想消除这种暗示，最为有效、可行的措施就是扫清双方沟通上的障碍。相关方应当针对事件及时出面回应，以积极的态度应对已经出现和可能出现的状况做好应对工作，稳定群体情绪，将事态维持在可控范围内。切忌逃避不露面，妄图用拖延时间等方式来淡化事件，这样不仅不能平息事态，反而会使群体产生自己的诉求无人理会的愤怒。为了避免包括旁观者在内的群体人受激愤情绪的支配实施越轨行为，可以由政府部门的工作人员组成工

---

① ［美］伦纳德·伯克维茨：《社会心理学》，张雯明译，吉林人民出版社1988年版，第123~127页。
② ［法］加布里埃尔·塔尔德：《模仿律》，何道宽译，中国人民大学出版社2008年版，第64页。
③ ［法］加布里埃尔·塔尔德：《模仿律》，何道宽译，中国人民大学出版社2008年版，第58页。

作组深入到群体当中了解情况、倾听参与者的诉求，并及时公布事件的处理进展，以积极的态度和行动获取事件参与者的支持和信任，进而及时化解群体激愤情绪。

2. 提高风控能力

政府部门应当密切关注事件的发展动向，时刻保持灵敏性和警惕性，及时消除可能引发群体行为激化的潜在风险。风险管控是针对未然的预防，不可能百分之百的准确，在管控失效导致突发事件实然发生的情况下，政府部门要做的不是掩盖真相，堵住众人的悠悠之口，而是应当直面事实的真相，迅速公布信息并随着事件的发展及时更新信息。流言止于公开、流言止于真相、流言止于智者，用事实说话，让群体和社会公众都能够及时了解事情的来龙去脉，并在事实的基础上说理，引导群体人进行理性思考，才能有效抵消突发事件对群体——包括旁观者在内产生的冲击力。

3. 加强法治宣传

法律是最低限度的道德，是人们行为时应当恪守的最低标准；道德则是对人们行为的更高要求，二者都是个体应当遵循的行为标准。违反法律会受到制裁，违背道德会受到谴责，但无论制裁还是谴责都是一种事后追究机制，而非事前的预防。要杜绝不良行为或者违法犯罪行为的出现，必须加强法治教育与道德宣传，不光是要树立个体的守法意识和道德观念，更重要的是要使法律与道德内化为一种信念，成为潜意识的一种行为标准，这样无论个体实施某一行为时是有意还是无意，都会自觉或不自觉地以法律与道德来衡量自己的行为是否正当，即使是在群体中，群体共识也不能够越过个体内心的法律与道德底线，从而击碎群体共识引发的行为正当化幻觉。

第三节　网络群体性事件中的心理疏导

心理疏导具有认知调节功能、心理支持功能和情绪宣泄功能。通过心理疏导，可以帮助网民正确认识热点事件，谨慎发表网络言论，获得精神上的支持和心理关怀，此外还有助于网民理顺情绪，恢复心态平衡，提升甄别网络言论真伪的能力。因此，心理疏导是调适网民心理的"润滑剂"，也是防止网络言论非理性喷发的"减震器"，更是维护网络秩序、防止网络群体性事件的重要手段。在网络群体性事件中，网民的心理是影响网络群体性事件发展的重要因素，也是网络群体性事件防控中重点关注的内容，因此，针对网络群体性事件网民的心理特征，应当从以下四个方面着力开展心理疏导工作。

一、完善民意表达机制

民意是公众诉求的一种表现形式，也是国家治理中必须关注的话题，尤其是在一些事关民生或者突发性事件中，民意的呼声及影响表现得更为强烈。随着互联网的快速发展，民意的表达渠道得到了空前的转变，尤其是以QQ、贴吧、微博、微信等社交平台为支撑的"自媒体"时代，将民意的表达从线下扩展到了线上，从单向、独立的定点式表达扩展为多维、立体的交互式表达，这种转变不仅使民意的表达能够在短时间内迅速聚集，而且能够实现跨时空的舆论攻势，进而为网络民意的引导增加难度。

由此可见，互联网拓展了民意表达的渠道，网络民意正对现实产生着巨大影响。从公民言论权利的角度来看，网络民意是公民实现自己言论自由权利的一种形式，是新时代信息技术发展对公民言论自由权利行使的一次创新。整体来看，只要网络民意不要超越法律的限度，其作为一种公民权利的实现，其合法性已经得到了各地政府的认可，在重大事件决策之前，听取网络民意也成为了各地行政与司法的重要内容。例如，早在2009年云南"躲猫猫"事件发生以后，当地政府就邀请网民作为事件调查委员会成员参与事件调查。再如，2015年4月28日，山东省高级人民法院专门针对网民普遍比较关注的"聂树斌案"，举行了听证会，听取各方民意，同时向网络反馈听证过程与结果，在听取网络民意的同时，与网民实现了良好的互动，为案件的进一步调查及网络舆论的引导赢得了主动。

上述事例充分说明了政府对网络民意及公众知情、言论自由等权利的重视和保障。但是，网络民意是一把"双刃剑"，一方面有利于扩大公民的政治参与，对社会情绪、民众心理具有调节功能，可以帮助民众消除负面情绪、减轻社会心理压力，防止网络群体性事件的发生，政府也可以通过网络民意了解民众的情绪与心理倾向，为建立社会对话与预警机制提供依据；但另一方面也因为网络民意的随意性、盲目性以及较低的准入性，给各种虚假言论甚至恶意言论提供了存活空间。另外，网络民意表达能否实现，政府的回应也十分关键。面对所谓的网络"民怨""民愤"，一些地方政府官员对其抱有抵触态度,要么惧怕、要么打压、要么不理,从而容易诱发网络群体性事件。因此,对其消极的一面,必须通过针对性的机制创新加以克服。

具体而言,完善网络民意的表达机制,需要做好以下几个方面:首先,构建网络民意的鼓励机制。各级政府在对待网民意见表达时,需要秉持新的理念,即从现代政治文明出发,切实尊重民众的话语权,保障公民的表达权;从传统道德出发,尽可能容忍"真话";从执政伦理出发,克服并惩治一些人"从真话之中找出毛病、再予以扼杀"的恶习。[1] 其次,构建网络民意的回应机制。具体可以从及时捕捉民意、全面把握和主动回应民意三个维度展开。例如,可以通过打造网上民意社区、开展网络民意调查等方式及时捕捉民意;可以通过建立网络舆情监测系统、建立网络舆情分析制度等方式全面把握民意;可以通过建立网络新闻发言人制度、建立专家咨询、支持机制等方式主动回应民意。最后,构建网络民意的规范机制。在网络民意的应对中,政府不能仅仅被动适应网络民意,而应通过有意识的规范和引导掌握网络舆论主动权。特别是法规政策依靠强制力保证实施,并惩罚违反规定的行为,对人的思想意识和行为影响较大,必须重点加以规范。如对网络民意表达给予立法保护,规定政府的法定义务;完善网络民意表达的制度保障和机制创新;等等。

二、加强网民心理辅导

心理辅导是调适个体及群体心理的重要途径,是网络民意疏导体系中重要的组成部分。与传统的心理辅导模式相比,信息网络的发展为当代的心理辅导带来了极大的变革,利用信息网络平台对网民开展针对性、专业性的心理辅导不仅成为了可能,而且能够实现跨时间、跨地域的心理辅导,更为重要的是,利用信息网络对网民心理进行疏导,具有辅导空间更安全、资源更丰富、形式更活泼、参与性更强、教育面更广等得天独厚的优势。因此,在"互联网+"的时代背景下,要充分利用信息网络带来的便利,在传统心理辅导的基础上,敢于创新,敢于进取,搭建一个"功能齐全、运行有效、参与广泛、辅导专业"的网民心理辅导平台,进而为规范网民网络言论、引导网民网络行为、培养网民网络情操等方面提供助力,为预防和控制网络

---

[1] 赵银红:《论公民表达权行使的新途径:网络民意表达》,载《天津商业大学学报》2011年第2期。

群体性事件减缓压力。

　　加强网民心理辅导是一项系统工程，既需要高屋建瓴式的顶层设计，也需要切合实际的基础建设，只有将两者有机地衔接，才能够发挥最大效能。从整体来看，一方面，需要加强网民心理辅导队伍建设。网民心理辅导应该由既有心理专业知识，又有心理辅导实践经验，同时又能比较熟练使用互联网，并具有良好的个人修养的人员来完成。在具体建设中，要求各级政府部门有针对性地招募这类专业性的人才，或者通过对社会人员进行再培训，逐步组织起专业化的团队，让其在网络舆论引导方面充分发挥作用，形成覆盖广泛的社会心理工作网络，为开展网民心理辅导与干预提供人力保障。另一方面，需要创新网民心理辅导的方式方法。网络时代的交往不再是单向的或者定点式的模式，而是多主体、互动式的交往模式，因此在网民心理辅导过程中要善于转变思维，走出以往固化的心理辅导模式，从方式方法上寻求创新，这样既可以提高网民心理辅导的效率和效果，也可以吸引更多的网民接受心理辅导，从被动辅导走向主动辅导甚至自我辅导。从具体策略来看，可以在心理健康教育网站上开辟心理专栏、提供心理教育网络视频等资源，实现心理健康教育资源共享；可以利用论坛、贴吧、微博、微信、社交网络、聊天群组等网络平台开辟心理健康教育辅导的新渠道；可以利用在线视频、聊天室、QQ群等平台开展实时网络心理咨询，以及利用BBS、留言本、电子邮件等手段开展非实时网络心理咨询，普及心理健康知识，传授心理调适方法；可以引导网民形成良好的网络道德品质，提高辨别是非善恶、理性认知的能力，养成良好的网络行为习惯；可以充分调动心理专业人员的积极性，对那些有极端心理和行为的网民进行耐心疏导，把可能的极端想法和行为遏制在萌芽状态。

　　值得注意的是，加强网民心理辅导是一项系统工程，既不是一蹴而就的，也不是一劳永逸的，而是一个逐步完善、系统建构的过程。因此，无论是在专业辅导人员队伍建设上，还是在辅导方式方法的创新上，都需要做到与时俱进，根据时代的发展和技术的进步保持网民心理疏导工作的持续性和有效性。

三、引导网络意见领袖

　　意见领袖在网络上发挥着重要作用，每个意见领袖周围都聚集着一大批追随者，一旦意见领袖发声，其追随者都会一边倒地跟随意见领袖的指引继续发声。因此，在网络群体性事件中，意见领袖对网民舆论起着控制和引领作用。不过，意见领袖的言论并非全部都是正确的，由于各方面原因的限制，意见领袖的言论有可能是不全面的、不正确的，这种言论一旦被追随者接受并进一步渲染的话，对网络群体性事件的妥善处置无疑是有害的。因此，在群体性事件预防和处置过程中，要尽量引导网络意见领袖的言论正向发展，防止负面言论的出现。

首先，培养潜在的意见领袖。一方面，政府应当在各行各业中积极培养能够传播社会正能量的意见领袖，同时可以将一些知名人士（如知名学者、著名记者、优秀企业家、娱乐明显等）吸纳到这支队伍当中，用他们偶像的力量传播社会正能量，并深入网络社区，承担起传承先进文化、教育疏导网民、引领网络舆论的责任。尤其要强调传统专家的转型，让他们在网络上发表正确、积极的观点，以网民的身份发声，进而疏导、感染网民，实现网民的自我教育、自我疏导。另一方面，打造一批主流新闻网站，让权威、可靠的观点、信息及时出现在公共意见平台，破除各种蛊惑网民的谣言。培养网络意见领袖，利用他们来疏导网民和引导网络舆论，已成为一些主流论坛的通行做法。对此，各种官方媒体要对其进行借鉴，在官方的传媒场域培养出一批网民信得过的意见领袖，进而让他们在网络群体性事件中发声，引导网络舆论，掌握网络舆论的话语权和主动权。

其次，规范已有的意见领袖。网络"意见领袖"与网民在身份上较为相近，本身具备一种天然的亲近感，彼此更容易沟通。要鼓励他们发表建设性建议，即使他们有偏激言论，也应持宽容态度，及时对其进行引导。要加强与网络意见领袖的沟通交流，规范他们的言论及行为，使其成为网络环境的建设力量。另外，作为意见领袖的专家由于身份特殊，在网络上的言论需格外慎重，否则会成为网民攻击的对象。例如，2009年北京大学司法鉴定室主任孙东东教授在接受《中国新闻周刊》采访时称："对那些老上访专业户，我负责任地说，不说100%吧，至少99%以上精神有问题——都是偏执型精神障碍。"① 这一言论在网络上引发了一片哗然，各种反对和批判舆论一时间充斥网络，反而加剧了网络舆论环境的负面能量。

最后，重视议程设置。互联网虽然是开放和自由的，但网络版主在议题设置和信息控制方面具有相当大的权力。在论坛、贴吧、社交网站、博客、

---

① 孙东东：《把精神病人送到医院是最大的保障》，载《中国新闻周刊》2009年第10期。

网络群组等网络舆论平台中可以通过议程设置来引导网民的舆论和意见。因此，这些具体网络信息控制权限的博主或者版主们，要时刻关注网民舆论走向，尽量把党和政府的政策措施、法律法规、焦点话题等转化为公共议程，尽可能满足公众获取信息的需要，让受众在不知不觉中受到教育，自然而然接受引导。同时，对于一些充斥着虚假、极端、暴力、违法的网民言论，要及时进行删除，并作出说明，在保障网民知情权和监督权的同时，尽量删除不正当的蛊惑性或者煽动性言论，防止"负能量"的生发和传播。

四、提升网民整体素养

作为网络群体性事件的直接参与者和围观者，网民在行使自己的知情权、参与权、表达权和监督权的同时，也因自身素养的缺乏，加剧了针对网络舆情极端化的情绪和意见，并对社会造成危害。例如，在"郭美美"事件中，网民通过开展"人肉搜索"，将有关郭美美、红十字会的各种信息上传网络，加上不适当的渲染和放大，导致各种信息真假难辨，最终导致公众对慈善机构的不信任，社会捐款数额锐减，使我国慈善事业的声誉和发展受到了严重影响。

网络环境下，网民具有信息接受者和信息传播者的双重身份，因此，网民不仅应具有一定的公民素养，还应具备一定的传媒素养。作为信息接受者，对网络信息要有一定的分析能力和辨别能力，不能对网络信息偏听偏信，更不能被网络消极情绪所感染；作为信息传播者，网民需具备一定的自律素养与自律能力，形成"道德自律"，养成负责地发布真实信息的素养、负责地进行信息再传播的素养、理性参与公共话题讨论的素养等。总之，网络赋予网民更多权利的同时，也要求网民承担相应的责任和提升相应的履责能力。有学者认为，"我国的国民普遍不具备基本的传媒素养，更谈不上受过良好的训练。"[①] 因此，网络时代网民的素质培养和教育应该提上议事日程，需要靠政府、学校、家庭、传媒工作者、学者以及社会各界人士广泛参与进来，利用各种传播媒介开展宣传教育工作，使我国的网民素质培养和教育取得实质性进展。

此外，遵守网络沟通原则，也是提升网民整体素养的重要途径。因为在

---

① 邱沛篁等：《媒介素养教育论集》，四川大学出版社2004年版，第29页。

网络群体性事件中，网络作为政府与民众对话、交流的媒介，政府必须遵守网络沟通的原则，才能与网民进行有效沟通，才能获取事件处置和舆论引导方面的主动，否则会使得网民不信任，容易使网民在网络舆论的喧哗中丧失理性判断，进而影响网民整体素养的提升。因此，根据网络和网民的特点，在处置网络舆情以及与网民进行沟通时，政府需要遵守一系列的网络沟通原则。首先，要遵循快报事实、慎报原因、依法发布的原则，及时、准确、公开、透明地报道相关事件和新闻。其次，第一时间采取疏导与沟通措施。经验证明，在发现舆情信息的最初几个小时内，如果能够快速地采取包括网络疏导与沟通在内的恰当方式，就能够有效地减少网民的盲目关注，防止舆论向负面发展。曾有报道指出，"75%的网络舆论热点事件都是因为基层党政部门回应不及时造成的"，"网络舆论引导的法宝是实事求是，着力点要放在满足公众的知情权、建构信任上，在面对热点舆情事件时，政府的信息要及时公开"。[①] 再次，政府在处置网络群体性事件时要主动地、低姿态地与网民沟通，在尊重民意的前提下尽量引导民意，不能先入为主地站在民意的对立面与网民直接对抗，否则，会激起更多的网民围观和声讨言论，进而丧失引导网络舆论的主动权，激化网络群体性事件的进一步恶化。最后，政府要采取网民习惯、能接受的方式开展疏导与沟通，如采用权威网络发布、政务微博发布、官方微信发布等方式，能够取得较好的疏导与沟通效果。

---

① 《75%网络舆论源于基层部门回应缓慢》，载新华网，http://news.xinhuanet.com/yuqing/2012-05/14/c_123124321.htm。

第五章
群体性事件中聚众犯罪的基本考察

群体性事件中的聚众犯罪，是群体性事件恶化以后必然出现的一种极端现象，一旦群体性事件演化为聚众犯罪，将会对当地经济社会的发展和治安秩序的控制带来极大的冲击。因此，在群体性事件研究中，不能单纯地就群体性事件研究而研究，而应该在一个更广阔的视域中对诱发群体性事件的前置矛盾和后续发展展开研究，只有这样才能更加全面、动态地了解群体性事件发生的原因、发展规律以及演化趋势。对群体性事件中聚众犯罪的考察，就是对群体性事件演化趋势的考察。一般而言，对群体性事件中聚众犯罪的考察，除在学理上对群体性事件中的聚众进行清晰界定，以使其与相近犯罪相区别之外，还需要从静态和动态两个视角对其展开全面研究。就静态方面而言，主要主观群体性事件中聚众犯罪所表现出基本样态，包括群体性事件中聚众犯罪的基本现状、行为特征、行为人特征、基本规律等；就动态方面而言，主要关注群体性事件中聚众犯罪的演化规律，包括群体性事件中聚众犯罪的演变与升级、实施与扩大、形成与扩散。

第一节　群体性事件中聚众犯罪概述

聚众犯罪概念既可以在犯罪学上使用，也可以在规范刑法学上使用。从犯罪学角度来看，聚众犯罪的概念主要关注的是聚众犯罪的特征、原因及其防控；从刑法学角度来看，聚众犯罪概念主要关注的是聚众犯罪行为的社会危害性、刑事违法性以及应受刑罚处罚性。因此，犯罪学意义上聚众犯罪与规范刑法学上的聚众犯罪在内涵还外延上均存在差异。不过，无论是犯罪学领域的研究还是刑法学领域的研究，聚众犯罪的概念尚未取得共识。本书立足于群体性事件这一研究视角，通过对犯罪学和刑法学领域聚众犯罪概念的比较研究，以及聚众犯罪概念与危害国家安全犯罪、危害公共安全犯罪、妨害社会管理秩序犯罪、危害国防利益犯罪、恐怖主义犯罪等相近概念的辨析，提出由群体性事件诱发的聚众犯罪概念，并在此基础上把握聚众犯罪的特点、规律及发展趋势。

一、聚众犯罪概念的界定与辨析

如何对群体性事件中较为多发的聚众犯罪进行概念界定，是聚众犯罪研究中必须面对的首要问题。从目前的研究来看，无论是犯罪学的研究学者还是规范刑法学的研究学者，都尚未对聚众犯罪提供一个大家可以一直认可的概念模式，聚众犯罪的界定依旧处在"仁者见仁、智者见智"的局面。我们在以往学者研究的基础上，立足于本书研究的独特视角，并结合实际调研情况，将对群体性事件中聚众犯罪进行学理上的界定，并通过与相关概念的辨析进一步明确聚众犯罪概念的内涵与外延。

（一）聚众犯罪的概念

正如博登海默所言，"概念是解决法律问题所必需的和必不可少的工具。"① 从立法上来看，我国1979年《刑法》第86条和1997年《刑法》第

---

① ［美］E. 博登海默：《法理学：法律哲学与法律方法》，邓正来译，中国政法大学出版社2004年版，第504页。

97条均出现了"聚众犯罪"的字样,① 并在刑法分则中设立了多个冠有"聚众"字样或具有"聚众"含义的具体罪名和含有"聚众"字样的罪状。从学理研究来看,我国刑法学界已经对聚众犯罪有了一定的研究,但对聚众犯罪的概念仍没有达成一致的认识。当前,对聚众犯罪的研究大多以刑法学为中心而展开,对犯罪学意义上聚众犯罪的研究不及刑法学。但是,作为一种犯罪类型,聚众犯罪在刑事科学的范围内至少具有犯罪学意义与刑法学意义两方面的含义。

1. 犯罪学意义上的聚众犯罪

犯罪学是一门系统研究犯罪现象、探究犯罪原因、研究犯罪预防对策的科学,② 其内涵是关于犯罪现象及其产生原因和预防对策的知识和理论体系。③ 对于犯罪学上的犯罪大致有两种观点:一种观点认为,犯罪学上的犯罪与刑法学上的犯罪二者相同,也就是犯罪是严重危害社会并违反刑事法律且应受刑罚处罚的行为;另一种观点认为,犯罪学上的犯罪与刑法学上的犯罪并不完全相同,它是指严重危害社会且应受制裁的行为。④ 这两种观点的共同之处在于犯罪学意义上的犯罪和刑法学意义上的犯罪都具有严重的社会危害性,但区别在于犯罪学意义上的犯罪不以违反刑事法律为前提,也不以受刑罚处罚为必要。犯罪学意义上的犯罪可能违反刑事法律,也可能违反刑事法律以外的其他法律;可能受到刑罚处罚,也可能受到刑罚以外的其他法律规定的制裁。因此可以看出,犯罪学意义上的犯罪比较宽泛,不但包括一般违法行为,而且还包括符合刑法犯罪构成要件的行为。这是由犯罪学与刑法学的目的、任务以及属性所决定的。犯罪学研究犯罪现象、犯罪生成规律、犯罪应对策略等,是把犯罪作为一个发展过程予以研究的。刑法学研究的主要是惩罚犯罪,刑法是社会防卫的最后一道防线,具有最后性和保障性,是紧缩的、内敛的、谦抑的和不得已的。

犯罪学关注犯罪现象、犯罪原因以及犯罪预防,因此,在界定犯罪学意义上的聚众犯罪时就需要把握好以下几点:首先,将聚众犯罪作为一个发展过程来看待。关注聚众犯罪发生、发展的规律和趋势才能正确认识聚众犯罪

---

① 1979年《刑法》第86条和1997年《刑法》第97条均规定:"本法所称的首要分子,是指在聚众犯罪中起组织、策划、指挥作用的犯罪分子。"
② 张远煌:《犯罪学原理》,法律出版社2001年版,第10页。
③ 许章润主编:《犯罪学》(第2版),法律出版社2004年版,第6页。
④ 张远煌:《犯罪学原理》,法律出版社2001年版,第6~9页。

这一现象。其次，具体了解引发聚众犯罪发生的相关原因。聚众犯罪的发生一般都有较为明晰可辨的原因，明确原因的内容是界定犯罪学意义上的聚众犯罪的重要的步骤。最后，为预防聚众犯罪指明方向。研究犯罪学的重要意义之一在于为预防犯罪提供策略，因此犯罪学意义上的聚众犯罪概念的界定需要能够在一定程度上为预防该类犯罪提供大致的方向。因此，从犯罪学的角度来看，群体性事件中聚众犯罪是指由于自身利益、诉求等难以得到满足、泄愤报复社会以及其他原因，参与人员在三人以上的对基本的社会稳定秩序产生一定负面影响的应受制裁的违法现象或行为。

2. 刑法学意义上的聚众犯罪

在国内刑法学界，关于聚众犯罪概念的界定主要有以下几种观点：第一种观点认为，聚众犯罪是属于共同犯罪的一种形式[1]，是指纠集多人进行的公然犯罪[2]，是首要分子纠集多人共同实施以"聚众"为必要条件，属于刑法分则具体规定的共同犯罪[3]。第二种观点认为，聚众犯罪是指首要分子组织、策划、指挥、聚集特定或不特定的多人实施的犯罪。[4] 第三种观点认为，聚众犯罪是我国刑法规定的以聚众为犯罪构成必要条件的犯罪。[5] 第四种观点认为，聚众犯罪是在我国刑法中明文规定的以"聚众"为犯罪行为实施方式的犯罪。[6] 第五种观点认为，聚众犯罪是符合我国《刑法》第97条规定的犯罪。[7] 第六种观点认为，聚众犯罪是指我国刑法分则中规定的，在首要分子纠集或组织下实施的以"聚众"为主要行为方式的犯罪。[8]

上述观点都分别从不同的侧面或角度描述了聚众犯罪的特征，但却没有就聚众犯罪的基本内涵、本质特征进行阐释和解析，也未能对聚众犯罪进行清晰的界定和说明。第一种观点大致包含了三种主张：第一种主张直接将聚众犯罪认定为共同犯罪的一种形式；第二种主张突出犯罪参与人员众多的属性；第三种主张明确聚众犯罪中关于首要分子的作用和聚集多人这一基本构

---

[1] 何秉松主编：《刑法教科书》，中国法制出版社1995年版，第302页。
[2] 高格主编：《刑法问题专论》，吉林大学出版社1996年版，第138页。
[3] 李宇先：《聚众犯罪研究》，湖南人民出版社2004年版，第8页。
[4] 高铭暄主编：《中国刑法学》，中国人民大学出版社1989年版，第196页。
[5] 陈兴良：《共同犯罪论》，中国社会科学出版社1992年版，第150页。
[6] 张正新、金泽刚：《论我国刑法中的聚众犯罪》，载《法商研究》1997年第5期。
[7] 李文凯：《聚众犯罪的构成特征及司法认定》，载《河南省政法管理干部学院学报》2008年第4期。
[8] 刘德法：《聚众犯罪理论与实务研究》，中国法制出版社2011年版，第33页。

成要素以及聚众犯罪的法定性问题。然而，上述三种主张均认为聚众犯罪是共同犯罪的一种形式则是最大的缺陷。诚然，聚众犯罪在很多情况下都是一种共同犯罪，但是在一些情形下却未必是共同犯罪或者不可能构成共同犯罪。比如，当刑法分则规定只处罚聚众犯罪的首要分子且首要分子为一人时，要成立聚众犯罪的共同犯罪便无从谈起。例如，《刑法》第291条规定只对聚众扰乱公共场所秩序、交通秩序罪的首要分子进行处罚，当首要分子只有一人时便不符合共同犯罪的要件。因此，这种观点的不足之处是显而易见的。

第二种观点强调了聚众犯罪中首要分子的组织、策划、指挥作用，首要分子通过这种方式聚集多人一同实施犯罪；也指出了多人的特性即特定或不特定的多人。这一观点可谓较为明确地说明了聚众犯罪的两个特征，一是首要分子的作用，二是"聚众性"。但是，仅有这两个特征并不能对聚众犯罪进行识别，因为犯罪集团中的首要分子也在犯罪中起着组织、策划、指挥作用，也具有纠集多人的特性。此外，在一般的共同犯罪中也有此相同或者相似的一些特征。所以，虽然第二种观点较前一观点科学，但仍难以明确与相关概念的界限。

第三种观点明确了聚众犯罪的法定性和聚众性，即聚众犯罪的成立以法律明文规定为前提、以聚众为必备要件。在法律没有明文规定或聚众不是该罪的必备要件时，该罪就不是聚众犯罪。该观点指出了识别聚众犯罪的主要特征是其法定性，从而提出了关于聚众犯罪的明确且容易掌握的认定标准。但是，将聚众性作为犯罪构成必备要件限缩了聚众犯罪的范围，因为刑法分则中有一些犯罪并不以聚众为必备构成要件，而是选择的要件或加重的情节。如《刑法》第315条规定的破坏监管秩序罪，其中"聚众闹事，破坏监管秩序"就只是实施本罪的一种形式；第237条第2款规定聚众或在公共场所强制猥亵、侮辱妇女的，按强制猥亵、侮辱罪加重处罚。因此，以聚众性作为聚众犯罪的必备构成要件是片面的，因此也是不合理的。

第四种观点指出了聚众犯罪的法定性，明确了聚众犯罪的"聚众"行为，但并没有突出首要分子在聚众犯罪中的相应作用。聚众犯罪并不是众多人员聚集在一起就能实施的犯罪，首要分子在聚众犯罪中的作用是非常重要和非常明显的，没有首要分子的组织、策划和指挥，聚众犯罪就难以顺利实施。所以，该观点忽视了首要分子在聚众犯罪的作用，是不可取的。

第五种观点和第六种观点都阐明了聚众犯罪的法定性、首要分子的作用和聚众性,是比较科学合理的。两种观点的区别在于,第五种观点借助《刑法》第97条来界定该概念,第六种观点对聚众犯罪的法定性作出进一步的明确,指出应在刑法分则中对之进行明文规定。但是,二者各有不足,第五种观点对刑法分则在确定聚众犯罪中的意义方面没有体现,第六种观点没有指明刑法总则在确定聚众犯罪中的指导作用和提示性意义,因此各有利弊。

以上诸种理论观点从聚众犯罪的犯罪形式、犯罪参与人员、犯罪构成要件、犯罪实施方式和犯罪的法律规定性等方面对该类犯罪进行了概念界定。总体而言,这些观点是比较明确和科学合理的,只是忽视了聚众犯罪的个别特征,导致未能全面、科学、合理地界定聚众犯罪,也难以揭示聚众犯罪的全部内涵,在区分聚众犯罪与其他类似概念时也会遇到某些困难。

本书认为,科学、合理地界定刑法学意义上的聚众犯罪需要把握以下方面:第一,以刑法总则为指导、为原则,以刑法分则作补充。对聚众犯罪进行界定时,应首先充分把握刑法总则对聚众犯罪的指导意义,这对聚众犯罪的确定具有高度的指导性和提示性;在此基础上考察刑法分则具体罪名的特征,对分则中的相关犯罪特征全面分析后抽象出类型化的要素。也就是说,将刑法总则相关规定与分则中的具体罪名相结合,是界定聚众犯罪的前提。第二,充分把握聚众犯罪的法定性。聚众犯罪必须以刑法总则或分则的规定为前提,这是罪刑法定主义的必然要求。但是,聚众犯罪的法定性并不是说一定要在具体罪名或罪状表述中含有"聚众"二字。虽然没有"聚众"二字,但根据罪状的表述,以聚众方式实施犯罪,且具有聚众犯罪其他方面特征的也属于聚众犯罪。第三,明确首要分子的作用。松散的多人聚集并不一定能够实现聚众犯罪的构成要件。如果没有首要分子,聚众犯罪要么难以发生,要么中途"流产"。第四,明确聚众性。聚众犯罪只能由多人纠合聚集实施,单一主体或较少人都难以实施。据此,刑法学意义上的聚众犯罪,是指在刑法总则的指导下,刑法分则明文规定的,在首要分子的组织、策划、指挥等作用下以聚众方式实施的一种犯罪类型。

犯罪学意义上的聚众犯罪与刑法学意义的聚众犯罪各有侧重。从严谨程度而言,刑法学意义上的聚众犯罪概念严谨于犯罪学意义上的聚众犯罪;从涵盖范围来说,犯罪学意义上的聚众犯罪宽泛于刑法学意义上的聚众犯罪。在此,需要说明的是,本书关注和研究的聚众犯罪是犯罪学意义上的聚众犯罪。

(二) 刑法分则中的聚众犯罪

1. 刑法分则中聚众犯罪的含义

刑法分则中的聚众犯罪是刑法学意义上的聚众犯罪，因此该类聚众犯罪的含义必须符合刑法学意义上的聚众犯罪概念，并在此基础上受到刑法分则规范的限制。根据前述对刑法学意义上的聚众犯罪的界定，刑法分则中的聚众犯罪，是指在刑法总则和刑法分则中明文规定的，在首要分子组织、策划、指挥下聚众实施的具体犯罪。

2. 刑法分则中聚众犯罪的特征

特征是作为事物特点的征象标志。① 也就是说，某一事物的特征应该能够足以揭示其内涵和外延，以区别于其他类似事物。人们可以通过该事物的特征去辨识它。刑法分则中的聚众犯罪的特征应有助于区分聚众犯罪与其他类型的犯罪，如一般形式的共同犯罪、集团犯罪、团伙犯罪等。即聚众犯罪的特征应有识别功能。对于聚众犯罪的特征，学界主要从犯罪学、刑法学或综合犯罪学与刑法学的角度去分析，其观点大致有以下几类：

第一类，聚众犯罪的基本特征为主体特征、主观特征（即犯罪主题的心理态度）、客观特征（即由聚众行为和其他直接危害行为构成）及客体特征（即主要为社会管理秩序）。

第二类，聚众犯罪的特征包括犯罪类型的法定性，主体类型的特定性，犯罪行为的复合型，犯罪客体散见性，犯罪主观方面为故意。②

第三类，聚众犯罪的特征有聚众性，主观上是故意，社会管理秩序是主要客体，形式特殊，即主要表现为共同犯罪，有时又是个人犯罪。③

第四类，聚众犯罪包括行为特征和心理特征。在行为特征方面聚众犯罪存在着公然性、激情性、无组织性、瞬间性等特点；在心理特征方面，聚众犯罪存在着情绪、理智或一般心理方面的特征。④

第五类，聚众犯罪的特征是主体的规模性、行为的骚乱性、危害后果的扩散性。⑤

---

① 中国社会科学院语言研究室词典编辑室：《现代汉语词典》，商务印书馆1983年版，第1125页。
② 何俊：《聚众犯罪的分类及其特征分析》，载《经济与社会发展》2005年第3期。
③ 洪春：《聚众犯罪浅探》，载《人民检察》1998年第7期。
④ 李宇先：《聚众犯罪研究》，湖南人民出版社2004年版，第89~116页。
⑤ 王希仁、蔡伟：《论聚众犯罪的特点》，载《宁夏社会科学》1997年第6期。

上述第一类、第二类和第三类观点都是从犯罪构成要件的角度对聚众犯罪的特征进行归纳的，是刑法学上的特征。第四类观点是聚众犯罪在犯罪学上的特征，但不全面。第五类观点是对聚众犯罪的总体评价，但并不全面和完全准确。

本书认为，确定刑法分则中的聚众犯罪的特征需要注意这几点：一是概括性。聚众犯罪的特征需要高度概括，而不是简单罗列。二是全面性。概括该类犯罪的特征要做到全面，而不能将重要特征遗漏。三是特殊性。聚众犯罪的特征要能够对区别该类犯罪与其他犯罪有助益。

因此，本书认为，刑法分则中的聚众犯罪具有以下特征：其一，聚众犯罪的法定性。这是罪刑法定主义的必然要求。聚众犯罪的法定性具体表现在认定的法定性和"聚众"的标志性。就聚众犯罪认定的法定性而言，聚众犯罪的认定不可能脱离刑法的规定，而只能在刑法规定的范围内进行认定。需要说明的是，这里的"法"只包括刑法而不包括刑事司法解释。就"聚众"的标志性而言，聚众犯罪一般有"聚众"的标志，但个别没有"聚众"标志的犯罪根据其内涵和成罪要求只能以聚众方式实施的也应是聚众犯罪。这与聚众犯罪的法定性不矛盾。如《刑法》第303条第1款规定的赌博罪就只能以聚众方式实施，不能以该罪没有"聚众"二字而否认聚众犯罪的法定性。其二，聚众犯罪的聚众性。这是聚众犯罪的重要特征。"聚众"，顾名思义，聚集众多人员之意。这表明聚众犯罪只有多人才能构成，单个人不可能构成该类犯罪。至于多少人可以认为是这里的"众"，不能从形式上判断，需要从实质上进行判断。在这方面，日本的做法较为合理。在日本，对聚众犯罪的"众"的判断需要综合参与人数、参与人的性质、参与人所持的凶器以及聚集场所、时间等方面的因素，在一般人看来是否达到足以危害公共秩序的情形。[①] 一般来说，一个人、两个人一般不构成聚众犯罪，三个人以上才有可能构成聚众犯罪，但还要综合多方面因素进行实质判断。至于一些学者认为的这里的"众"不应包括聚众者本人的观点[②]，本书认为不妥。聚众者聚集多人以后，自己与其他人结合为一个整体一同实施犯罪行为，对危害结果的造成有因果关系，刑法上一般也对聚众者与其他人员认定为相同的罪名，只是量刑不同而已。所以，这里的"众"应包括聚众者本

---

① ［日］大谷实：《刑法各论》，黎宏译，法律出版社2003年版，第262～263页。
② 刘德法：《聚众犯罪理论与实务研究》，中国法制出版社2011年版，第39页。

人在内。纠集者纠集众人之后自己也成为众人之一，他不仅实施纠集行为，往往也实施直接危害行为；排除聚众者导致至少4人才能构成聚众犯罪，这与众人为3人的通说观点相违背。① 这是完全合理的。其三，首要分子的组织、策划、指挥作用。首要分子在聚众犯罪中是最主要的参加者也是最积极的实践者，是聚众犯罪得以实施的主要负责人。这从聚众犯罪的"聚众"一词也可见一斑。一般而言，首要分子的作用主要体现为预先组织特定或不特定的多人、策划犯罪实施的时间、地点、方式、路线等、在现场或幕后指挥犯罪。

综上，法定性是关于聚众犯罪的法律规定性，聚众性是关于聚众犯罪在客观法方面的特征，首要分子的组织、策划、指挥作用是聚众犯罪的重要特征。三者紧密联系、缺一不可，形成一个完整的整体，对如何界定聚众犯罪具有十分重要的意义。

3. 刑法分则中聚众犯罪的具体罪名及其分类

从聚众犯罪的法定性出发，可将刑法分则中的聚众犯罪分为以下三类：

（1）罪名中含有"聚众"的聚众犯罪。罪名中含有"聚众"二字是聚众犯罪的典型标志，可谓该类犯罪的法定性程度最高，很容易识别出是否属于聚众犯罪。在我国刑法分则中，罪名中含有"聚众"标志的聚众犯罪主要有聚众阻碍解救被收买的妇女儿童罪、聚众哄抢罪、聚众扰乱社会秩序罪、聚众冲击国家机关罪、聚众扰乱公共场所秩序、交通秩序罪、聚众斗殴罪、聚众淫乱罪、引诱未成年人聚众淫乱罪、聚众持械劫狱罪、聚众冲击军事禁区罪、聚众扰乱军事管理区秩序罪。

（2）罪状中含有"聚众"的聚众犯罪。虽然罪名中没有"聚众"标志，但罪状中含有"聚众"的仍为聚众犯罪。在我国刑法分则中，这类聚众犯罪主要有第289条规定的"聚众打砸抢行为"、第303条第1款规定的"赌博罪"、第309条规定的"扰乱法庭秩序罪"。

（3）以聚众方式实施的聚众犯罪。有些聚众犯罪在罪名中没有"聚众"标志，在罪状中也没有"聚众"标志，但从其性质和犯罪构成来看，这些犯罪可以通过聚众方式或只能通过聚集众多人员于一定场所的方式才能实施。因此，这类犯罪也属于聚众犯罪。从刑法分则的规定来看，这类犯罪主要有强制猥亵、侮辱罪，猥亵儿童罪，非法集会、游行、示威罪。

---

① 王作富：《刑法分则实务研究》，中国方正出版社2007年版，第1252页。

(三) 聚众犯罪与相关概念辨析

1. 聚众犯罪与危害国家安全罪

危害国家安全罪是指故意对我国主权、领土完整、国家安全故意实施危害行为，进行颠覆国家政权或推翻社会主义制度的应受刑罚处罚的行为。从某种意义上讲，在我国刑法规定的各种危害国家安全的行为中，"分裂国家行为""武装叛乱""暴乱行为""颠覆国家政权行为"可以作为规范刑法学上的聚众犯罪。聚众犯罪与危害国家安全罪中的罪名有一定的相似之处，都可能是规范学刑法意义上的聚众犯罪。但本质上是有很大不同的，我们将从犯罪目的以及行为方式两个方面来论述。

（1）犯罪目的。聚众犯罪是由群体性事件发展而来的，导火索往往都是普通的民事、行政和刑事案件，乃至一些细小的社会纠纷事件，比如企业转制中的问题、下岗工人安置处理不当，工资、"三金"未能及时按额发放等，这些事件都具有非政治性特征。当前我国正处于社会转型期，社会矛盾凸显，在此背景下，由于各种原因，比如利益诉求得不到解决、行政机关的不作为、乱作为，再加上别有用心的人的煽风点火，则可能使群体性事件恶化为聚众犯罪。归根结底，犯罪的目的可能只是解决诉求、保护自己的合法利益等，不具有颠覆政权、建立伪政权或者政府的目的。恰恰相反，危害国家安全的犯罪则是以分裂国家主权、颠覆国家政权、破坏国家主权领土完整与安全为目的的。总之，群体性事件无论是否恶化发展为聚众犯罪，"从本质上看仍然是人民民众在根本利益一致基础上的矛盾"。[①]

（2）行为方式。聚众犯罪因为只是为了解决利益诉求，得到相关部门的重视或者对行政不作为或者乱作为的一种反感情绪的不当表达，因此其主要形式表现为冲击党政机关、殴打伤害他人、暴力毁坏财物、暴力危害公共场所、武装械斗等。例如，2008年发生在重庆的出租车罢运事件中，一些合法、正常运营的司机，因没有参与罢运而被罢运事件的组织者、参与者殴打、出租车被砸等。而危害国家安全犯罪的行为方式，则是实施分裂国家的另立政权或颠覆社会主义制度的相关行为，或者组织、策划、实施武装叛乱、暴乱的行为。外部表现形式上，两者可能存在一些交叉行为，这是难以区分的，也是没有必要的。因为二者的真正区别就在于主观犯罪目

[①] 张明君、陈朋：《2011年中国社会典型群体性事件的基本态势及学理沉思》，载《当代世界与社会主义》2012年第1期。

的不同。

2. 聚众犯罪与危害公共安全罪

危害公共安全罪是指行为人危害不特定或多数人的生命、健康、重大公私财产安全的行为。该类罪与聚众犯罪在行为方式上有所交叉，比如聚众犯罪中的故意毁坏财物的行为可能通过放火的方式进行，此时聚众分子的行为可能符合危害公共安全类罪中放火罪的客观表现形式，即放火行为。同样道理，危害公共安全罪中的破坏交通工具行为，破坏交通设施中的破坏交通设施的行为，以及爆炸罪中的爆炸行为等都可能是聚众犯罪中的危害行为。因此，我们将从犯罪主体、主观方面、犯罪客体以及犯罪客观方面四个方面，对聚众犯罪与危害公共安全罪进行区分。

（1）犯罪主体。危害公共安全罪的刑事责任主体为一般主体。在此需要解释的一点是，由于部分特殊主体构成的危害公共安全罪在犯罪主观要件上要求表现为"过失"的责任形式。因此，对危害公共安全犯罪的相关比较，将限制在主观方面为故意的责任形式的危害公共安全罪中。因为聚众犯罪中的主观方面只能是故意，其所实施的危害行为是在其故意的主观心理下实施的，因此对在过失心理支配下的相关危害公共安全之行为不予进行比较。危害公共安全罪的主体是对社会怀有仇恨心理的自然人或者团体组织，其实施各种危害社会公共安全的行为是一种对社会的报复，因为其已经预料到其行为必然或者可能会危及到不特定或者多数人的生命、财产安全，仍继续实施相关行为。而聚众犯罪的主体则不具有报复社会的心理。聚众犯罪的参与者既有直接利益相关者，也有非直接利益相关者。前者主要包括失地农民、下岗职工、出租车司机、城市房屋拆迁居民、环境污染受害者等，他们实施聚众犯罪中的危害行为往往是因为自己的利益诉求得不到解决，原因则可能是行政的不作为或者乱作为，从而引起所谓的民愤，发生群体性事件，解决不当演变成聚众犯罪。后者主要是群体性事件中的旁观者和一般社会公众，包括大学生、教师、公务员、企业职工、离退休干部、甚至还有一定数量的在职领导干部，这些参与者属于与群体性事件无利害关系的非直接利益者。① 无论是直接利益者，还是非直接利益者，他们都不具有报复社会的心理。

---

① 张明君、陈朋：《2011年中国社会典型群体性事件的基本态势及学理沉思》，载《当地世界与社会主义》2012年第1期。

（2）主观方面。危害公共安全罪中的行为人是为了发泄不满、报复社会，而实施相关危害公共安全之犯罪行为。而聚众犯罪中的直接利益相关者实施各种行为是为了自己的利益诉求得到圆满的、公正的解决，所谓"小闹小解决、大闹大解决、不闹不解决"便是他们的信条。非直接利益相关者参与的心理则是在当今社会仇官仇富与弱者互助的心态下进行的，他们只是为了替他人所谓的讨公道或者满足自己对政府不作为或者乱作为的不满的发泄。无论是直接利益相关者还是非直接利益相关者，他们都不具有危害公共安全的心理。

（3）犯罪客体。该罪的犯罪客体是公共安全，而聚众犯罪则主要侵犯的是社会管理秩序中的公共秩序。无论是冲击党政机关、暴力危害公共场所，还是暴力殴打他人，抑或是暴力毁坏财物，首先直接侵犯的都是公共秩序，是对稳定安宁的社会管理秩序的扰乱。当然，在行为人实施各种行为时可能会造成人员的伤亡或者财物的损失，此时则会侵犯公民的人身健康或者财产权利。

（4）客观方面。危害公共安全罪在客观方面，表现为实施了侵害不特定或者多数人的生命、健康或者民众基本稳定生活秩序的行为，并且造成了相应了危险或者侵害后果。该类行为的特点，或者是以危险方法或破坏公用工具、设施等行为，或者实施恐怖活动，或者针对具有极大杀伤性的枪支、弹药、爆炸物进行犯罪。而聚众犯罪的客观方面则主要是情绪性下的暴力行为，常见的形式有冲击国家机关，暴力伤害他人，暴力毁坏财物，暴力危害公共场所等。具体表现有殴打政府工作人员，打、砸、抢，强行占领车站、广场、交通路线等。

3. 聚众犯罪与妨碍社会管理秩序罪

妨碍社会管理秩序罪，是指行为人故意或者过失对国家机关相关社会管理活动、社会公共秩序、公共卫生或资源环境等实施危害且造成严重危害后果的行为。这里所说的社会管理秩序是狭义的社会管理秩序，① 秩序的存在是人类能够生存繁衍的前提与基础，因此人类具有走向秩序的倾向。而规范则是保障秩序良好运行的基本条件，秩序的形成与维护需要规范，依赖于公共政权的管理活动，依赖于公民的遵纪守法。聚众犯罪的生成具有一定的偶

---

① 具体是指由社会生活所必须遵守的行为准则与国家管理活动所调整的社会模式、结构体系和社会关系的有序性、稳定性、连续性。

然性。群体性事件是聚众犯罪的先期形态，聚众犯罪往往是由于群体性事件的解决不当所造成的。如果发生群体性事件，政府等相关部门采用合理的方式进行解决，满足民众的正当利益需求以及民众的信息获取的正当权利，就完全有可能将聚众犯罪的转化条件消灭。因此，聚众犯罪往往具有偶然性。但是，如果群体性事件得不到合理的解决，当合理诉求得不到满足或者正当利益受到侵害时，基于对党和政府的不信任，不通过法定的途径反映和解决问题，而是走极端方式，如拉横幅、向公众诉说不满、自杀、自焚等，抑或是由于对政府的不作为或者乱作为不满，在出现一些社会事件时，现场旁观者和社会公众就会失去理性的判断，往往基于当事人的一面之词或者社会、网络流传的谣言，就站在政府的对立面，参与到群体性事件中去，从而实施一些情绪性、暴力性的行为。主要表现有：（1）冲击党政机关。实践中发生的群体性事件，大多是由于行政不作为或者乱作为所导致，因此人民民众对党和政府存在一些看法，在发生群体性事件时，往往伴有冲击党政机关的情形。（2）殴打伤害他人。主要表现为对不满对象如政府工作人员、警察以及对现场其他民众的殴打，如强行要求旁观者、其他社会公众参与涉众暴力活动等。（3）暴力毁坏财物。主要表现为在群体性事件过程中，行为人打砸商店、焚烧汽车、破坏公共财物、抢夺公私财物等。（4）暴力危害公共场所安全。主要表现为强行占领车站、广场、交通线路等。（5）双方武装械斗。这种情形主要是指双方之间因为纠纷，各自纠集多人、采用暴力方式与对方发生争斗，它与常见的针对党政机关及其工作人员的涉众犯罪有所区别。

通过以上的行为表现可以发现，由群体性事件发展来的聚众犯罪往往侵犯的是社会管理秩序中的公共秩序，而不会侵犯司法秩序、文物管理秩序等。因为聚众犯罪者实施各种破坏社会公共秩序的行为，往往是想"小闹小解决、大闹大解决"，通过对社会公共秩序造成一定的扰乱，从而引起相关部门的注意，以解决自己的利益需求，是一种偶然的情绪性发泄。现实中由群体性事件发展来的聚众犯罪大多为聚众扰乱社会秩序罪，聚众冲击国家机关罪，聚众扰乱公共场所秩序、交通秩序罪，聚众斗殴罪，聚众哄抢罪，非法集会、游行、示威罪等六种个罪。

4. 聚众犯罪与危害国防利益罪

关于危害国防利益罪①，我国刑法规定该罪的责任主体是单位或自然人，其中自然人包括一般主体和特殊主体。在故意提供不合格武器装备、军事设施罪和过失提供不合格武器装备、军事设施罪、接送不合格兵员罪等犯罪的责任主体属于是非一般自然人主体。

上述的犯罪责任主体或者是单位，或者是特殊主体，因此，由群体性事件发展形成的聚众犯罪不可能与其发生重合。再者，对照群体性事件中聚众犯罪行为方式，冒充军人招摇撞骗罪、煽动军人逃离部队罪以及非法生产、买卖武装部队制式服装罪等都没有与其发生任何交叉。另外，由于群体性事件中的各种行为是在行为人的故意支配下实施的，因此过失破坏武器装备、军事设施、军事通信罪不可能与群体性事件发展导致的聚众犯罪发生重合。该罪名的主观责任形式是过失，即明知或者预见到自己的行为会发生破坏武器装备、军事设施、军事通信的危害后果，由于疏忽大意之过失到或者过于自信之过失，而出现相应的危害后果。

通过上述分析，危害国防利益罪中的罪名需要与由群体性事件导致的聚众犯罪相区分，主要有阻碍军人执行职务罪或破坏武器装备、军事设施、军事通信罪，过失损坏武器装备、军事设施、军事通信罪，聚众冲击军事禁区罪、聚众扰乱军事管理区秩序罪。

聚众阻碍军人执行职务罪，破坏武器装备、军事设施、军事通信罪，聚众冲进军事禁区罪，聚众扰乱军事管理区罪，这四类犯罪的主观责任形式均是故意，即行为人在明知其行为会发生危害国防利益，而希望或者放任去实施阻碍军人执行职务，破坏武器装备、军事设施、军事通信，聚众冲击军事禁区，聚众扰乱军事管理区等行为。在群体性事件中，行为人的暴力行为客观上可能确实与上述行为有一定的交叉，但行为人并不是明知是其正在执行职务等，即其不具有明知而实施危害国防利益的行为的主观要素，根据主客观相一致的原则，行为人则不可能构成上述各种罪名。

群体性事件往往是由于正当的利益诉求不能得到合理的解决，是社会转

---

① 危害国防利益罪，即危害国防利益，构成犯罪的行为。本罪的侵犯法益是国防利益。国防是国家生存与发展到安全保障，是国家为了保卫国家主权、领土完整与安全而采取的一切防务。国防利益是指满足国防需要的保障条件与利益，包括国防物质基础、作战与军事秩序、国防自身安全、武装力量建设、国防管理秩序等。

型期各种矛盾冲突的集中表现。近年来，由于社会结构、经济体制、文化形态和价值观念的急剧变化，导致在征地补偿、房屋拆迁、国企改革等领域的矛盾较为突出。因此，参与群体性事件的当事人人身危险性相较于危害国防利益犯罪人较轻，并且部分直接利益相关者也是事出有因。

危害国防利益犯罪的行为严重侵害了我国的生存与发展的安全保障，严重侵害了我国的国防利益。而群体性事件发展导致的聚众犯罪虽然也会对社会管理秩序造成一定的破坏与扰乱，但其社会危害性与前者相比显然要轻很多。另外，群体性事件发展导致的聚众犯罪往往是由于直接利益相关者的利益诉求由于政府的不作为或者乱作为，不能得到合理的解决，直接利益相关者才采取如此激进的手段的。可以进行理性的思考，这些群体性事件的爆发，可以促使执政者、政府更加关心民众的利益诉求，也会督促他们与时俱进，运用新的管理方法、新的执政理念，以一种服务型政府的姿态去服务大众。这样，群体性事件犹如感冒一样，虽然会让社会成员不舒服，但本质上，其对社会发展是有好处的，是社会发展的自我调节。群体性事件虽然在表面上对社会秩序会造成一定的破坏，但从另一面来看，只要政府正确对待这些群体性事件，采取恰当、合理的方法去解决，并从中汲取经验，其未必是一件坏事，至少可以转化为对于社会有利的事件。总之，由群体性事件发展导致的聚众犯罪与危害国防利益罪相比较，无论是行为的社会危害性抑或是参与者的人身危险性，都要小的多。

5. 聚众犯罪与恐怖主义犯罪

恐怖主义犯罪是一种国际性犯罪，带有鲜明的国际性特征并且具有极大社会危害性的有组织犯罪。[①] 相对于普通犯罪，恐怖主义犯罪具有政治性这一独特的特征[②]，恐怖主义除了极强的政治性特征外，还有犯罪动机的制造恐慌性、犯罪对象不特定性、犯罪手段的暴力性、犯罪事实的公开性等特征。具体如下：（1）犯罪动机的制造恐慌性。一般的普通犯罪均是以个人

[①] 国际社会上，恐怖主义被认为是一种与战争、国家债务、人口膨胀、饥饿、贸易逆差、疾病等相提并论的公害，有人甚至把恐怖主义称为"20世纪的政治瘟疫"，抑或是有人认为恐怖主义与政治腐败、环境污染三者为21世纪人类面临的三大威胁。参见马福威：《国际恐怖主义犯罪的认定》，载《外交学院学报》2004年第4期。

[②] 所有恐怖主义定义都包含着政治敌对、政治暴力、权力及犯罪。恐怖主义是一种犯罪，然而又不同于普通犯罪，它可以被视为是一种政治犯罪行为。参见马福威：《国际恐怖主义犯罪的认定》，载《外交学院学报》2004年第4期。

利益为犯罪动机的,而恐怖主义犯罪在犯罪动机方面则明显具有政治意义上的意识形态或政治图谋的因素。恐怖主义犯罪是企图通过暴力来造成一定的社会影响,制造恐慌而影响一定区域的社会民众的心理,对政府施加压力,迫使对方做出让步,达到自己的政治性目的。(2)犯罪对象不特定,但袭击目标有选择。恐怖主义犯罪选择的袭击目标具有特定性,但其在攻击对象的指向上则是不特定的。恐怖主义犯罪的目的在于制造恐怖气氛,使社会陷入恐慌,因此,恐怖主义犯罪往往会攻击具有象征意义的目标,例如,"9·11"事件中的纽约世贸大厦。恐怖主义犯罪具有政治性目的,但其攻击对象并非仅仅是政府机关,而且包括普通公众。恐怖主义对普通公众或者公共财产实施的暴力恐怖行为,并不是其最终目的,其最终目的是对政府施加压力。(3)犯罪手段的暴力特征。从手段上看,绝大多数恐怖主义都是以武装暴力方式完成的,武装暴力是实现恐怖目的的主要手段。恐怖主义犯罪是为了制造恐怖气氛,置公众于恐慌之中,进而给政府施加压力。因此,恐怖主义犯罪选择了暴力手段,并且是比普通犯罪更为凶狠残暴甚至是骇人听闻的手段。[①] (4)犯罪事实的公开性。从公开性上看,恐怖主义犯罪相较于普通犯罪后的隐藏性而言,具有公开性。恐怖主义的目的是宣示其政治等目的,因此恐怖主义组织会极力宣传其恐怖行为,已达到其实施恐怖活动的效果。

群体性事件得不到恰当的解决,可能会发展成为危害严重的聚众犯罪。在其过程中,可能会受到一些别有用心人的煽动与挑拨,主要包括:(1)境外反华势力的煽动和挑拨。境外一些组织和个人,不愿意看到一个稳定的中国,不愿意看到一个强大的中国,因此通过互联网等形式挑拨国内矛盾关系,进而歪曲和夸大社会矛盾,使国内的部分人受其唆使而实施犯罪行为。(2)国内人员的鼓动和策划。国内的一些人因对政府不满或者其他原因,总是伺机制造社会混乱,实现其非法目的。例如,挑拨干群关系、鼓动社会公众的积怨心理、诱发群体性事件;在群体性事件发生以后,又火上加油、

[①] 对此,有的学者分析,"恐怖主义犯罪是指恐怖分子预谋制造绝望或恐怖的气氛,动摇公众对其政府的信任,从而选择杀害、绑架、暗杀、强盗和爆炸,他们毫不关心法律和道德的标准,却想从这些标准中获得特别豁免,他们确信无辜者的死难可以证明其事业的正当性"。还有学者指出,"对于某些人民来说,恐怖主义意味着直接或间接地令被劫持人品尝恐怖主义噩梦,而对于其他人,恐怖主义则意味着通过其行为导致人们每天与身体、精神和金融障碍作斗争"。参见刘华:《论恐怖主义犯罪的特征与要件》,载《犯罪研究》2009年第1期。

煽风点火、唯恐天下不乱，借机鼓动他人违法闹事。在此情形下，群体性事件发展导致的聚众犯罪可能与相关的恐怖主义活动犯罪竞合在一起，但两者仍然是有区别。群体性事件中行为人实施的各种行为是对于政府施加压力，以"闹"的方式满足自己的利益诉求，而后由于相关人员的处理方式不当等偶然因素可能会导致暴力行为，但其希望解决诉求的初衷是没有变的，仍然是为了解决利益诉求。相反，恐怖主义分子具有极强的政治性目的，无论是针对财产还是人身进行的各种暴力行为，本质上不是为了破坏财产或者伤害他人，而是为了制造社会恐慌，给政府施加政治压力，进而实现自己的政治目的。

因此，群体性事件在发展的过程当中可能会受到一些别有用心分子的煽动与挑拨，但不能因此就认定暴力行为为恐怖主义犯罪行为，必须严格区分责任，谨慎定性。对于实施恐怖活动的行为人，必须严厉打击。但对于群体性事件中实施暴力行为的行为人必须坚持以下三个原则：（1）依法处理，注重效果。处理因群体性事件引发的涉众犯罪，应当坚持依法处理，注重法律效果和社会效果的统一。不能因为事件影响恶劣、社会影响较大、惩一儆百等政策考虑，而忽视刑法、刑事诉讼法等法律的规定；不能因为是严重社会治安案件，就忽视对定罪量刑所要求的法定标准。（2）惩戒少数，教育多数。对于涉众犯罪的处理，应当把惩治的重点放在组织、策划、领导、指挥者和积极参加者，对一般参加者和其他社会公众要做好说服教育工作。①（3）宽严相济，区别对待。宽严相济刑事政策是我国的基本刑事政策，其基本要求是坚持宽严相济，具体问题具体分析，根据不同的犯罪类型和不同时期的犯罪态势对具体犯罪作出区别对待，坚持把预防犯罪、维护秩序、实现正义、保障自由和人权作为我国指定和执行刑事政策的根本出发点和根本目标。② 因为每个行为人的人格特征、犯罪行为等都不相同，因此必须予以

---

① 2007年1月5日，最高人民检察院《关于在检察工作中贯彻宽严相济刑事司法政策的若干意见》明确提出，处理群体性事件中的犯罪案件，应当坚持惩治少数，争取、团结、教育大多数的原则。对极少数插手群体性事件，策划、组织、指挥闹事的严重犯罪分子以及进行打砸抢等犯罪活动的首要分子或者骨干分子，要依法严厉打击。对一般参与者，要慎重适用强制措施和提起公诉；确需提起公诉的，可以依法向人民法院提出从宽处理的意见。

② 其具体内容可以归纳为：该严则严，当宽则宽；严中有宽，宽中有严；宽严有度，宽严审时，其核心则是区别对待。参见赵秉志：《和谐社会构建与宽严相济刑事政策的贯彻》，载《吉林大学社会科学学报》2008年第1期。

区别对待。在涉众犯罪中,对于幕后组织、策划者,犯罪行为的组织、指挥者等,应当依法从严处理;而对于一般参加者和罪行较轻的人,则应当从宽处理,特别是对于那些因为不明真相而参加的大学生、弱势群体等,在定罪处理时要尤为慎重,能够通过说服教育的就尽量不要用刑法的方式处理。

6. 聚众犯罪与社会骚乱

群体性事件诱发的聚众犯罪是由群体性事件恶化导致的,二者的行为动机是延续的,因此聚众犯罪与社会骚乱的比较,应以群体性事件为切入点展开。社会骚乱与群体性事件及其诱发的聚众犯罪在行为方式和社会危害性等方面有一定的相似之处,二者都伴有打、砸、抢、烧等违法犯罪行为,给国家、集体、个人财产方面造成极大损失,同时产生较大的社会影响。但社会骚乱与群体性事件诱发的聚众犯罪仍然有本质上的区别。

社会骚乱是指对于社会公众有着影响较为明显的心理感受,在社会安全方面出现了明显的或者是比较严重的"异常"或"失序"等"中度"社会混乱现象。具体表现为在一定时间段、一定区域内出现了持续一定时间的社会秩序遭受严重破坏的混乱现象。① 社会骚乱可能独立发生,也可能由群体性事件引发。于建嵘教授将群体性事件分为维权抗争、社会泄愤事件、社会骚乱三类,但本书认为,维权抗争、社会泄愤事件转化为社会骚乱后,就在性质上发生了转变,脱离了本书关于群体性事件外延的界定,因此,本书认为社会骚乱是独立于群体性事件的一种集群行为。社会骚乱与群体性事件诱发的聚众犯罪主要有以下几方面的区别:

(1) 从行为方式来看,群体性事件及其诱发的聚众犯罪中的行为方式可以是暴力行为,也可以是非暴力行为。在群体性事件中,直接利益相关者的动机是为了引起相关政府部门的重视,满足自己的利益诉求,绝大多数情况下都是采用集体上访、静坐等方式,不具有暴力性。群体性事件诱发的聚众犯罪中实施暴力行为的一般是非直接利益相关者。在我国当下社会,由于民众存在"仇富""仇官"的心态,对于政府部门的不作为或者乱作为现象比较反感,因此,在出现矛盾激化的热点事件时,社会大众就会失去理性的

---

① 比如,经济发展在某个阶段会出现滑坡,政府的公信力明显下降,民众的基本生活水准明显下降,公众的心理处在一种比较普遍的紧张不安的状态当中,一些地区可能会出现成规模的集群行为,等等。这些对于正常的经济和社会秩序必然造成比较严重的不利影响,甚至会延缓一个国家社会经济的发展进程。参见吴忠民:《社会骚乱与社会动荡的差别》,载《学习时报》2012年5月7日。

判断，往往会基于当事人的一面之词，或者社会、网络流传的谣言，站在政府的对立面，参与到事件中去，实施一些发泄自己不满情绪暴力行为。而社会骚乱的行为方式就是暴力方式，或者冲击国家机关，或者打砸抢商店，或者殴打他人等暴力行为。

（2）从行为对象及社会危害性来看，群体性事件或其诱发的聚众犯罪中暴力行为针对的往往是政府机关及其工作人员、警方以及其他事件处置者，无论如何，被袭击对象是被认为具有一定职权的人员。群体性事件或其诱发的聚众犯罪中的暴力行为一般不会针对普通大众实施，反而大多数情况下行为人会认为普通公众是群体性事件参与者的"盟友"。而社会骚乱中暴力行为就不只是针对政府机关或其工作人员，同时也会针对不相关的社会大众。因此，从社会危害性方面来看，群体性事件及其诱发的聚众犯罪中的暴力或者非暴力行为对社会秩序造成的影响要比社会骚乱中的轻。

（3）从组织程度来看，群体性事件及其诱发的聚众犯罪往往是无组织的，或者说是弱组织性的。群体性事件中的直接利益相关者，具有明确的利益诉求，因此能够形成一定的组织性。但是这种组织性并不强烈，各直接利益相关人可以自愿决定是否进行相关行为，并且不会招致报复；而社会骚乱往往是有组织的、有预谋的，甚至是有一定政治目的。当然，社会骚乱也有因群体性事件恶化到一定程度所引发的情形，在此种情景下的某些直接利益相关者就有可能没有决定自己是否参加的自愿性，因为如果不参加则会招致其他主动参加或积极参加者的报复或伤害。

二、群体性事件中聚众犯罪的界定

随着经济社会的发展，社会矛盾和利益冲突不断增多，这些矛盾和冲突的交织、发酵、升级就很可能演变为群体性事件，甚至可能成为聚众犯罪。实践表明，大多数聚众犯罪都是由群体性事件发展而来的。我国当前正处于社会转型期，并进入改革深水区、关键期，各种矛盾和冲突凸显，在此背景下，群体性事件的增多也成为一种必然。因此，需要深入研究群体性事件中聚众犯罪，从宏观和微观相结合的角度充分把握其含义、特点、规律及其发展趋势。

（一）群体性事件中聚众犯罪的含义

群体性事件中聚众犯罪的界定需要把握好两个方面：一是群体性事件中

聚众犯罪的背景。群体性事件中聚众犯罪以群体性事件为前提，群体性事件是该类犯罪的源头。这里的聚众犯罪就是一般群体性事件的恶化和升级演变成的，这些群体性事件一般涉及相关人员或群体的利益和诉求，但与利益或诉求无关以及不明真相的民众也可能加入其中。这些人员不断聚集，在此混乱的场面下采取不当方式满足或实现其利益诉求。二是群体性事件中聚众犯罪的特殊性。这里的聚众犯罪不是指刑法中所有的聚众犯罪，也不局限于符合构成要件而在刑法中规定的聚众犯罪。也就是说，刑法中的聚众犯罪只有在群体性事件中能够发生的才是这里所指的群体性事件中聚众犯罪；同时，在群体性事件中某些具有社会危害性但并不完全符合刑法犯罪构成要件的行为也是这里所指的聚众犯罪。因此，我们在这里所界定的群体性事件中的聚众犯罪是从犯罪学角度界定的。

基于以上理解，群体性事件中的聚众犯罪是指由于利益冲突或诉求表达不畅以及社会泄愤等引发的人民内部矛盾的群体性事件恶化、升级而出现的一些超越社会基本容忍底线的，进而有必要用刑法予以调整的社会越轨行为。

理解上述群体性事件中的聚众犯罪概念，需要注意以下几点：第一，群体性事件的起因。引发该类犯罪的因素主要是群体之间各种利益冲突、合理的诉求表达不畅通以及纯粹对社会表达不满、发泄愤恨等。第二，正确理解该类犯罪的性质。该类犯罪虽然给正常的社会秩序造成破坏，引起治安混乱，严重阻碍经济发展和社会建设，但是该类犯罪属于人民内部矛盾，需要树立民众观念，从广大民众的利益出发，以处理人民内部矛盾的方法予以解决。第三，群体性事件中聚众犯罪是由群体性事件恶化升级演变而成的。如果对起初的群体性事件恰当处理，群体性事件就不会恶化升级，也就不会演化成聚众犯罪。第四，需要刑法予以应对。该类犯罪无论对经济发展、社会建设还是人民内部团结都具有严重的危害性，需要刑法予以调控，但是，用刑法予以调控并不意味着从严打击，而是正确依法处理。

（二）群体性事件与聚众犯罪的关系

聚众犯罪与群体性事件之间有着紧密联系。一般情况下，群体性事件是聚众犯罪的源头。群体性事件是聚众犯罪的先期形态或初级发展，聚众犯罪是群体性事件的高级形态或后期演变。群体性事件发现、处置及时、妥当，一般不会演变升级为聚众犯罪；相反，发现不及时、处置不妥当就有可能演变为聚众犯罪。但是，聚众犯罪并不以群体性事件为必要前提，如一般的聚众斗殴就不以群体性事件为前提,只有群体性事件中发生的聚众犯罪才以群体性事件本身为前提和基础。

首先,从时间顺序来看,二者存在先后关系,群体性事件在前,聚众犯罪在后。一些利益相同或相近的直接利害关系人员往往因为利益纠纷或合理诉求未能得到满足而在公共场所聚集,随着时间的推移,与事件无关的非直接利害关系人员也可能加入聚集中,随着参与人数越来越多、规模越来越大,便会形成一般的群体性事件。群体性事件的参与主体和旁观者往往不具有应有的理性甚至丧失自己的理性,在群体里表现得茫然、躁动,在此情形下,群体就很容易受到各种言论或者行为的支配,并将这种支配付诸行动。在现场气氛的渲染以及某些人的煽动下,聚众现场的群体情绪会变得异常激动甚至失控,进而会实施非理性的行为甚至暴力行为。至此,一般的群体性事件就演变为严重的聚众犯罪了。

其次,从发展形态来看,群体性事件往往人数较少、规模较小,行为方式较为平和,属于低级形态;聚众犯罪从一般的群体性事件发展而来,人数多、规模大,行为方式具有暴力倾向性,可以看作群体性事件的高级形态。在一般的群体性事件中,参与人员大多为直接利害关系人,往往采取游行、静坐、集体下跪、向相关部门请求解决办法等较为平和的方式,其目的是通过这些平和的方式寻求与相关部门的沟通和对话,要求相关部门尽快关注并及时解决民众的利益纠纷和合理诉求。然而,当一般的群体性事件没有得到及时合理解决时,为了使相关部门能够解决这些问题,这一群体会实施更为激烈的行为,突破群体性事件的性质范围而向高级形态——聚众犯罪方向恶化。在这一阶段,无论在参与人员、规模还是行为方式上都会发生巨大的变化。在参与人员上,除了直接利害关系人以外还会有旁观者或不明真相者等非直接利害关系人的加入。在规模上,从几百人到数千人甚至几万人的大规模事件都有可能。在行为方式上,那种平和的行为方式已经消失殆尽,代之以暴力或类似暴力的行为。相比较而言,处于低级形态的群体性事件是较容易处理的,而演变为高级形态的聚众犯罪的处理难度会大大增加,所耗费的人力、物力、财力都会倍增。因此,相关部门需要科学、合理地处理尚处于低级形态的群体性事件,防止其恶化为高级形态的聚众犯罪。

再次,从演变条件来看,群体性事件发展演变为聚众犯罪并不是一步到位的,其中需要有一定的"媒介",因为二者毕竟属于不同性质的事物。这一"媒介"就是相关部门对群体性事件的处置方法。如果处置方法得当,群体性事件一般不会演变为聚众犯罪；如果处置方法不当，大多数群体性事件都会演变升级为聚众犯罪。2004年发生在重庆的"万州事件"就能够说明这一点。第一阶段：水果批发市场临时工胡某某因与进城务工人员余某某发生纠纷后，自称是公务员，出了什么事都可以花钱摆平。现场民众由于不明真相，误认为是公务员在光天化日之下殴打民众，造成矛盾迅速激化，形成大量人员聚集，僵持3个多小时候人员才离开。事件到此为止，只能算是一个普通的群体性事件，本应就此结束，但事件却向恶性方向发展。第二阶段：由于政府未能及时出面解释，未采取合理的措施予以疏导和解决，一些被谣言蒙蔽的民众实施过激行为而导致事态进一步恶化。当日18时许，万州区公安局一辆警车被掀翻打砸，当日20时许，在一些居心叵测之人的恶意煽动下，数百人冲击万州区政府办公大楼。如果相关部门对前一阶段的事件及时反映、处置得当，该事件就不会演变为第二阶段的聚众冲击国家机关并进行打、砸、烧的聚众犯罪。

最后，从群体性事件是否为聚众犯罪的必要条件来看，大多数群体性事件都可能发展为聚众犯罪，如一般的多人聚集可能导致堵塞交通、扰乱交通秩序，利益冲突的多人聚集就可能演变为聚众斗殴、伤害甚至杀人等犯罪。这些聚众犯罪往往具有公然性，一般在人员密集的公共场所实施，如广场、公园、电影院、商场、街道、车站、码头等。对于聚众犯罪，如聚众扰乱社会秩序犯罪、聚众冲击国家机关犯罪、聚众扰乱公共场所秩和交通秩序犯罪等，都由不特定群体的聚集而导致的群体性事件为必然前提。然而，并不是所有的聚众犯罪都以群体性事件为基础，没有群体性事件的存在，这些聚众犯罪也有可能发生。有些聚众犯罪，如聚众淫乱犯罪、赌博犯罪等，一般都局限在少数人范围内，其犯罪场所也局限在与公众场所相对隔离的宾馆、夜总会、赌场等地，因此，广大公众在案件曝光之前对其难以知晓。相比之下，这类聚众犯罪的参与人数较少、规模较小、隐蔽性较强，这与因群体性事件诱发的聚众犯罪形成了鲜明的对比。从这个意义上讲，聚众犯罪可以分为两种类型：一种是以群体性事件为必要前提的聚众犯罪，如聚众扰乱社会秩序犯罪、聚众冲击国家机关犯罪、聚众扰乱公共场所秩序、交通秩序犯罪等；另一种是不以群体性事件为前提的聚众犯罪，如一般的聚众斗殴、聚众赌博、聚众淫乱等犯罪。

（三）群体性事件中聚众犯罪的罪名

聚众犯罪散见于刑法分则规定的侵犯公民人身权利、民主权利罪，侵犯财产罪，妨害社会管理秩序罪，危害国防利益罪等章节中，但因群体性事件而引发的聚众犯罪主要是对正常社会管理秩序的破坏，涉及的罪名主要体现在刑法分则第六章（妨害社会管理秩序罪）规定的扰乱公共秩序罪中。具体而言，主要有"聚众'打砸抢'""聚众扰乱社会秩序罪""聚众冲击国家机关罪""聚众扰乱公共场所秩序、交通秩序罪""聚众斗殴罪"等罪名。

1. 聚众"打砸抢"

聚众"打砸抢"并不是刑法分则中的一个具体罪名，而是聚众犯罪的行为实施方式。这主要是指在群体性事件中，故意殴打、伤害、杀害他人或使用暴力、威胁等手段取得他人财物或者公然夺取他人财物的行为。在"打砸抢"事件过程中，对于导致他人伤残、死亡的，以故意伤害罪或故意杀人罪论处；对于毁坏或抢走公私财物的，对首要分子判令退赔并以抢劫罪论处。

2. 聚众扰乱社会秩序罪

聚众扰乱社会秩序罪通常是指行为人聚众冲击企业、事业单位或社会团体的所在地；在企事业单位或社会团体等相关单位的门前或院内大吵大闹；封堵大门或相关通道，阻止工作人员出入并围攻、辱骂或殴打相关单位的工作人员；毁坏相关单位的财物及设备；强占工作学习、营业生产等场所；等等。

3. 聚众冲击国家机关罪

聚众冲击国家机关罪的犯罪行为是指在部分人员的组织、策划、指挥下，或其他一些积极参加者，聚众强行进入国家机关，致使国家机关无法正常工作，造成严重损失的行为。比如，多人强行冲闯国家机关门禁，包围国家机关的办公驻地或场所；实施用石块、杂物投掷等暴力袭击行为；强行切断电源、电话线；堵塞机关办公通道、强占办公场所辱骂、殴打机关单位工作人员；毁损机关单位公共财物、文件材料。

4. 聚众扰乱公共场所秩序、交通秩序罪

该罪的犯罪行为指对公共场所秩序和交通秩序进行聚众扰乱和破坏而抗拒、阻碍国家治安管理工作人员依法执行职务的行为。这里的"公共场所秩序、交通秩序"包括车站、码头、公园、影剧院、民用航空站等公共场所的秩序。行为方式主要表现为对这些公共场所秩序进行聚众堵塞或者破坏。

5. 聚众斗殴罪

该罪主要指纠集众人成帮结伙地互相进行殴斗，破坏公共秩序的行为。在群体性事件中，这往往因双方利益冲突或其他个人目的一方或双方聚集众多人员在公共场所互殴，意图通过互殴解决问题。

第二节　群体性事件中聚众犯罪的静态考察

"犯罪学首先是一种'唯象'犯罪学……犯罪学的所有理论及其体系，都奠定在对于实在的犯罪现象的客观、肯切描述的基础之上；一定意义上我们甚至可以说，对于某一种犯罪学理论学术性或者有说服力的最客观的直接衡量标准，便是看它对于犯罪现象的调查、状述和分析是否真实、准确和具有说服力，即是否运用有效的手段和方法，经过调查、测验、统计甚至实验等过程，使得对于犯罪现象的描述最大限度地逼近真实，并能在一定的范式中予以自圆其说的阐释甚至运用。"[1] 本书认为要从整体上真正认识聚众犯罪的本来面目，必须立足于系统这一平台，对聚众犯罪现象进行系统、全面的研究，既是研究、应对聚众犯罪的必由之路，也是防控聚众犯罪的逻辑起点与基础所在。其实，越是聚众犯罪这种集体情感集中的领域，越是离不开对其理性的认识和客观、系统的描述。

对犯罪现象的分类，学者们的研究较多，主要有：根据其地位，可分为主犯罪现象与副犯罪现象；根据其显隐程度，可分为显犯罪现象与隐犯罪现象；根据其产生与存在的概率性，可分为常规犯罪现象与随机犯罪现象；根据其存在状态，可分为静态犯罪现象与动态犯罪现象；根据其依附倾向性，可分为加害犯罪现象与被害犯罪现象。[2] 具体到群体性事件中的聚众犯罪，根据其存在状态，我们将聚众犯罪现象分为静态的聚众犯罪现象与动态的聚众犯罪现象。所谓静态的聚众犯罪现象，是指反映聚众犯罪在特定时空下的基本状况、基本规律及具有相对稳定性特征的诸经验事实。所谓动态的聚众犯罪现象，是指状述和反映聚众犯罪运动、发展、变化的诸经验事实。在

---

[1] 许章润主编：《犯罪学》，法律出版社2007年版，第67页。
[2] 许章润主编：《犯罪学》，法律出版社2007年版，第75~79页。

此，我们将从静态的角度，在本节中深入剖析聚众犯罪中聚众犯罪人、聚众犯罪行为的基本特征，深入探究聚众犯罪的基本规律。

一、群体性事件中聚众犯罪的基本现状

在我国，研究犯罪状况始终面临着两个难以解决的问题：一是由于当前犯罪数据大多处于保密状态，学者们无法获取这些数据，而只能从相关数据来推断犯罪的基本情况；二是官方的犯罪统计数据并不全面、准确，直接影响了对我国实际犯罪状况的准确描述。聚众犯罪黑数问题更为突出，究其原因：一是集体维权的掩饰效应。与其他犯罪多采用秘密手段进行的特点不同，聚众犯罪往往是以集体维权的名义，在貌似合法的外衣下公开演绎着非法的行为。人们很难直接将犯罪行为与维权行为联想到一起，而执法机关也由于对聚众犯罪缺乏准确的认识以及考虑到维稳的政治需要，往往采用行政制裁和民事调处的方法结案，将一部分已经成立聚众犯罪的行为作为非刑事案件处理。二是现行法律规定的影响。由于对情节严重及严重后果等法律规定理解把握不一，各地立案标准并不统一，导致不同地区此类案件的统计数据缺乏可比性。三是司法漏斗效应影响。[①] 司法漏斗效应的存在，使得最终被作为聚众犯罪并得到处理的数量远低于实际发生的数量，不少聚众犯罪行为没有得到应有的惩罚。上述各方面的共同影响，使得聚众犯罪呈现出犯罪黑数极高且有增无减的特点，官方查处的案件远远低于未被发现的聚众犯罪数。

本书在研究聚众犯罪现象的过程当中，[②] 同样面临这样的尴尬局面，尽管也收集了各地的典型案例，但对全国聚众犯罪数据的掌握依然屈指可数，唯有希望通过对南方某省 2006 年至 2013 年共 8 年以来聚众犯罪情况的剖

---

① 有学者认为，刑事诉讼过程也是司法机关筛选和过滤犯罪行为的过程，它最终只能将社会上发生的全部犯罪中的部分犯罪的犯罪人送进监狱服刑。与此相对应，随着刑事诉讼的进程，司法机关的犯罪统计也呈现出递减的趋势。警方的犯罪统计少于社会上实际发生的犯罪，检方的犯罪统计少于警方的犯罪统计，法院的犯罪统计少于检方的犯罪统计，监狱的犯罪统计少于法院的犯罪统计。

② 就犯罪现象的研究路径来看，存在个体犯罪现象与整体犯罪现象两种不同的路径。客观地说，我国目前对于犯罪现象的研究多是在个体犯罪现象的研究层面进行的，而对于更有价值的整体犯罪现象的研究，局限于各种因素，其研究可谓难以尽如人意。

析，窥一斑而见全豹，力图在一定程度上贴近真实、切合现状。①

（一）总量成倍攀升

在社会转型的过程中，社会矛盾大量淤积的能量最终以聚众犯罪的方式释放，使聚众犯罪表现得异常活跃，给社会秩序带来极大隐患和冲击。统计数据表明，我国聚众犯罪虽时有起伏，但聚众犯罪的绝对数整体上始终处于增长态势，其增长速度之快，已经演变成为影响社会稳定的严重社会问题之一。以在全国具有代表性的南方某省公安机关 2006 年至 2013 年聚众犯罪立案侦查情况和移送审查起诉案件情况（图 1）为例。②

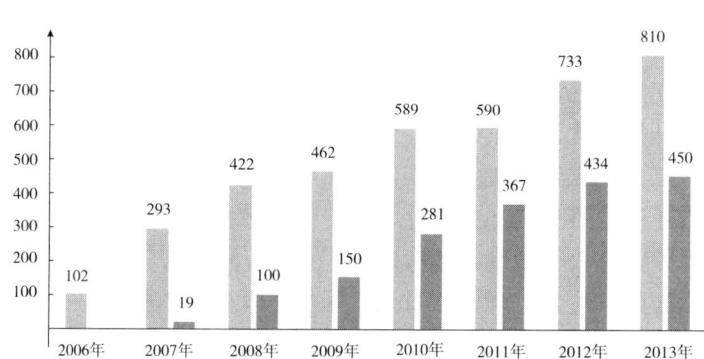

图 1　2006 年至 2013 年南方某省聚众犯罪立案数与移送审查起诉数统计

---

①　选择南方某省作为分析样本，主要是因为：(1) 该省处于改革开放的前沿，各种矛盾和问题更加突出、更加集中、更加复杂尖锐，各种聚众犯罪案件也往往首先发生在该地，其案例全面而在全国具有典型性；(2) 该省刑事案件总量长期占全国刑事案件总量的十分之一，而各种类罪或个罪在全国的占比也基本维持在十分之一这一比例左右。据此，对该省聚众犯罪状况、犯罪结构、犯罪动态、犯罪规律进行定量和定性的分析研究，在一定程度上可以勾画出全国聚众犯罪的基本情况和现实特征。

②　群体性事件中易发、多发的聚众犯罪行为集中在刑法分则第六章规定的聚众扰乱社会秩序、交通秩序罪、聚众扰乱公共场所秩序罪、聚众冲击国家机关罪、聚众斗殴罪、非法集会、游行、示威罪等，实务部门统计的聚众犯罪案别也是聚众扰乱社会秩序案、聚众冲击国家机关案、聚众扰乱公共秩序、交通秩序案、聚众斗殴案、聚众哄抢案、非法集会游行示威等案件。因此，本课题组以此为标准对聚众犯罪状况进行分析。

图1数据显示，从2006年到2013年的8年间，该省聚众犯罪立案侦查数从102起增加到810起，增长了7倍多，其中2008年与2009年，2010年与2011年之间的立案数没有大的变化，但2012年的立案数却出现爆发式增长，较2011年的立案数增加了24.2%。图1的数据同时还反映，2006年到2013年8年间，该省公安机关移送审查起诉的聚众犯罪案件从0起增加到450起，增长了450倍，其中2006年至2012年期间，该省每年移送审查起诉案件较前一年同期相比，都以84.6%以上的速度快速增长，而2007年、2008年更是分别比同期增长了19倍、5倍多。从中可以看出，从2006年至2013年，该省立案数、移送审查起诉案件数均呈数倍、几十倍、几百倍的增长，增长速度非常之快。

2006年至2013年间，该省聚众犯罪案件一审案件数量也从5起猛增到449起（如图2所示），增长了89倍多，其中2011年至2012年年度涨幅最大，一审案件数上涨数量突破100件达至151件，这同样表明，聚众犯罪案件总量持续呈攀升的趋势。

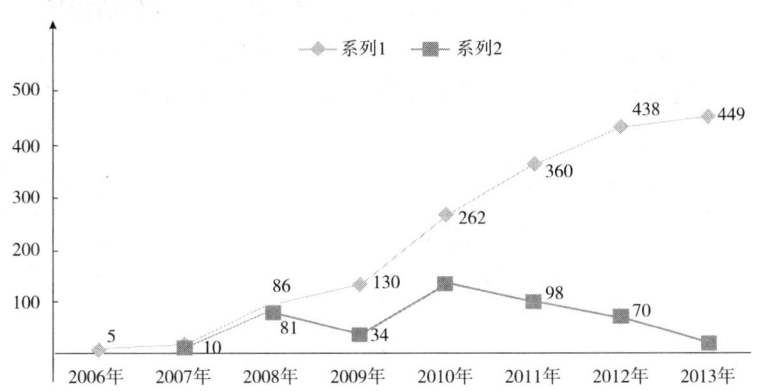

图2　2006年至2013年南方某省法院聚众犯罪一审案件统计

（二）对抗不断加剧

广泛的"去个性化"现象是群体性事件不可回避的客观事实。这种广泛的"去个性化"现象不仅是群体湮没个体理智、激发强烈的情绪感染所致，也是在群体中个体人格被扭曲导致事件参与人员彼此相互效仿和盲从所致，更是"群体无责任"的责任虚无主义引发的群体狂热膨胀所致。在充满激情和盲从的群体性事件环境中，这种广泛的"去个性化"现象很容易淹没群体性事件参与成员作为个体时的理性、人格和责任意识，从而使得个体不由自主地溶解于、盲从于激进的狂热群体行为之中。自然，也就孕育和滋生了群体性事件及其后续行为中聚众犯罪行为的暴力性。当前，这种"去个性化"现象愈演愈烈，使民众与处置方之间的冲突越来越激烈。

以 2012 年为例，南方某省公安机关共立案聚众冲击国家机关案件 222 起，比 2011 年上升 76.1%；聚众扰乱公共场所秩序案件 131 起，比 2011 年上升 55%。再以该省 2006 年至 2013 年聚众犯罪涉及犯罪嫌疑人人数为例（如表 1 所示），8 年间刑拘人数从 120 人增加到 2314 人，增长了 19 倍多，逮捕人数从 3 人增加到 1119 人，增长 373 倍；移送审查起诉人数从无增加到 1425 人，增长了 1425 倍。这种聚众犯罪涉案人数呈几十倍、几百上千倍增长事实，一方面表明因群体性事件引发的聚众犯罪规模一般较大，涉案人员数量远远超过一般形式的共同犯罪；另一方面也充分说明冲突对抗的人数日益增多，烈度日益加大，破坏力、暴力性日益加强。尤其是砸毁、焚烧警车，殴打民警现象的频频出现，表明民众与政府的对抗程度不断加重，民众对公共秩序维护者特别是公安机关介入群体性事件带有强烈的逆反心理和对抗情绪。例如，在广州"增城"事件中，数千人先后聚集围堵了 107 国道，冲击了大敦村派出所，砸烧了 18 辆警车和 6 辆民用小车，向执法民警投掷石块、砖头、玻璃瓶等硬物，致使 18 名民警和 8 名民众不同程度受伤。

表 1 2006 年至 2013 年南方某省刑拘、逮捕和移送审查起诉人数统计

年份	刑拘人数	增加人数	增加量	逮捕人数	增加人数	增加量	移送审查起诉人数	比上一年增加	增加量
2006	120	—		3	—		0		
2007	588	468	390.00%	49	46	1533.33%	48	48	
2008	1255	667	113.44%	250	201	410.20%	262	214	445.83%
2009	1295	40	3.19%	430	180	72.00%	576	314	119.85%
2010	1293	-2	-0.15%	858	428	99.53%	1052	476	82.64%
2011	1447	154	11.91%	928	70	8.16%	1151	99	9.41%
2012	1900	453	31.31%	1114	186	20.04%	1495	344	29.89%
2013	2314	414	21.79%	1119	5	0.45%	1425	-70	-4.68%

（三）罪名相对集中

从公安机关立案情况来看，2006年至2013年8年间，在南方某省公安机关所立聚众犯罪罪名中（如表2所示），立案数量排序分别是聚众斗殴罪、聚众扰乱社会秩序罪、聚众扰乱公共场所秩序、交通秩序罪，聚众冲击国家机关罪，聚众哄抢罪和非法集会、游行、示威罪。其中，聚众斗殴罪的立案数占62.9%，聚众扰乱社会秩序罪占22.3%，聚众扰乱公共场所秩序、交通秩序罪占8.35%，聚众冲击国家机关罪占4.01%，聚众哄抢罪占0.02%，非法集会、游行、示威罪占0.01%。由此可见，在所有聚众犯罪罪名中，聚众斗殴罪和聚众扰乱社会秩序罪两项罪名立案数最多，两者的立案数为3888起，占总数的85.2%。这表明，公安机关只要能有效控制聚众斗殴罪、聚众扰乱社会秩序罪这两种聚众犯罪，就能在85%左右的程度上控制群体性事件中聚众犯罪，这是预防群体性事件中聚众犯罪的重点，也是聚众犯罪的新趋势、新动向。

表2　2006年至2013年南方某省聚众犯罪个罪立案统计

类别	案件数	占比
聚众斗殴罪	2869	62.9%
聚众扰乱社会秩序罪	1019	22.3%
聚众扰乱公共场所、交通秩序罪	381	8.35%
聚众冲击国家机关罪	183	4.01%
聚众哄抢罪	70	0.02%
非法集会、游行、示威罪	39	0.01%

从法院审理情况来看，2006年至2013年8年间，南方某省全省法院受理的聚众犯罪一审案件数尽管每年数量各自不同，但各年度聚众犯罪罪名结构比例基本相同，在所有聚众犯罪罪名中排第一至第四位的均是聚众斗殴罪，聚众扰乱社会秩序罪，聚众扰乱公共场所秩序、交通秩序罪，聚众冲击国家机关罪。其中，聚众斗殴罪的案件占70.32%，聚众扰乱社会秩序罪的案占15.87%，聚众扰乱公共场所秩序、交通秩序罪的案件占6.85%，聚众冲击国家机关罪的案件占5.76%。此外，聚众斗殴罪、聚众扰乱社会秩序罪两项罪名最为集中，这两种罪名审理判决数共计2693宗，合计占全年判

决总数的 86.19%。①

(四) 情况日趋复杂

1. 诱因聚合交织

既有历史上长期积累的深层次问题,又有现实利益问题;既有实际问题,又有心理不平衡问题;既有因经济利益受到损害而引发的问题,也有因民主政治权利受到侵害而引发的问题。从既发的案件来看,诉求大多介于合理与不合理、合法与不合法、有条件解决与无条件解决、多数人的合理要求与少数人的无理取闹交织之间,特别是一些历史遗留问题,由于政策变动、情境变迁,解决起来难度非常大。许多矛盾激化、事态失控最后演化为聚众犯罪的事件,其直接导火索往往是一些情况简单的偶发事件,但其深层次的诱因却是各类社会矛盾的交织聚合和集中爆发。

2. 涉及领域广泛

随着群体性事件的持续增多和不断涌现,群体性事件引发的聚众犯罪也相应涉及各个领域,波及全国各个地区,不仅涉及村落乡镇,而且涉及城市社区;不仅涉及党政机关,而且涉及医院、学校、企业等各个行业;不仅相对集中于东南沿海,而且发生在西部地区的事件越来越多;不仅涉及社会领域,而且涉及意识形态领域;不仅涉及经济领域,而且涉及政治领域。

3. 转化趋势加剧

科塞曾经将社会冲突划分为现实性冲突与非现实性冲突两种。② 具体到我国,现实性冲突是指由征地问题、拆迁问题、劳资纠纷问题等具体的利益矛盾引发的冲突。在这些冲突中,体现的是具体利益关系,表达的是具体利益要求,其实质仍然是利益问题,其本身或者说刚开始时是与政治、意识形态并没有什么直接的联系。这些矛盾和冲突往往是可以用市场经济规则和谈判的方式来化解的,而非现实性冲突则是由政治、民族、宗教等价值领域的因素引起的冲突,这种矛盾和冲突往往持久而难于调和。无论是贵州"瓮安事件"还是广州"增城"事件,虽然都有打砸抢烧政府大楼和警车的行为,但这些并不是针对国家政权的政治性活动,而只是个案中针对具体政府机关及其个别官员的情绪发泄。但是,近年来,伴随着经济的快速发展和社会的急剧转型,群体性事件正以前所未有的速度演变为聚众犯罪,并蔓延到

---

① 资料来源于课题组成员 2014 年 3 月从南方某省法院调研收集的数据。
② [德] L. 科塞:《社会冲突的功能》,孙立平等译,华夏出版社 1989 年版,第 35 页。

社会各个领域，使经济利益问题政治化、国内问题国际化趋势加剧。一些民众已经不再将诉求局限于具体的经济问题，而是开始从单纯的经济利益诉求转而谋求政治方面的目的，表现出对我国政治制度和具体社会制度的质疑、不满。一些参与者以"维权"为名，积极寻求境外势力的帮助，极力将简单问题复杂化、个案问题普遍化、社会问题政治化，把纯属经济、民事问题的事件炒作放大成具有国际影响的政治事件，使事件变得非常敏感复杂。

（五）后果日益严重

1. 社会失序

秩序的存在是人民安居乐业、国家长治久安最根本的前提和基础。聚众犯罪是一种严重的反社会行为，是当今世界普遍关注的一个重大社会问题。之所以说是一个重大社会问题，不仅因为聚众犯罪严重冲击和破坏社会秩序，更因为聚众犯罪本身隐含着的政治风险难以控制。一旦发生聚众犯罪，无论其行为表现是堵路、围堵或冲击政府机关，还是公然打砸抢烧，针对的都是国家政治安全和社会公共秩序，都会造成社会在一定程度上的失序，轻则使社会公共关系紧张，重则出现社会骚乱，如控制不当便容易造成大范围的蔓延，使社会动荡成为可能。虽然当前我国聚众犯罪还没有达到瓦解社会制度、引发社会动荡的烈度和程度，但其高发频发且愈演愈烈之势在深刻揭示社会矛盾的同时，也给我们提出警示，如果任由群体性事件演变为聚众犯罪，任由聚众犯罪演变为社会骚乱，那么社会的基本秩序将无法得到维系，国家的长治久安也将难以得到基本保障。

2. 社会恐慌

所谓社会恐慌，是指由社会风险事件引发的、以持续性的心理恐慌、恐惧、焦虑、烦躁为主要特征，进而可能演变为哄抢、排斥、伤害等无组织反应行为。[①] 聚众犯罪带来的社会风险后果就是可能引发社会恐慌。因为无论是聚众扰乱社会秩序罪、聚众冲击国家机关罪，还是聚众扰乱公共场所秩序、交通秩序罪，都是在特定的场所聚集多人，要么扰乱工作、生产、营业和教学、科研秩序而致使其无法正常进行，要么冲击国家机关对国家机关设施进行损坏，对国家机关工作人员进行拦截、追打，要么堵塞交通、破坏交通秩序，扰乱商场、公园、影剧院、运动场等公共场所秩序，这些行为都将

---

① 朱力：《中国社会风险解析——群体性事件的社会冲突性质》，载《学海》2009 年第 1 期。

给民众正常的工作、生活和出行带来不便，惊扰民众的正常生活秩序，让民众产生迷茫、忧虑和恐惧。此外，聚众犯罪与一般犯罪迥然不同的一个特征是其鲜明的公然性，也即行为人在开放、公开的场所公然扰乱社会秩序，明目张胆地进行打、砸、抢，这不但是对法律权威的公然蔑视，而且会引发民众的不安，给民众造成极大的心理压力。在贵州"瓮安"事件、云南"孟连"事件、广东"增城"事件中，其激烈的冲突对抗和连续数小时甚至数天的打砸抢行为，不断冲击着民众对当代中国政治、社会生态和自身生存状态的基本感知。

3. 经济受损

聚众犯罪中激烈的行为方式和高强度的对抗，造成了巨大的人员伤亡和财产损失。例如，贵州"瓮安"事件仅仅持续 7 小时，就造成县委大楼、县政府大楼 104 间办公室、县公安局大楼 47 间办公室和 4 间门面被烧毁，刑侦大楼 14 间办公室被砸坏，户政中心档案资料和 42 台交通工具被毁，数十台办公电脑被抢走，150 余人受伤的严重后果[①]，这仅是直接的财产损失，此外，其对当地经济社会发展的间接影响更是难以估量。再如，2008 年发生在甘肃的"陇南"事件中，大规模的打、砸、抢、烧导致 110 间房屋、22 辆车被砸烧，陇南市纪委、团市委、市妇联、市总工会、市工商局、市直机关工委、市档案局等机关单位办公设施及文件资料全部被砸坏烧毁，市档案局大部分档案被烧毁，中楼职工宿舍全被砸烧。这些事件中的严重后果，充分说明了群体性事件中聚众犯罪所带来的社会危害性。

4. 闹事盛行

一个人的越轨行为并不可怕，可怕的是这种越轨行为转变为一种群体性的观念，形成群体性的习惯行为。实践表明，当前"不闹不解决、小闹小解决、大闹大解决"的闹事逻辑已经成为越来越多人的心理"信条"和心理定势。这种心理定势不仅容易使政府被社会公众"绑架"，而且还容易被越来越多人所接受和效仿，客观上助长"非法表达"行为的滋生与蔓延。一旦人们纷纷效仿，把"闹事"与"利益"结合起来，将集体失范行为作为一种习惯性行为，那么社会稳定就失去了基础，聚众犯罪就有了它产生的社会条件和土壤，社会骚乱的发生也会成为可能。

---

① 梅传强、胡江：《通过化解社会矛盾实现对群体性事件的有效预防》，载《法学杂志》2011 第 4 期。

二、群体性事件中聚众犯罪的行为人特征

"'犯罪人'是犯罪学的基本概念之一……是指实施了违法犯罪行为以及其他严重社会越轨行为,应受法律和道德责罚的自然人。"[①] 聚众犯罪是群体性事件违法行为的附随性结果,因此聚众犯罪人既包括了实施聚众犯罪行为的人,也包括了参与群体性事件的人。"从重要性上讲,没有犯罪人就没有犯罪行为,从而也就没有作为各种犯罪行为集合体的犯罪现象。"[②] 对聚众犯罪人进行分析,既有助于揭示整个聚众犯罪现象的结构和特征,阐明聚众犯罪人对犯罪程度、犯罪行为选择的影响,又可以为防控聚众犯罪提供有针对性的依据,这无疑对于研究整个聚众犯罪现象及其防控措施具有十分重大的基础性意义。为此,我们尽可能地对群体性事件中聚众犯罪人进行样本采取和统计分析,并据此探究聚众犯罪主体在其社会特征、生理特征、文化特征等方面日趋复杂化的发展趋势。

(一)聚众犯罪人的生理特征

聚众犯罪首先是具体的犯罪人实施的严重危害社会的行为。聚众犯罪人的性别、年龄、性格等生理性特征,必然直接或间接地影响聚众犯罪的发生。

首先,从行为主体的性别来看,与男性犯罪多于女性犯罪这一世界各国普遍存在的事实相比,男性实施聚众犯罪更为突出,更容易参与到群体性事件并更倾向采取暴力来解决问题。究其原因,一则是聚众犯罪多为街头犯罪、破坏性犯罪、暴力性犯罪或者公然性的激情犯罪,男性身体上更为强壮,在高度对抗性的破坏性行为、暴力行为中更具有生理优势;二则是男性在心理上更冲动、更富有竞争性和攻击性;三则是男性承担着更多的社会职责,一方面他们更关注社会问题,另一方面其社会角色也需要他们表现出英勇的品质。而女性的加入也往往更加激发男性的表现欲、同情欲。有学者对2006年"中国综合社会调查"数据的分析表明,在248位参与过群体性事件的人员中,男性占52.8%;同时,他认为女性参与群体性事件可能使一

---

① 许章润主编:《犯罪学》,法律出版社2007年版,第108页。
② 张远煌主编:《犯罪学》,中国人民大学出版社2011年版,第70页。

些无直接利益者加入。① 也有学者认为:"一旦有女性参加集会或游行,就会对事件参与者以激励作用。"② 还有学者通过对 SS 事件的实际调查发现,在 24 名被讯问的"打、砸、抢、烧"积极参与者中,男性为 18 名,占 75%;女性为 6 人,占 25%。女性的参与行动以组织、动员、散布谣言和募捐为主,男性则以"打、砸、烧"等暴力行动为主。③ 在课题组成员的调研中,一名基层派出所领导对此谈道:"在我们处理的涉及聚众犯罪的群体性事件中,男人和女人大多会自然分工,男人一般手持棍棒、石头或者燃烧瓶之类冲在前面;女人要么在派出所、镇政府门口静坐、下跪、哭闹,要么坐到马路上。对妇女只要她不打砸烧,我们一般也不好采取什么强制性的措施,因为那样反倒会引起围观者的起哄,有时还会激起一些人与我们发生肢体冲突。"④

其次,从行为主体的年龄来看,大多为青少年、中年。亨廷顿认为,人口对比的变化和青年人以 20% 或更高比率的增长是导致 20 世纪许多文明间冲突的原因。⑤ 我们对广州"增城"事件和"乌坎"事件进行实地调查分析发现,25 岁以下的年轻人约占参与者的 60%,是事件的主要参与者,特别是 90 后年轻人的加入,使事件参与者出现了低龄化的苗头。有学者对 SS 事件调查后也发现,24 名"打、砸、抢、烧"积极参与者主要以中青年为主,平均年龄为 35 岁。⑥ 聚众犯罪中的参与者之所以主要以中年、青少年为主,本书认为主要有以下两方面原因:一是参与到群体性事件的人大多具有一定的利益诉求,或者深陷于一定的利益冲突之中;二是中年、青少年人的体力要强于老年人、儿童的体力,而且其情绪也相对不易控制,更易冲动和被教唆,更易采取具有直接对抗性和及时伤害性的暴力行为。相反,受身

---

① 王大伟:《群体性事件影响因素的实证分析》,载《南京人口管理干部学院学报》2010 年第 3 期。
② 周桂琴:《群体性事件人员构成与心理特征分析》,载《河北公安警察职业学院报》2007 年第 2 期。
③ 张荆红:《社会边缘人:价值主导型群体性事件的积极参与者——基于 SS 事件的分析》,载《学习与探索》2011 年第 2 期。
④ 课题组成员 2014 年 6 月 10 日对 G 市 N 派出所所长 C 先生的访谈。
⑤ [美] 塞缪尔·亨廷顿:《文明的冲突与世界秩序的重建》,周琪等译,新华出版社 2002 年版,第 295 页。
⑥ 张荆红:《社会边缘人:价值主导型群体性事件的积极参与者——基于 SS 事件的分析》,载《学习与探索》2011 年第 2 期。

体素质的制约，老人一般不会采取暴力手段实施犯罪，他们多是利用社会对老年人较为同情的特点进行堵路等破坏性行为。

(二) 聚众犯罪人的社会特征

社会经济体制的革新性改变，社会转型的深化发展，使利益结构和利益冲突主体日益多元化，不仅涵盖了下岗职工、利益受损市民、征地农民、外迁移民、环境污染受害者和复转军人、应得利益难以保障的被拆迁户或者劳务纠纷、医患纠纷、事故纠纷、执法纠纷、民间治安纠纷当事人等各个行业、不同身份人群，而且还有一些利益受阻或受损的个别失落的知识分子、党政干部。这些人员，无论是实质意义上的弱势群体还是形式意义上自称的弱势群体，都易成为群体性事件的参与者，进而也就决定了群体性事件的后续行为——聚众犯罪人的多元性和复杂性，决定了聚众后的群体是一个由不同职业、不同社会地位、不同族群、不同智力水平的人员形成的临时组合。

首先，从参与者的职业来看，处于体制内的程度越深，就越不宜采取群体性事件乃至聚众犯罪行为来表达诉求。公务员、军人、事业单位人员和知识分子等具有稳定职业，属于体制内的人群，因此他们一般不会通过聚众形式表达诉求，这是因为他们可以利用体制内的资源通过其他途径表达意愿。相反，外来农民工、下岗失业工人、个体经营者等人群既缺乏体制内的资源来获取利益，又具有更多的自由空间和自由时间，因此他们更容易采取群体性事件乃至聚众犯罪的形式来表达诉求。值得关注的是，近年来，我国各地逐步形成了以业缘为基础的一些特殊人群，比如从事运输、街头摆卖的残疾人士、出租车司机、外来务工人员等，由于他们具有相似的社会身份或社会经历，很容易作为一类利益共同、结构稳定的社会群体而存在。一旦相关政策影响到他们的利益，他们更容易采取群体性事件甚至扰乱公共秩序的形式来施压，而且其对抗形式往往迅速、激烈而有效。

其次，从行为者的社会地位和经济状况来看，他们一般是处于社会最底层的弱势群体，以及失落的知识分子等一些并非弱势群体但相对剥夺感最强的人群。多拉德等人在《挫折与攻击》一书中认为，当个体的能量受到阻碍或挫折时，会引起攻击或敌意。[①] 从这种意义上讲，处于社会底层的民众一般会面临更多的困境和社会挫折，当他们受到的困境和挫折越严重就越容

---

① John Dollard, L. Woob, N. E. Mowrer, O. Sears. Frustration and Aggression. New Haven: Yale University Press, 1939.

易产生攻击行为。这是当前比较常见多见的聚众犯罪的行为主体。有学者曾对参与群体性事件的 248 位人员进行统计分析，结果表明：个人月收入 800 元及以下的有 172 人，占 69.4%；801～1500 元有 47 人，占 18.8%；1501～3000 元有 17 人，占 7%；3000 元以上的只有 12 人，占 4.8%。个人月收入在 801～1500 元、1501～2200 元、2201～3000 元、3000 元以上者的参与发生比分别是个人月收入在 800 元及以下者的 0.85 倍、0.822 倍、0.652 倍、0.612 倍。① 这说明"贫穷能够激起公众对现存法律和规则的藐视"②，处于弱势地位的人群更容易产生挫折感而在内心深处产生对法律等规则的藐视。值得关注的是，近年来大学生、企业人员、商人、失落的知识分子等一些并非弱势群体的人员也开始参与群体性事件和聚众犯罪，因为他们的相对剥夺感较为强烈。实践表明，在主体的动员能力方面，社会底层群体缺乏行动动力和主动性，而大多数社会运动通常都是由相对剥夺感较强烈的中产阶级（比如失落的知识分子）动员、组织和发起。总体来看，虽然我国目前的知识分子阶层并没有成为群体性事件的代言者，但现实中为群体性事件呐喊的学者或者说意见领袖也不乏其人，特别是失落的知识分子、不满情绪浓厚的企业人员等来自基层的精英往往出现在各类群体性事件中，甚至成为活动的"挑头者"。例如，在广州"增城"事件中，当村里的砖头、石头被扔完后，一些在广州、深圳、东莞的四川籍老板遂组织将一车车石子从外地运往增城，并通过手机短信、互联网等串联在东莞、深圳、广州等地的四川籍外来农民工前往增城声援。

再次，从行为主体的民族、宗教和族群特征来看，不同民族、宗教的人往往在价值观、利益分配等历史或现实问题上具有极大的冲突。由于这种冲突大都与民族的集体情绪和群体思维相关，③ 因此很容易激活群体某种具有

---

① 王大伟：《群体性事件影响因素的实证研究》，载《南京人口管理干部学院学报》2010 年第 3 期。

② ［印］阿玛蒂亚·森：《身份与暴力——命运的幻想》，李风华等译，中国人民大学出版社 2009 年版，第 123 页。

③ 群体思维理论认为，当群体与群体出现对立时，各自群体内部容易形成一致性，这种一致性首先反映在群体成员的思想意识方面，在这种氛围中，"群体思维"就会发挥作用，人们优先把多数人的意见当成最重要的动机。在冲突最激烈的时候，个人的判断性思维会被群体思维取代；群体思维会降低对现实加以理解的闭值，扭曲参与者们的道德感受，也扭曲他们的行为。研究"群体思维"的专家们往往都同意，这种思维导致针对不属于本群体的异类、异族、对手采取非理性和无人性的行为。

神圣价值的因素，使问题解决起来往往更难、更复杂。而一旦聚众犯罪之中掺杂着宗教问题、民族矛盾，人们对于群体内的煽动不仅缺乏警觉，而且对于自己的行为也往往缺乏控制，因此极易产生针对不属于本民族的打、砸、抢、烧等行为乃至社会骚乱，其所释放出的巨大破坏力会严重影响政治稳定，导致国家政局动荡，甚至引发动乱和战争。

最后，从利益关系来看，过去聚众犯罪的参与者多是受害人或利益相关者，但是近年来大量非利益相关者也参与其中。这些参与者本身与事件没有直接的利益关系，其主要目的是发泄情绪，表达不满。这些事件的背后往往是长期积累的不满和怨愤，一有事端往往"一触即燃"，引发其不满情绪的集中宣泄，使危机迅速转化、升级。在贵州"瓮安"事件、浙江"湖州"事件、潮州"潮安"事件以及广州"增城"事件等社会泄愤型群体性事件中，参与者多为这类人员。

（三）聚众犯罪人的文化特征

一定的文化模式，文化背景决定了人的行为模式及其特点。犯罪人之所以选择犯罪行为，体现的正是他在一定文化模式支配下所具有的价值观念。美国犯罪学家莫顿的"社会失常理论"认为，下层与上层人员由于各自的教育程度不同，从而导致积累财富的机会也不均等。当下层阶级面临以现有的方法难以达到既定的目标并感觉到被社会边缘化时，他们便开始使用非法的手段取得成功，于是社会混乱就出现了。[①] 这种现象在聚众犯罪中表现得尤为突出。从已有的聚众犯罪案例来看，教育程度和文化素质较低的人相对更容易采取群体性事件和使用暴力来表达诉求、解决问题。

有学者对SS事件的调查结果表明：在24名"打、砸、抢、烧"积极参与者中，文盲2人，占8%；小学文化程度者6人，占25%；初中文化程度者14人，占58%；最高文化程度为高中，有2人，占8%。[②] 我们在对广州"增城"事件的调查发现，参与者大多也为文化程度较低的外来务工人员。具体来看，这些外来务工人员基本上是内陆、边远省份流离的农业人口，受教育程度不高，文化素质比较偏低，一方面由于他们专业知识欠缺、

[①] 闵征：《社会冲突的现状与发展趋势——以犯罪学为视角》，载《山东警察学院学报》2011年第3期。

[②] 张荆红：《社会边缘人：价值主导型群体性事件的积极参与者——基于SS事件的分析》，载《学习与探索》2011年第2期。

谋生技能不强而难于在社会上获得较高的地位和财富;另一方面由于他们内控性相对较差,独立思考和个人决策的自主性和自觉性也不强,不善于通过理智思考和合法的途径解决问题,而容易被教唆产生从众性的越轨行为。

三、群体性事件中聚众犯罪的行为特征

任何一类犯罪均有着不同于其他类型犯罪的行为特征。群体性事件中聚众犯罪是不特定多数人聚集后实施的犯罪,与纯粹的个体犯罪相比,尤其是与传统的聚众犯罪行为相比,又常常表现出以下特有的行为状态和行为特征。

(一) 行为目的的逐利性

群体性事件的背后离不开对利益的追求。绝大多数群体性事件都因利益冲突或矛盾而起,背后总是连着利益。① 追求利益最大化仍然是当前我国群体性事件最重要的目的。如何借助群体性事进行利益博弈,以最大限度地获取利益,也许是隐藏在群体性事件背后的一个真实的认知逻辑。佛山市总工会的调查数据显示,企图通过群体性事件维权的外来工高达45.43%,认为"事情闹大了就会解决"的人占16.34%,认为"如果不用一些非正常手段,维权简直是天方夜谭"。② 孙立平教授认为,"中国进入利益博弈时代"。③ 于建嵘教授也认为,"就我国30多年的社会冲突而言,以1989年为界,我国的群体性事件经历了由知识精英主导的进取性争权活动到以工农为主体的反应性维权抗争活动的转变。知识精英的争权活动的显著特点,是在民主和法治的旗帜下重构社会价值和政治体制;工农抗争活动以具体的经济利益和其他合法权益为诉求目标"。④ 可见,在这种宏观的社会大转型、大变迁背景下,当前我国各类层出不穷的群体性事件归纳起来,绝大多数都是经济利

---

① 崔亚东:《群体性事件应急管理与社会治理——瓮安之乱到瓮安之治》,中共中央党校出版社2013年版,第2页。
② 《调查显示佛山逾45%外来工想通过群体性事件维权》,载《南方日报》2011年9月7日。
③ 孙立平:《博弈——断裂社会的利益冲突与和谐》,社会科学文献出版社2006年版,第10页。
④ 于建嵘:《转型中国的社会冲突——对当代工农维权抗争活动的观察》,载《理论参考》2006年第5期。

益纷争，都是公众的利益诉求得不到满足后的利益博弈形式。①

与群体性事件的利益诉求目标相伴随，作为群体性事件演变升级而来的聚众犯罪，与传统的聚众犯罪行为不同，其绝大部分起因也都源于利益问题，往往都是既有规则排除了群体利益诉求在体制内实现的可能性，或者既有规则承担不起或者不愿承担体制内诉求的巨额成本，导致群体采取各种越轨行为来表达并争取其利益。其特征表现出明显的逐利性质，并外化体现为群体在对利益的不同主张以及追求利益的过程中所实施的各种危害行为。

（二）行为发生的突然性

根据"茁生理论"的观点，群体中的个体行为是在参加集体的过程中应急产生的。② 这一理论解释了聚众犯罪这一群体行为的难以预见性、突变性和难控性。聚众犯罪大都属于由特定氛围引起的突变型犯罪，是某种特定的情境与环境使在场者情绪过度激动而引起的群体性骚动或群体犯罪，因此，具有很大偶然性、随机性和情境性。从群体性事件中聚众犯罪发生过程来看，聚集的人群一旦形成对抗，往往便迅速升级演变为聚众犯罪行为。从聚众犯罪发生的机理来看，其导火索往往多是普通的民事、行政和刑事案件，乃至一些细小的社会生活事件。对这些看似不起眼的"小事"，一旦处置不及时就会迅速升级演变为大规模的激烈冲突。2008 年的贵州"瓮安"事件、2009 年的湖北"石首"事件等，其最初的诱因无不都是一起平常、普通的案件，但由于前期处理不及时、不合理，以致引发了严重的群体性事件和聚众犯罪行为。在广州"增城"事件中，事件的起因只是孕妇王某在新塘镇大墩村农家福超市门口占道经营、阻塞通道，该村治保会工作人员在劝离过程中与之发生肢体接触，导致王某跌倒在地。这本是一件简单纠纷案，但在各种因素的综合作用下，导致事件迅速升级演变为一起持续三晚的严重打、砸、抢、烧的聚众犯罪。

---

① 有学者认为，我国正处在转型期，由利益格局重新调整而产生的经济利益矛盾是群体性事件的主要诱因，经济性事件占 70%~80%。参见范明：《中外"群体性事件"问题比较研究》，载《中国人民公安大学学报》2003 年第 1 期。

② "茁生理论"认为，参加群体行为的不同个体行为既不受其他人的全面控制，也不完全是他本身所固定的行为模式，而是在参加集体的过程中应急产生的。

（三）行为方式的公然性

何谓"公然"？公然即是公开的，毫无顾忌的意思。① 大多数犯罪人为逃避打击，行为方式多具有隐蔽、秘密的共同特点。而聚众犯罪则不然，其行为大多不是在秘密的情形下进行，而是在特定的公开的地点公然地、毫无顾忌地实施并为公众所知晓。具体而言，在聚众扰乱社会秩序罪、聚众扰乱公共场所秩序、交通秩序罪、聚众冲击国家机关罪等聚众犯罪中，行为人聚众扰乱或冲击的地方，要么是工厂、企事业单位，要么是国家机关，要么是道路或者商场等公共场所，这些地方都是人们日常工作、生活场所，如果行为人在此聚集闹事，不仅社会民众可以共见共闻，而且围观的人还将随时加入闹事行列。聚众犯罪的这种公然性特征，既是聚众犯罪与其他犯罪相区别的最主要的特征，也是聚众犯罪之所以容易引发社会恐慌、社会失序的原因所在。

群体性事件中聚众犯罪的公然性特征尤为突出。这是因为当前我国不少群体性事件事实上或多或少地存在一定的合理性因素，群体性事件参与人也往往因此集体地将他们所遭遇的不公正待遇定义为集体行动的前提。虽然他们明知自己的行为是不当的、违法的甚至是犯罪的，但他们往往认为自己的动机和目的是维权，因此实施群体性事件这一违法行为甚至聚众犯罪行为也是合理而必要的。在这种认识和心态下，为了引起当地党委、政府和相关方面的关注和重视，群体性事件一旦发生，便自始至终以公开方式进行，并多以演讲、喊口号、发传单、拉横幅、贴标语等公然行为来表达诉求，多以单位、广场以及一些重要的交通干线或交通路口作为聚集地点，因为这些公共场所往往是最容易引起社会公众的注意和支持，也最容易吸引社会舆论的关注，最容易吸引不特定围观者的积极参与，从而使聚众规模和事件声势不断扩大，使党委、政府和相关方解决问题的压力和紧迫性不断增加。

由此可见，聚众者公然行为的核心就是毫无顾忌、明目张胆地实施犯罪行为，而与行为公然性特点相伴随的必然是行为人行为的肆无忌惮，甚至行事偏激、丧失自制力而无理性，这时处置者如若反应迟钝或者处置不当，便会激发事件参与人员激情的膨胀和行为的激进，致使非理性的破坏行为得以蔓延、扩散，轻则出现恶语伤人的粗鲁行为和带有一定暴力倾向的激情行

---

① 中国社会科学院语言研究所词典编辑室编：《现代汉语词典》，商务印书馆 1983 年版，第 385 页。

为，重者明目张胆地进行打、砸、抢、烧等极具破坏性的暴力行为，使这种以"聚众"为必要前提的危害行为具有明显的群体暴力倾向。而正是聚众犯罪的这种群体暴力倾向加上行为的公然性与主体聚集的规模性，才使得聚众犯罪隐含了与其他犯罪不同的社会骚乱的可能，甚至存在引发社会动乱危及政权安全的潜在政治风险。

(四) 行为演变的组织性

20世纪90年代以前，我国群体性事件鲜有发生，即使发生个别群体性事件，也多是一些偶发的松散性寻求解决问题的集群性反映事件。李宇先法官因此在他的专著《聚众犯罪研究》一书中指出，无组织性是聚众犯罪显著的特征之一，有组织性只是例外。[①] 这种判断在传统的聚众犯罪中是准确的。但是，随着民众诉求日趋复杂化、多样化，当下我国的群体性事件却不断朝着预谋性、组织性的方向发展，组织化程度不断提升。所以，目前我们已不能简单地将所有群体性事件都视为是自发、松散的行动。

我国当前大多数冲突多为利益诉求型群体性事件和社会泄愤型群体性事件。在事发开始和初期，如果事件得到相关部门的足够重视进而得到及时合理的稳妥处置，或者引发事件本身的根源矛盾问题得到及时解决而自行消退，群体性事件一般也就难以表现出行为演变的预谋性和组织性。但是，无论是由于社会管理层对事件反应迟钝或处置不当，还是事件本身被一些另有所图的第三方加以利用和蛊惑，一旦群体性事件的事态恶化或升级，群体性事件行为本身的演变和后续行为中出现的聚众犯罪行为就会存在一定的预谋性和组织性，这也是群体性事件及其后续行为中的聚众犯罪危害后果严重和事件发展控制难度不断加大的根本原因。从现实表现来看，这种组织性主要表现如下：

一是组建核心团队。近年来，从广州花都"反垃圾焚烧"、江门"反核"、茂名抵制"PX"项目等较大规模的群体性事件来看，事件背后一般都有一个5～10人骨干成员组成的核心团队。他们有目标、有组织、有策划，但表面上尽可能做到"无机构、无领袖、无章程、无名称"。

二是选定具有鼓动性的项目。诸如环保、政府官员滥用职权、劳资纠纷等问题，由于其可能损害到大众的直接利益、危及大众的健康和安全、损害

---

① 李宇先：《聚众犯罪研究》，湖南出版社2004年版，第95～96页。

特定群体的经济利益、引起公众的共鸣和义愤,因此组织者往往选定这些敏感且具有煽动性的项目鼓动人群集体行动。

三是策划组织周密。从广州花都"反垃圾焚烧"、江门"反核"、茂名抵制"PX"项目来看,"不断扩大事件规模、制造影响向有关方面施压"是其主要目的,"不断制造事端、不断扩大事态"是其主要行动方式,行动者既组建QQ群和微信群不间断汇集信息、调动情绪,也选择城市中最适合集体行动的街道和广场拉挂横幅、散发传单,还向周边地区派出动员团队鼓动更大范围民众声援,把参与人员迅速转化成目标一致、分工协作、进退有序的人群队伍。

四是利用外围团队扩大影响、调动情绪。核心成员以互联网同城圈团队为主,迅速组建规模在200~2000人之间的外围团队,一方面,核心成员同时使用几个不同网络身份轮流发言,掌握话语权,引导舆情走向;另一方面,外围团队成员与各自网友群沟通,在天涯、谷歌、百度中发布帖子,形成网上舆论焦点,扩大规模效应向政府继续施压。

在利益诉求型群体性事件中,行为者诉求的目的基本上都是寻求涉众性的矛盾得以解决,其本身或者说刚开始时是与政治、意识形态没有什么直接的联系,因此相较而言其形式也较为"温和"和"讲规则"。但是,如果处置不当,或被激化之后,这类群体性事件便会由原本偶然的自发状态演变为带有一定的预谋性和组织性的有意识对抗状态,有的也可能在一些有目的有企图的无利害关系第三方恶意利用下,演变为有预谋、有组织的聚众犯罪,甚至会升级恶化为危害较深、影响较大的社会骚乱。而对抗行动一旦组织化,则持续时间长,反复性大,冲击程度强,最终引发社会秩序甚至国家秩序的混乱则成为可能。

四、群体性事件中聚众犯罪的演化规律

什么是犯罪规律?犯罪规律是指在一定的时空范围内,犯罪的升降涨落与犯罪变化发展的一般趋势或必然趋势。[①]"犯罪规律是最深层次的犯罪现象,一定程度上决定着犯罪状况和犯罪特点,并通过后者来表征和显现自己。全部犯罪学研究说到底最终就在于认识、掌握犯罪规律,从而设定有的

---

① 莫洪宪主编:《犯罪学概论》,中国检察出版社2003年版,第68页。

放矢的预防犯罪对策。"① 由此可见,要理性、准确地预测和判断聚众犯罪的升降涨落,必须真正认识和掌握聚众犯罪的消长规律、质量互变规律、辐射规律和同步规律,深刻探查在一定的时期和空间范围内,聚众犯罪发展演变的一般趋势或必然趋势。

（一）聚众犯罪的消长规律

群体性事件中聚众犯罪消长规律,是指聚众犯罪的消长变化受到社会上各种积极因素与消极因素之间的相互制约和影响。当社会积极因素占上风时,聚众犯罪率下降;一旦社会消极因素占上风时,聚众犯罪率将上升。当前,我国聚众犯罪快速增长的现实足以表明,聚众犯罪的增长与社会转型期间社会变革引发的社会矛盾同频率同幅度,社会变革引发的社会矛盾越多,聚众犯罪率就越增长,社会矛盾越少,聚众犯罪率就降低。同时,各种社会矛盾的作用和影响不同,一般而言,处于基础意义层次上的政治、经济、文化等社会矛盾对聚众犯罪整体形势起着决定性的作用,而处于具体意义上的诸如外来人口剧增等社会矛盾,对聚众犯罪的个案有着更直接的作用和影响。

（二）聚众犯罪的量变规律

"破窗理论"给我们的启示是,哪怕是微小的破坏,如不及时修补,必将面临更大的破坏,其中体现了从量变到质变的原理。② 我国聚众犯罪的发生机理印证了这一判断,在运动规律上明显体现了质量互变的基本特征。一般情况下,群体性事件是聚众犯罪的源头,是聚众犯罪的先期形态或低级形态,聚众犯罪是群体性事件的高级形态或后期演变。如果我们对群体性事件及时"修补"到位,群体性事件一般也就不会演变升级为聚众犯罪;如果我们对其"修补"不及时、不妥当,那么群体性事件就有可能继续扩散演变为聚众犯罪。当前,社会矛盾的凸显和加剧、基层政府的应对乏力,使得群体性事件并没有得到有效的预防与治理。而未得到及时"修补"群体性事件,往往由小变大,由大变炸,最终演化升级为聚众犯罪。

---

① 许章润主编:《犯罪学》,法律出版社 2011 年版,第 70 页。
② 破窗理论的思想最初是由美国学者比德曼等在研究犯罪被害恐惧感时提出来的。比德曼等认为,行为不检、扰乱公共秩序的行为与重大犯罪一样,都会造成一般大众犯罪被害恐惧。但是其思想在当时并没有引起重视。1982 年,美国学者威尔逊与凯林在其发表的《警察与社区安全:破窗》一文中首先使用"破窗"一词。

违法行为与犯罪、群体性事件与聚众犯罪、聚众犯罪与骚乱之间并非横亘着难以逾越的鸿沟。表面上看，尽管不少群体性事件中聚众犯罪表现出一定的突发性、猝然性，但事实上，群体性事件及其聚众犯罪都不是偶然发生的，都有一个由小到大、从轻微摩擦到激烈冲突过程，这个过程就是由量变到质变的过程。即使是诸如广州"增城"事件等具有偶然性事件的背后，社会紧张关系事实上也都已经积累了很长时间。"增城"事件从当地的治安联防员与四川籍的小贩之争，升级为大规模的四川籍外来工针对当地政府和当地人的打、砸、烧事件，无不深刻地揭示了本地人与当地人之间尖锐的矛盾。治理聚众犯罪，就应从化解矛盾开始，从减少和消除聚众犯罪的前因行为——群体性事件入手，尽可能地阻止群体性事件这一一般违法行为向聚众犯罪这一"最极端"的方向演变。因此，从质量互变原理出发，我们应该在群体性事件演变为聚众犯罪以及社会骚乱、社会动乱威胁社会安全之前作出回应，一旦群体性事件出现"破窗"，就应及时修复，以防止其发生加速质变。

（三）聚众犯罪的辐射规律

犯罪辐射规律是指一种犯罪形式或一个地区的犯罪发生后，会通过各种渠道迅速辐射或扩散，以致他人或其他地区学习、效仿，促使某种犯罪在一定时期内势头猛增。聚众犯罪的辐射规律非常典型，其扩散迅速、涉及面广、连锁反应突出，是当前聚众犯罪现象中危害最大、起作用最快的一项犯罪规律，也是聚众犯罪重化态势突出的重要因素，具体表现如下。

1. 行为主体链锁化倾向突出

一旦一部分人因利益问题聚集表达诉求，相同地区或不同地区的利益相同群体甚至不同利益群体就会迅速响应，一动俱动而形成连锁反应。例如，广东兴宁"8·7"矿难后，广东省政府决定全省煤矿停产整顿，韶关、梅州、清远三地煤矿主互通情况，除在当地聚集人员闹事外，还互相串联进京。

2. 犯罪影响地域性辐射明显

自2008年11月重庆出租车罢运事件后不到一个月，罢运事件就很快以重庆为中心向甘肃、广东、海南等地扩散，先后出现出租车罢运事件19起，掀起了当年此起彼伏的全国出租车罢运浪潮。再如，近年来因垃圾焚烧、工业污染、核电站等环境问题引发的群体性事件上升明显，以广东省为例，仅在2013年前10个月就发生45起，同比上升35.4%。这类事件之所以迅速增多，其缘由就在于其辐射、传导效应明显，2013年江门"7·12"抵制核燃料加工事件刚停歇，广州就紧接着就发生了"7·19"反对垃圾焚烧厂建设的事件，继而茂名、汕尾、湛江、阳江等省内其他地方民众也相继效仿反对相关环境项目，使聚集堵路、围堵政府机关这一聚众犯罪形态迅速扩大、蔓延。

3. 犯罪手段扩散化模仿较强

各种聚众犯罪行为如同一套链环一样紧紧相连、环环相扣，当聚众犯罪的某一方式、手段出现后，会通过各种信息渠道迅速传播、扩散。这种情况在集体上访的案例中表现显著。来自各地的上访者集中在党委、政府、信访局及各个职能部门的大门周边，在与政府互动的过程中相互认识，相互"传经送宝"，共享彼此的上访经验和教训。因此，当一地发生冲击医院的行为后，很快就有冲击国家机关行为的发生；当堵塞公路行为发生后，紧接着就出现了躺卧铁轨的行为。每一个获得成功的行动和经典案例就是其他民众效仿的重要来源，长此以往，人们就会形成一个普遍的信念：既然人家的问题可以通过这种方式得以解决，那我们也可以这样做。

4. 犯罪处置示范效应突出

如前所述，聚众犯罪发生以后传播快、扩散迅速，容易对相同或相似动机的群体产生示范效应。同样，一起聚众犯罪的成功、依法、妥善处置，就会产生良好的正面效应，促成类似问题或事件的顺利解决；反之，就会引发链锁的负面效仿行为。例如，2005年，因汕尾红海湾电厂建设问题引发的"12·6"红海湾打、砸、烧事件，一时间潮州饶平电厂、汕头海门电厂、阳江电厂等项目也纷纷效仿，一度造成广东多个在建电厂的停工。广东省委、省政府首先从解决红海湾事件入手，在依法处置"12·6"打、砸、烧事件后，于2008年妥善解决了红海湾电厂出线走廊施工受阻问题，使电厂成功并网发电。该事件和相关问题的成功解决发挥了积极示范作用，潮州、汕头、阳江等在建电厂受阻问题也相继得到解决。

当前，在信息大聚散、时空一体化的社会条件下，聚众犯罪的蔓延性、传染性、效仿性进一步增强，从单元空间向多元空间跨区域、跨阶层发展，从无组织、临时起意到有策划、有领头人物、有维权人士相助，不仅使事件人数剧增、规模扩大，而且呈现内外呼应、网上网下互动等特点。

（四）聚众犯罪的同步规律

犯罪同步规律是指犯罪情况的发展变化同政治、经济、文化、社会的某一方面的发展以及社会防范的强弱呈同步增长的趋势。① 事实证明，聚众犯罪是否发展和泛滥，既与经济的发展相关，也与政府的态度和社会控制能力的强弱同步消长。从经济发展与聚众犯罪的关系来看，我国经济的迅速发展必然带来人口的大流动、大迁徙，形成外来人员聚集区。在这些地区，来自不同地域的人群之间不可避免地会在价值、习俗等方面存在冲突，引发族群之间的矛盾，造成群体之间关系紧张，从而出现聚众犯罪增多的状况。

从政府态度和社会控制能力的强弱来看，当政府对聚众犯罪持鲜明的否定态度并采取"严打"措施时，聚众犯罪将在一定地区和一定时间内会得到有效控制。相反，如果政府对聚众犯罪持含糊不清的态度时，对聚众犯罪的打击要么不彻底，要么不及时，以致聚众犯罪得不到有力的惩处。美国学者戴维·波普诺认为："当控制机制减弱并看来将要崩溃时，人们就可能对这个社会制度失去信心从而试图通过集体行为来改革或重建它……另外，当社会控制的严厉措施突然放松时，也能产生集体行为，比如暴乱。历史学家注意到，当政府开始对革命运动让步时，这些运动就会变得更加放肆大胆。"② 尤其在当前我国社会转型时期，权力高度集中的传统管理模式逐渐与人们日益提升权利意识和利益诉求相冲突，突出表现为公权力与民众私权利的对抗，虽然一些传统的与现代法治思想相背离的社会控制方式（如劳动教养、收容遣送等）被废除，但同时新的社会法治秩序尚未完全建立，从而形成了社会管理的漏洞，造成了某种程度上国家公共权力的功能性障碍和管治型政府社会控制能力的逐步弱化。这种状态事实上为群体性事件和聚众犯罪的频繁发生提供了机遇。

第三节　群体性事件中聚众犯罪的动态考察

世界上万事万物都是运动的，运动必然带来变化，变化必有一个过程。当前犯罪学者更多的是从静态层面来解读犯罪现象，这不仅忽视了早期的违

---

① 莫洪宪主编：《犯罪学概论》，中国检察出版社2003年版，第72页。
② ［美］戴维·波普诺：《社会学》（下册），刘云德、王戈译，辽宁人民出版社1987年版，第101页。

法犯罪状态,也无助于犯罪防控的针对性和有效性。将犯罪视为一个发展过程,从一般违法行为到犯罪行为,从犯罪形成到犯罪结果的发生,动态性地认识犯罪,才能展现极具动感的犯罪现象。对聚众犯罪现象的研究更应该注重从动态的角度揭示聚众犯罪运动、发展、变化的规律。聚众犯罪大多由群体性事件演变而来,从群体性事件违法行为演变为聚众犯罪,有一个升级、突破的过程。对群体性事件演变升级为聚众犯罪的具体过程进行具体分析,可以厘清群体性事件升级为聚众犯罪的内在机理和演化过程。依据行为性质和对抗强度,可以将这个过程分为三个阶段,即聚众犯罪的准备阶段、发生阶段与激化阶段。其中,聚众犯罪的准备阶段就是群体性事件的发生阶段,这一阶段聚众犯罪的特征不是很明显,只是随着群体性事件的发展为聚众犯罪的发生奠定基础;聚众犯罪的发生阶段主要以实施非暴力型的犯罪行为为主要特征,这一阶段意味着聚众犯罪的正式出现;聚众犯罪的激化阶段主要以实施暴力型犯罪为主要特征,这一阶段是群体性事件中聚众犯罪表现最为强烈的阶段。

一、群体性事件中聚众犯罪的准备阶段

根据第一章对群体性事件生成过程的分析可知,群体性事件的生成一般要经历四个阶段,分别为准备、发生、激化和消解阶段,在每个不同的阶段,群体性事件的外部特征和内在逻辑都是不同的。在群体性事件中单纯考察其中的聚众犯罪演变过程可知,除群体性事件的消解阶段之外,群体性事件的准备、发生和激化阶段都可以归为群体性事件中聚众犯罪的准备阶段。对这一阶段的认识,可以从以下几个方面来把握:

(一)低度信任的产生

1. 参与者的主观认识

(1)对政府的低度信任。民众求助于政府其本身就是对国家权力的认可和信任。总体而言,在群体性事件发生的初期,参与者对政府仍然是持有一种低度信任的态度,他们相信政府具有解决问题的能力和资源,希望通过政府这一正式途径来获得正义,也将希望寄托在政府的相关制度改变或者行为改变上。而之所以聚集表达诉求,在于民众认为政府对问题置之不理或者重视不够,这时如果不采取具有足够威慑性的行为,政府就缺乏足够的意愿或压力来解决他们的问题。这种集体行动只是他们集中表达诉求并给当局施

压的一种手段。应该说,在这一阶段,基于对政府的基本信任,参与者与政府或者其他诉求主体的互动仍然处于相对理性的状态,认知的焦点依然集中在所不满的事项上,因此,也尚未形成完全不相信对方而否定对方的价值评判。

(2) 遭遇不公正待遇的共同认知。道格·麦克亚当认为,"集体行动爆发前,人们必定把他们的境遇集体地定义为不公正的"。[①] 从这个意义上讲,集体地将他们的现实遭遇定义为不公正是集体行为得以发生的前提条件,在群体性事件中,参与者共有的一个认知特征就是他们遭受了不公正的待遇,不管客观现实是否真的不公正,但至少参与者认为是不公正的。比如前几年各地此起彼伏的出租车司机罢运事件,其聚集罢运的内在归因基本相同而明确,即相关部门对黑车整治不力,管理费过高,交警执法过严,导致收入低待遇差。

(3) 维持必要行为边界的意愿。一般而言,大多数民众参与群体性事件不是一种为冲突而冲突的行为,也不是纯粹发泄情绪,而是旨在解决问题。因此,参与者会意识到其行为应当保持在适度的边界内,以避免触犯既有规则而承担不必要的风险。即使参与者有不满、伤痛等负面情绪,但组织者都会竭力将这种情绪控制在一定的范围之内,以维持他们的行为在相对温和的边界内。应当说,现实中暴力并不是被广泛接受的行为,虽然暴力能够直接给对方以伤害,或者引起更多的社会关注,但往往采取暴力的行为者本身也被视为违法之徒。所以,将民众的行为维持在非暴力的边界内,往往是群体性事件组织者着重强调的一个方面。

2. 参与者的行为集合

美国学者蒂利和塔罗认为,"抗争表演"是"一些相对为人们所熟悉的、标准化的方式,经由这些方式,一群政治行动者向另一群政治行动者提出集体性要求"。[②] 正如"抗争表演"所界定的,群体性事件林林总总的行为方式同样形成于历史上人们抗争的传统和文化,并在人们的相互效仿、传播中得以延续。具体到在群体性事件初期,基于对政府低度信任的态度,参

[①] Mc Adm, Doug. The Political Process and the Development of Black Insurgency. Chicago: University of Chicago Press, 1982: 51.

[②] [美] 查尔斯·蒂利、西德尼·塔罗:《抗争政治》,李义中译,译林出版社 2010 年版,第 249 页。

与者的行为方式总体来说还是比较温和而不具有太大破坏性。

（1）以"罢"为表达方式。目前，常见的形式有罢工、罢课、罢市等。各地罢工主要源于劳资纠纷，其主要特征是以提高工资、福利待遇为主要诉求，以集体拒绝工作为主要行为表现，以出租车司机群体和外来打工群体的罢运、罢工为主体。学生的罢课在20世纪90年代以前主要以民主、自由等价值性诉求为核心，近年来，在茂名、鹤山等涉及环保诉求的群体性事件中，学生罢课参与其中并成为其中的重要力量是值得关注的一个新动向。而罢市主要是商户对租金、租期、不公平竞争、行政执法、地方政策等不满而聚集表达集体诉求的情形。以"罢"为表达方式的群体性事件一般都由同质化程度高、具有一定组织基础的群体发起，并且由于其社会角色能够给社会正常秩序带来及时性损害，因此往往吸引外界和舆论的目光，引起政府和相关主体的关注和紧张，并容易使事件走向极端。

（2）以集体散步为表达方式。集体散步首次出现在2007年厦门"PX"项目事件中，之后，2008年上海市民反对磁悬浮事件、2008年成都市民反对彭州石化项目事件、广州番禺市民反对垃圾焚烧厂选址事件等都出现了以集体散步为主要形式的诉求表达方式。集体散步这些活动只是利用"聚众"这一形式来表示不满，因此参与者大多表现出一定的理性和克制，一般也不会与政府和相关主体形成僵持或敌对局面。

3. 参与者的行为逻辑

（1）表达诉求。无论是罢工、罢学、罢商还是集体散步等方式，民众参与群体性事件的基本目的都在于明确地、社会化地、公开地表达诉求。这种表达区别于个体的、体制内的、循序渐进的表达，其表现出新的特性：其一，它是群体性表达，人多势众将使政府和相关主体感到问题的紧迫性与广泛性；其二，它按照自己的逻辑采取行动，将既有的表达规则以及从低到高的政府办事程序置之度外。而这些行动往往具有表演的性质，其表演性远远高于其本身所具有的对抗性。在这个时期，聚众者的本意并不在于"闹事"，不是纯粹发泄情绪，也不是一种为冲突而冲突的行为，而是在认知上认为遭遇不公正的待遇后，希望通过群体性的表达来获得问题的解决。

（2）施加压力。布莱洛克将力量分为竞争性力量和施压性力量，施压性力量可分为政治压力和分裂性压力。而分裂性压力包括各种割裂正常社会交往渠道的行为，是一个从和平的非暴力抗议到暴力革命的连续链。① 群体性事件是一种分裂性的施压力量，其主要目的在于向政府及相关主体显示群体的不满和力量，在于给他们施加解决问题的压力。通过施压，把经济利益诉求目标建构为影响社会和谐与稳定的政治性问题，成为政府无法回避而不得不进入议事日程的重大问题；通过施压，将日常状态下的管理建构为特殊状态下的应急性管理，将要求政府及时回应强制性地设置为政府议程。他们之所以罢工走上街头、散步、集会，只是集中表达诉求并给当局施压的一种手段。因此，在这一时期，聚众者基于对现状的不满，虽然有伤痛、嫉恨、激动等负面的情绪感受，但仍然处于相对理性的状态，能够将这种情绪控制在一定的范围之内，其认知的焦点依然集中在所不满的事项上，其行为也大多遵守现有规则的约束，维持在非暴力的边界内。

（3）凝聚共识。群体性事件的一个很重要功能就是将处于松散的民众聚合在一起并形成具有共同、鲜明诉求的整体，将多元化的诉求整合为群体意志，使群体行为趋向同一性并确保行动得以进行。在2008年重庆出租车司机罢运事件中，"本来重庆市出租车并非全员罢运，但有的出租车开出来后被砸了车，有的出租车乘客被强行从出租车中拉出来，不准出租车运营"。

（二）对立情绪的形成

在群体性事件发生后，如果民众诉求的问题得到满足，那么事件就会终止；但如果民众的诉求并没有得到满足，那么其主观世界就会发生一系列转化，其中最重要的就是民众不再相信政府或相关主体，民众对政府的怨恨和敌对心理增加，行为的表演性减弱并形成对立，酝酿采取更为激烈的破坏性的手段去增加政府或相关方的压力便成为不少民众的选择。

1. 信任的恶化

如前所诉，民众参与群体性事件的基本立足点在于表达诉求，让政府或相关主体了解其基本诉求，其核心在于通过自己力量的展示，提高砝码或者直接促进问题解决。但是，这种群体表达并不能一如民众所设置的行为逻辑发展，施压手段也不是解决问题的"万能药"，这是因为：（1）在一定区域，同样的事项以及类似的群体表达手段出现越多，其有效性就越低，有时还会因其带来民众生活工作的不便而造成社会的反感；（2）群体诉求的解

---

① ［美］密尔顿·M. 戈登：《种族和民族关系理论的探索》，载马戎编：《西方民族社会学的理论与方法》，天津人民出版社1997年版，第115页。

决有赖于政府或相关方的重视和行动。但是，在"体制性迟钝"的政府管理环境下，一般性群体性事件给政府或相关方施加的压力是有限的，引起政府主要领导足够重视的可能性也不大。因此，其诉求往往被政府职能部门拖延，政府与相关方在权宜之下的承诺往往也无法兑现。

当民众的诉求得不到解决或被长期拖延时，他们不再相信政府有解决问题的诚意，继而丧失体制内解决问题的信心，产生以前期行为方式可能无法得到满意答案的失望感，并对前期行为及手段的有效性将得出否定的评价。此时，民众与政府的疏远感和不信任感不断加剧，双方直接或间接的接触点和交往点日益减少甚至消失。在此基础上，民众者对政府的敌对心理增加，行为的表演性减弱并形成对立，采取更为激烈的对抗手段去增加政府或相关方的压力便成为可能。

2. 负面情绪的扩散

从低度信任到不信任，行为人除了对政府或相关方作出完全负面性的评价外，其情绪也在发生恶化、怨恨也在发生扩散。在群体性事件中，对现状的不满总是让人充满伤痛、愤怒、怨恨等负面的情绪感受，这些情绪感受在事件不同阶段有不同表现：在初期当人们对政府或相关方保持低度信任时，大多数人可能表现得较为冷静，其行为也较为温和、理性；当诉求不被满足或被长期拖延时，他们的怨气将增多而表现得非常激动和愤慨。这些愤慨和怨恨通过公开、聚众的方式表达后，会在很短时间内传递给他人，并得到更多人的同情。而在这些负面情绪的刺激下，不少人又激活了旧的怨恨，产生新的愤怒。

（三）对抗程度的加强

民众诉求表达遭遇挫折后，他们的认知、情绪处在恶化状态，民众与政府的对立形成，但即便如此，行为人也不一定将表达手段上升为堵路、围攻政府等破坏性行为，因为毕竟这些行为是一种违法犯罪行为，行为人需要承担因此带来的法律风险。只有在以下情形的激化刺激下，对立才可能发展为对抗，而一旦形成对抗，群体性事件则容易迅速升级为聚众犯罪。

1. 参与主体的扩大

谢茨施耐德的"冲突扩散理论"认为，冲突的扩散程度决定着冲突的结果，在任何冲突中，介入的人数决定冲突的内涵，直接参与者的每一次增加或减少，都会影响冲突的结局，因此，冲突各方的成败取决于他是否成功地使旁观者进入或者退出冲突。① 堵路、围堵政府机关客观上都需要一定数量的参与者。参与主体的增多，可能是同质群体人员的不断增加，也可能是旁观者的加入，还有可能是一些带有自身目的的人加入。作为一种街头表达，群体性事件本身是一项弱组织性且缺乏硬性约束的群体行动。在事件中，群体性事件并不是一如组织者的愿望发展，群体行为失控的风险，既可能来自群体内部，也可能来自旁观者和别有用心者。事实证明，造成大规模人员聚集的冲突事件很少以和平方式收场。一旦造成了群体外成员的大量加入，群体性事件的不可控制性将迅速增加，最后的结局将远远超出组织者的预料。

2. 诉求的扩展

每个群体性事件都有其特定利益诉求，但是，随着事件的发展，原有诉求可能发生变化并按以下两个方向扩散：一是由层次较低的诉求发展为层次较高的诉求，比如，在出租车罢运事件中，由降低管理费诉求提升为打击黑车净化运营环境等层次较高的诉求；二是由具体诉求扩散到相关领域的诉求，比如，由经济利益诉求转变为政治利益诉求，由具体权利诉求转化为意识形态诉求。"乌坎"事件就是由具体的征地补偿诉求发展到反对村委会腐败的诉求。

3. 突发性事件的出现

突发事件是群体性事件升级演变的重要因素。因为这些事件对于人们情绪的激发和对抗意志的凝聚都有很直接的促进作用，使人们很容易将自身的遭遇与情绪也融入到这种具体的事件场景中去。例如，贵州"瓮安"事件是由于女学生李树芬溺水身亡，其家人对公安机关的"自杀"鉴定结果不服；广州"增城"事件是因为治安员与孕妇发生肢体冲撞；潮州"潮安"事件是因为工人被老板打伤所致。在这些群体性事件中，由于诱因中包含了"打""伤""死"等这些富含暴力的字眼，在群体心理中埋下了暴力的种子，一旦人群聚集，就倾向于采取暴力行为以发泄心中压抑的情绪。

二、群体性事件中聚众犯罪的发生阶段

前述内容主要对群体性事件中聚众犯罪的准备阶段进行了分析，以下我

---

① ［美］E.E.谢茨施耐德：《半主权的人民》，任军锋译，天津人民出版社2000版，第78页。

们将主要对群体性事件中聚众犯罪的发生阶段进行分析，这一阶段主要以非暴力型的聚众犯罪行为为主要特征，这一阶段也是暴力型聚众犯罪行为产生的前置阶段。

(一) 非暴力型聚众犯罪的基本界定

非暴力型聚众犯罪作为群体性事件升级的产物，除对抗程度远远大于群体性事件之外，在行为的性质以及群体的封闭性、即时对抗性等方面都得到了极大的升级。

首先，从目的来看，群体性事件的基本功能在于明确地、社会化地、公开地表达诉求，其核心目的在于施加压力，即向政府和相关对象显示其所属群体的力量和不满，从而施加解决问题的现实压力和舆论压力。因此，群体性事件不是以堵路、扰乱社会秩序为直接目的的聚众犯罪。聚众犯罪行为只是群体性事件的派生后果或者说附随性行为。就非暴力型聚众犯罪来看，其行为只是满足其诉求的工具，只是通过扰乱公共秩序或交通秩序使其无法正常运行，而无意于对社会秩序造成根本性的破坏。

其次，从行为性质来看，我国的群体性事件概念是一个集一般违法行为、犯罪、社会骚乱、社会动乱为一体的概括性概念，在实践中容易混淆聚众犯罪与行政违法的基本界限。严重的社会危害性是聚众犯罪的本质，而应受刑事制裁是聚众犯罪的法律后果。在该定义中"严重"一词属于行为程度的限定，以区别于一般违法行为；该处的"应受刑事制裁"一词将聚众犯罪与群体性事件行政违法行为从性质上加以区分，以避免群体性事件这一概念的大而不当。

一般来说，在群体性事件中，即使政府和相关方未作出回应也不会立刻产生严重的负面后果。但非暴力型聚众犯罪却不同，由于其行为对象是具体的，其行为是即时性的，假如政府不对聚众者的行为马上作出回应，相关公共事务的运转就会被迫中止或者无法正常进行。

最后，从现实情况看，当前各级政府对群体性事件的参与者一般都保持了克制的态度，他们并不会因群体上访、集体散步、群体围堵大门等轻微违法行为面临法律制裁或被政府镇压的风险。但非暴力型聚众犯罪由于其本身的犯罪性质和行为后果的严重性，因此无论聚众者表达的事项多么有理，这种犯罪的形式都是政府和法律所不允许而必须压制的。同时，对公共事务或交通秩序的扰乱和影响，客观上也给社会民众的生产生活带来了不便，从而可能招致其他社会民众的不满。所以，尽管现场可能有大规模人群围观，但非暴力型聚众犯罪行为可能带来的法律制裁的风险，以及容易引起社会不满的弱道德性，使一般民众不会轻易参与进来，真正实施这些行为的人员主要是核心诉求者等少数人，参与的群体具有相对封闭性和明显的边界。

（二）非暴力型聚众犯罪的行为逻辑

作为群体性事件的附随性行为，非暴力型聚众犯罪从实质来说依然是一种利益诉求的手段，其内在逻辑主要表现如下：

第一，体制内诉求表达以及群体性事件前期的行为效果差，要想解决问题必须要寻找另外的途径，那就是把事情闹大，以破坏性的违法犯罪手段来迫逼政府即时回应的方式就成为很多民众的选择。这时，对立发展为对抗，所有缓冲力和中间力均已断绝，不再有回旋的余地。而一旦形成对抗，群体性事件则迅速升级为聚众犯罪，并往往以堵路、围堵政府部门等暴力的行为方式延续下去。这时也意味着，聚众者的行为已经从信任、依赖政府解决问题转化为自力救济的对立、对抗行为，从体制内的规范行为转变为体制外的违法犯罪行为。

第二，引起高层政府的关注。在我国民众心目中，政府的层级越高其可信度就越高，解决问题的可能性和公正性也越强。那如何引起高层政府的重视和关注呢？对公共事务或公共秩序的破坏就是一个最常见的选择。因为这种极端表达方式相对于群体性事件阶段的那些行为方式，其情绪更高涨、对抗性更严重、对社会秩序的冲击更显著，因此也更容易吸引社会民众的注意，更容易将社会舆论的焦点聚焦在他们所构筑的问题上，从而引起高层政府的重视和关注。此时高层政府或其领导往往会给基层政府施加压力，甚至直接介入问题的解决。

第三，得到问题的即时解决。对公共事务或公共秩序的破坏是一种能够即时造成具有鲜明对抗性"僵局"，并使政府不得不马上进行回应的极端表达行为。因为一方面政府如反应迟缓，民众生活生产将受到更大影响的；另一方面聚众者会吸引更多的眼球，从而给政府解决相关事项造成更大的压力。这种带有强制性的表达方式很简单，但却很有效果，逼得政府必须快速正视并解决问题，而事实上也确实让聚众者看到了政府某种实打实的回应，起到了快速解决问题的功效。

（三）非暴力型聚众犯罪的暴力演化

从非暴力型聚众犯罪演变为暴力型聚众犯罪是对抗行为的又一次升级，

暴力的生成既是冲突升级的高级阶段，也是冲突升级的直接表现，既是聚众者与政府之间的互动失败，以致社会冲突的能量未得到有效疏解的结果，也是在一些特殊情境中聚众者情绪和行为失控的冲动产物。

从群体性事件到非暴力聚众犯罪，聚众者依然是理性占据着主导地位。但从非暴力型聚众犯罪到暴力型聚众犯罪升级过程中，聚众者在心理受挫的情况下，其理性逐渐淡化，而其情绪状态和当时所处的情境对事态的发展起着最关键的作用。在非暴力聚众犯罪阶段，聚众者不仅集体性地将自己的遭遇界定为不公正，而且更为主要的是他们偏执地认为挫折不是客观原因导致的，而是政府没有解决问题的诚意才致使其境况的恶化，而处于痛苦中的人们更容易用暴力解决问题或发泄情绪。暴力总是在冲突发展到高级阶段的产物，是在其他手段或方式无法化解纠纷时的产物。雷斯（Karen P. Leith）和鲍梅斯特（Baumeister）的研究表明，在正常状态下，人们会选择低风险的行动。但当人们经历痛苦情绪时，就显示出强烈的选择高风险、高收益的倾向。由于攻击性行动经常是高风险的，这意味着愤怒或被激怒的人们可能会任由暴力冲动发生作用，而不是停下来考虑这种高风险行动的潜在弊端。①

因此，当聚众者对政府的这些情绪达到无法控制而且在一些特殊情境下，聚众者以暴力形式来发泄愤怒便成为可能。这些特殊的情境包括以下几个方面：

1. 大规模人群的聚集

相对于个体，群体更具有暴力倾向。马丁和麦克菲尔利用事件分析方法，通过对美国抗议活动案例进行实证检验发现，事件的规模对事件的暴力化具有重要影响。卢因的群体动力论认为，一个群体就是一个场，必须将群体视为一个整体，而不是成员的简单相加。在群体与个体的关系中起决定作用的是群体而不是个体。群体状态下愤怒的人们大都有"立等可取"的心态，并经常会持有极端化的立场，"群体只知道简单而极端的感情；提供给他们的各种意见、想法和信念，他们或者全盘接受，或者一概拒绝，将其视

---

① Karen P. Leith, Roy F. Baumeister. Why Do Bad Moods Increase Self-defeating Behavior? Emotion, Risk Taking, and Self-regulation, Journal of personality and Social Psychology, 1996 (71): 1250-1267.

为绝对真理或绝对谬误。"① "群体感情的狂暴，尤其是在异质性群体中间，又会因责任感的彻底消失而强化。"② 事实证明，当大规模人群聚集后，冲突就很难以和平形式收场。暴力型聚众犯罪的发生大多是在大规模人群聚集状态下，人们情绪失控所导致。

2. 激起众怒的突发事件

在大规模人群聚集状态下，有限的警力使政府已经无法如平常一样去约束聚集人员的行为，而这时如果个别人在对抗中受到伤害，或者一些促进暴力的口号这些小小的火星也能燃起熊熊大火，都可能使个别参与者率先使用暴力去攻击他人，而其他人的纷纷效仿又使整体局势迅速陷入暴力的混乱状态之中。

三、群体性事件中聚众犯罪的激化阶段

美国学者蒂利在《集体暴力的政治》一书中谈道："虽然集体暴力在我们的世界里令人沮丧的频率发生着，但是，它的形式、轨迹和强度在不同的政治制度中表现显然不同。"③ 对正在高速发展的我国而言，在保持政治社会整体稳定的同时，公共秩序的脆弱性也不断地以各种群体性事件表现出来，当群体性事件无法化解或控制时，聚众者以暴力来表达集体怨恨便成为可能。

（一）暴力型聚众犯罪的主要形式

1. 故意伤害

在暴力型聚众犯罪中最常见的暴力行为就是"打"，就是冲突双方发生肢体冲突以致人员伤亡。从暴力行为主体来看，既可以发生在群体之间，比如聚众械斗、聚众斗殴，也可以发生在群体与政府之间，比如暴力抗法、群体泄愤事件等；而后者在当前更常见，也更复杂、更难控制。从暴力行为手段来看，既有直接的肢体对抗，也有借助器械实施的暴力行为。借助的器械可能是临时性的就地取材，比如现场的砖头、石块，也可能是提前准备好的工具，比如镰刀、锄头、木棒等。

---

① 胡光荣：《传播学总论》，中国传媒大学出版社1997年版，第50页。
② ［法］古斯塔夫·勒庞：《乌合之众》，冯克利译，中央编译出版社2004年版，第9～11页。
③ ［美］查尔斯·蒂利：《集体暴力的政治》，谢岳译，上海人民出版社2006年版，前言。

2. 毁坏财物

这是暴力行为的另外一个主要方面。从已发案例来看，聚众者常常针对以下财物采取"砸"的方式进行破坏。一是具有某种象征意义的物品。莱昂纳德·伯科维的实验表明，线索的暗示作用不仅能使愤怒迅速转向攻击，而且会加剧攻击的严重程度。① 政府大楼、执法车辆往往代表着权威和秩序，是具有公权力象征意义的物品。当冲突现场存在这些具有符号象征性的物品时，暴力行为者往往首先选择这些物品进行破坏，他们要么直接掀翻警车，要么向警车或政府大院投掷石块、砖头。二是可能阻碍暴力行为实施的公共设施，比如公路边的栏杆、广场上的照明设施、公共监控设备等。

3. 抢夺抢劫

聚众犯罪行为中的"抢"，既针对与冲突本身相关的物品，比如抢夺引起冲突的标的物、抢夺警察携带的警械等，也针对与冲突本身没有直接关系的物品，比如趁乱哄抢超市、路边商铺等。

4. 纵火焚烧

美国学者卡内提认为，人们最常用的破坏手段就是火。② 相对于其他暴力行为，纵火行为因为实施方便、简单且对冲突相对方的毁灭性强、破坏性大，因此在暴力型聚众犯罪中极为普遍。聚众者纵火焚烧的对象主要是汽车，尤其是那些具有某种代表意义的公务车或者引起事端的当事人的汽车。此外，政府或相关方的办公大楼也是纵火行为主要发泄的对象。

（二）暴力型聚众犯罪的主要实质

1. 非政治性

从世界范围来看，最常见的群体暴力是为了实现特定的政治目标，围绕着公共权力的争夺展开的。但我国当下并非如此。暴力型聚众犯罪有时尽管群体规模大、参与人数众多、打砸抢烧等暴力行为突出，但行为的目的不是要挑战既有政治体制和政治秩序，也无意推翻现有政权，而仅仅是表达集体怨恨或者说是对不公正现象表达极度不满的一种极端形式，其内在驱动力或者说核心诉求要么是具体经济利益，要么是长期积累的不满和怨恨。即使是

---

① L. Berkowitz. Weapons as Aggression – eliciting Stimuli Journal of Personality and Social Psychology, 1967, (7): 202 – 207.

② [德] 埃利亚斯·卡内提:《民众与权力》，冯文光等译，中央编译出版社 2003 年版，第 4~6 页。

广州"乌坎"事件中，乌坎村民从一开始就敏锐地意识到事件政治走向的危险性，从而喊出了"拥护中央""中国共产党万岁"的口号，实现了"乌坎"事件的"去政治化"，使整个事件朝非政治化的方向发展。但是，应该看到，随着我国政治社会的快速发展以及民众权利意识和集体行动组织性的不断增强，涉及某种"价值符号"的聚众犯罪事件将逐步浮出水面。

2. 高情境性

在已发生的群体性事件中，直接准备以暴力方式来解决问题的例子只占极少数，绝大部分群体性事件都是在一些偶然情境中激发暴力而导致局面失控。像"增城"事件、"沙溪"事件等引起暴力型聚众犯罪的恶性群体性事件，都是当时聚众者在一些具体情境下行为失控的结果。这些高情境既突出表现为聚集人群的不断增多和扩大，突发事件的发生，也表现为个别人的暴力行为示范以及少数人在规模群体状态下的行为放纵和失控。一旦这些特殊情境消失，暴力行为人也许很快就回归常规、正常状态，而此时他们也不清楚为什么当时会那么极端和不计后果。

3. 高情绪性

群体性事件之所以会被放大为暴力型聚众犯罪，根源在于群体之间长时间的情绪积聚及释放期待。在暴力型聚众犯罪中，聚众者一般都处于非常愤怒的状态，体现出较高的情绪性。愤怒是指个体对造成某种事件的动因或条件而采取的一种具有攻击倾向的情绪反应。[①] 它能引起人们的兴奋感，从而使当事人倾向于用直接的行为去解决冲突。虽然说攻击行为不一定都是由愤怒产生的，但愤怒状态下的人们更容易采取攻击行为来发泄这种情绪是肯定的。从已有案例来看，群体愤怒几乎是产生暴力型聚众犯罪的一个最重要的因素。即使事件本身与自己无直接利益关系，但借此发泄积郁已久的愤怒也是其暴力行为的重要驱动力。在这个时候，这种暴力行为更像一种带有狂欢性质的攻击行为，而聚众者的愤怒、不满情绪在这种狂欢行为中得以宣泄。

（三）暴力型聚众犯罪的升级扩散

对一个国家及其政府而言，某种行为的边界是至为重要而不可触碰和逾越的。当群体性事件升级到聚众犯罪阶段，政府机关对暴力群体进行主动性的驱散、逮捕、打击，其目的就是要对暴力行为者进行直接惩罚，恢复或维

[①] 李维：《社会心理学新发展》，上海教育出版社2006年版，第563页。

持社会秩序。

但是,"以暴制暴"实际上是一种无奈的选择、一种文明的困境。因为用暴力来平息事端是最具有伤害性和强制性的举措,它不仅会加强民众与政府的对立情绪,而且会为撕裂社会留下无法缝补的伤痕。而现实中对如何把握各种强制性措施的使用又是非常复杂,如果各种强制性措施过度使用,将激化矛盾导致冲突的升级;而过度慎用又将导致暴力分子肆意妄为,以致事态恶化直至局面失控扩散为群体骚乱。

骚乱一般是由失控的暴力型聚众犯罪行为发展演变而成,其行为是聚众者对所感觉到的不满以及重大分歧的反应,其意图就在于表达和发泄这种普遍的不满。一般来说,骚乱是一个没有明确目标的暴力群体行为,是一种包括各种聚众犯罪行为在内的社会骤然失序现象。因此,在一定程度上可以说,群体性事件尤其是群体性事件的附随行为——聚众犯罪的规模、强度和频率是决定社会骚乱、继而社会动乱的最为重要因素。我们之所以如此判断,不仅因为聚众犯罪严重冲击和破坏社会秩序,对现存社会秩序形成挑战,更因为聚众犯罪本身蕴含着的政治风险难以控制而对国家现有核心制度和社会结构造成威胁。具体而言,一则由于聚众犯罪主要针对的是社会秩序、社会公共秩序或者国家机关秩序,相对于其他普通刑事犯罪,聚众犯罪特别是暴力型聚众犯罪对这些涉及公共安全的社会秩序的冲击尤为剧烈;二则聚众犯罪均是以公开对抗的方式在公开的场所公然地、毫无顾忌地实施犯罪行为,这不仅对社会公众的公共安全心理造成极大的冲击,而且具有极强的社会传染性,一旦控制不当不及时,便容易引起大范围的连锁反应,造成人们生产生活的破坏、停滞,造成社会在一定程度上的失序。正因为如此,我们必须在群体性事件演变为聚众犯罪,特别是暴力型聚众犯罪演变为社会骚乱、社会动乱威胁社会安全之前作出回应。

第六章
群体性事件中聚众犯罪的防控分析

预防和控制犯罪是人类社会永恒的话题。无论是对犯罪原因的研究还是对犯罪规律探寻，其目的都是建构系统化的犯罪防控体系，进而为社会秩序的稳定和经济社会的发展提供助力。随着我国推进国家治理体系和治理能力现代化目标的确立，新型犯罪治理理论和模式对群体性事件中聚众犯罪的防控无疑是积极、贴切的。聚众犯罪是当前社会矛盾和社会冲突的集中表现，是群体性事件发展演变过程中产生的高情绪、非理性的犯罪。运用刑罚手段预防聚众犯罪是犯罪治理体系中的重要内容，其目的不仅在于传达刑罚禁令，规范公民行为，提高其行为选择的理性程度，引导人们在行为评价中谴责聚众犯罪，进而自觉抵制聚众犯罪，而且也使意欲实施犯罪的人慑于刑罚之苦而抑制聚众犯罪冲动，使那些怀着侥幸心理的人因为逃避刑罚的可能性小而不敢以身试法。

第一节　群体性事件中聚众犯罪的致罪因素

犯罪原因是犯罪学研究中最为根本却又极为复杂的问题。[①] 从大陆法系刑法史来看，各种罪因理论和学说异彩纷呈，但是，以往罪因理论的研究，多从线性的因果关系出发，注重罪与因、因与因之间"静止"的联系，较少考察罪因运动的过程及其变化。因此，在理论与典型案例对比的基础上，突破线性的、形式逻辑的思维模式，把具有一般意义的犯罪生成模式同现实的聚众犯罪问题相结合起来，总结归纳出聚众犯罪的发生机理，并对聚众犯罪的致罪因素及其作用机制进行深入分析，有利于我们对群体性事件中的聚众犯罪有个更加全面的认识，进而为群体性事件中聚众犯罪的防控提供理论基础。

一、聚众犯罪的发生机理

"既然犯罪是而且永远总是人类行为的一种，而人的行为只有置于人类生存与活动的具体场景才有意义，也才能获得解释，那么，'犯罪原因'一词本身即意味着它是对于人类特定形态的行为的发生机制的陈述，是关于形成这一机制的各种相关因素的搜罗、映象和再现。"[②] 具体到聚众犯罪的发生机理，本书认为必须积极而又审慎地回答：一是聚众犯罪的致罪因素有哪些？二是这些因素在聚众犯罪生成过程中处于什么地位？因素之间是如何发生作用的？三是致罪因素是如何转化为聚众犯罪行为的，即致罪因素转化为聚众犯罪的过程是什么？厘清以上三个方面的问题，也就阐述和提出了我们关于聚众犯罪发生机理的基本立场，并为后续各节讨论提供基础。

（一）致罪因素作用的多样性

人们很早就认识到，"单个的犯罪因素不能造成犯罪结果，唯有多种因素的有机结合才能导致犯罪的发生"。[③] 意大利著名实证派犯罪学家菲利也

[①] 汪明亮：《犯罪生成模式研究》，北京大学出版社2007年版，第15页。
[②] 许章润主编：《犯罪学》，法律出版社2007年版，第163页。
[③] 康树华主编：《犯罪学通论》，北京大学出版社1996年版，第357页。

认为,"犯罪是由人类学因素、自然因素和社会因素相互作用而成的一种社会现象"。① 还有学者提出了社会原因加个体原因并附加作用场的犯罪原因主体模型,其中,作用场指能促使一定的社会因素和个体因素相互作用而产生犯罪的某种背景(时空因素和侵害对象因素)。②

斯梅尔塞在《集体行为的理论》一书中提出了"加值理论",他认为,所有集体行为的产生,都由六个因素共同决定:结构性诱因、结构性怨恨、一般化信念、触发性事件、有效的动员、社会控制能力的下降。③ 这对分析我国当下聚众犯罪致罪因素具有重要的借鉴意义。具体而言,聚众犯罪是各种致罪因素相互作用的结果,其中既有人的因素,又有社会的因素,还有情境因素。从人的角度分析,本书认为,在聚众犯罪中,行为人的主观世界有认知、需要、情绪、仇恨四种元素在相互作用,它们一旦形成偏差则会导致行为人的主观恶化,使行为人成为"具有犯罪倾向的人"。从社会方面看,致罪因素有转型期社会矛盾的增多与加剧、政府治理的体制性问题、规范的缺失与不足、文化的变迁与冲突等。从情境角度看,聚众犯罪无论其规模大小,强度如何,其实质都是对抗性的群体行为,都需以一定的"催化剂"来催化或者一定的"导火索"来引发。而特定的时空、社会控制、侵犯对象因素以及网络与国际等特定的情境因素,都决定了"催化剂""导火索"的功效大小。

(二)致罪因素作用的独特性

首先,在聚众犯罪生成过程中,"社会因素"和"具有犯罪倾向的人"是聚众犯罪行为发生的基本致罪"元素",其中,"社会因素"是"反应物","具有犯罪倾向的人"是"反应"的载体,两者发生作用以致产生聚众犯罪动机。

其次,在特定情境的催化作用下,具有聚众犯罪动机的人实施犯罪行为,从而生成聚众犯罪。实践表明,大多数群体性事件演变为聚众犯罪都是在一些偶然情境中激发了暴力并逐渐升级、扩散,情境因素(包括时空因素、犯罪控制因素、侵害对象因素等)在聚众犯罪罪因系统中的作用就是促成可能的罪因转变为现实的犯罪行为,转变过程就是主客观因素相互作

---

① [意]菲利:《实证派犯罪学》,郭建安译,中国政法大学出版社1987年版,第43页。
② 曹子丹主编:《中国犯罪原因研究综述》,中国政法大学出版社1993年版,第49页。
③ Neil J. Smelser. Theory of Collective Behavior. Routledge and Kegan Pugan Pual Led. , 1962.

用、主体与客体相互交融、客观与主观相结合的过程。

最后,在各个致罪要素之间,聚众犯罪的个人因素必须搭载在社会因素上才会发生作用。因为人的观念、意识不是天生就有的,而是来源于其所生活的社会环境,犯罪人的犯罪倾向、犯罪目的、犯罪手段等,无不体现了当时当地的社会状况。此外,在聚众犯罪行为的发生过程中真正起直接推动作用的是社会因素和情境因素,不过在这两种因素的背后,均或隐或显地存在人的情感(情绪)和基本需要。

(三) 致罪因素作用的过程性

世界万事万物都是运动的,运动必然带来变化,变化必有一个过程。"世界不是一成不变的事物的集合体,而是过程的集合体。"① 同样,犯罪的发生本身就是一个过程,离开了对这个过程的研究,犯罪是如何发生的也就无法得到揭示。"确立犯罪原因是过程的观念,其重要意义在于为论证犯罪控制的可能性提供理论依据,并为设计犯罪控制的方略打开思路——在演化过程和催化过程的任何一点上如果能阻止这种过程。"② 同样,聚众犯罪发生本身就是一个过程,这个过程包含两个方面:一方面,聚众犯罪的致罪因素内化为聚众犯罪动机的过程;另一方面,聚众犯罪动机被催化为聚众犯罪行为的过程。聚众犯罪与致罪因素之间的因果关系,以及致罪因素之间的结构关系都是在这个过程中形成的。

首先,促使聚众犯罪的致罪因素内化为犯罪动机有一个演化过程。一般而言,导致聚众犯罪发生的因素不会是单一的,也不可能是立竿见影式地引起犯罪结果的发生。纯粹具有犯罪倾向的人如果不受到犯罪社会因素的影响,其本身是不可能直接实施犯罪的。只有当社会因素与个人的犯罪倾向取得一致,才可能形成犯罪动机,聚众犯罪才可能发生。

其次,犯罪动机转化为聚众犯罪行为又有一个催化过程。犯罪的社会因素只是促使具有犯罪倾向的人形成犯罪动机的重要条件,具有犯罪倾向的人与犯罪社会因素相结合并不意味着聚众犯罪的产生,因为具有聚众犯罪动机的人不一定实施聚众犯罪,其最终实施聚众犯罪行为还必须受到情境的催化。群体性事件中的聚众犯罪大都属于特定氛围引起的突变性犯罪,是某种特定的情景与环境催化在场者情绪激动而引发的群体犯罪行为。因此,当具

---

① 《马克思恩格斯斯斯选集》(第4卷),人民出版社1972年版,第240页。
② 许章润主编:《犯罪学》,法律出版社2007年版,第169页。

有聚众犯罪倾向的人与聚众犯罪社会因素相结合形成犯罪动机后，此时还必须在特定时空、社会控制弱化、侵害对象行为不当、网络与国际因素等特定情境和环境变量的催化、助燃作用下，才会最终生成聚众犯罪。

最后，聚众犯罪发生过程不是一个匀速运动的过程，在一定条件下，某种因素的加入会产生激发作用，加速犯罪意识向犯罪决意、动机、行为的转化。当民众认为自己遭遇不公时，从一般规律来看，他们会以风险较小的行为去争取利益，当该行为无法奏效时才接着采取其他风险更大的方式。但现实是复杂的，有的聚众者为了用最低的成本获取最大的收益，或者在一些特殊的情绪占主导地位的场景中，聚众者的行为并不是从较低的对抗行为逐渐演化为更高的暴力对抗行为，他们有时直接就从堵路、堵门等非暴力聚众犯罪方式切入，有时则直接以"打、砸、抢"等暴力相向。比如，当聚众者认为有人因冤屈而致死，则会迅速将相关怨恨集中起来形成强大的对抗力量，这类情形突出表现在医患冲突中，一旦有人死亡，人们很少以和平方式抗议，往往一开始就会采取堵路、堵门或者在医院门口设灵堂等非暴力聚众犯罪的形式进行。

综上，聚众犯罪的发生本身就是一个过程，在探究聚众犯罪的发生机理时，我们不仅应该厘清导致群体性事件演变为聚众犯罪的相关因素及其作用方式，而且还要正确认识群体性事件转化为聚众犯罪的运动过程，深入厘清并详细阐明诸多聚众犯罪致罪因素在特定情境和环境的催化作用下导致聚众犯罪发生的过程，为提出聚众犯罪的防控策略打开思路，取得有效治理聚众犯罪的效果。

二、聚众犯罪的社会因素

所谓犯罪的社会因素，是指"能够引起和影响犯罪发生、发展和变化的各种社会现象的总和……它是罪因系统中最基本和最主要的因素……具有原因影响意义上的普遍性、影响作用存在的客观性、各种因素相互联系和相关作用的系统性特点"。① 洞悉和把握犯罪的社会因素，探求社会肌体中存在的弊端，对犯罪学理论研究和犯罪防控实践而言，具有全局性的重大意义。各国历史表明，社会转型对社会成员调适的影响、社会机构变迁对社会

---

① 张远煌主编：《犯罪学》，中国人民大学出版社 2011 年版，第 70 页。

阶层利益关系的冲击，以及社会、政治、法律、文化制度方面存在的不足都会诱发聚众犯罪。

（一）社会矛盾的增多与加剧

犯罪源于社会矛盾，是社会矛盾激化的综合反映，这是犯罪原因的基本规律。大量事实表明，当前我国聚众犯罪大多是由群体性事件演变而来的，而群体性事件源于我国转型期的各种社会矛盾，因此，聚众犯罪的起因、动机、形式等无不打着现实社会矛盾的烙印，是社会矛盾加深的最典型、最突出的表现。

当下，我国改革处于攻坚阶段，社会转型进入关键时期。这一时期，既是我国经济体制、社会结构大变迁、大转型的重要战略机遇期，也是社会矛盾多发、秩序失衡、经济失调、道德失范的社会风险期。世界各国的历史表明，社会转型必然引发社会结构的重大变化。在这种宏观的社会大转型背景下，社会结构的变迁无可避免地造成社会矛盾的大量产生和不断积聚。

这些长期积聚而成的社会矛盾虽然对社会变革起着积极的推动作用，但同时也会导致社会成员对现行制度体系、主流价值观、社会秩序等方面的否定性评价，进而带来包括聚众犯罪在内的各种社会问题。聚众犯罪作为一种社会现象，其发生的根本原因就在于人类社会中矛盾的普遍性和客观性，也就是说，当问题成为矛盾，矛盾形成对立，对立引发冲突，冲突便会导致聚众犯罪最终形成。因此，聚众犯罪的产生就是各种社会矛盾的综合反映，是社会矛盾积累到一定程度时的"井喷式"爆发。

（二）政府治理的困境与紊乱

目前，群体性事件之所以难以防控并引发聚众犯罪，其深层次的原因在于无论是当下政府的治理目标、治理行为，还是治理结构都陷入非常难于把握分寸的尴尬境地，由此出现处置不当而导致事件升级为聚众犯罪的情况。

1. 当下平稳与深层稳定治理目标的两难选择

从应然层面来讲，深层稳定是社会稳定的应有之义。因为只有深层稳定才是真正的社会稳定，才是解决了源头性矛盾的实质稳定。这种稳定需要的是严格的法治，并让法治成为主导社会行为的根本依据，让全体社会成员都在既定的法治框架下行为。然而，在我国当下的语境下，要是按照法律的规定来处置群体性事件，冲突往往将永远无法化解。

我们2013年曾考察过一起S市的交通事故纠纷。事故本身很简单，

2013年9月12日，一部大货车在国道324越线行驶碰撞一辆摩托车和一辆大客车后致摩托车车主死亡，摩托车车主和大客车车主没有事故责任，大货车车主应负全责并承担60万元的赔偿金额。但是大货车是一对外省籍农村夫妇贷款买下运营，一家三口吃住在车上，目前还在还车贷而根本没有赔偿能力。但死者家属认的是"死理"，那就是他们必须获得60万元的赔偿。而另外一个事实是，大货车车主应负事故的全部责任但没有赔偿能力；大客车所在公司有赔偿能力但没有赔偿责任和义务。这时从应然层面来讲，交警部门不管当事人要不要上访，要不要堵路、堵公司大门，都应严格按法律确定的事故责任划分来处理赔偿问题。但是实际上这样做是行不通的，在死者家属对司法的低信任和对维权的"政治化"冲动、政府相关部门的"稳定"压力以及客运公司可能遭受的预期损失的风险下，这种情形下客运公司是耗不起的，政府部门也不得不考量稳定因素，不得不把"当下平稳"作为首选目标。因此类似事件最终的结果往往是交警部门只能"和稀泥"，只能协调客运公司权衡利弊得失，让并无赔偿责任的客运公司以人道补偿的名义出资60万元将事件暂时平息。

这种化解冲突策略的选择表面上来看终止了这起冲突事件，实现了表层平静和当下稳定，但我们看到，这种人为的冲突平息手段不仅缺乏规则的连续性、确定性，在很多时候是以破坏现有规则为前提的，使法治在这些具体事件中显得苍白无力。而一个社会如果法律无法得到遵从和执行，那么这个社会的长期稳定也就无法保障。事实上，这种现象在一定程度上激励了类似事件中当事人"找企业不如找政府、找政府不如堵路"的行为逻辑与潜规则的形成和盛行。当这样的潜规则和行为逻辑在社会中蔓延时，"良民"也会变成"刁民"，群体性事件也会由小变大、由大变炸而演化为聚众犯罪。总而言之，当下平稳与长期稳定治理逻辑的相互矛盾，必然导致政府在面对日益涌现的冲突面前处于左右为难的尴尬境地。

2. 堵与疏治理方式的困境

"堵"与"疏"是应对群体性事件的两种基本的战略选择。所谓"堵"就是首先要压制群体性事件的出现，其次对已经出现的群体性事件要防止其扩大和升级为聚众犯罪。所谓"疏"就是疏导社会中矛盾和冲突，使之通过适当的渠道表达出来，发泄出去。

从应然层面来讲，"疏"应为我们的首选和必选。但问题是面对已经积压深重的矛盾和冲突，我们目前并没有足够的制度及渠道、措施来确保矛盾疏导的有序性和可控性，而一旦措施不当，就将使矛盾和冲突脱离预想轨道变得不可控制，不仅引发聚众犯罪，而且很有可能引起社会骚乱甚至社会动荡。由于承受能力和疏导渠道有限，政府往往会采取压制的方式，也就是说，既然无力"疏"，便只能"堵"，这样做至少可以保证在短期内群体性事件不会对现有秩序造成巨大冲击。然而，从长远来看，这种做法的风险也很大，因为这种"堵"的方法实际上大多都只是捂住矛盾而已，矛盾并没有消解，当矛盾积累到一定程度，并在某个时点突破政府的承受能力时，则会对社会秩序稳定造成极大冲击。

因此，面对各种矛盾和冲突不断增多的现实，政府要采取"疏"的治理策略，不仅要受到政府承受能力和现有规则、渠道的限制，而且在与经济发展、社会稳定等必须确保的目标权衡之间，全方位疏导、化解矛盾显然力不从心。但采取"堵"的办法，这也只能是保证在一定时期、一定程度上控制群体性事件暂时不爆发，或者采取无原则妥协的办法，而这些办法显然与政府治理的长期目标及法治目标是背道而驰的。

（三）社会规范的缺失与不足

按照罗伯特·默顿提出的"失范理论"[①]，犯罪是在缺乏合适的社会规范调整状态下满足需要的结果。同样，如果一个社会群体性事件频发，那么也就表明这个社会政治制度的适应性、自主性和内聚力相对较低，不能将社会需求纳入制度之中，以致形成社会矛盾的纠结。当前，无论是对群体性事件的预防，还是对聚众犯罪的治理，实务部门所采取的应对方略更多的是一种临时、被动、个性化的反应，更多的是停留在个案层面的解决和处置，而没有形成问题解决的制度化和规范化。规则的缺失与不足，使聚众犯罪的治理很难从整体上"软着陆"。

---

① 美国社会学家罗伯特·默顿的"失范理论"是紧张理论的典型学说。"失范"一词最早由法国社会学家埃米尔·凯姆提出，他认为，所谓失范，是一种在一个社会或群体中的相对无规则状态。罗伯特·默顿发展并深化了迪尔凯姆的社会失范理论，他认为，任何社会的文化都有两个共同特征：一是确立目标，确立一些他认为值得追求的目标，鼓励每个社会成员为追求这样的目标而奋斗；二是规定手段，任何社会的文化都以规范、制度等形式规定了实现目标的手段。所有人都可应该利用这样的手段去达到目标，当社会成员接受文化上确定的传统目标，并且用制度性手段去达到目标时，就不会产生紧张及越轨行为（包括犯罪行为）。但是，当个人无法利用制度性手段实现目标，或者对传统目标不感兴趣时，就会在传统目标与制度性手段之间产生失调现象或不平衡状态，这就是失范。参见王仲兴、蔡曦蕾：《农民工犯罪：概念、司法宽容及类型》，载《山东警察学院学报》2008年第9期。

1. 规范的缺失

这主要指由于立法或政策的空白导致利益冲突。当前,最突出的表现就是利益表达与利益协商机制的缺失。亨廷顿认为:"发展中国家公民政治参与的要求会随着利益的分化而增长,如果其政治体系无法给个人或团体的政治参与提供渠道,那么个人和社会群体的政治行为就有可能冲破社会秩序,给社会带来不稳定。"[①] 实践也表明,在诸多聚众犯罪的背后是群众利益表达机制与利益协商机制的缺失。

当群众认为其利益受到侵害时,他们往往缺乏反映问题的渠道,或者在形式上有但实质上这些渠道并不起作用,这时群众看到最多的往往是相关部门相互推诿,对问题根本没有作出有效的回应。由于无法找到畅通、有效的表达机制和协商机制,群众往往便会脱离法律的轨道实现其利益的诉求,就可能借助一个偶发事件将被长期压抑的利益诉求以极端的方式表达出来。从我国已经发生的群体性事件来看,无一不是在群体利益受损的情况下,最终利益受损群体的承受力达到极限而采取聚众行为。事情一旦发生,我们在"源头"上化解矛盾的方法不多。表现在现实中,常见的思路和方式就是严防死守,努力将利益表达消灭在萌芽状态,甚至暴力压服。但当我们严防死守,捂住、压制利益表达,将这些利益表达消灭在萌芽状态时,正常的利益博弈中断了,能及早暴露社会问题的机制被消灭了。虽然有时表面上看是"风平浪静"了,但实质上却是"暗流涌动",怨气在不断积累、矛盾在不断加深,进而为诱发更剧烈的聚众犯罪埋下了隐患。例如,2004 年广东中山东升镇因土地补偿问题引发的群体性事件,事件虽经政府处置得到暂时平息,但民众的诉求始终未能解决,最终引发了 2011 年村民火烧开发公司厂房的事件。

2. 规范的缺陷

当前,群体性事件频繁引发聚众犯罪的发生,其结构性的成因在于,无论是行政复议、司法诉讼还是人民信访、社会化解,这些现有的政府治理制度不管是作为单一方式运作还是整体联动,都存在难以克服的弊病,都无力在体制内将群体性事件有效化解。

同时,在规范层面,相关法律也存在诸多不明确或不合理之处,在一定

---

① [美] 塞缪尔·亨廷顿:《变化社会中的政治秩序》,王冠华、刘为译,上海人民出版社 2008 年版,第 5 页。

程度上也影响着群体性事件的发生。例如，对于罢工，虽然我国早在2001年就已经加入了联合国《经济、社会及文化权利国际公约》，[①] 但我国劳动法、工会法等现行法律都未对罢工作出明确授权，也未明确禁止，只是在2001年修改《工会法》第27条时作了模糊规定，即"企业、事业单位发生停工、怠工事件，工会应当代表职工同企业、事业单位或者有关方面协商，反映职工的意见和要求并提出解决意见"。另外，我国《集会、游行、示威法》第8条、第9条、第10条、第25条，对集会、游行、示威的申请时间、目的、方式、负责人、人数、车辆数、地点、路线等作了详细而严格的规定，但这在我国目前实践中显然是无法实现的。正是基于此，社会上屡次发生的群体性事件几乎都在明确负责人、先递交申请、方式及具体要求等方面不合乎该法的要求。法律对集会、游行、示威行为的要求在近年来并没有得到良好的遵从，甚至往往是走向了法律要求的反面。

3. 规范执行的异化

规范执行的异化，主要是指规范执行主体在规范执行过程中没有按照规范本意落实，而是基于自身的偏好、目标等对规范进行了选择性的执行。当前，执行异化是一种比较普遍的现象。由于我国行政层级多，政策、法律执行异化的可能性就更大。在实践中，"有令不行，有禁不止""上有政策，下有对策"的现象并不是个例。

此外，法律执行不统一、执法地方化现象更是加剧了民众极为不满的司法不公问题。

（四）社会文化的变迁与冲突

犯罪现象同时又是一种社会文化现象。"不同时段或者地域的文化孕育了不同的犯罪现象或者将犯罪现象烙上特定文化的印记，而所有的犯罪现象最终总是可以归结为特定时段或者地域的文化指令。"[②] 因此，研究聚众犯罪必然探求其背后深层次的文化因素，从而在阐释当前文化变迁与聚众犯罪关系的基础上，探寻聚众犯罪行为生成与作用的规律。

"犯罪由文化冲突所引发，而文化冲突则导源于文化变迁与文化传播以

[①] 联合国《经济、社会及文化权利国际公约》规定，劳动者有权罢工，但应按照各个国家的法律行使这项权利。

[②] 许章润主编：《犯罪学》，法律出版社2007年版，第228页。

及所谓的'国民性'。"① 我国"东西殊风""南北异俗",民情风俗大有差别,世态人心各有不同,时代变迁、地区分隔所形成的差别,意味着社会群体之间生活规则与评判标准的差异,意味着因误解、偏见、歧视而导致冲突的可能。聚众犯罪不过是这种群体行为冲突最激烈的表现形式而已。

具体而言,我国长期以来处在城乡二元分割的发展格局之中,历史地形成了完全不同于城市文化氛围的风俗习惯和价值观念。随着城镇化进程的不断推进,大量农村剩余劳动力人口开始涌入城市,这些入城的农村人口在道德观、利益目标、行为模式、风俗习惯等方面与城市社会主流文化产生强烈的冲突。在这些冲突下,过去狭窄生活经历与现在繁华城市的落差使他们形成自卑心理,背井离乡的无助使他们产生不安,地域文化的歧视招致他们感到心理重压。一系列的矛盾与困惑,内心观念的冲突,角色转换的不适应,以及原来是在乡村中形成的道德作用机制在城市中的不复存在,使他们感到无所适从。这种角色和环境的迅速转换给他们带来的角色冲突和环境冲突,往往容易外化为具体的社会规范与行为规范的冲突,进而导致他们在一些纠纷面前容易通过集群行为宣泄情绪,在矛盾激化后实施聚众犯罪行为。

三、聚众犯罪的情境因素

储槐植教授提出的"犯罪场理论"认为,"犯罪场属微观犯罪原因理论的组成部分,其含义为:存在于潜在犯罪人体验中、促成犯罪原因实现为犯罪行为的特定背景。'背景'(环境和条件)包括四方面因素:时间因素、空间因素、侵犯对象(被害人)因素、社会控制疏漏"。② 我们所说的情境因素,与储槐植教授所论述的背景(环境和条件)含义大体一致,它是指在与犯罪相关的行为人互动中显现的、可能影响特定犯罪行为发生的各类现存的或即时性的主客观因素融合而成的总态势。情境因素这一"催化剂"不仅能够直接催化犯罪意识外化为犯罪行为,而且还会加快具有犯罪意识的人与社会因素相互作用的速度和进程。

具体到聚众犯罪,无论其规模大小、强度如何,其实质都是对抗性的群体行为,都要以一定的"催化剂"来催化,或者一定的"导火索"来引发。而特定的时空、社会控制、侵犯对象因素以及网络与国际因素等特定的情境

---

① 许章润主编:《犯罪学》,法律出版社2007年版,第230页。
② 储槐植:《刑事一体化与关系刑法论》,北京大学出版社1996年版,第99~101页。

都决定了"催化剂""导火索"的功效大小。在群体性事件中,民众与政府的不良互动是造成事件升级的主要原因。这种互动一方面取决于民众的行为方式,另一方面也取决于政府的回应策略与方式。

(一) 特定的时空因素

威廉·里德(William Reed)曾指出,冲突的发生与冲突的升级是相互联系的过程,但是冲突的决定因素对冲突升级的影响不同于它们对冲突发生的影响,情境或背景的变量在冲突发生中可能起着更大的作用。[①] 而冲突双方的相互依赖关系在冲突升级中可能更为重要。聚集者的互动是导致群体性事件升级演变为聚众犯罪的一个关键原因,而特殊的时间点、聚集空间、标志性物对聚集者之间的互动又起着非常显著的影响。从实践案例分析来看,促使矛盾进一步激化并最终形成对抗,并推动群体性事件演变升级的情景或背景主要有以下几个方面:

1. 特殊的时间节点

特殊的时间点对民众聚集具有显著的影响,其内在的原因是在这些时间点上政府更强调社会稳定和社会秩序的重要性,民众在这些时间点上去聚集更容易引起关注。整体来看,这些时间点至少包括以下方面(见表1):

表1 当前一些较为敏感的时间点

月份	日期或节日
2月	各省市人大、政协两会
3月	全国人大、政协两会、3·14(拉萨暴乱)
4月	清明节
6月	六·四
7月	7·1(建党节)、7·5(乌鲁木齐暴乱)
8月	8·1(建军节)
9月	9·10(教师节)、9·18(国耻日)

除去这些固定的节日或日期外,一些世界性或者全国性的大型活动期

---

① William Reed: A Unified Statistical Model of Conflict Onset and Escalation, American Journal of Political Science, 2000, (1): 84-93.

间,比如亚太经合组织会议、东盟会议、广交会、高博会等,也是民众倾向于集体表达诉求的时间点。在这些时点,当地政府最怕发生群体性上访、群体性闹事、聚众犯罪等事件。正是基于政府在这些特殊时点维稳的强大压力和惧怕心理,一些利益受损的个体和群体更喜欢在这些特殊时点集中表达诉求,给政府加压,进而迫使政府解决相关问题。

2. 特殊的标志物

在群体性事件升级演化为聚众犯罪中,一些具有符号性意义的标志性物往往容易引发人们对贫富、特权关系的联想。一是具有象征性的政府大楼、执法车辆,这些场所或物品往往代表着权威和秩序,是具有公权力象征意义的物品。当冲突现场存在这些具有符号象征性的物品时,暴力行为人往往首先选择这些物品进行破坏,他们要么直接掀翻警车,要么向警车或政府大院投掷石块、砖头等。二是可能阻碍暴力行为实施的公共设施。比如为了逃避打击,有的暴力行为人反侦查意识和能力强,他们在行动前往往注意避开附近的公共监控设备,或者干脆将其损毁。而对警戒带、防护栏等可能阻碍暴力行为的实施,一旦发生冲突就成为暴力行为人的首要破坏目标。三是纪念特殊事件或者特殊人物的符号性雕像,这些符号性雕像容易让人想起革命者及其所声称的主张,而这些主张和故事大都充满着紧张和对立,容易引发人们心中的一些神圣价值,从而促进他们对抗意识的凝聚和增强。四是具有财富象征的高档车辆、高档场所也是暴力行为人选择的目标。在一些民族冲突中,他族聚居的地区、经营的商场以及办公所在地等也极易成为暴力行为人的攻击对象。

3. 同质群体的高密度聚集

人们日常居住、生活、工作的地方在很大程度上影响着人们的社会关系和互动形式,是聚集者进行动员与互动的一个基础环境。顾尔德通过对1848年法兰西内战和1871年巴黎公社的动员过程的研究发现,社会人员的空间分布方式往往是组织和社会网络形成的基础。[①] 实践表明,有相似经历、共同利益、共同境况感受的人容易聚合在一起并逐渐形成一个"同质群体"的规模性聚集,这种规模性聚集不仅容易产生集体行动,而且极易催生群体性事件升级为聚众犯罪。近年来,以亲缘关系、同学关系、同乡关

---

① Gould, Roger V. Multiple Networks and Mobilization in the Paris Commune, 1981. American Sociological Review, 1991: 716 - 729.

系、同事关系、街坊关系为纽带形成的民众聚集状态，与许多群体性事件的发生演变不无关系。具体表现如下：

一是以亲缘为纽带的聚集。费孝通将我国的社会结构比作"一块石头丢在水面上所发生的一圈圈推出去的波纹"。① 当亲友受到伤害或者发生死亡事件后，其家庭及亲友会迅速以亲缘为基础聚集在一起。这种聚集虽然人数不多，资源储量也不足，但亲属聚众的意志坚定，尤其是在发生了死亡的事件中，全家老少往往会不惜一切、不计后果地去讨个说法。在贵州"瓮安"事件、湖北"石首"事件等最后导致骚乱的恶性事件中，起始的原因就是发生了扑朔迷离的亲友死亡事实。

二是以业缘为纽带的聚集。因在一个工作场所工作（如某个工厂或工地的工人），或者在某个地区从事某一行业（如出租车司机）而具有共同或相似社会身份的一类人，由于其共同的社会身份而往往作为一类社会群体存在。与其他社会成员相比，他们在相互沟通、权威结构、社会资源动员等方面具有更多优势，其聚集也更加容易，倘若其手中掌握着对政府或公共秩序不可或缺的某类资源，则其聚集表达诉求将更为有效。"出租车罢运"是一种典型的以业缘为纽带形成的聚众。

三是以地域为纽带的聚集。由于生活在共同的地域形成了某种共同利益，或者作为一个地域群体而衍生出彼此互助的这类社会群体往往具有良好的互动基础，其信息容易传播，人群容易聚集。这种同质人群的聚众主要发生在由环境污染、城市拆迁引发的群体性事件中，比如江门、花都、茂名等地发生的"PX"事件都与民众的生活环境息息相关，组织者充分利用这些地域或社区特征，以同城、同小区、同遭遇为纽带，在无序的人群中迅速建立起指挥、联络、宣传、动员、后勤等分工合作的内部结构。

4. 群体规模的扩散

谢茨施耐德的"冲突扩散理论"认为，"冲突的扩散程度决定着冲突的结果，在任何冲突中，介入的人数决定冲突的内涵，直接参与者的每一次增加或减少，都会影响冲突的结局。冲突各方的成败取决于他是否成功地使旁观者进入或者退出冲突"。② 在群体性事件中，形成规模人群，一方面表明诉求主体的广泛性，是"众怒"；另一方面，聚集的人数越多，其潜在的破

---

① 费孝通：《乡土中国》，北京出版社2005年版，第32页。
② ［美］E. E. 谢茨施耐德：《半主权的人民》，任军锋译，天津人民出版社2000年版，第55页。

坏性就越大，这种潜在的破坏性是任何政府都无法忽视的现实压力。"群众一旦形成，它就想要由更多的人组成，向往增多的冲动是群众首要的和最大的特点"，"开放的群众对于要达到何等的规模并无明确的感觉或概念，它要向无限增长，它为此需要越来越多的人"。①

对此，谢茨施耐德指出，"每一次冲突都包括两部分力量：冲突的直接参与者；被吸引到现场的旁观者。……从而使人难以对冲突的结局作出准确的预测"。② 具体来讲，对直接参与者而言，群体的规模性聚集可以带给他们在日常状态下很难具有的力量感，使他们的表达欲望更强，更加觉得自己受了冤屈而理直气壮。对被吸引到现场的旁观者而言，好奇和喜欢热闹是其天性，当他们不断聚集达到一定规模时，旁观者往往转变成参与者，构成局势转换的关键力量。这时，旁观者既是聚众的组织者鼓起勇气用非常规手段表达诉求的精神基础，也是其增强堵路、堵政府大门效应，达到干扰或阻止公共事务目的的客观物质基础。"当冲突方得到外界支持的时候，冲突会倾向于更加剧烈。"③ 这时政府的重点则不再是回应核心成员的诉求，而是想方设法驱散聚集起来的人群。

（二）犯罪控制的弱化

1. 刑罚必然性的缺失

孟德斯鸠认为，"如果我们研究人类所以腐败的一切原因的话，我们便会看到，这是因为对犯罪不加处罚，而不是因为刑罚的宽和"。④ 也就是说，一旦刑罚缺乏必然性而使犯罪分子不能受到与其危害后果相应的刑罚，就会助长犯罪分子的侥幸心理。

在处置群体性事件及由其演化而来的聚众犯罪的实践中，个别地方政府对为首者首先采取的方式是进行敲打施压、警告威胁，如无法起到威慑作用，有的直接通过违法打压"拔钉子"，有的通过施惠等方式摆平；对群众则能推则推，实在推不了必须解决时，在规则之下特殊处理则是当下更多基层政府的选择。而当矛盾激化，群体性事件演变为聚众犯罪行为时，只有当

---

① ［德］埃利亚斯·卡内提：《群众与权力》，中央编译出版社2003年版，第2~7页。
② ［美］E. E. 谢茨施耐德：《半主权的人民》，任军锋译，天津人民出版社2000年版，译者前言第3页。
③ Dean G. Pruitt, Sung Hee Kim. Social Conflict: Escalation, Statement, And Settlement. New York: Mcgraw – Hill Companies, 2004: 136 – 137.
④ ［法］孟德斯鸠：《论法的精神》（上册），张雁深译，商务印书馆1982年版，第85页。

聚众者的行为危及或者极有可能威胁到当地社会稳定时，地方政府才会出面平息。对犯罪嫌疑人采取拘留等强制措施，其目的往往不是对其进行侦查取证后移送审查起诉直至审理判决，更多的现实做法是作为一种稳控措施使用。当下地方政府这种解决问题的行为逻辑进一步降低了民众闹事的风险，一旦形成多数人则可以肆无忌惮地提要求。当一个社会的聚众犯罪行为大部分可以畅通无阻地进行，并且大部分得不到有效惩治时，这种示范效应本身就是诱发聚众犯罪的一个直接社会因素。

2. 刑罚及时性的缺乏

贝卡里亚认为："惩罚犯罪的刑罚越是迅速和及时，就越是公正和有益。"① 犯罪分子对刑罚的威慑感首先源于对侦查机关侦破实力的畏惧。公安机关能迅速破案并抓获嫌犯，尤其是能一发即破、一破即惩，才能使犯罪分子感到犯罪终将自食其果，才能让"犯罪后必刑罚"的观念深入民心。然而，在实践中，往往牺牲侦破聚众犯罪案件的及时性，对聚众犯罪行为人大多采取"秋后算账"的做法，在事态平息后再予以抓捕。"秋后算账"的习惯做法有时对冷处理事件确实起到了一定的效果，但这种惯性思维和做法也往往导致对现实犯罪尤其是现实聚众暴力犯罪阻遏不力，以致其蔓延扩散。

（三）侵害对象的催化

通常人们认为侵害对象只是犯罪行为的被动承受者，但在聚众犯罪中则远非如此。因为聚众犯罪常常是在犯罪人与侵害对象的互动中产生，互动中侵害对象的不当行为往往成为聚众犯罪行为发生的"催化剂"。在这种情形中，侵害对象因实施了某种行为而诱发或激惹犯罪人实施了针对自己的犯罪行为，犯罪行为不过是对于侵害对象"催化""刺激"或"推动"行为的一种还击或过当反应，其发生恰好是侵害对象的此类行为在当时的条件下合乎规律的结果。侵害对象的"催化"行为包括拖延激惹、欺骗、恐吓或加害对方等，总之是属于足以刺激对方不适当地采用侵害行为作为反应的行为。

（四）反华势力的利用

已有的事实表明，重大群体性事件的背后，国内外反华势力幕后操纵并

---

① ［意］贝卡里亚：《论犯罪与刑罚》，黄风译，中国大百科全书出版社1993年版，第56页。

力图扩大事态的迹象越来越明显。究其原因，一是聚众群体大多时候是一个没有组织的、临时性的个体集合，其行为是缺乏硬性约束的弱组织性的群体行动。这种弱组织性将不得不面对被他人利用以致行为失控的风险。从已发生的众多案例来看，在绝大多数群体性事件中，并没有足够刚性的制度或惩罚措施来保证参与者的行为维持在理性的边界之内，事件走向也并不一定会按照组织者的愿望发展，而且群体行为一旦失控，一些国内外反华势力便会乘虚而入，并使群体行动变得有组织、有预谋并逐步走向对抗，加大对抗的强度与烈度。二是参与群体往往带有负面情绪，这种情绪可能随着群体规模的急剧膨胀导致群体行为的不可预测，国内外反华势力通过刺激这些负面情绪，往往能够激化矛盾，挑起事端。三是由于参与人员获取信息的渠道和方式极为有限，因此他们获得的信息往往是片面的、滞后的，对信息的真实性也缺乏理性判断，因此，极易被反华势力所编造的谣言误导、蛊惑。具体来看，国内外反华势力往往打着维权的旗号，通过互联网等渠道培植其代言人，在人权、民族、宗教等方面，想方设法搅动、激化社会矛盾，鼓动社会公众的积怨心理和对立情绪，策划民众与政府对抗。一旦出现可能利用的事件或者机会时，这些反华势力便会煽风点火、大肆炒作，力图将公众的利益诉求转变为对现行政策的不满情绪，并致力将其发酵成"侵犯人权论""宗教压迫论"等政治话题。

（五）信息网络的渲染

我国是世界互联网用户第一大国，在群体性事件形成并升级为聚众犯罪的过程中，网络自媒体在人员鼓动、资源调整、舆论造势、行动组织等方面发挥着巨大的作用，不仅能够使人们在短时间内大规模聚集，而且容易快速形成网络舆论势头，进而催化事件不断升级恶化。

1. 最强大的动员平台

聚众犯罪得以发生的最基本因素是有一定数量的人群聚集。人群聚集的传统方式要么是靠书信，要么是口口相传，在时间上往往需要数天、数周、数月甚至几年，在地域上也因各种原因的限制而难以实现跨地域的统一行动。在当下网络时代，虽然集体行动的参与者平时各自散布在社会的各个角落，但一旦有群体性事件发生，他们便能够在短时间内得以动员并迅速聚集。正因为如此，网络也越来越成为当今世界各国群体行动最强大的动员平台。

在国内，互联网被用于挑起群体性事件、聚众犯罪甚至骚乱事件的现象并不罕见。广州花都"反垃圾焚烧"、江门"反核"、茂名抵制"PX项目"等众多涉及环保权益的群体性事件,无一例外地显示了网络强大的动员能力和聚合作用。在事件中,组织者通常以一定地域的全体市民为聚集对象,以微信、网站论坛或手机短信为动员平台,通过在网上公开讨论某事件迅速形成情绪感染、引发情绪共振,并在此基础上通过相对隐蔽的手机短信或临时组建的微信、QQ群等策划集体行动,发布行动信息,将散布在各个角落的个体动员起来,然后再引导民众在特定的时间聚集到中心街道或广场上实施集体静坐、散步、抗议等行为。

2. 最有效的催化剂

广东"乌坎"事件原本是一宗普通的群体维权个案,但在网络舆论持续聚焦放大、催化下,迅速恶化成境内外媒体高度关注、对抗强烈的国际热点事件。在事件中,乌坎村民运用网络的意识和能力非常强,懂网、用网的青年村民渐成维权主力。事件伊始,村民即宣称"我们在打一场新闻仗",频频邀请记者进村采访,既专门开放一间屋子作为临时性的"媒体接待中心",数次组织"新闻发布会",并为境内外记者提供食宿和免费网络。事件期间,包括四大国际通讯社在内的逾百家外媒进村采访,使"乌坎"事件迅速成为国际舆论焦点。与此同时,一些"80后""90后"青年村民娴熟使用社交媒体,将编辑而成的"村民集体下跪""数千人游行示威"等集会视频、图片散播至境内外网站,迅速吸引舆论聚集。在事件僵持阶段,他们还通过互联网不间断地向外发送各种消息,成为除境外记者报道以外最重要的信息源头。可以说,正是村民善用网络、娴熟运用网络发声和传播信息,才迅速推动事件网络化、信息国际化,使事件不断恶化。

实践表明,在缺乏引导下,盲从、非理性的网络舆论极易强化社会中存在的结构性不满与怨恨,促成挑战政府治理的一种潜在的舆论力量。同时,虚拟网络与现实社会的全面、实时互动,从虚拟过渡到现实、从言论发展到行动,由网上发起的网络舆论事件与现实中的群体性事件此起彼伏、相互交织,在社会舆论上形成强烈的共振,使民众潜隐的愤懑情绪极易被激活、激化,甚至无限放大。可以说,当前互联网已经成为社会舆论的"放大器",成为群体性事件及其聚众犯罪的策源地和催化剂。

第二节　群体性事件中聚众犯罪的防控对策

犯罪学的最终任务是防止那些轻微的越轨行为向严重的越轨行为转化。① 对聚众犯罪而言，一方面，事实上对社会造成严重破坏的是聚众犯罪，而不是群体性事件，因此如何不让群体性事件这一越轨行为演变为聚众犯罪，才是问题的关键；另一方面，聚众犯罪蔓延虽然折射了群体性事件的复杂和尖锐，但群体性事件是否必然导致聚众犯罪，关键在于疏通和治理能力，在于我们能否法治化治理，堵塞聚众犯罪以上各种致罪因素的作用渠道，阻截各种致罪因素的传播和聚集。

一、聚众犯罪的防控路径选择

预防和控制犯罪是人类社会永恒的话题。我国犯罪学在犯罪对策理论研究方面，犯罪预防、犯罪控制、犯罪防控、犯罪治理是多年来使用最广的概念。那么，哪些理论和模式对聚众犯罪的治理更有针对性和实效性呢？随着推进国家治理体系和治理能力现代化目标的确立，犯罪治理理论和模式对聚众犯罪的防控无疑具有积极意义。

对聚众犯罪的应对思路来源于对其现象的认识和原因的考察。近些年，在犯罪学领域被众多学者频繁使用的犯罪治理理论，在理念上主要"从根源上思考为什么会有犯罪并以此来消除犯罪的消极影响"；② 在治理主体上，注重多方互动、共同参与；在制度设计上，强调制度多元化和方法多元化。因此，面对聚众犯罪治理的困境，在推进国家治理体系和治理能力现代化的语境下，应该说，无论在治理理念、治理主体上，还是在治理机制和治理方式上，犯罪治理理论和模式均适应了聚众犯罪的应用性需求。

（一）治理理念需从管治向共治转型

2013 年，党的十八届三中将推进国家治理体系和治理能力现代化作为

---

① 谭远宏：《犯罪学视野下的越轨行为研究》，吉林大学 2010 年博士学位论文。
② 师索：《犯罪治理：一种基础理论的解构》，载严励、岳平主编：《当前我国犯罪学的转型与发展》，中国法制出版社 2014 年版，第 132 页。

当前改革的总目标,这是中国式的"治道变革"。从国家统治到国家管理再到国家治理,言辞微变之下涌动的是一场执政理念的更新,是一个国家、社会、公民从对抗到合作善治的嬗变,国家治理理念的革命必然推进犯罪治理理念的革新。在国家治理理念下,犯罪应对策略是从根源上思考为什么会有犯罪后,通过国家与社会合作共治,推动犯罪治理走向多元化。具体到聚众犯罪问题上,长期以来我国采取的基本上是一种控制型的犯罪应对模式。这种犯罪应对模式遵循着国家管治的价值理念,体现的是传统的统治逻辑,借助的是国家资源和国家强大的动员能力通过自上而下的控防运作体制和运动式的控制方式,实现对聚众犯罪的防范和打击,具有明显的运动性、临时性和不规则性特征。

推进国家治理体系和治理能力现代化,不仅意味着国家的执政理念由传统管理理念向现代治理理论的转变,而且意味着执政路径由管控式向参与式的转变、意味着执政方式由注重控制向注重规范的转变。我们要充分地认识到,群体事件能够成为草根行动的充权手段,完全可以放在司法框架下获得合理解释和理性控制①。因此,本书认为,运用犯罪治理理论应对聚众犯罪,不仅能够以法治为核心,以维权为导向,通过制度化的日常治理和多元化的源头治理构建社会长治久安的基础秩序,而且也顺应国家治理现代化的时代潮流,通过探究聚众犯罪治理这一实践范式,犯罪治理理论会更加"接地气"。

(二)治理主体需从一元向多元转型

本书认为,面对聚众犯罪高发、频发并在特定区域、特定时期呈现出难以治理的问题,无论是从聚众犯罪防控实际效果来看,还是从提高治理效益来看,国家主导的一元化控制模式已显"独木难支"之势,这不仅是因为转型期无可避免的群体性事件越来越多地引发聚众犯罪,更为重要的是,单一主体的被动式治理模式虽然保证了权力的独立行使,但已经难以满足新形势下的社会需求。犯罪治理理论将多元、互动、自主作为价值取向,立足于多方互动、共同参与来构建多元化、网络化的犯罪治理体系。阻断聚众犯罪的各种致罪因素,应充分运用犯罪治理理论,从一元治理模式走向多元治理模式,通过培育和发展社会自治,让社会组织、志愿者团体和私营企业主

---

① 彭清燕:《环境群体性事件司法治理的模式评判与法理创新》,载《法学评论》2013年第5期。

等融入到聚众犯罪治理过程中，让社会理性分担、共享犯罪治理权力并承担治理义务和治理责任。这样，不仅可以削减经费，提高聚众犯罪治理效能，而且可以分化权力，有效解决权力的合法化危机，实现由国家一元主导模式向国家与社会多元共治模式的转变。

（三）治理机制需从行政向法治转型

聚众犯罪生成机理告诉我们，社会矛盾的增多和加剧是其产生的根本、深层次原因，因此要正视各种社会矛盾，通过法治化的手段从源头上化解社会矛盾。然而，与控制维稳观念以及高度行政化的社会体制相伴随的是，当前聚众犯罪防控机制大多依赖各级政府的行政推动，其行政强制性明显，缺乏化解社会矛盾和防控聚众犯罪的必要的规则和制度化的手段，忽略通过制度设计和源头反思来寻求解决之道。

国家治理现代化的基本要求和基本特征就是治理的法治化。[1] 作为国家治理的重要组成部分，现行犯罪治理模式同样亟待法治化，亟须通过长效性的法治治理机制和日常性的源头治理来实现社会基本秩序的长期维系。在现代国家，法治是国家治理的基本方式，是国家治理现代化的重要标志，国家治理法治化是国家治理现代化的必由之路。[2] 因此，只有将聚众犯罪的治理置于法治之下，才能从源头上消弭聚众犯罪所隐含的社会骚乱、社会动乱风险。在此方面，除了应当完善现有的民主政治政策、经济政策与法律保障措施，在完善托底制度、推进社会治理现代化方面加大力度外，还需通过各种社会压力疏导与缓解机制，引导社会心态走向健康；除了要让社会政策先行，从制度改革和机制完善两方面构建一个包括协调矛盾、整合诉求、化解矛盾的社会安全阀外，还需充分运用法律之外的道德宗教习俗等社会控制手段，广泛推广和解、调解等制度外的柔性的纠纷解决方法。因为大多数民众行为都是由道德习俗等非正式制度予以调整，注重这些"软法"的运用，不仅比"硬法"之治更经济，而且能够最大限度地减少社会矛盾转化为群体性事件，有效遏制群体性事件演变为聚众犯罪。

（四）治理方式需从控制向疏导转型

长期以来，无论是在群体性事件的治理上，还是在聚众犯罪的防控上，

---

[1] 张文显：《法治与国家治理现代化》，载《中国法学》2014年第4期。
[2] 张文显：《法治与国家治理现代化》，载《中国法学》2014年第4期。

我国推行的都是一种"控制型"模式。这种犯罪防控模式通过一套自上而下的控制体制实现对群体性事件中违法犯罪行为的常规压制，通过应急式的处置实现对聚众犯罪尤其是暴力型聚众犯罪暴风骤雨式的打击。从常规压制来看，我们应对群体性事件及其聚众犯罪常见的思路和方式是严防死守，努力将解决问题的行为控制、消灭在萌芽状态，这种犯罪压缩和控制方式无疑是一种本末倒置。从应急式的处置来看，我们一般将聚众犯罪视为严重的突发事件，往往偏重于应急处置与事后打击，忽视全局性、系统性的治理，也忽视群众基本权利的保护，具有明显的应急性、事后性和短期性。应急性表现为政府一般是在聚众犯罪尤其是暴力型的聚众犯罪发生后才启动应急处置机制，将聚众犯罪视为突发事件而动员各种政府资源加以处置，但对聚众犯罪进行全局性、源头性、系统性的治理却往往搁置一边。事后性表现为往往在聚众犯罪发生后，各级政府才采取安抚、打击工作，而此时聚众犯罪行为业已发生，其社会危害已成事实甚至无法挽回，事前的预防措施往往停留在形式层面。由于聚众犯罪这种治理模式带有明显的事后处置和应急性反应的特征，因此，这种模式必然是短期、被动的。

相反，"疏导型"犯罪治理模式具有常态化治理、主动化治理的思路，注重应对聚众犯罪时的压力疏导和排遣，既强调聚众犯罪社会预防的重要性，也重视人的心理预防与心理疏导的必要性；既需要具体情境的防控，在其演化过程和催化过程的关键节点上堵截致罪因素的聚合和反应，控制群体性事件的冲突强度和烈度，也注重人的自我控制，从"心"开始理性回归，从"控制思维"转向"引导思维"；既注重社会的完善，从源头上减缓社会矛盾，减少聚众犯罪发生的概率，也注重人的内在完善，注重从民众认知的改善、需求的良化、情绪的缓和、仇恨的化解等各个方面来阻止群体性事件的升级演化，从而从社会、人、具体情境等三个维度构成聚众犯罪防控体系的基础性层次，并使三者相互补充，相得益彰。此外，群体性事件的发生不是突发而是有着诸多背后因素（社会风险），全过程、动态的管理是群体性事件治理的重要趋势。[①]

二、聚众犯罪的防控体系建构

我国汉代学者荀悦在其尽忠说中指出，"尽忠有三术：一曰防，二曰

[①] 陶鹏、童星：《邻避型群体性事件及其治理》，载《南京社会科学》2010 年第 8 期。

救，三日戒。先其未然谓之防，发而止之谓之救，行而责之谓之戒"。① 这种纠错之术对当今构建犯罪治理体系仍然具有非常高的参考价值。具体借鉴运用到聚众犯罪治理上，那就是对荀悦所说的"未然"的聚众犯罪，也即对未来犯罪行为应"防之未然"，采取犯罪预防措施阻止其发生，将其消灭于萌芽状态；对现实中正在发生或已经发生的聚众犯罪，应"控之燎然"，根据其不同的发展阶段分别采取犯罪控制的方法进行阻止，以防重化，控制其呈燎然发展之势；对"已然"的聚众犯罪，即聚众犯罪行为已经造成严重后果的，应"治之已然"，事后要处以刑罚。"防之未然""控之燎然"和"治之已然"三个方面紧密相连、互相补充、共成体系，共同构成了聚众犯罪的治理模式。其中，"防之未然"也即对未来犯罪的预防是整个聚众犯罪治理的基础防线，"控之燎然"也即犯罪控制是聚众犯罪治理的关键，"治之已然"也即刑罚是聚众犯罪治理的基本手段，在聚众犯罪治理体系中发挥着不可或缺的重要作用。

（一）防之未然：多元化的源头治理

当前，聚众犯罪大多来源于群体性事件。要治理聚众犯罪，就要减少群体性事件，而要减少群体性事件，就必须从引发群体性事件的社会矛盾切入。从这个意义上讲，聚众犯罪现象的减少，将取决于人类社会的不断进步和完善。与西方国家相比，我国聚众犯罪事件并不多，如美国社会冲突及其引发的犯罪的频率就要多于我国，烈度也大于我国，但其并没有出现社会动荡，其实践表明，当西方大多数社会运动被制度化以后，尽管社会运动次数增加，但是其对社会的破坏力却不断减少。而集权、威权国家（比如泰国、印尼等军政权国家）由于威权政治过于刚性的原因，其社会冲突很容易演变成流血冲突，甚至发生政权更替。我国的法治水平虽然正在稳步提升，但我国的实践表明，一些地方普遍的暴力情绪及其暴力行为趋向与我们尚未将社会矛盾与社会冲突纳入制度化管理不无关系。因此，治理聚众犯罪的最好办法还是要修"渠"，也就是既要通过改革社会制度和完善矛盾化解机制，从源头上减少社会矛盾，消除引起聚众犯罪产生的矛盾源，又要通过采取行之有效的心理疏导与缓解机制，释放社会压力，提高社会燃点，从而以社会的自我完善和个人的内在完善多个层面，构成聚众犯罪治理体系的基础性

---

① 参见《申鉴·杂言》。

层次。

1. 制度改革

在国家治理现代化中，制度既是最为重要的无形因素之一，也是推动国家治理现代化的重要力量。聚众犯罪是群体与社会之间的紧张关系达到了不可调和程度的一种表现，如果能够保持群体与社会之间的关系平稳，那么就可以很大程度上预防聚众犯罪的发生。社会政策虽然不是对付犯罪的专门手段，但其本身却是调整、润滑社会关系，避免和减少社会矛盾的"调节器"。"最好的社会政策，也就是最好的刑事政策。"[①] 当前，应针对聚众犯罪的种种致罪因素，应从以下几方面的社会制度予以改革、完善：

（1）完善托底制度

在我国，决定社会秩序最基本的因素是普通民众的生存状况。历史表明，一旦民众丧失其基本生存保障，社会基本秩序的崩溃也将为时不远。我国过去 30 多年的快速发展与社会问题的巨大矛盾不断暴露出我国防范社会危机的托底机制即全民社会保障体系的薄弱性，导致社会上积聚和弥漫着一种焦虑不满的情绪，推动了群体性事件的发生演变。

社会保障的原意是"社会安全"（Social Security），是一项具有化解社会矛盾、稳定社会秩序功能的现代国家治理制度，其基本目的是通过保持社会民众最基本的生活条件，消解社会弱势群体的不满情绪，维护社会的安定。在当下我国社会急剧转型，社会矛盾日益凸显的风险社会时期，更加注重和发掘社会保障在调节社会利益、疏解社会情绪、化解社会矛盾中的作用尤显必要和迫切。当前，首先应确立发展和保障并重的二元化理念，改变过去"重发展轻保障"的一元化发展观念，扭转社会保障与经济发展严重失衡的现状，真正让社会保障为经济的持续、平稳发展营造和谐、安全、有序的社会环境。其次，应充分发挥社会保障"稳定器"功能，从维护社会安定出发，健全和做实最低生活保障制度，为农村和城市低收入家庭提供基本的生活保障，确保其最低生活水平，在缓解个人生存压力的同时也减轻社会治安压力。最后，应发挥社会保障"调节器"功能，协调利益分配，对利益受损群体进行补偿，对因制度、政策不周全、缺陷或者错误而导致的历史欠债进行偿还。具体而言，在劳资关系中注重建立企业效益增长与企业员工

[①] 卢建平：《社会防卫思想》，载高铭暄、赵秉志主编：《刑法论丛》（第 1 卷），法律出版社 1998 年版，第 12 页。

工资同步增长机制；在城市化过程中建立土地收益与利益补偿合理分配机制；在旧城改造中建立项目开发收益与安置补偿合理分配机制，力求改革力度、发展速度与社会可承受度的高度统一。当前最迫切的是要完善以社会救济为主要内容，以贫困阶层人员为主要救济保障对象的社会福利制度，解决城乡居民临时、突发、特殊生活困难，防止和避免贫困人群衣食无着的问题；从精神和物质上高度重视对参战退役军人的抚恤，参照美国等国家的做法，改进优抚安置政策，提高抚恤补助标准，加大对生活困难人员的补助，加大其就业培训和就业推荐力度。

（2）推进社会治理的现代化

首先，应加快社会治理的现代化建设，使社会治理与经济发展匹配。无论是经济总量，还是常住人口，许多珠三角重镇都相当于内地地级市的发展规模，然而，改革开放40年里，"重经济发展、轻社会治理"一直是大多数珠三角乡镇发展的通病，社会治理滞后一直是这些地方的"死角"。如在新塘镇，原有的基于7万人的本地户籍人口的公共服务体系，远远不能满足大量涌入并长期在此务工、生活的70万外来人员的需求。像新塘这样一个相当于中型城市的超级大镇，却没有综合性医院、没有图书馆、也没有一家像样的电影院。外来务工人员一天劳作后别无其他文娱生活，夜幕降临后便会无所事事地在街头溜达。群体性事件一旦发生，围观者和起哄者聚集成众便是明摆的事实。而新塘镇大敦村辖区有8个自然村，总面积24.3平方公里，总人口近10万人（相当于内地不少县城的人口数），但是，这里没有交警编制，其派出所仅有30名民警，平均日接警达到40多宗，涉及治安问题，仅靠派出所肯定管不过来。大量的社会事务，包括辅助社会治安工作、代收治安管理费、卫生管理费等只能靠成立治保会去负责。而治保队员在执法中最惯用的手法就是大声呵斥，更进一步就是挥动手中的棍棒。这些地方政府和本地居民对外来务工人员在社会制度、社会管理以及日常生活方面的歧视与偏见，必然促使一些外地人萌发群体性对立情绪，加快外地人与本地人之间的群体性摩擦直至族群冲突。因此，在类似珠三角这些地方，如何投入更多的人力、物力、财力用于大镇的公共实施及社会管理方面，是我们完善社会治理的当务之急。

其次，应提高社会治理能力，化解基层政权的信任危机。县乡镇虽然是级别层级最低的政权组织，但却是整个社会控制体系的基石。在珠三角发达村镇，本地人与外来人口的"倒挂"现象在一定时期内将长期存在，本地人与外来人口因文化差异引发的矛盾和冲突也将不可避免。面对这种情况如何破题？本书认为，一是应针对基层组织软弱涣散的问题，强化县、乡、村基层政权建设，下决心解决一些村委员成员长期任职的问题，下大力气依法查处、清除盘踞一方、为非作歹的家族式团伙势力。二是基层政府干部配备需多元化。针对基层大部分工作人员都是由当地人担任，存在很强的封闭性和排外性的问题，在基层政府设立一定的岗位，让在当地工作了几年甚至二三十年的外来人员担任，真正吸引外地人员共同参与地方事务的管理，让他们真正融入到当地的发展之中，并更好地设身处地地解决外来人员问题。三是建立合理的社会流动机制，增加底层民众有向上流动的机会，增进社会的弹性与活力，防止现有的社会结构固化。

最后，"人口倒挂"与"福利倒挂"的现象亟须改变。在广东珠三角，本地人与外地人的人口比例是1∶10，而本地人与外地人所享受的福利比例却是10∶1。"人口倒挂"与"福利倒挂"的背后是外来务工人员无法融入城市生活的焦虑和对未来的困惑。因此，加快破除横亘在城里人与农村人之间的"户籍藩篱"，逐渐取缔各种资格与户籍的限制，全面给予外来务工人员同等的地区待遇，已不仅仅是关系各地用工保障，确保经济平衡协调发展的问题，更是事关铲除滋生"族群冲突"土壤，确保社会和谐安定的大事。

2. 机制化解

聚众犯罪罪因的研究表明，聚众犯罪是社会矛盾激化的集中表现。因此，预防聚众犯罪的根本立足点在于化解社会矛盾，减少、消除引起聚众犯罪产生的矛盾源。而化解社会矛盾是一门要求高的社会治理工作，需要多元的治理主体和多元的治理样态，需要构建和完善包括整合诉求、表达诉求、协商诉求、裁决诉求在内的一系列彼此关联、相互衔接的社会"安全阀"机制，[①]从而形成公民以协商谈判进行利益博弈，以制度化的集体行动与利益对方和政府进行沟通的局面。

第一，建立和完善利益整合机制，实现社会组织的规范、有序。此起彼伏的抗议、罢工等劳资冲突曾经是西方各国很长一段时间无法破解的难题。为解决这一问题，西方各国政府积极推动资方和劳方组织化，让资方建立行

---

① 刘易斯·科塞在研究群体性冲突时提出了"安全阀"理论，认为社会应该保持开放、灵活、包容的状态，通过可控的、合法的、制度化的机制，使各种社会紧张能够得以释放，社会诉求得以回应，社会冲突得以消解。

业协会,劳方建立工会,发生劳资纠纷后,工人不是找政府解决,而是由工会代表工人直接与资方或者资方所属的行业协会进行协商、谈判,这样既提炼、整合了劳方的利益诉求,增强了工人的话语权,又规范了双方行为,有效地避免了劳资冲突,其中的关键就在于形成了整合利益诉求的社会组织。而"社会组织的正常发育在我们社会中一直是一道未迈过去的坎,社会组织总是被当作可能带来不稳定的假想敌"。[①] 我国由于担心社会组织形成压力团队,形成对抗政府的集体行动力量,因此对社会组织基本持质疑与否定的态度,以致社会组织始终在化解矛盾纠纷中缺席,而政府在其中又事无巨细,最后不堪重负而被压垮。具体而言,当工人与资方发生劳资纠纷后,无论是现有的工会、行业协会还是其他人民团体,工人实际上无法通过其整合、协调利益诉求,也无法找到相应的行业协会约束资方,于是出了厂门就找政府,政府随即置身于矛盾的旋涡之中而无法自拔。这其中原因就是在于我们缺少了社会组织这一道缓冲社会冲突力量的安全阀。当我们没有公开、合法且有效的社会组织时,其他不合法的社会组织就会以隐性的方式取而代之。当前不少社会组织实际上处于隐性状态,有的因此还异化为涉黑涉恶犯罪团伙,有的受到国际因素的诱导而形成与政府对抗的不稳定因素。

"良好的国家治理总是与社会自治紧密结合的,国家治理体系越完善、越文明,社会组织在国家治理中的地位越受重视,作用发挥得越好。"[②] 本书认为,面对日益增多的矛盾和冲突,政府不能总是冲在矛盾的第一线,而应该跳出具体的矛盾纠纷,将整合、协调诉求的任务让渡给社会组织来承担,借助社会组织来解决具体的矛盾,形成冲突的缓冲地带。因此,针对社会组织实际上大量隐性存在而带来更多问题的现实,我们与其让这些社会组织隐性、无序地存在,不如正面引导之,一方面坚决取缔未经登记和从事违法犯罪的非法社会组织,依法查处在华进行非法活动的境外非政府组织;另一方面积极培育和引导,从登记、审批、准入、管理等环节规范各种社会组织,尤其是要规范好以地籍为单位的外来务工人员商会组织,充分发挥其凝聚民众意见、缓冲各种矛盾、隔离政府与社会冲突的积极作用,筑成一道防止群体矛盾向群体性事件和聚众犯罪转化的"防火墙"。

第二,建立和完善利益表达机制,减少利益表达的"非理性"和暴力。

[①] 清华大学课题组:《以利益表达制度化实现长治久安》,载《学习月刊》2010年第23期。
[②] 张文显:《法治与国家治理现代化》,载《中国法学》2014年第4期。

如前所述，聚众犯罪产生于对各种利益的不同主张，是群体在对利益的不同主张以及追求利益的过程中所实施的各种危害行为。因此，治理聚众犯罪，应建立和完善利益的规范表达机制，使利益的不同主张得以合法、有序表达。

在解决利益规范表达这一问题上，目前我们正面临两个选择：一是继续当前做法，即原则不批准集会、游行、示威申请，群众仍然通过群体性事件这一非法的方式进行表达；二是保障宪法规定的各种表达权，引导无序、非法的表达向可控的、合法的、有序的集会、游行、示威转变。前者是无序的、非制度性的、体制外的表达；后者是有序的、合法的、体制内的维权。本书认为，法治是国家治理的基本模式，是国家治理现代化的基本表征，是国家治理现代化的内在要求。任何一种"法外表达"都不是现代法治社会应有的现象。与其乱哄哄地任由前者"无序释放"，让矛盾以其更具破坏性、危害性的群体性事件及其聚众犯罪来解决，还不如开启群体性事件的"法治化"进程，给民众"法内表达"之门，引导其以更易于控制、表现方式更为文明的规范表达来宣泄，从而减少以群体性暴力事件进行"法外处理"的概率。

具体而言，规范表达机制首先要从防止冲突能量聚集，减少群体性事件和聚众犯罪发生的角度，为不同主张提供体制内所允许的表达渠道。为此，必须客观研究和评估举行集会、游行、示威活动可能对社会稳定造成的影响和冲击程度，在充分兼顾政府和社会综合承受能力的基础上，适当放开一个口子，解决一个疏泄渠道的问题，逐步改变多年来简单否决所有游行示威申请的习惯做法。其次，要规范表达方式，以不破坏公共秩序和不侵犯他人合法权益为限度，以法律程序严加调控，形成法律、制度、体制层面的诉求方式和诉求途径，让公民在体制、法律的框架内能够合法、有效、顺畅、便捷地表达诉求。这样，一是有利于减少公民利益诉求的"非理性"和暴力，防止不当的表达渠道和表达方式引发聚众犯罪，让无序的表达状态转为有序的表达状态，让对抗状态转为对话状态，让聚众犯罪的"突发性"和"偶然性"逐渐衰减。二是有利于社会矛盾和诉求得到及时的表达和暴露，使进一步展开利益协商和矛盾化解成为可能，避免社会矛盾长期积累而得不到疏泄，避免民众的不满情绪长期聚合演变为对社会有杀伤力的聚众犯罪。三是既使公民表达诉求有章可循，也使公安机关依法行事，各自按明确的规范和程序履行自己的义务，从而避免双方的尴尬和失措，最大限度地避免过双方死抗到头，最后不得不总体爆发的严重后果。

同时，还应充分考虑当前我国社会矛盾的复杂性与转型期的敏感性，采取妥善措施审慎进行，逐步放开。一是必须以"渐进、有序、可控"为原则，在保持国家和社会稳定，维护人民正当权益的大前提下推行。二是应选取一些民主法治建设较好的城市如深圳、珠海特区先行试点。三是应先从影响较小的问题如劳资纠纷等开始试行。四是必须在规定的区域内进行，并在试点期间借鉴广东南海本田停工事件双限制的做法，将劳资双方的冲突限定在工资、休息等具体的利益诉求范畴内，而不能上升到意识形态层面；把表达诉求的地点控制在厂区内，而不是任其蔓延到企业以外去。

第三，建立和完善利益协商机制，实现社会矛盾的自我调节、自我消化。诉求得到表达并不代表得到倾听，也不意味着问题可以进入政府和相关各方的议事日程。要使表达有效，必须在利益诉求明确表达的基础上，建立和完善利益协商机制，使矛盾各方通过对话和谈判自行协商解决，从而在群体性事件尚未发生阶段，就可以将诱发群体性事件的社会危机苗头给掐灭。

当前，80%以上的群体性事件属于利益诉求型的群体性事件，这些事件往往可以用市场经济规则和协商谈判的方式来解决。但是，利益获得群体在强势下往往不会给予利益受损者更多的协商谈判机会，如果这时外部的协商制度支持又不足，则将使利益受损群体普遍感到"不冲突无谈判"，到最后他们往往只能运用集体行动这种"弱者的武器"来迫逼政府及相关各方回应他们的诉求。如果政府反应不足，他们就可能进而采取堵路、围堵大门等更为极端的手段。让谈判的大门敞开，暴力才不会发生。"当社会群体在一定规则之下，通过协商谈判公平而又有效地自行解决彼此间的利益纠纷时，社会就初步实现了自我管理、自我调节。这时政府则无须事事介入。"[①] 在利益诉求明确表达的基础上，矛盾双方通过协商谈判进行规范化的利益博弈，以对话代替对抗，已被证明是避免社会矛盾升级为对抗性冲突的一条有效途径。本书认为，在从协商的规范化、程序化和公开化等方面进一步完善利益协商机制，搭建协商谈判平台，使其真正成为化解社会矛盾基本制度和重要渠道的同时，一方面，应加大对强势群体的法律约束，使他们在征地、拆迁、改制等方面保证弱势群体平等协商的机会，使双方能够通过协商自行解决彼此间的纠纷，从而达到矛盾自行消化的目的；另一方面，还要养成民

[①] 清华大学课题组：《以利益表达制度化实现长治久安》，载《学习月刊》2010年第23期。

众谈判协商的习惯，使他们自觉使用合理、合法的谈判协商方法去争取自身的合法利益，而不是通过集体行动和非法的手段去追讨。

第四，完善利益调解和裁决机制，增强司法机关"化解矛盾"的功能。我国历来注重"和为贵"，在化解社会矛盾中，把和谐理念融入国家治理体系之中，这无疑是国家治理现代化的应有之义。近年来，我国为了消解矛盾，在基层开始大力推行人民调解、司法调解和行政调解为主体的三大调解。从实践来看，这些调解通过第三方的斡旋和建议，在传达各方意向，缓解双方紧张情绪的基础上，为各方寻找建议性解决方案，并促成各方就解决方案达成一致，从而使矛盾和冲突得到化解方面确实取得了不少成功之处。然而，并不是所有矛盾纠纷都能够通过协商谈判和调解斡旋的方式解决，因此，无论选择哪种形式，争议必须得有终点，而不能长期地无边界地耗下去。因为法治社会的一个基本要求是：纠纷各方在穷尽各种裁决手段后，无论各方在这种裁决中得失如何，都必须服从和遵守依法作出的最终裁决。

在我国香港特区，凡是进入司法程序的案件，立法会一律不再接受申诉，市民尊重并信赖司法机关作出的最终裁决。① 然而，由于我国各级政府长期充当着全能政府的角色，老百姓往往只信政府而不信司法，一出问题就找政府，希望政府介入，以致我国现有法律虽然对群体性纠纷的诉讼虽有所规定，但在司法实践中却鲜有判例。本书认为，司法的一个很重要的功能就在于为纠纷各方提供一个通过用事实和证据说服对方从而理性地倾泄不满、平息冲突的"战场"，因此，完善并大力推行我国群体诉讼制度，增强司法机关"化解矛盾"的功能，让"司法机关承担起定分止争的社会责任"②已刻不容缓。

(二) 控之燎然：法治化的过程控制

如前所述，防控"具有犯罪心理的人""社会因素"和"情境因素"中的每一个元素，都可以预防聚众犯罪的发生。但是，每一个因素的治理难度是不一样的。对"具有犯罪心理的人"进行治理是非常困难的，因为个体在社会化过程中总是不知不觉地学习、效仿犯罪技巧，从而难免形成犯罪倾向。对"社会因素"的治理一直是人类的追求，但至今我们仍然无法消

---

① 胡建：《香港也有"上访"》，载《中国改革》2009 年第 9 期。
② 赵守东：《群体性事件的体制性症结及解决思路》，载《理论探讨》2007 年第 2 期。

除贫困和摆脱不公。相反,"情境因素"的控制相对来说却是简便易行且实际有效的。群体性事件中的聚众犯罪大都是由特定氛围引发的突变型犯罪,是某种特定的情境与环境"催化"在场者情绪激动而引发的群体犯罪行为。特定的时空、社会控制因素、侵害对象因素以及网络与国际因素等特定的情境和环境变量,在群体性事件升级演变为聚众犯罪中起着越来越大的作用。从这个意义上说,控制各种情境和环境因素就是控制聚众犯罪的捷径。加强对时空因素、犯罪现场控制、侵害对象等犯罪情境因素的控制,就能控制聚众犯罪的发生,相反,如果这些方面控制弱化,就会催化、引发聚众犯罪。所以,当我们很难做到"不让人去犯罪"时,那么我们就要通过"情境因素"这一捷径的控制,做到"让人犯不成罪"。因此,要在借鉴域外处置原则和模式的基础上进行本土化构建,通过启动程序和控制程序的严密设计来实现政府效率的提高和责任的明确,给政府防控群体性事件升级演变为聚众犯罪提供颇具操作性的具体行为范式,特别是提升国家在特殊状态、特定情境下的社会控制能力和现场处置能力。

1. 基本方向:凸显法治,淡化泛政治化处置

实践表明,近些年来,我国各级政府虽然制定了一系列突发事件处置办法和方案,但在法律层面可供执行的处置规定却付之阙如。而聚众犯罪治理的关键点是法治,是规则之治。因此,在借鉴域外经验的基础上,把聚众犯罪的处置纳入法治轨道进行常态化治理,才是确保长治久安的根本策略。

(1) 域外处置原则与处置模式

聚众犯罪并非我国所特有,而是作为一种社会现象普遍存在于整个世界社会发展的过程当中。域外国家或地区在长期实践中,不但有效地处置了大量的群体性事件和聚众犯罪,而且形成了一套包括处置原则和处置模式在内的较为完整的控制体系,对我国防控群体性事件升级演变极具借鉴意义。

首先,域外警察处置群体性事件所遵循的基本原则。经过多年的实践总结和研究,域外警方在处置群体性事件时需要遵循的原则主要包括公共原则、比例原则、程序原则以及中立独立原则、责任原则、平等原则、目的原则等,这些原则尤其是公共原则、比例原则、程序原则在对警方的处置行为形成必要限制,防止警察权滥用的同时,对警方处置群体性事件的原则和方向作了科学、合理的规定,对形成现场处置的法治路径具有十分重要的意义。一是公共原则。公共原则又称私生活自由原则,是指在处理群体性事件中警察权的行使应以维护公共秩序为目的,不得干涉私生活除非其私生活会

对社会公益或其本人造成重大危害。公共原则是"自由""人权"理念在处置群体性事件中的显现,在具体的操作层面,对个人权利遵循"法无禁止即自由",而对警察权应遵循"法无明文规定即禁止"。公共原则要求警方在处置群体性事件中要充分尊重和切实保障公民的基本权利,严格依法处置,避免警察权行使中的越位、错位和缺位。二是比例原则。所谓的比例原则,是指警察功能应止于能维持社会秩序所必需的最低限度。① 比例原则又包括最少使用武力原则、武力等级对应、避免现场刺激原则。由于群体性事件和聚众犯罪往往具有突发性、紧迫性,因此"一定限度内的警察权是为保障公民权所必需的,而超出这种限度的警察权则有侵夺公民权之虞"。② 不仅对警方的自由裁量权形成有效限制,而且以此为基本准则制定警方处置群体性事件的具体行动指南。三是程序原则。正当程序原则是程序正义的基本形式,是指警察在处置群体性事件和聚众犯罪时应严格遵循法定程序,保障警察权运行按照法律规定或基本正当的方式、步骤、手段与顺序来进行。程序具有限制权力的天然效能,可以对警察权进行密切、全程的控制,防止其对公民权利造成不必要的侵害;同时,程序可以明确责任,可以在群体性事件处置出现失误时迅速确定责任人,进行追责,有助于形成对警察权的制约和警察权的合法、适度、谨慎行使。

其次,域外警方处置的经典模式。一是伦敦模式。伦敦警方在处置群体性事件时展现出"先礼后兵"的绅士风度,而且还善于利用媒体进行舆论引导,以获取公众的同情和支持。按照英国有关法律规定,计划公开游行者应于实施日前六日将书面申请邮寄或面交警方。而警方会迅速与组织者进行面谈,并提出建议和要求。同时警方还会在游行当日进行有限的交通管制,从而有效地掌控游行的进程。警方在处置群体性骚乱事件时"先礼后兵",首先会派出小部分警员到人群中进行劝导,在劝导不起作用或者局面失控情况下,大批警员方才介入,救出先前的警员并以优势警力采取强硬措施迅速控制局面。

二是芝加哥模式。在美国,群体性事件被视为一种表达诉求、反映民意的方式,因此对其采取较为宽松的管理模式,其中芝加哥模式最为典型。在美国芝加哥,集会、游行、示威活动的举行无须得到警方的许可,只要活动

---

① 何靖:《论群体性事件中警察权的规范》,复旦大学 2012 年硕士学位论文。
② 陈兴良:《限权与分权:刑事法治视野中的警察权》,载《法律科学》2002 年第 2 期。

的进行以和平方式进行并且不违反相关法律,警方就极少干预。但作为一种习惯,大多数的集会、游行、示威活动的组织者会在活动之前将活动的意图、时间与地点告知警方,警方也会充分利用活动组织者在群体内部的权威和控制力,积极与其沟通,召开座谈会,并给其发放醒目的T恤衫,方便在集会时准确认出组织者,以便找寻。美国学者亚当斯在其所著的《警察勤务》一书中,对美国警方处置非法集会等活动的对策总结为六点,即围堵、下令解散、武力驱散、逮捕(包括强行带离现场)、现场管制和确立行动优先顺序。①

三是法兰克福模式。法兰克福警方的主要经验模式是注意区别三类人员、三种情形因情施策:其一,对非法聚集的群众,采取喷水、放瓦斯弹等镇吓行动,驱离民众离开现场使其不至于与警察形成对峙,或者投入特种警察用物理隔离的方法分隔聚集者后持警棍将其赶走。其二,对破坏秩序者,使用催泪弹强行驱散。在执法中,将着装警察与便衣人员同时使用,既由着装警察大张旗鼓地对破坏秩序者进行公开的摄像、拍照,以起威慑作用,又派便衣人员进入示威者队伍暗中监视取证。其三,对暴民进行镇压。其成功的做法首先是舆论先行,大肆曝光暴民的违法行为和危害后果,在取得社会公众和舆论媒体的支持后,才出动镇暴警察实施隔离民众、占领据点、强行驱散等一系列措施。

(2)规范现场处置的基本方向

当前,由于群体性事件具有政治属性和法律属性的双重属性,导致在处置由群体性事件引发的聚众犯罪中许多法律问题被泛政治化,不少在法律上理应受到惩处的聚众犯罪行为,政治上大多倾向于减轻甚至免除追究。这种泛政治化的处置思路和处置方式使得公安机关面对群体性事件时往往陷入"为与不为"的两难困局。这其中的主要原因就是我们前面所讨论的,在风险社会到来之时,各级政府及其公安机关却缺乏思想上和规则上的必要准备,缺乏所必需的舞台和法律。对此我们必须转换观念,在借鉴域外经验的基础上,形成关于群体性事件的新思维,通过法治化的处置路径,借力法律的明确性与程序性,形成法治化解决群体性事件及其聚众犯罪的新方式。

当前,我国正处于改革攻坚期,各种社会矛盾突出,"稳定压倒一切"

---

① 范明:《中外群体性事件问题比较研究》,载《中国人民公安大学学报》2003年第1期。

仍是时下我国发展的必然要求，倚重泛政治化的手段处置群体性事件及其聚众犯罪也是社会客观事实所产生的必然结果。同时，由于受到政治文化的浸染与群众诉求表达渠道不畅等诸多因素的限制，群众更多地选择非法律手段表达诉求来寻求政治化的解决方案，这也就催生了群体性事件和聚众犯罪处置的泛政治化。不可否认的是，用政治手段处置群体性事件和聚众犯罪对稳定社会局势，高效解决群众诉求确实起到了积极作用，但是泛政治化的处置模式始终无法解决处置群体性事件和聚众犯罪的规范化问题，警察权科学配置和有效运行问题，处置相似事件的一致性问题等，而这些问题的解决与否又关涉到警察权运行的合法性和社会长期稳定的大局。从长远和可持续的角度来看，众多的理论学者和司法实践者在不断探索处置群体性事件和聚众犯罪的过程中，必须时刻把握寻求法治化的解决方案这一大方向不动摇。当然，去除群体性事件处置中的政治化色彩并非一朝一夕所能完成，需要循序渐进地推进，但法治化的改革大方向必须始终坚持。

2. 主要进路：警察权的规范行使与程序约束

（1）警察权的职责定位

群体性事件及其聚众犯罪的发生缘由多种多样，如何解决群众这些诉求，大多时候不是公安机关自身职责，公安机关本身也无法从根本上解决具体的利益纠纷问题。但实践中，不少地方政府却把出警当作"第一手段"，将公安机关定位为实际利益问题的解决者，要求公安机关"提前介入"与群众进行谈判并疏导、解决矛盾，这既超出了公安机关的职责范围，直接导致公安机关职能的错位和履职的越位，也往往不能达到预期的效果，并容易使公安机关在疏导矛盾时与民众形成对立。

为此，应正确定位公安机关角色，从法律层面具体、明确地界定公安机关在事件中的职责任务，明文规定现场警察执法权限，使公安民警能够凭借清晰、明确的法定职责来依法履职，特别是能够在现场针对聚众犯罪行为依法使用警械和采取强制措施。这样不仅防止公安机关被指派去直接参与强征、强拆等非警务活动，而且可以摆脱目前公安机关既不能听任事态扩大，又不能激化矛盾，以致动静失措、左右为难的两难境地。提供服务、执行法律和维护秩序是地方警察的三种主要职能。[①] 本书认为，就防止群体性事件

---

① [美] 罗伯特·兰沃西、劳伦斯·特拉维斯：《什么是警察——美国的经验》，尤小文译，群众出版社2004年版，第10页。

而言，公安机关的角色是"党委政府的参谋和助手、处置工作的执法者和特殊状态下的群众工作者"①。而防控群体性事件演变为聚众犯罪，这才是公安机关应该严格履行的主要使命和法定职责，是公安机关处置群体性事件的主要任务和关键环节。可以说，能否将已经发生的群体性事件控制在一般违法之内，防止其向聚众犯罪演变，这是公安机关是否尽职尽责的重要标志。具体而言，其主要职责应该是：一是维持秩序，控制局势，防止现场局势失控，因此公安机关处置过程中应定位为现场控制者而非诉求解决者；二是制止、打击违法犯罪行为，平息事态；三是搜集现场违法犯罪行为证据。

（2）警察权的规范使用

按照警察权以上定位和有关规定，目前公安机关在处置群体性事件及其聚众犯罪中所拥有的警察权主要包括以下 9 个方面：a. 现场警戒；b. 检查、盘问、留置；c. 扣押、扣留物品；d. 交通管制；e. 现场管制；f. 现场新闻管制；g. 强令解散；h. 强行驱散；i. 强行带离现场或拘留。在这 9 项警察权中，使用警戒带、检查、盘问、留置、扣押、扣留物品、交通管制等做法是警方为防止群体性事件升级为聚众犯罪而采取的常规做法，实践中的争议亦不大，现实中，公安机关面对群体性事件最难把握的主要还是如何采取包括清场在内的制动机制。因此，依法、合理地适用制动机制，当成为破解公安机关"为与不为"尴尬困局的关键所在。

首先，制动机制的依法、合理使用。当群体性事件升级到聚众犯罪阶段无法以和平的方式解决时，就需要启动聚众犯罪的制动机制。这是各级政府及其职能部门采取隔离、现场管制、强行驱散、强行带离、戒严等措施遏止聚众犯罪的最后一道防线，也是控制聚众犯罪进一步扩大蔓延的武力压制性措施。对聚众犯罪它既有制动控制功能，也有强制镇压功能，对于社会基本秩序的维持起着至关重要的作用。

在适用制动机制的实践中，一些地方政府既存在过度使用暴力手段以致冲突升级的问题，也存在过度慎用暴力手段以致暴力分子恣意妄为的问题。如何把握好其中的"度"，本书认为，首先就是要掌握好制动的时机。由于聚众犯罪是群体性的犯罪，其涉及面广，牵扯人多，因此，面对聚众犯罪，如何通过造势争取社会舆论的支持最为关键。英国政府处置伦敦骚乱最为成功之处就在于其在采取制动措施前，通过媒体对骚乱者的行径尤其是打、

---

① 胡祖俊：《关于公安机关预防和处置群体性事件的思考》，载《公安研究》2009 年第 4 期。

砸、抢行为做了大量的渲染，同时通过大量媒体来报道社会大众对骚乱的普遍反感和谴责，甚至还报道伯明翰等地民众自发组织反骚乱和平运动，报道各地民众自发上街清除街面上的垃圾等。这些做法取得了舆论和社会大众的一致支持，使英国主流媒体与政府保持了高度的一致，也使英国公众迅速地站到了政府一边，纷纷要求政府平乱。有了这些前奏作铺垫，英国政府信心满满地动用了大批警察抓捕了三千多人，仅用了两三天就把数个城市的骚乱平息，并以"杀一儆百"的方式迅速严判数百名打、砸、抢犯罪嫌疑人而不至于引起社会反感。

其次，清场时机的判断。要依法、合理使用制动机制，其中最为重要的就是应明确公安机关清场条件，即采取强令解散、强行驱散、强行带离现场或拘留的时机。在香港"占中"事件中，香港警察在示威者占领金钟道后，为开通此道路并避免与示威者冲突，他们并未简单、直接采取清场的做法，而是先采用"开路不清场"的变通方法，到最后才采取清场措施。这种对清场时机及清场尺度的把握既达到了开通道路的目的，又避免了大的冲突，无疑是非常专业而有效的。

由于每一个群体性事件及其聚众犯罪在发生原因、地点、规模都各有不同，希冀设置一个完全统一的量化标准来判断清场时机实属过于理想的设想，这也为风险评估机制引入群体性事件和聚众犯罪的处置提供了契机。所谓风险评估，是指对风险事件可能造成的人身损害、财产损失及社会危害性程度进行量化评估的科学方法。具体到群体性事件和聚众犯罪的风险评估可以从以下几方面入手：一是事件性质判断。主要判断事件属于政治性事件还是非政治性事件，事件中是否有敌对势力、"三股势力"（指恐怖主义、分裂主义、极端主义）的参与。二是事件规模判断。事件规模是判断事件危急程度的重要指标，事件参与人数越多，聚变效应发生的可能性就越大，情势的控制难度也就越大。同时，参与人员的知识水平、职业、年龄等要素，也可以成为判断群体性事件和聚众犯罪危急状态的重要参考。三是参与者的情绪判断。参与者的情绪是推动群体性事件升级为聚众犯罪的重要因素，一般来讲，参与者情绪激动程度与群体性事件的危急程度成正比，参与者情绪越激动事件失控的可能性也就越大，反之亦然。此外，对群体性事件和聚众犯罪的风险评估还要考虑事件发生的时间、地点等多方面因素。

通过风险评估，依据群体性事件的紧急程度，可以将其分为五个等级状态：第一等级是指事件规模小、参与人数少、参与者情绪平稳，行为方式合法、未造成严重社会影响的群体性事件；第二等级是指参与人数较多、规模较大，参与者情绪出现对立倾向，已造成一定社会影响，事件存在升级隐患的群体性事件；第三等级是指参与人数重大、参与者情绪接近失控边缘，已造成较为严重的社会影响的群体性事件；第四等级是指参与人数众多，参与者情绪已经失控，行为已不受社会规范限制，已对社会秩序和公共安全造成严重威胁，已经出现非暴力型聚众犯罪行为，例如围堵、冲击党政机关、军事机关等重要部门；第五等级是出现打、砸、抢、烧等暴力行为。在第一、第二等级，警方不应清场而应将重点放在群众情绪的疏导上；第三等级时群体性事件参与者情绪已接近失控边缘，随时都可能发生聚众犯罪，因此，警方应在此阶段做好清场准备工作，保证清场行动的及时、高效；在第四、第五等级时，群体性事件已经严重危及公共安全和社会秩序，因此，公安机关应果断处置，发布解散命令，强制驱散并对拒不离开者强行带离或者拘留。

（3）警察权的程序控制

程序是衡量一国法治状况的标尺，它既赋予决策既定力，又能使责任分担更加明晰。目前我国在处置群体性事件及其聚众犯罪时更多的是采用政治性的解决方案，程序设计被漠视，处置启动程序和控制程序缺失，造成群体性事件的处置工作难以在法律规制下顺利进行。① 为了规范警察权的使用，我们对公安机关处置群体性事件及聚众犯罪的法律程序作如下设计：

一是启动程序设计。启动程序主要是通过明确出警条件和出警程序，解决依法用警和及时出警的问题，依法用警是为了避免警察权偏离法治轨道，及时出警是为了使公安机关既能够按时出警处置事态，避免丧失最佳处置时机。具体而言，本书认为，事件的性质、规模和行为激烈程度是启用警察的三个主要维度。

聚众者行为的性质决定着各级政府和公安机关的处置方法和处置力度，是警察权启动的前提和条件。但是在对事件进行定性的实践中，我们沿袭的还是政治思维方式，基本上是按照是否属于人民内部矛盾来定性群体性事件的性质，将群体性事件分为因人民内部矛盾引发的群体性事件和因敌我矛盾引发的群体性事件，其实如此定性政治色彩较为浓厚。本书认为，借以法律的明确性，以聚众者行为是否违法、是否犯罪作为事件的定性标准才是科

---

① 魏新文、高峰：《处置群体性事件的困境与出路——以警察权的配置与运行为视角》，载《中共中央党校学报》2007年第1期。

学、明确的。也就是说，聚众者行为具有违法性的按治安事件办理；聚众者行为触犯刑律的，除以推翻国家政权目的明确、煽动推翻现有政权行为严重等不属于普通犯罪的犯罪分子以危害国家安全定罪处罚外，对于涉嫌聚众犯罪的，原则上按聚众犯罪案件启动立案侦查。总的来说，是什么性质的案件就按什么性质的案件办理，可以作为聚众犯罪等普通犯罪处理的，原则上应以普通犯罪罪名定罪处罚，如此，才能使群体性事件的处置纳入法治的轨道运行。

聚众的规模（即参与人数的多少）是动用警察的重要因素。各级政府往往以参与人数的多寡将群体性事件划分为一般群体性事件、较大群体性事件、重大群体性事件和特别重大群体性事件，① 并据此决定是否用警、用警多少和用警方式，这样操作起来很直观、简便、易行。在警力的调配上，须恪守优势警力原则，并与比例原则相契合。所谓"优势警力"不单指警察人数众多（一般来说，应按照直接参与者与警察的1：2比例调配警力②），而是指人员、士气、装备、训练素质、战术等相互作用产生的综合优势。③

聚众行为的激烈程度是启用警察的主要动因，需要据此在事件的不同阶段科学用警。在群体性事件阶段，聚众者一般行为比较温和，在其萌芽期应备警而不出警，即备好警力但一般无须出警。在其酝酿期应出警而不用警，即出动警力主要是用于展示处置的能力和威慑力，警力一般摆放在现场外围，无须派出警力到现场处置。在其激发期，应迅速投入警力到现场，一方面维护秩序，控制事态；另一方面协助有关部门迅速化解矛盾。在非暴力型聚众犯罪时期，应迅速出警并以防止事态升级、降低损失为主要目标，综合运用交通管制、现场管制、强命解散等措施对现场事态进行管制。在暴力型聚众犯罪时期，应闻警而动、快速处置、强力平息事态。

二是控制程序设计。控制程序主要解决的是警察强制措施、警械以及武器使用等问题，既使公安机关严格使用相关警械和采取强制措施，又使其能够在现场针对非法行为甚至暴力行为敢于依法使用警械和采取强制措施。虽

---

① 本书认为，参照一些地方政府的实践，参与人数在3人以上、50人以下为一般群体性事件；参与人数在50人以上（含50人）、200人以下为较大群体性事件；参与人数在200人以上（含200人）、1000人以下为重大群体性事件；参与人数在1000人以上（含1000人）为特别重大群体性事件。

② 这个比例不包括只围观未直接参与的人员。

③ 范明：《中外群体性事件问题比较研究》，载《中国人民公安大学学报》2003年第1期。

然目前相关法律对警察使用强制措施、警械以及武器的条件进行了"底线设计",如绝不能使用杀伤性武器、绝不能造成流血死人事件等,但是这样原则性的规范并不能对公安机关处置群体性事件提供具体的行动指南,即未能解决公安机关在什么情况下采取(或不准采取)什么样的措施这一问题,这也使得公安机关的应对措施极易受到合法性的质疑,而且其自身也会承受巨大的责任风险。

对此,本书认为,对合法的集会、游行、示威的活动,虽非本书所探讨的群体性事件,但公安机关仍须积极发挥预防作用,保障集会、游行、示威等活动的顺利进行,并对可能(或已经)出现的非法苗头进行及时纠偏,必要时还可以进行有限的交通管制。对尚未扰乱社会秩序的群体性事件,不得动用警力直接处置,也不得使用警械和采取强制措施,但可以派少量警力去现场掌握情况,维持秩序,配合做好矛盾化解,并随时准备出警处置。对那些并未表现出暴力性但已经侵害到正常的社会秩序的非暴力型聚众犯罪,①应采取以下相应的管制措施进行处置:a. 实行区域性的交通管制;b. 设置警戒带,划定警戒区域,封闭现场和相关地区,未经检查批准,任何人不得进入;c. 加强重点单位、重要场所和要害部门的安全防范;d. 查验现场人员身份证件,检查嫌疑人随身携带的物品;e. 进行必要的新闻媒体审查。对以打、砸、抢等暴力方式实施的聚众犯罪,公安机关应该果敢采取强硬的强制性措施迅速控制局面,②拘留闹事者,平息事态。

3. 事前预警与现场控制

(1) 事前准确预警

聚众犯罪的质量互变规律告诉我们,绝大多数群体性事件及其聚众犯罪事前几乎都有一定的征兆,都是可防、可预警的。实践证明,预警机制是防范和化解社会矛盾的可靠手段。构建快速、准确、灵敏的社会稳定预警机

---

① 这类情形主要有:(1) 大规模人员违规集体上访影响社会治安和公共交通秩序的;(2) 人数较多的非法聚会、游行、示威等,影响社会治安和公共交通秩序的;(3) 非法集体罢工、罢课、罢市,极有可能发生行凶伤人或打、砸、抢烧的;(4) 非法组织或邪教组织的较大规模聚集活动;(5) 其他非暴力聚众犯罪行为。

② 这里所讲的强制性措施包括:(1) 责令解散。发布命令或通告,责令围观人员立即离开现场,责令聚众组织者立即解散队伍,责令聚集的人员在限定时间内迅速疏散。(2) 武力驱散。对超过限定时间仍滞留现场人员,可以使用必要的驱逐性或制服性警械强行驱散,但要尽量避免伤亡。(3) 拘留(包括强行带离现场)。对经强行驱散仍拒不离去的人员或者进行煽动的人员,应该立即制止并带离现场或者予以拘留。

制,在快速收集、研判社情民意、舆情动态的基础上,对不稳定因素进行灵敏、准确的预警,继而通过主动化解矛盾,正确引导舆论,就可以见微知著、防微杜渐,把矛盾冲突消除在初始阶段和萌芽状态。

首先,快速、全面收集情报信息。在2011年7月发生在美国旧金山的骚乱中,美国当局的处置行动尤其是在快速、准确获取情报信息方面的做法值得借鉴。在7月3日,旧金山警察以袭警为由开枪打死希尔后,美国当局即迅速获取了民众准备抗议的时间、地点等信息。根据这一关键信息,当局遂以法律严禁在地铁站台开展抗议活动为由,采取断电的方式中断了这一区域内的手机通信,成功地堵截了民众组织抗议的渠道。美国处置旧金山骚乱事件的经验告诉我们,大多数群体性事件从轻微摩擦到激烈冲突一般都有一个量变到质变的过程,如果能早发现,矛盾就能早化解;如果能早预判群体性事件转化为聚众犯罪的可能性,就能早备警。而要做到早发现早预判,首先情报信息的收集必须快速、全面。当前,应以县、镇、村三级为重点,完善矛盾纠纷排查机制,通过定期排查、敏感期排查、重点问题专项排查以及召开经常性的民情分析会等形式,在基层普遍建立民情反馈网络和涵盖社会各个角落的情报信息收集网络,广辟信息渠道,延伸信息触角,及时获取预警性情报信息,密切掌握利益诉求和群体动态,敏锐感知影响社会稳定的变化动向。

其次,准确研判、预警。在信息收集基础上,必须建立群体性事件信息的研判与预测机制,针对特殊时间节点可能出现的不稳定因素,对收集的情报信息进行筛选、甄别,通过定性、定量分析以及关联研判,从中发现带有一定趋向性和规律性的预警信息,从中预测群体性事件演变为聚众犯罪的可能。

再次,推行风险评估和预警机制。当前,个别地方决策不科学、不民主、不合法的问题已成为群众闹事的"导火索"。2006年以来,我国一些地方纷纷上马核电项目,但项目上马之前,当地政府既没有对项目本身的可行性、合理性进行充分论证和公开听证,征求公众意见,也没有对项目可能引发的不稳定因素进行排查评估,而是草率决策,匆匆上马,结果引来群众的不满,尔后又戛然停止,匆匆收场,这样既引发了不稳定因素,又造成了人力、物力的大量浪费。对此,涉及群众利益、社会热点的重大项目、重大决策,事前必须经过缜密论证,进行可行性、合理性、合法性和风险可控性等评估,确定风险等级,提交评估分析,决不能草率决策。对存在稳定风险的项目、决策必须及时预警，暂缓实施，待涉稳风险化解后再行实施。推行这一机制应注重公开听证，广泛征求意见，尊重群众的知情、参与、表达和监督权，最大限度地保护好群众的既得利益不受损害，最大限度地保障群众在项目发展中能够获得利益。

最后，准确把握舆情走势。广东"乌坎"事件表明，新时期中国社会中公民采集、加工和扩散信息的能力在持续加强，事件网络化、信息国际化的趋势日渐明显。这就要求包括公安机关在内的各级政府必须尽快适应互联网时代群体性事件及其聚众犯罪的新变化，改变传统做法，关注网络舆情动态，注重舆情分析研判，准确把握舆情走势。为此，应改变过去各级政府"自己主动发声少，要求删帖多"、错失舆论引导先机的被动局面；改变一味回避外媒的传统做法，而主动面对境外媒体，主导引导外媒采访，有效影响境外舆论；改变网络管理压力集中在力量有限的省级层面的疲于应付局面，在市县两级建立专门的网络管理机构，打造一支熟悉网络规律，懂得境内外受众心理的宣传队伍，唯有此，才能在舆论博弈中赢得主动。

（2）现场因情施策

群体性事件现场瞬息万变，如何控制没有固定模式。本书认为，总的原则必须从有利于尽快制止和平息事态、控制事态发展蔓延为前提出发，在事件的酝酿、发酵、升级等不同阶段，因情施策、化聚为散、化激为顺、化堵为疏，以最小的代价获取最大的社会效益。

首先，化聚为散。实践证明，当民众聚集形成规模群体后，能否有效化聚为散是防止事态蔓延、升级的关键。要化聚为散，应善用"庖丁解牛"之法，由外而内，迅速将参与者与一般群众剥离，将核心层与附和层剥离，把聚集群体疏导劝散在事件外围。其一，应迅速实行区域性交通管制，通过设置警戒带、划分警戒区域，封闭现场，物理隔离核心层与外围的联系。实践证明，"见事迟、反应慢"是因小失大，错失将事件处置在萌芽状态、初始阶段良机的致命伤。封闭现场和相关地区必须突出一个早，在形成大规模人群之前先行实施才能有效。其二，应清除外围容易导致聚集围观的土壤，增强交通疏导，使行人走而不围，车辆行而不停，一方面防止因群众围观造成更大规模的群体聚集，另一方面也是防止交通事故等意外发生。"价值累加理论"关于导火索的论述启示我们，妥善处理导火索事件，对防止其引发更大规模的聚集行动非常重要。外围众人围观极易造成交通事故，这时即使是一个极小的交通事故，但是都可能成为大规模冲突的导火索。因此，加强外围交通疏导，防止交通事故等意外事故的发生尤为重要。一旦交通事故等与事件无相干的意外事件发生，应迅速取证，并将相关人员带离处理。在事件现场，密切关注现场参与者的言行，防止其向现场外蔓延、扩散；掌控和制止为首者的不良言行，减弱聚集人群的从众心理；公开取证，打消群众"法不责众"的心理。因此，在事件现场，除充分利用当地已有的录像监控外，应充分运用各种工具加强现场的证据收集，明确警示参与者并不处于匿名状态，从而强化社会规范和社会控制的约束力，营造依法妥善处置的舆论氛围。

其次，化激为顺。民众聚集成众后，情绪容易激动并出现串联、群访频繁、越级求助和过激言行，潜存着把事情闹大的苗头。这是从发酵到爆发的"临界点"和"分水岭"，虽然整体上仍处于可控范围，但必须尽快分清人员的层次，针对不同对象因情施策，这样才能给"待燃烈火"降温，化激为顺、险为夷，把事态稳住。为此，第一，应谨慎对待为首者。为首者在事件发生演变过程中处于非常关键的枢纽地位，对其既不能违法打压，以致激起民众更激烈的反抗，也不能采取收买的方式助长"闹"的逻辑。在理性看待其作用的基础上，既严格依法对为首者的一些违法行为进行惩罚，又注意加强对话和沟通，获得他们对政府行为的支持。通常为首者只是在幕后策划、组织，并不一定都会出现在事件现场。如果为首者出现在现场，那么聚众者很容易受到其言行的影响。此时，应迅速查清其前期违法犯罪事实，在此基础上，再与之警示谈话，对其进行瓦解后，最后才适时依法处理。第二，应善待善用意见领袖。重视其所提意见，赢得其理解支持，而不是视其为敌对分子，将其推向对立面。在此基础上，让这些意见领袖在关键时刻发声，为缓解民众情绪、顺利处置群体性事件助力。第三，应区别对待其他参与者。针对现场人员组成临时性、松散性的特点，在瞄准为首分子重点瓦解突破后，应依照组织、指挥、策划者与参与者，积极参与者与其他参与者，利益相关者与围观者，合理诉求者与无理闹事者等多个层面，尽快分清其他现场人员的层次。对积极参与者，应晓之以理、明之以法、导之以行，促其理性表达，依法维权；对在事件现场起哄助威的同情者和围观者，尤其是当群众情绪激动并做出一些过激行为时，要在做好解释、教育的同时，迅速疏导、隔离，迅速劝离现场，防止其被利用而卷入违法犯罪行为之中。

再次，化堵为疏。事实证明，现场对话对于缓解情绪，防止事态极端化、白热化极为重要。事件爆发初始阶段，各级政府和职能部门领导一定要到现场,而且必须第一时间到现场,必须到第一现场主动与群众对话,听取诉求,给群众吃"定心丸",能答复的现场作出承诺,答复不了的承诺开展专门调查,确有困难的承诺一定限期回复。现场对话应谨言慎行,不说激化矛盾的话,不搞逾越法律之外的"法外处理""破格处理",切忌乱表态,让事情变得不可收拾。由于问题反反复复得不到合理解决,失控群众在骨干人员组织下将迅速形成规模聚集,并采取堵塞交通、围堵党政机关等过激行为。在群众作出不处理即破釜沉舟的强硬表态后,各级政府领导应抓住稍纵即逝的最后机会,快速反应、积极对话、加强疏导。

最后,稳定民心。如果领导不敢对话,躲、拖、瞒、压,那么事件就极易演变为打、砸、抢、烧,并引起一系列连锁反应。而和群众斗狠争输赢,动辄出警抓人的做法并非明智之举,不仅解决不了问题,而且只会激化矛盾,引发新的冲突。堵不如疏,各级党委、政府应变堵为疏,立足教育疏导,综合运用政策、法律、经济、行政手段和教育、沟通等方式,引导群众以合法、理性方式表达诉求,千方百计缓解现场的紧张气氛,防止事态的进一步恶化。

(三)治之已然:司法化的犯罪矫治

"治之已然"侧重的是已经发生并造成危害后果的聚众犯罪,是国家运用刑事法律手段对聚众犯罪行为的事后制裁和惩戒,也是遏制聚众犯罪行为的最后一道防线。其目的在于通过刑事政策的设计和刑法的正确适应,体现和发挥"刑罚刚性"惩治聚众犯罪行为,并借此引导人们谴责、抵制聚众犯罪,告诫人们不敢以身试法。关于群体性事件中聚众犯罪的刑法应对,将在后面章节具体论述,为避免重复,此处暂不展开。

第七章
群体性事件刑法规制的根基与现状

刑为盛世所不能废,而亦盛世所不能尚。面对频发的群体性事件及其日益严重的社会危害,刑法作为调整社会关系的最后手段,可确保群体性事件在社会结构容许的范围内可控发展并有效发挥其平息社会冲突的功能、缓解日益深化的社会矛盾。但正确处理自由和安全的冲突,是刑法规制群体性事件必须明确的基本前提。刑法在规制群体性事件和着力打击有关涉众犯罪时,必须坚守刑法的谦抑本性,掌握群体性事件所涉刑法的适用限度,确保刑法保障人权和自由的底线不被突破,方能妥善处理群体性事件,达到刑法规制政治效果、社会效果和法律效果的有机统一。显然,要想在处置群体性事件中达到上述三种效果的有机统一,离不开对群体性事件刑法规制的根基与现状的深入考察,这也是后续研究群体性事件刑法应对机制建构的基础。

第一节 群体性事件刑法规制的根基

在部分群体性事件冲突不断升级之时,虽然不能过多寄希望于国家的强制暴力和本身就蕴含着容易侵犯自由与人权风险的刑法,但为了大多数人的安全和社会秩序的稳定,也不能一味地寄希望于息事宁人的妥协、退让的

"无为"，助长部分群体性事件参与人员的盲从和激进情绪，刺激群体性事件恶化升级。一般而言，犯罪防范的范畴要远远大于刑事处罚的范畴，但基于刑事处罚本身所具有的社会秩序的维护机能，可以将刑事处罚看作是犯罪防范的重要部分。刑法所具有的惩罚犯罪和预防犯罪的机能最终都要通过刑事处罚来实现。因此，刑事处罚是犯罪防范的应有内容，二者是包含与被包含的关系，不能人为地将二者割裂。将二者的关系投射到群体性事件引发的群体性犯罪防控领域，对群体性事件中实施严重社会危害行为的人，尤其是在由群体性事件恶化升级为聚众犯罪的情形中实施暴力行为的行为人，给予相应的刑事处罚是必要的，其不仅对制止和预防这些暴力犯罪行为具有直接的效果，对整个群体性事件的控制和妥当处理都具有重要意义。因此，无论是从群体性事件日趋严重的危害后果的现实来看，还是从其刑法规制的防卫需要来看，抑或是群体性事件刑法规制的法律基础来看，对群体性事件的刑法规制均具有重要意义，刑事处罚与群体性事件控制的内涵是相通的。

一、群体性事件刑法规制的必要性

群体性事件的频发，不仅直接冲击和谐安定的民生秩序，而且妨碍经济发展与社会进步的稳定局势；不仅阻碍和谐社会的建设进程，更制约着中国梦的顺利实现。近几年发生的群体性事件的几点新态势值得我们关注：一是群体性事件引发诱因日趋复杂、涉法闹访现象频繁出现；二是群体性事件的数量不断攀升、规模不断扩大；三是群体性事件的危害后果越来越严重、处置难度日渐加大。

（一）群体性事件社会危害的控制之需

近年来，群体性事件呈现出参与主体多元化、行为方式激烈化、事件的发生和发展组织化以及舆论媒体推波助澜深入化等特点，同时这些复杂因素的综合叠加，致使当下社会转型时期的群体性事件的社会危害后果日趋严重，对群体性事件的控制和处置难度不断加大。

群体性事件发生的数量不断攀升、参与人员的规模也不断扩大。在目标选择和行为选择上，他们动辄围堵机关大门、阻断交通干线、冲击党政机关、企事业单位，甚至上升到打、砸、抢、烧等行为。这一方面严重干扰了党政机关、企事业单位的正常工作或生产秩序，严重影响了人民群众的安定祥和的生活环境，甚至造成财产损失、民众的伤亡；另一方面，也冲击了社会主流的价值观念和社会心态，特别是在个别被敌对势力或反动宗教组织利用或操纵的群体性事件中，境外敌对势力和国内敌对分子心怀叵测、借机炒作、诬蔑夸张，在事件背后操纵、渲染，使事态进一步恶化、局势进一步紧张，从而给国家的政治稳定和执政根基造成破坏，甚至不惜采取暴力性恐怖活动，这些无疑损坏了党的形象，削弱了基层政府的社会控制能力，给惶恐不安的民众的价值观念和心态造成不利影响。

尽管群体性事件是民众诉求表达的一种方式，但由于其多变性和不可控性，民众聚集后的非理性因素极易被触发，使参与者突破社会规范和理性因素的制约而做出一人不敢为的过激行为甚至是暴力行为。这种暴力化的群体性失范行为严重侵蚀社会正常秩序，破坏法律尊严。对此，民法、行政法等法律只能"望洋兴叹"，而作为社会最后一道防线的刑法就必须适时出手，以不可避免性和严厉性对其加以惩治，特别是对暴力型群体性事件的首要分子和积极参加者追究刑事责任。同时，刑法的处罚既能增加不法分子参与群体性事件的成本，减少其对潜在收益的预期，也能起到示范与警示效果，对潜在发动人群的心理模式和预期判定形成干预，进而促使其改变行为，从而减少恶性群体性事件发生的可能性，发挥良好社会规范的引导作用。由此可见，刑法作为处置群体性事件的坚强后盾和关键节点，是规制群体性事件的"必备品"。

（二）群体性事件社会心理的控制之需

从群体心理方面来分析，在群体性事件中，个人在融入群体之后，一般比较容易丧失自己独立的判断能力，甚至丧失自己平时最基本的思考能力，在群体里保持一种茫然而躁动的状态。在此状态下，群体参与者就很容易受到各种暗示的支配和情绪的感染，同时由于行为模式的效仿，很容易将这种暗示或感染付诸行动。[①] 暗示的支配、情绪的感染和行为模式的效仿三者相互影响、互相推动，逐步形成群体性事件发生的一个带有事件参与者语境下普遍"合理性"的社会情景。在该种情景下，事件参与者由作为独立个体时的自制与冷静不断走向集群的失控与狂热，其他非直接利益相关者也容

---

① ［法］古斯塔夫·勒庞：《乌合之众——大众心理研究》，戴光年译，新世界出版社2010年版，第137～138页。

易与之产生同情的心理共鸣，在客观上助推着群体性事件不断恶化与升级。①

在群体性事件的参与人员的群体中间，任何一种感情或行动都会很容易被传染，其传染的程度之强，甚至可以让一个人为另外一个与他毫无任何关系之人作出奉献乃至牺牲。一个被群体情绪传染的人在群体中会觉得到自己的力量与平时相比是前所未有的强大，群体性事件参与人员的行动在被群体情绪传染后，会完全听凭于群体中另外一种陌生力量的主宰，使他表现得与平时相比几乎完全是另外一个人。此时的群体性事件参与人员就容易表现出自我人格的弱化，无意识人格将会起着较大影响的作用，情感与思想在暗示和传染的作用下逐渐向另一个方向转变，并且暗示的观念有可能随即转化为行动或暴力的冲击，平常理性、温和的个人在群体中就会演变为群体性事件中一个个野蛮的玩偶。② 这就是古斯塔夫·勒庞所说的"感染理论"，即在群体性事件中，当群体性情绪达到某个节点之时，参与人员的个体心理便会发生极端的情绪变化，这种情绪变化会使其失去理性的自我控制能力，激烈的冲突行为甚至是暴力行为便会得以鼓励并传播，进而就会演变为聚众性的暴力犯罪。尤其是在面临某些问题长期得不到解决时更容易使人们趋向于团结，在遇到某种具体环境使人觉得使用暴力是一种合乎情理的反应时，一旦有激情行为的发生，便会呈现迅速蔓延之趋势，使得其他群体参与者纷纷相互效仿。于是，在这里聚众和群体自然也就成为行为激烈化和情绪对抗化的温床。③ 乌合之众的无名称群体往往不欢迎理性，多青睐狂热；往往缺乏温和与教养，有的多是偏执与专横；往往喜欢接受简单而又极端的东西，又缺乏观察力并且爱用形象去思维。此时，如果某些居心叵测之人进行煽动、鼓舞或是对真相进行歪曲，便构成暗示的起点。这种被歪曲、夸大的暗示信息再经由群体无意识这面"哈哈镜"的放大，便会弥散式地迅速传播开来。乌合之众的无名称群体在这种幻觉与激情的暗示机理推动下，从最初一个不起眼的流言蜚语或个别人煽动语言的提示开始，再通过群体传染的相互传递

---

① 于建嵘：《当前我国群体性事件的主要类型及其基本特征》，载《中国政法大学学报》2009年第6期。

② [法]古斯塔夫·勒庞：《乌合之众——大众心理研究》，戴光年译，新世界出版社2010年版，第10~14页。

③ [美]杰克·D. 道格拉斯、弗兰西斯·C. 瓦克斯勒：《越轨社会学概论》，张宁、朱欣民译，河北人民出版社1987年版，第274~275页。

过程，歪曲的哈哈镜信息就容易占据整个群体参与者大脑的思维细胞。这时，该群体参与者所有个人的大脑就如同接受了一道期待已久的命令，加上"群体无名氏""群体无责任"和"恃众无恐"的从众心理，以及"数量就是正义、人多就是真理"的群体无障碍意识的膨胀，还有首要分子的组织、指挥和个别积极参加者的先锋与鼓动，群体性事件参与人员就会立即效仿、积极行动，去做出平时作为一个个体完全无法想象的任何极端之"壮举"，或冲击机关、堵路封桥，或掀车焚燃、殴打他人，或打砸破坏、抢掠财物，或持械群殴、致人死伤。至此，行为的激烈与情绪的对抗相互交错、升级，使得群体性事件的局面愈加难以控制。

　　刑法作为群体性事件防控的最后一道防线，不能仅仅作为一种在群体性事件事态恶化升级后消极被动的惩处机制而存在，更应该发挥刑法作为促使民众社会行为规范化的导向指引作用，对群体性事件的发生及控制提供一种一般预防的警示作用。刑法不但应该积极有效地惩处群体性事件造成的实然犯罪的行为，也应该关注群体性事件涉事人员的未然的激烈冲突行为，以及潜在的聚众性暴力犯罪，在群体性事件中潜在的涉众犯罪人中制造规范障碍，在刑法的一般预防层面降低群体性事件涉众犯罪的发生概率，减少引发群体性事件有关涉众犯罪的诱发因素。因为，虽然通常群体性事件的参与者在群体性事件中多是表现出非理性的"受感染的盲从"和"群体性的催眠"，但这些"乌合之众"的群体性事件参与人员也并非自始就完全无理性。在群体性聚集的盲从和激情背后，在群体性事件参与者的闹事情景下，存在着行动者具体的利益成本的计算理性，每一个人都有一种优先关注个人自身利益的思维倾向，在个体参与群体性的集体活动之前，会考虑到"群体无名氏"和"群体性无责任"的风险最低化，认为参与群体性活动能解决问题，是个人自身利益得到实现操作最方便、成本最小的途径和手段，才倾向实行。所以，奥尔森的"集体行为理论"认为，在任何的集体行为之中，行为者的个体总是根据自己个人的边际利益来决定自己的行为，而不是根据群体的利益来决策；当行为者个体的潜在利益大于为群体利益而参与其中所付出的成本时，个体就会选择参与群体性的集体活动；而当参与群体性集体活动所付出的成本大于个体将得到个人利益之时，个体往往就会选择退却参与集体活动。

二、群体性事件刑法规制的可行性

群体性事件参与者部分人员的策划、组织、指挥行为以及少部分积极参与人员的过激行为或暴力行为，无论是基于犯罪的社会危害性的实质要件，还是基于刑事违法性的法律形式要件，抑或是基于应受刑罚惩罚性的责任要件，大多已经构成刑法中的犯罪行为。对此，一方面，无论是从有关群体性事件所涉犯罪行为的"行为不法"实质根据的行为功利主义刑法观，还是从"行为不法"实质根据的规则功利主义刑法观来看，面对群体性事件的合理规范与处置均有刑法规制可行性的理论根基；另一方面，刑法无论是在刑法总则中还是在刑法分则中，均对群体性事件所涉犯罪的相关行为作出了明确性的规定，既有有关群体性事件所涉犯罪行为的总的指导性规定，也有有关群体性事件所涉犯罪行为的具体罪名和轻重衔接的刑罚的具体性规定，为群体性事件刑法规制的可行性提供了规范基础。

（一）群体性事件刑法规制可行性的理论根基

刑法"不法行为"的功利主义是根据行为本身所产生效果之好坏来判断行为的正当或者不正当，其主张为了更好的结果可以放弃对日常行为准则的遵守。因为确立规则就是为了保护法益，在例外的场合，应当采取结果无价值的立场，保护法益的选择要优于对维护规则的选择；具备了行为好坏的判断结果只是具备了违法（刑法）与否的第一个条件，还要具备刑法是否有必要对之谴责的责任条件，才能进入刑法的视野。但是，群体性事件中首要分子的组织、策划、指挥行为，以及部分参与人员的部分激进行为甚至是暴力行为，在刑法的行为功利主义认识下，也不能将之评价为正当的行为，因为这些行为确实危害了正当的社会秩序，侵害了大部分人生产生活稳定秩序的法益。[①]

刑法"不法行为"的规则功利主义刑法观，则认为一个行为是否实质违法的判断，应根据该行为在相同的具体环境里，每个普通人的行为应该遵守规则好坏的效果来判定，它是在行为是否符合规则的判断之中来寻求行为是否属于实质违法的判断根据。例如，在虚拟的网络信息社会，大部分网络自由人在鼓吹"以谣言倒逼真相"，现实的网络信息社会却是真相最终被抛

---

① 蒋安杰：《行为功利主义与规则功利主义之辩》，载《法制日报》2010年3月24日。

弃在一边，网络谣言对无辜者的造谣中伤、对社会稳定秩序的破坏和有序网络环境的扰乱已是真切可见。网络自由人在信奉"网络可以自净一切"的同时，殊不知在网络"自净"功能尚未启动之前，许多网络信息犯罪和其他严重破坏网络秩序、社会稳定的犯罪行为已经发生。现代网络信息社会的发展历程和诸多域外实践证明，现代通讯的网络规制交由法律来主导，不仅不会扼杀现代通讯和网络传媒的网络活力，相反还可以取其精华去其糟粕，激发更多网络信息社会正能量的产生。用法治规则规制和推动网络信息社会健康发展，这是国际社会的通例做法，也是当下中国的理性选择。比如，美国就曾在多起司法判例中针对"网络诽谤"行为进行了法律的严惩，同处亚洲的日本也早已将刑法延伸至网络信息的领域。①

群体性事件中首要分子的组织、策划、指挥行为，以及部分参与人员的激进行为甚至是暴力行为，基本上突破了刑法规范所要求的基本社会规则，甚至是给社会安全和民众人身、财产安全带来严重的法益侵害。所以，从行为不法实质判断根据的规则功利主义刑法观来看，更具备了群体性事件刑法规制的必要性和法律基础。另外，在刑法理论中，既有处置群体性事件所涉犯罪行为适用的共同犯罪理论、一罪与数罪的罪数形态理论、犯罪集团理论和团伙犯罪理论，也有具体行为所涉及的聚众犯罪理论、有组织犯罪理论和煽动型犯罪理论，为群体性事件刑法规制的司法应用提供了适用理论。

(二) 群体性事件刑法规制可行性的规范基础

首先，刑法总则有关群体性事件所涉犯罪的适用规定。《刑法》第13条关于犯罪含义的"但书"规定就为群体性事件参与主体中部分人员的出罪设置了一条通道，也为依法处置群体性事件过程中适用刑法的谦抑性提供了明确的规范前提。《刑法》第13条中有针对破坏社会秩序、侵犯公私财产和侵犯公民人身权利的"情节显著轻微危害不大的，不认为是犯罪"的规定，为大部分群体性事件参与人员最后做"无罪化"处理提供了明确的规范保障。例如，《刑法》第293条第1款第4项规定的寻衅滋事罪的情形，"在公共场所起哄闹事，造成公共场所秩序严重混乱"的情形，司法实践中多在群体性事件事后的刑法干预中适用到了《刑法》第13条的"但书"而予以除罪化处理。因为从《刑法》第293条的刑法条文来看"寻衅滋事罪"

---

① 参见人民日报评论员：《用法治营造清朗的网络空间》，载 http://www.mps.gov.cn/n16/n1252/n916512/3896880.html。

犯罪主体是一般主体，不像《刑法》第289条中规定的"抢劫罪"、第291条中规定的"聚众扰乱公共场所秩序、交通秩序罪"，只有首要分子才构成相关犯罪的主体。发生在公共场所的群体性事件参与人员，大部分都是发泄自身私愤者和平时对既有规则不满的无直接利益相关者，基本上参与在公共场所发生的群体性事件的所有人员都是《刑法》第293条第1款第4项所规定的寻衅滋事罪的犯罪主体，其主观故意和客观方面也具备《刑法》第293条第1款第4项所规定的寻衅滋事罪的犯罪客观方面的要求，即均都构成《刑法》第293条第1款第4项所规定的寻衅滋事罪。但对发生在公共场所的群体性事件所有参与人员都要定罪处罚违背了"法不治众"的基本法理常识，违背了刑法谦抑的本性，也不现实。所以，《刑法》第13条的"但书"规定就成了群体性事件刑法规制的重要刑法规范。

其次，刑法总则有关犯罪预备、共同犯罪、主犯、从犯、胁从犯、教唆犯以及首要分子的规定。它们共同为依法处置群体性事件的事前刑法介入、事中刑法介入和事后刑法处置提供了有章可循、有法可依的规范保障。其一，群体性事件刑法规制关于犯罪预备的刑法适用问题。在我国刑法的适用中，虽然《刑法》第22条对预备犯作出可以参照既遂犯从轻、减轻或者免除刑事处罚，但司法实践中对预备犯一般没有予以刑事处罚。我国的刑法适用是以处罚实行犯为原则和以处罚预备犯为例外相结合的刑事规制原则，对于群体性事件的刑法规制也应遵循这一原则。但是，面对严重威胁社会安全或其行为一经实行就会导致严重社会危险的发生或规范的被破坏之行为，刑法便提前了对实行行为的规制介入而设置了煽动型犯罪，也有的称之为行为犯或举动犯[①]，即只要行为人一经着手实行，犯罪即告成立。我国刑法犯罪圈提前介入到预备阶段的行为主要是那些对社会法益具有严重侵害性的预备行为，比如煽动型犯罪，组织、领导、参加黑社会性质组织与组织、领导、参加恐怖组织罪、资助恐怖活动罪等。在群体性事件中涉及刑法规制提前到事件发生前的预备阶段的犯罪圈，主要涉及煽动民族仇恨、民族歧视罪和煽动暴力抗拒法律实施罪。群体性事件刑法规制关于共同犯罪和首要分子的刑

---

① 有学者认为，煽动型犯罪宜作为举动犯进行认定。因为行为犯与举动犯的区别，仅在于行为的法益破坏程度与持续时期的长短不同，而并无质的区别，较之于脱逃罪等具有为犯特质的犯罪而言，煽动型犯罪缺少法益与时期两方面的严格限定。参见李凤梅：《群体性事件的刑事干预》，载《沈阳师范大学学报（社会科学版）》2012年第2期。

法适用问题。在群体性事件刑法规制的事中介入和事后处置中，无论是采取刑事拘留、逮捕等刑事强制措施，还是在群体性事件处置后的刑罚，必须严格、正确适用《刑法》第 25 条、第 26 条、第 27 条、第 28 条、第 29 条和第 97 条关于共同犯罪、主犯、从犯、胁从犯、教唆犯和首要分子的规定，理性甄别群体性事件参与主体犯罪与否，合理界定事件参与者涉嫌犯罪的罪数形态，正确区分和认定事件参与者涉嫌犯罪的有关量刑情节。只有这样，才能遏制近几年群体性事件所涉犯罪行为的不断攀升之势，妥善解决好大都事出有因、事件参与者有理、政府有过错、公民欠缺理性的诉求表达方式而造成的群体性事件，多用行政手段、少用乃至不用刑事措施可能是更优的选择。理性面对当下关于群体性事件处置中的行政化应对路径，合理界定群体性事件中合法行为、一般违法行为与刑事犯罪行为的界限，是确保国家刑事法制统一和实现"有法可依、有法必依、执法必严、违法必究"的应有选择，是确保群体性事件刑法规制既不缺位又不越位的适时、适度举措，确保群体性事件刑法规制的政治效果、社会效果和法律效果的有机统一的可行路径。

另外，刑法分则有关群体性事件所涉犯罪的规定。由于群体性事件的根源因素多涉及不止一个人的社会利益问题，所以一般情况下群体性事件所涉及的犯罪多侵害正常社会秩序法益，故其所涉罪名多规定在《刑法》第六章妨害社会管理秩序罪中第一节扰乱公共秩序罪中。在群体性事件的一般发展过程中，下列罪名居多：第一，《刑法》第 277 条规定的"妨害公务罪"、第 278 条规定的"煽动暴力抗拒法律实施罪"、第 290 条第 1 款规定的"聚众扰乱社会秩序罪"、第 290 条第 2 款规定的"聚众冲击国家机关罪"、第 291 条规定的"聚众扰乱公共场所秩序、交通秩序罪"、第 292 条第 1 款规定的"聚众斗殴罪"、第 293 条规定的"寻衅滋事罪"、第 296 条规定的"非法集会、游行、示威罪"、第 297 条规定的"非法携带武器、管制刀具、爆炸物参加集会、游行、示威罪"、第 298 条规定的"破坏集会、游行、示威罪"等。第二，《刑法》第 232 条规定的"故意杀人罪"、第 234 条规定的"故意伤害罪"、第 263 条规定的"抢劫罪"、第 268 条规定的"聚众哄抢罪"、第 275 条规定的"故意毁坏财物罪"等，即部分群体性事件出现打、砸、抢、烧等极端暴力行为，导致一般情况下群体性事件所伴随的部分严重危害公民人身生命、健康权利和公私财产权利的附随性社会危害结果的出现。第三，《刑法》第 275 条规定的"诽谤罪"，这是随着《关于办理利用信息网络实施诽谤等刑事案件的司法解释》于 2013 年 9 月 10 日的施行而被涵盖的，依据该《解释》第 3 条的相关规定，利用信息网络诽谤他人具有引发群体性事件或者引发公共秩序混乱以及其他严重危害社会秩序之情形，属于《刑法》第 246 条第 2 款规定的诽谤案件自诉转公诉的"但书"情形。第四，《刑法》第 291 条之一规定的"编造、故意传播虚假恐怖信息罪"，随着最高法《关于审理编造、故意传播虚假恐怖信息刑事案件的司法解释》于 2013 年 9 月 30 日的施行，该罪也被涵盖。

综合而言，虽然上述规范为群体性事件中刑法的介入提供了规范基础，但是仍需值得注意的是，刑法参与社会治理是以矫正正义的方式实现的，刑法本质属于司法法，以法的安定性为最高价值，这就决定了刑法不同于一般意义上的社会管理法，也不属于公共利益服务法。过分强调刑法积极介入社会治理，将使其面临"变性"的风险。[①] 因此，刑法在介入群体性事件时，仍然要保持一定的限度。

三、群体性事件刑法规制的谦抑性

基于群体性事件属于人民内部矛盾而不能一概定论为刑事案件的本质属性，以及刑事法律对群体性事件评价的终局性、平面性和阶段性的局限与介入的适用限度等法律属性，对群体性事件的刑法规制必须坚守刑法谦抑的基本立场，要求刑法对其的干预不能与一般聚众犯罪的刑法打击相同对待和处理，否则不能达到处置的政治效果和社会效果的统一。由此，群体性事件的刑法规制在加强相关涉众犯罪打击的同时，不仅要有效惩治相关犯罪以维护社会秩序的稳定和保护民众利益，而且要坚守刑法保障人权和自由的底线，防止国家权力的扩张对人权和自由的侵犯。

（一）群体性事件的人民内部矛盾性

群体性事件的本质属性属于我国人民内部的非对抗性矛盾，是人民群众局部利益与整体利益、当前利益与长远利益之间的矛盾，是社会转型和发展改革中不可避免的正常社会现象。一般情况下，人民群众内部矛盾是不具有对抗性的，但是如果政府处置不及时或者处理不当，或者被国内外敌对势力或宗教反动势力趁机兴风作浪、肆意炒作，也有可能升级为对抗性矛盾，甚

[①] 何荣功：《社会治理"过度刑法化"的法哲学批判》，载《中外法学》2015 年第 2 期。

至是大范围骚乱事件。

　　一般群体性事件的先期发起者或组织者的目的是想通过群体聚集的形式，造成一定的影响，从而引起政府或社会的关注与重视，促使其采取一定的措施，使问题得以快捷、经济地解决。尽管群体性事件的发生演变过程中有可能伴随激情行为和暴力事件的发生，但多数事件参与者的诉求与目标还是经济性的利益问题而非政治性的体制问题，基本上没有体制外的政治性要求。部分激化事件即使有围堵冲击党政大院现象的发生，这些行为者的根本出发点还是希望党委政府出面解决问题，一般不会直接挑战党委政府的政治权威和执政地位。现实的群体性事件中尽管有可能出现"人权""自由""法治""平等"之类的政治性用词或标语，其实质也只是法律文化资源库中一些形式的文字性符号而已，事件参与者所打出的这些自由与法治语词，实质上并没有政治上另起炉灶的对立性意念或目的。[1] 事件参与者在声称"维权"的同时也惯用"人民利益高于一切""为人民服务""当官要公平公正"等与社会主义主流意识形态相一致的合法性话语，来声称自己与政府的一致性以避免政府打击。[2] 正如哈佛大学政治系讲座教授裴宜理所说，民众向政府反映一些社会问题并希望获得政府更好解决的"例行化抗议"。[3] 因此，大部分群体性事件参与者的"规则意识"是大于其"权利意识"的。

　　毛泽东同志于 1957 年 6 月 19 日在《人民日报》发表的《关于正确处理人民内部矛盾的问题》就曾指出，凡是属于人民内部矛盾的问题，一定要用民主的、批评的、说服教育的"团结—批评—团结"的方法去解决，而不要用强制或压服的方法去解决人民内部矛盾问题。对于参加闹事的人，要做好区分工作，加以分化，把多数人和少数人区分开来。[4] 毛泽东同志关于正确处理人民内部矛盾的问题的这些真知灼见，对于当下社会转型时期依法有效稳妥地处置群体性事件，缓解日益深化的社会矛盾问题，仍有高屋建瓴的深刻指导意义。可以说仍旧是我国当下处置群体性事件的根本指导方针，为合理稳妥地处置群体性事件，解决事件背后的人民群众利益冲突的社会问题指明了方向。

---

[1] 赵鼎新：《社会与政治运动讲义》，社会科学文献出版社 2006 年版，第 224 页。
[2] 陈柏峰：《群体性涉法闹访及其法治》，载《法制与社会发展》2013 年第 4 期。
[3] 陈柏峰：《群体性涉法闹访及其法治》，载《法制与社会发展》2013 年第 4 期。
[4] 《毛泽东选集》（第 5 卷），人民出版社 1977 年版，第 354 页、第 370 页、第 396 页。

(二) 群体性事件法律评价的终端性

群体性事件是合理与不合理、合法与不合法、经济利益问题和社会矛盾问题的混合体。处置群体性事件的当局对之进行的分析和评价却是一个平面性的、阶段性的、终局性的认识，事件处置机关对群体性事件的法律评价是一个静止的、扁平型的、局部的认识结构，而非一个动态的、立体的整体认识结构，他们往往是有选择性地注重分析和评价群体性事件发展到最后的结束状态，思维聚焦的多是群体性事件最后给社会秩序或公民人身财产造成的危害性后果，很少从群体性事件的诱因开始一直贯穿到事件最后的结束状态，也没有多方位、多角度地全面综合分析评价群体性事件整体的正面效应和负面影响。基于这样的认识结构，对群体性事件法律属性的界定也难保持客观中肯，故对其是否纳入刑事违法范畴评价及刑法何时、如何干预处置要保持谨慎的态度。因此，面对群体性事件，刑法干预要保持刑法介入的谦抑，以最大限度地避免因对群体性事件评价的终端性所带来的刑法扩张的风险。

从社会学维度来看，群体性事件是根植于一定社会的结构性紧张并动态演化为公共危机的一种触发性事件，[①] 是社会结构和社会体制容纳冲突与矛盾的晴雨表。一个灵活的社会在面对社会冲突的新环境和新问题，[②] 通过及时做出相应的调整或改革，往往能将坏事变成好事，为社会的发展和进步提供改革的动力和切入点。在这个层面上，群体性事件是一种实现成本较低的利益实现机制，是一个由病态向常态转变的社会发展过程，而一个社会如果没有群体性事件这种社会冲突现象的发生，反而反映出这是一个没有任何人敢提出不同意见或表达个体利益诉求的高度独裁的病态社会，这成为民主政治社会治理经验上的一个法理常识。[③] 在群体性事件的刑法规制中，刑法关注或评价的往往是事物的负面影响和其消极功能，如果不坚守刑法谦抑的评价立场，则很难发挥群体性事件冲突的积极功能。由此观之，群体性事件也可以在社会系统中起到一定程度的内聚力和粘合力的功能，发挥冲突在群际

[①] 肖文涛:《治理群体性事件与加强基层政府应对能力建设》，载《中国行政管理》2009 年第 6 期。

[②] 刘晓梅:《建设和谐社会进程中群体性事件的法社会学思考》，载《中国人民公安大学学报》2005 年第 3 期。

[③] 肖文涛:《治理群体性事件与加强基层政府应对能力建设》，载《中国行政管理》2009 年第 6 期。

整合中的积极作用,在客观上促使统治阶级根据群体性事件参与者利益诉求所反映的社会问题,适度调整现有的社会规范及利益关系。

对于群体性事件的法律评价,如果不保持刑法干预的谦抑性,就很难保证群体性事件社会冲突功能的发挥,不能促进社会体系进一步自我完善调整,也就不能增强自身承载社会矛盾冲突的适应能力和社会制度的生命力。同时,面对控制群体性事件的处置策略,如果盲目扩张刑法的适用范围和适用强度,虽然表面上取得了社会秩序的暂时稳定,实质上却掩盖了高压措施下面社会矛盾的暗流涌动,若放任恶化聚积,一旦发展到社会结构难以承受之重的时候,就会发生程度更甚和危害后果更大的社会冲突事件,正如英国学者安东尼·吉登斯所说的那样,"非自愿的服从虽然可以获得暂时的安全,但却不能成就对秩序的认同"①。

对于群体性事件,漠视的是事件当事者的权利或利益,损害的则是政府的公信或形象。②"疏远胜于堵",不通过沟通、协调而急于采取逮捕、拘留或强制驱散的高压举措很难达到从根本上解决群体性事件。政府或其职能部门应将管理理念的逻辑起点定位于服务型政府,让群体性事件当事者的正当利益诉求得以顺畅表达,尽量采用正面应对的合理方式予以疏通,只有这样,方能寻求妥善解决群体性事件的治本之道。

(三) 群体性事件刑法介入的限制性

应当认识到,以利益诉求为引发动机、以公开博弈和群集行为为表现特征的群体性事件与一般的聚众犯罪还是不可等同视之。在群体性事件的根本解决过程中,刑法的角色只是确保秩序不被严重破坏,要从根本上寻求群体性事件参与者利益诉求解决的路径,最终还是要靠社会政策。因此,刑法的惩罚只是一种事后的不得已的报复性惩罚措施,刑法本身无法根本解决群体性事件参与者的利益诉求,更无法适应群体性事件中当事者情绪宣泄的满足,③ 故群体性事件的刑法规制要有限度。无论是在群体性事件发生前的事

---

① [英] 安东尼·吉登斯:《现代性的后果》,田禾译,译林出版社 2000 年版,第 88 页。
② 陈峰:《高墙关注的是自由不是财产》,载 http://www.chinacourt.org/article/detail/2013/10/id/1111338.shtml。
③ 高永明:《群体性事件刑法规制的限度研究》,载《扬州大学学报(人文社会科学版)》2011 年第 5 期。

前刑法干预①，还是在群体性事件发展过程中的事中刑法介入，抑或是在群体性事件结束后的事后刑法惩治，均要保持群体性事件刑法干预的谦抑性。② 在群体性事件刑法干预适用的限制方面，不仅体现在群体性事件刑法规制的适用前提限制上，而且体现在群体性事件刑法规制的具体适用限制上，更体现在群体性事件刑法规制的适用效果上。③ 群体性事件刑法规制的适用效果不单单体现在刑法适用的法律效果上，更体现在刑法适用的社会效果和政治效果上。

1. 群体性事件刑法介入的事件性质限制

关于群体性事件刑法干预适用的限制问题，首先是对群体性事件适用刑法的事件性质进行理性甄别和合理定性。群体性事件在性质上一般有维权行为事件、社会泄愤事件、社会纠纷事件、社会骚乱型事件和有组织犯罪等类型。④ 以引发群体性事件矛盾性质的宏观分类为标准，也有人民内部矛盾型事件、国内外反动势力煽动策划型事件和国际冲突引发型事件之分。⑤ 其次是对于维权行为事件、社会泄愤事件、社会纠纷事件等属于人民内部矛盾的群体性事件，一般不具备适用刑法的前提与条件，只是在该类群体性事件得不到控制进而恶化升级，出现危害社会秩序、侵犯公民人身权利或公私财产安全等具有严重社会危害性的后续行为时，才可能动用刑法这个最后的国家暴力性手段。上述类型的事件往往是参与者利益诉求表达不顺畅或征地拆迁补偿没有得到正当满足，或者其他事出有因的社会纠纷等引发，且该类事件的开始阶段或一定时间的持续进程，往往属于社会政策或行政措施领域，只有相应的社会政策或行政手段才能有利于该类群体性事件的解决和引发事件根本社会矛盾的化解，进而从根源上消除引发的事件矛盾，并没有刑法适用的空间。对于社会骚乱型事件、有组织犯罪类型事件等被国内外反动势力或

---

① 在群体性事件中涉及刑法规制提前到事件发生前预备阶段的犯罪圈，主要涉及《刑法》第249条规定的"煽动民族仇恨、民族歧视罪"、第278条规定的"煽动暴力抗拒法律实施罪"。
② 李凤梅：《群体性事件的刑事干预》，载《沈阳师范大学学报（社会科学版）》2012年第2期。
③ 高永明：《群体性事件刑法规制的限度研究》，载《扬州大学学报（人文社会科学版）》2011年第5期。
④ 于建嵘：《当前我国群体性事件的主要类型及其基本特征》，载《中国政法大学学报》2009年第6期。
⑤ 童星、张海波：《群体性突发事件及其治理——社会风险与公共危机综合分析框架下的再考量》，载《学术界》2008年第2期。

反动宗教势力煽动、策划、指挥、操纵的群体性事件,则应该审时度势、理性甄别事件操纵者的不良企图和背后阴谋,在具备适用刑法的行为和场景之时,及时合理地运用刑法对该类群体性事件进行控制和处置,防止群体性事件的辐射面和波及效应在国内外敌对势力的操纵下的蔓延与扩大,防止事态的进一步恶化和局势的进一步紧张。因此,针对群体性事件刑法介入的前提,必须正确分析、理性甄别群体性事件的性质、原因及其危害程度,为事件的现实应对和后续处置把好定性关和介入关,既防止刑法的不适当介入又避免刑法无原则的退让,确保群体性事件刑法介入的适时、适度。

2. 群体性事件刑法介入的参与主体限制

关于对群体性事件适用刑法的事件参与主体进行限制,是基于群体性事件参与主体的日趋多元化的客观事实。从我国当下社会转型时期发生的群体性事件来看,事件参与者来源多样、结构复杂,各种行业、各种阶层、各种领域、各种文化层次、各种智力水平的人员,直接利益相关者和间接利益相关者甚至是无利益相关的旁观者或过路人,都有可能成为群体性事件的参与主体。

在现时代社会矛盾不断深化和不良社会心态日趋蔓延的社会情势之下,社会成员均有可能在某个时机、某个地域加入群体性事件中,进而在其自身所参与的群体性事件中,扮演着首要分子、积极参加者或一般参与者等不同角色。在我国刑法分则中关于群体性事件所涉的相关聚众犯罪中,根据不同的罪名规定了不同的刑事惩罚对象:一是只处罚首要分子的聚众犯罪,如第242条规定的"聚众阻碍解救被拐卖妇女、儿童罪"和第291条规定的"聚众扰乱公共场所秩序、交通秩序罪";二是首要分子和积极参加者一并处罚的聚众犯罪,如第268条规定的"聚众哄抢罪"、第290条第1款规定的"聚众扰乱社会秩序罪"、第290条第2款规定的"聚众冲击国家机关罪"、第292条第1款规定的"聚众斗殴罪"、第317条规定的"组织越狱罪"、第371条规定的聚众冲击军事禁区罪、聚众扰乱军事管理区秩序罪;三是所有参与者都予以处罚的聚众犯罪。如《刑法》第317条规定的"暴动越狱罪"和"聚众持械劫狱罪"。可见,我国刑法根据不同的侵犯对象和不同的社会危害程度,对不同的聚众犯罪划定了不同的犯罪主体,采取了不同的刑事责任分担模式。这就要求我们在对群体性事件参与主体适用刑法的司法认定时,要坚持刑法谦抑的前提立场,对群体性事件相关的聚众犯罪首要分子、积极参加者和一般参加者理性甄别、准确区分,防止刑法这一国家权力的适用对群体性事件参与者人权造成侵犯，确保刑法不被扩张适用。唯有对群体性事件参与主体进行刑法适用的谦抑限制，才能不断促进我国刑法在规制群体性事件时更好地实现"宽严相济"，通过刑法的"善治"，让群体性事件参与者既感受到刑法的"温情"又体验到刑法的"威严"，充分发挥刑法既保障法益又化解冲突的法律功能。

3. 群体性事件刑法介入的最后适用限制

刑法是群体性事件规制的最后一道防线，但不是唯一的防线，也不是最好的防线。在群体性事件的依法处置中，坚持"民行优先"①、刑法最后的"最后适用"限制是群体性事件刑法规制谦抑性的必然要求和题中应有之义。因此，对群体性事件规制的刑法适用，必须具备不得已而为之且再无其他有效方法或措施的情势条件。

首先，刑法的最大作用不在于其扩张的付诸实施，而在于其谦抑前提之下的威慑之势，同时其威慑之势业已促成并使社会的稳定、安全持续发展。巩固和发展这种稳定和安全，不能仅靠刑法的打击和惩罚，而应更多地依靠刑法威慑之势下形成的稳定与安全的社会基础，以理性的谨慎和谦抑的制衡，将民众对刑法的服从提升为内心对秩序的自觉认同，形成民众对稳定秩序与和谐安全的高度认可和自觉维护。

其次，刑法的目的刑论认为，刑法中设置的刑罚其实本身并没有多大意义，设置刑罚的意义在于能够实现预防犯罪的这一前提下才具有一定的价值。因此，刑罚只有在预防犯罪必要且有效的限度内，才具有一定的正当性。② 刑法设置刑罚的正当化根据在于刑罚目的的正当性和有效性，③ 而不在于刑罚本身的严厉性和残酷性，贝卡里亚也认为"设置刑罚的目的仅仅在于阻止罪犯再重新犯罪和侵害民众，并以此规诫社会上的其他人不要重蹈覆辙再做同样的事情。"④ 不可忽视的是，有时给社会带来深重灾难的恰恰是社会自身的防卫手段。尤其是刑法这种极具国家暴力性的防卫手段，它在消除某些社会弊端的同时，其防卫社会的本性自身也会释放出一些潜在的危险或新的危害。倘若刑法的运用者忽略对这些潜在的危险或新的危害的调

---

① "民行"指民法和行政法，这里是指在处置群体性事件的法律应对中，优先适用行政法或民法等法律规范，走行政处理或民事处理的路径解决群体性事件诱发因素的社会矛盾问题。
② 张明楷：《刑法的基本立场》，中国法制出版社2002年版，第332页。
③ 张明楷：《刑法的基本立场》，中国法制出版社2002年版，第333页。
④ 黄风：《贝卡里亚及其刑法思想》，中国政法大学出版社1987年版，第85页。

控，它们就会在社会内部逐渐酿成新的弊端和灾难，使"刑法"不由自主地走进了"功能异化"的怪圈，出现"刑法的对象正是其自身所造成的犯罪"。同时，刑法的利器在于刑罚，刑罚本质上就是国家施加于公民的一种不但折磨人的精神而且折磨人的肉体的一种痛苦，这把利器使用得正确、适当，便可发挥刑法的正当威慑之势，有效遏制民众犯罪意念的产生；但是若使用不当或者被滥用，它便会伤及无辜、造成民众心理的社会恐惧和对国家的仇恨，进而引起社会的不安或动乱，成为与犯罪一样甚至比犯罪还要严重的对社会秩序与安全的侵害。①

最后，群体性事件作为一种社会现象，在一定程度上发挥着社会秩序"报警器"和矛盾纠纷"缓冲器"的作用，具有一定的正能量。因此，对群体性事件不能一味地强调严厉打击和压制，采取"一刀切"的武断作风。作为人民内部矛盾的群体性事件究其本质是社会问题，贫富差距加大、社会矛盾加深、政府公信下降、诉求表达不畅等都是群体性事件的深层次原因，故强调刑法的运用虽然可以起到一时的遏制作用，但无法达到长远的治本目的，有时反而会消减刑罚效益，甚至激化矛盾。因此，必须注重群体性事件中刑法的谦抑适用，严格控制刑法的规制范围，将刑法定位为规制群体性事件的"慎用品"。

可见，刑法在群体性事件的规制中既是必不可少的"必备品"又是审慎用度的"慎用品"。刑法作为维护社会公益的最后一道防线，在面对群体性事件时，并不需要事无巨细地冲锋在处置的"第一线"，而应巡航于民法、行政法等法律的背后，保持高度警惕，准备适时对僭越法律底线的犯罪行为予以打击，达到惩处犯罪分子与引导预防犯罪的双重效果。群体性事件的刑法规制问题，不仅关乎公民的自由与安全，也关涉和谐社会的建构与发展，只有处理好"必备品"和"慎用品"的平衡定位，才能使刑法做到既不错位、不缺位以及不越位，最终实现刑法规制良善的目的。

---

① ［意］切萨雷·贝卡里亚：《论犯罪与刑罚》，黄风译，北京大学出版社2008年版，第151~152页。

第二节　群体性事件刑法规制的现状

一、群体性事件所涉犯罪的刑事立法

我国《刑法》第 3 条确立的"法律明文规定为犯罪行为的，依照法律定罪处刑；法律没有明文规定为犯罪行为的，不得定罪处刑"罪刑法定原则成为法治社会的基本法律原则，为群体性事件的刑法规制提供刑法基础和法律限制。基于此，对现行刑法及相关法律中有关群体性事件所涉犯罪进行梳理，使其节制于罪刑法定原则，就显得尤为必要。

（一）刑事法规中关于群体性事件所涉犯罪的内容

我国刑法采用总则与分则相结合的体例结构，从抽象指导和具体规定两方面对群体性事件所涉犯罪进行了构建。刑法总则中几乎所有的原则性规定都能在群体性事件所涉犯罪行为的处置中得到应用，特别是第 25 条至第 29 条关于共同犯罪的相关规定、第 97 条对首要分子含义的界定，因为群体性事件所涉犯罪大多是以聚众犯罪、共同犯罪的形式表现，个别群体性事件甚至有犯罪集团参与。值得注意的是第 13 条"但书"的规定在规制群体性事件中的地位：一方面，"但书"具有出罪的功能，从反面说明了什么不是犯罪，从而与刑法在群体性事件中的谦抑适用不谋而合；另一方面，在实践中可以充分利用"但书"规定，以达到良好的社会效果和分化群体性事件内部的攻守同盟的作用，使那些因从众心理参加且情节显著轻微危害不大的参加者，按照"但书"规定不作犯罪处理，从而避免刑法的过度适用。

从法条上看，群体性事件所涉犯罪罪名主要有以下类型：一是罪名都冠以"聚众"二字的 12 个典型的聚众型犯罪；二是包括侵害国家安全、侵害公民人身权利和财产权利犯罪在内的 17 个非典型聚众犯罪。

按照刑法分则的排列体系，群体性事件中存在的犯罪罪名具体如下：首先，第一章"危害国家安全罪"的 6 个罪名，即第 103 条第 1 款规定的分裂国家罪、第 103 条第 2 款规定的煽动分裂国家罪、第 104 条规定的武装叛乱、暴乱罪、第 105 条第 1 款规定的颠覆国家政权罪、第 105 条第 2 款规定

的煽动颠覆国家政权罪、第120条规定的组织、领导、参加恐怖组织罪。其次，第四章"侵犯公民人身权利、民主权利罪"的4个罪名和一个"打砸抢"行为；第五章"侵犯财产罪"的两个罪名，分别是第242条第2款规定的聚众阻碍解救被收买的妇女、儿童罪，第246条规定的侮辱罪、诽谤罪、第249条规定的煽动民族仇恨、民族歧视罪，第289条规定的故意伤害罪、故意杀人罪、囊括聚众"打砸抢"行为的抢劫罪，以及第268条规定的聚众哄抢罪、第275条规定的故意毁坏财物罪。再次，第六章"妨害社会管理秩序罪"的15个罪名，具体是第277条规定的妨害公务罪，第278条规定的煽动暴力抗拒法律实施罪，第290条第1款规定的聚众扰乱社会秩序罪，第290条第2款规定的聚众冲击国家机关罪，第291条规定的聚众扰乱公共场所秩序、交通秩序罪，第292条第1款规定的聚众斗殴罪，第293条规定的寻衅滋事罪，第296条规定的非法集会、游行、示威罪，第297条规定的非法携带武器、管制刀具、爆炸物参加集会、游行、示威罪，第298条规定的破坏集会、游行、示威罪，以及包含的聚众哄闹、冲击法庭行为的扰乱法庭秩序罪，包含的聚众闹事、扰乱正常监管秩序的行为的破坏监管秩序罪，第317条第1款规定的组织越狱罪、第317条第2款规定的暴动越狱罪与聚众持械劫狱罪。最后，第七章"危害国防利益罪"的2个罪名，即第371条第1款规定的聚众冲击军事禁区罪和第371条第2款规定的聚众扰乱军事管理区秩序罪。

相关司法解释中也涉及了群体性事件的规定。如2013年9月6日公布的《关于办理利用信息网络实施诽谤等刑事案件的司法解释》（以下简称《解释》）第3条，将"引发群体性事件"作为认定《刑法》第246条第2款规定的"严重危害社会秩序和国家利益"的情形之一。首先，"群体性事件"一词首次入"刑"①，成为可以据其定罪量刑的法律概念，具有重大的立法意义。在此之前，虽然民众对"群体性事件"更多的是作为一个社会学概念，而《解释》直接使用"群体性事件"一词使其成为司法实践中的法律概念。其次，明确"引发群体性事件"作为侮辱罪和诽谤罪中需公诉的情形之一，具有重大的司法意义，明确了司法实践中"侮辱罪"和"诽谤罪"的公诉情形"严重危害社会秩序和国家利益"的7种情形，"引发群

---

① 在立法意义上，虽然"刑事司法解释"不能称之为应然意义上的狭义"刑法"；但在司法意义上，"刑事司法解释"俨然堪称实然意义上的广义的"刑法"。

体性事件"更是作为一种情形，为司法实践活动提供了具体的法律指引作用。

针对群体性事件中所涉犯罪行为，我国现行刑法已经形成了相对完整的体系，可据此对群体性事件中的所涉犯罪行为进行刑事干预和追责。对此，一方面要秉持"法无明文规定不为罪，法无明文规定不处罚"的罪刑法定原则，充分考虑群体性事件的复杂性、特殊性和多样性等特点，予以稳妥解决，切不可随意扩大"犯罪圈"；另一方面，也要正确理解"法律明文规定为犯罪行为的，依照法律定罪处刑"的内涵，注重刑法对群体性干预的必定性和及时性，提升刑法干预群体性事件的社会效果和法律效果，避免司法实践中过于强调群体性事件处置的政治效果而对已经构成犯罪的越轨行为进行行政化追责甚至免责的现象。因此，合理界定群体性事件的犯罪界线，准确区分一般违法行为和犯罪行为，对构成犯罪的要严格依照刑事法律定罪处刑；同时，还要注意刑法对群体性事件干预的及时性，达到"惩罚犯罪的刑罚越是迅速和及时，越是公正和有益"[①] 的效果，避免事件的轮番升级，同时能够形成有效的震慑和引导，督促民众通过合法的诉求表达渠道来主张自己的合法权益。

（二）附属刑法中关于群体性事件所涉犯罪的内容

除刑法对相关群体性事件进行了具体规制外，其他附属刑法[②]和诸如《集会游行示威法》《突发事件应对法》等法律以及公安部发布的《公安机关处理群体性治安事件规定》等部门规章也对涉刑群体性事件作了相关规定。

第一，《集会游行示威法》第四章"法律责任"对集会游行示威中可能出现刑事责任加以了明确。第 29 条第 1 款关于"举行集会、游行、示威，有犯罪行为的，依照刑法有关规定追究刑事责任"的规定是一个总括性的概述，第 29 条第 2 款至第 5 款更是列举了相关具体行为规定，此外，第 30 条、第 32 条也进行了相应补充。这些规定与刑法规定的非法游行示威罪，

[①] ［意］切萨雷·贝卡里亚：《论犯罪与刑罚》，黄风译，中国法制出版社 2008 年版，第 47 页。

[②] 附属刑法，即附带规定于民法、经济法、行政法等非刑事法律中的罪刑规范。它们只是形式上概括性地重复规定了刑法的部分相关内容（往往表述为"构成犯罪的，依照刑法追究刑事责任"），而没有具体解释、补充或修改等实质性的规定，故并非实质意义上的附属刑法，充其量只是存在一些形式上符合附属刑法的形式附属刑法。参见张明楷：《刑法学》（第 4 版），法律出版社 2011 年版，第 21 页。

非法携带武器、管制刀具、爆炸物参加集会、游行、示威罪，聚众冲击国家机关罪，聚众扰乱社会秩序罪，聚众扰乱公共场所秩序、交通秩序罪和破坏集会、游行、示威罪相契合。

第二，《突发事件应对法》第六章"法律责任"中列举了诸多构成犯罪的而应依法追究刑事责任的违法行为。此外，该法还对自然人或单位违反《突发事件应对法》的相关规定，设计了治安行政处罚、相应的民事责任到刑事责任的轻重衔接的体系。《突发事件应对法》的这些相关规定，其实已有将部分与群体性事件有关的"趋群体性"行为和聚众拒不解散行为，以及有关引发群体性事件的相关编谣传谣行为，纳入刑法犯罪圈的倾向，为该类与群体性事件有密切联系的相关行为入罪化提供了一定的现实基础。但由于《突发事件应对法》第68条有关"构成犯罪的，依照刑法追究刑事责任"的规定，并没有对该类行为进行实质的罪刑规范规定，我国现行刑法也没有将该类与突发事件相关行为进行入罪化的规定，故这种形式附属刑法的规定只是一种立法性的倾向宣示，为以后的理论研究和立法方向提出了新角度。

第三，作为针对群体性事件的一部专门的部门规章，《公安机关处理群体性治安事件规定》更具有针对性。它主要规定了公安机关在处置群体性事件的范围、原则和可以采取的强制性措施等，为公安机关正确地处置群体性事件提供了行动准则。由于我国采用刑法典的立法体例，并未颁行针对性较强的群体性事件单行刑法，所以涉刑群体性事件主要还是在刑法中涉及，至于这种立法体例能够适应当前社会经济发展和群体性事件不断变化的需要，笔者将在下文中进行探讨。

二、群体性事件所涉犯罪的刑事司法

近年来，我国群体性事件呈现易发、多发态势，进入司法审判领域的涉刑群体性事件也日益增多，涉刑群体性事件司法实务需求增加与理论研究相对滞后的矛盾也愈加凸显，因而对涉刑群体性事件在司法实践中的问题进行深入的理论研究就尤为必要。面对这个系统而复杂的问题，课题组也只能择其重点，选择在司法实务中较为突出的个别问题进行探讨，以期对司法实务有所裨益。

（一）群体性事件所涉犯罪的原则之确立

法律原则具有指导法律实施、弥补法律漏洞、规范自由裁量权的重要作用。因为群体性事件在近年来才愈发频繁起来,出现的各种问题都是新课题,基本没有可以借鉴的经验可循。基于此,在当前立法脚步尚不能跟上司法实务的情况下,就需要充分发挥法律原则的续造功能,通过法律原则对法律"时滞"性以及其他缺陷进行补救。罪刑法定原则、罪责刑相适应原则和刑法面前人人平等原则三大原则是贯穿于刑法始终的,是应该得到普遍遵循的具有全局性、根本性的原则,因而在刑法干预群体性事件所涉犯罪时理所当然要遵循这三个刑法的基本原则。但是,由于涉刑群体性事件具有自身的特殊性,因而在刑法介入群体性事件时还应该遵循谦抑性原则、轻轻重重原则以及刑罚的及时性原则。

1. 谦抑性原则

刑法的谦抑性是指对刑罚的处罚范围和强度加以控制,防止刑罚的膨胀,它与刑罚的轻缓化思想紧密联系。[①] 现阶段的群体性事件的发生有相当一部分是因为民众诉求表达渠道不畅,合法权益得不到保障,具有一定的合理性,因而不能一味地强调打击。同时,刑法具有最严厉的惩戒手段直至剥夺人的生命,它是一种"不得已的恶",一旦适用刑罚将给个人带来无法弥补的影响,也会带来较强的社会效应甚至是政治效应,因此刑法必须注意在群体性事件中谨记谦抑性原则,找准刑法的适用维度,谨慎把握适用标准,注重谦抑适用,把握规制限度。具体的认定可以从以下三个方面进行:

第一,要明确刑法规制的前提,准确界定群体性事件的性质。根据中共中央办公厅在 2004 年制定的《关于积极预防和妥善处置群体性事件的工作意见》中对群体性事件的界定:"群体性事件是由人民内部矛盾引发、群众认为自身权益受到侵害,通过非法聚集、围堵等方式,向有关机关或单位表达意愿、提出要求等事件及其酝酿、形成过程中的串联、聚集等活动",群体性事件被定性为人民内部矛盾。[②]

第二,要明确刑法规制的条件,厘定一般的群体性越轨行为和聚众型犯罪的界限。群体性事件中的聚集行为并未得到法律许可,因而群体性事件自形成伊始便具有违法性,如若发生一定的危害结果,司法实务中就面临区分一般违法与犯罪的认定问题,具体可以从主体性行为方式、危害结果以及组

[①] 陈兴良:《当代中国刑法理念》,法律出版社 2008 年版,第 7 页。
[②] 魏新文、高峰:《处置群体性事件的困境与出路——以警察权的配置与运行为视角》,载《中共中央党校学报》2007 年第 1 期。

织化程度等方面进行考量。

第三，要准确界定涉刑主体的界限，合理划定"犯罪圈"。按照行为人在群体性事件中的作用与地位，可以将涉刑主体分为首要分子、积极参加者和其他实施了附随性犯罪的行为者。司法实务中需要从主观恶性、行为方式和群体影响力等方面进行综合考察。

2. 轻轻重重原则

所谓"轻轻"，是指对罪行轻微或主观恶性较轻的犯罪，从非犯罪化、非刑罚化和非监禁化以及相对给予轻罚等方面进行政策性的调整和运作；所谓"重重"，是指对罪行严重或主观恶性较深的犯罪，从犯罪化、重刑化和长期监禁以及相对给予重判、快判或判后限制减刑等方面进行政策性的调整和运作。① 这与宽严相济的刑事政策精神一致。刑法对群体性事件进行干预也必须秉承轻轻重重原则，重其所重、轻其所轻，做到不枉不纵。

详言之，在定罪方面，对于那些在群体性事件相关的聚众犯罪中实施了组织、策划、指挥等行为的首要分子，对那些积极实施实行行为的积极参加者，要依法予以惩处。但对于那些因从众心理而盲目参加群体性事件且情节显著轻微危害不大的行为人作无罪化处理。在量刑方面，对具有严重社会危害性的群体性事件中的首要分子和积极参加者，要结合事件的严重程度和社会危害性大小以及行为人的主客观条件，在法定刑范围内依法从重从严处罚。对于那些在群体性事件相关的聚众犯罪中具备自首、立功或坦白等法定或酌定的从宽处罚量刑情节的行为人，要分别根据不同情况予以不同程度的从轻或减轻处罚。② 严格遵循轻轻重重原则既可以有效打击犯罪分子，增强刑法威慑力，遏制不良示范效应的产生和扩大；也能有效地分化犯罪团体，引导罪轻者及时悔悟，从内部瓦解群体性事件的攻守同盟，增加首要分子和积极参加者的罪证收集，实现重点打击的目的。

3. 刑罚及时原则

刑法对群体性事件的规制最终要通过对犯罪行为适用刑罚表现出来，在保证程序正义的基础上，及时而高效地将已查明的涉案人交付审判、定罪量刑可以有效昭示刑法权威，打消"法不责众"的侥幸心理，形成正确的价值引导。在司法实务当中，一些人认为群体性事件案情复杂，具有较大的社

---

① 李晓明：《轻轻重重与宽严相济：域外刑事政策的借鉴》，载《法治研究》2010 年第 4 期。
② 王凤涛：《群体性事件的刑法应因》，载《中山大学学报（社会科学版）》2009 年第 5 期。

会影响和政治影响，对犯罪行为人快速定罪易导致事件升级，甚至影响办案人前途，所以采用"拖字诀"，致使案件迟迟不能交付审判，即使交付审判，判决也不能及时作出。事实上，这种以拖为主的处置方式，是对审限的公然违反和对法律权威的践踏，同时容易使民众形成群体性事件即使超越法律底线也不会受到法律惩戒的错觉，形成反向激励，造成不良的示范效应。"迟来的正义为非正义"，及时地对群体性事件中构成犯罪的行为人予以刑事处罚，才能显示法律威严，才能引导民众寻求合法的利益表达方式，形成具有社会正能量的价值引导作用。

(二) 群体性事件所涉犯罪的关系之区分

《解释》在第3条中直接使用了"群体性事件"一词，正式标志着群体性事件入"刑"，成为可以作为司法裁判依据的法律概念。群体性事件的行为方式多样，涉及罪名繁多，与群体性犯罪事件（具体包括聚众犯罪、共同犯罪）有着千丝万缕的联系，同时也存在诸多内在区别，因而有必要对群体性事件与群体性犯罪事件相关的犯罪的关系进行梳理，以有利于更加全面、清晰地认识群体性事件及群体性犯罪事件，厘清群体性事件与聚众犯罪和共同犯罪。

1. 群体性事件与聚众犯罪的关系

聚众犯罪是群体性犯罪的一种，主要是指刑法分则明文规定的，在首要分子的作用下以聚众的行为方式实施的一种群体性犯罪。[①] 群体性事件具有法律属性、社会属性与政治属性，是三重属性的叠加，而聚众犯罪是一个法律概念，两者既有交集又有差异。两者的相似之处主要表现为：第一，均要求多人参与。群体性事件的突出特点是群体性和规模化，群体性的失范行为也使得群体性事件具有鲜明的政治色彩和巨大的社会影响力；聚众犯罪也要求"以聚众的行为方式实施"，按照刑法分则的规定可以将其犯罪主体分为"首要分子""其他积极参加者""其他罪行重大者""多次参加者"和"其他参加者"。第二，群体性事件通常为聚众犯罪创造条件，而聚众犯罪则是刑法规制群体性事件最重要的表现形式之一。群体性事件所形成的人员、场所、气氛等因素往往为聚众犯罪的前期酝酿阶段，当群众利益得不到解决或者其他因素（包括不法分子的破坏和某些偶然事件、冲突的发生）诱导，

---

① 刘德法：《聚众犯罪理论与实务研究》，中国法制出版社2011年版，第33页。

群体性事件往往通过聚众犯罪这样一种极端形式表现出来，因此刑法也主要是通过对聚众犯罪的惩处来实现对涉刑群体性事件的刑法规制。

群体性事件和聚众犯罪作为两个不同的概念，在具有相似之处的同时又存在诸多不同，主要表现为：第一，群体性事件并非都关涉犯罪问题，存在一般违法行为与犯罪的界分，一些群体性事件只需在行政法范围内进行规制，而聚众犯罪所描述的全部都是犯罪行为，全部都要纳入刑法的调整范围之列，不存在罪与非罪的界分。第二，涉刑群体性事件与聚众犯罪两者所包含的罪名有交集，但也有各自所特有的罪名。涉刑群体性事件所包含的罪名不仅有诸多聚众型犯罪，而且有危害国家安全犯罪（如分裂国家罪等）、侵害公民人身权利、民主权利罪（如侮辱罪、诽谤罪等）、侵害财产罪（如故意毁坏财物罪等）；同时，并非所有的聚众型犯罪都能在涉刑群体性事件中体现出来，如聚众淫乱罪。第三，从犯罪构成来看，群体性事件所侵犯的客体更加广泛，既包括社会管理秩序，也包括国家安全、公民人身民主权利等，而聚众犯罪的客体相对单一，主要表现为对社会管理秩序的侵害；群体性事件的行为方式更加多元化，表现形式更加多样而且不断翻新，而聚众犯罪的危害行为比较具体，即刑法分则所规定的具体行为；群体性事件行为主体的组织化程度日益加强，内部结构和功能日趋明确，而聚众犯罪的行为主体结构相对松散，一般未经过长期预谋，主体内部分工也不甚明了。

2. 群体性事件与共同犯罪的关系

共同犯罪是指两人以上共同故意犯罪。群体性事件与共同犯罪内在的相似性决定了它们之间存在密切的联系，在形式上的诸多相似性亦使得两者在司法认定过程中存在容易混淆的问题。厘清群体性事件与共同犯罪之间的关系，不仅能够使群体性事件的刑法规制体系更加完备，而且对科学地指导司法实践、实现定罪量刑科学化具有重大意义。

对于群体性事件与共同犯罪之间的关系，无非有两种：一种是涉刑群体性事件是必要的共同犯罪。另一种是涉刑群体性事件不一定是共同犯罪，如若刑法分则规定只处罚首要分子，则是单独犯罪或任意共同犯罪；如若刑法分则规定既处罚首要分子，又处罚"积极参加者"或"其他参加者"等，则是必要的共同犯罪。显然，第二种观点更符合群体性事件的司法实际，也更具合理性。群体性事件与共同犯罪并非简单的包含与被包含的关系，二者交互重叠又各有特点。在判断涉刑群体性事件是否为必要的共同犯罪时，应以刑法分则的具体规定为标准，具体问题具体分析。刑法分则根据不同主体的行为样态、主观恶性和社会危害性规定了不同的处置方式，或只处罚首要分子，或首要分子、积极参加者一并罚之，这就造成了目前群体性事件与共同犯罪之间交错叠织的关系。例如，《刑法》第291条规定的聚众扰乱公共场所秩序、交通秩序罪，仅"对首要分子，处五年以下有期徒刑、拘役或者管制"，其他参与者因其主观恶性不强、行为方式不恶劣、社会危害性不严重，所以并未纳入刑罚处罚的范围，如若首要分子为一人则是单独犯罪或任意共同犯罪。再如，聚众持械劫狱罪对所有的参与者都要追究刑事责任，此罪名不能由一人单独构成，属于必要共同犯罪的涉众犯罪。由此，按照必要共同犯罪与任意共同犯罪的分类可进行如下归纳：在刑法分则规定唯一的犯罪构成主体为首要分子且仅有一人的涉刑群体性事件属于必要的共同犯罪；而在刑法分则规定不以首要分子为唯一犯罪构成主体的涉刑群体性事件中，或者刑法分则规定以首要分子为唯一犯罪构成主体但首要分子为两人以上的涉刑群体性事件中，这两种情形的涉刑群体性事件是共同犯罪且是必要共同犯罪。一言以蔽之，涉刑群体性事件并非是共同犯罪的类型之一，不是被包含与包含的关系，而是相互交叉的关系，涉刑群体性事件与共同犯罪的关系呈现出多种形式。

（三）群体性事件所涉行为的犯罪之认定

罪与非罪的界限问题即犯罪圈的划定，关涉到刑法介入的范围与程度，具体到群体性事件，需要从两个方面加以认定：一是一般违法行为与犯罪之间的界限；二是涉刑主体界限。

对群体性事件中的一般违法行为和犯罪行为进行区分，必须严格地遵循罪刑法定原则，结合事件中行为人的具体行为样态，比照各罪名的犯罪构成要件加以判断。具体可以从以下几个方面进行认定：第一，群体性事件的主体性行为方式。按照主体性行为方式的不同，可以将群体性事件分为暴力型群体性事件和非暴力型群体性事件。暴力型群体性事件背后通常会有严密的组织架构和行动预案，属于预谋型犯罪，其行为表现方式一般为破坏性的暴力行为，其严重的社会危险性可见一斑，因此应对此类犯罪按照刑法规定的聚众犯罪或其他相关犯罪进行定罪处刑。非暴力型群体性事件的表现形式一般是较为温和的打横幅、静坐等，除个别事件严重扰乱了公共场所秩序、交通秩序外，大多事件仍属于"情节显著轻微，危害不大"的范畴，不具备进行刑事处罚的意义，应该做无罪化处理。第二，危害结果的大小。危害结果是判定一般越轨行为和犯罪行为最显著的标识。在群体性事件中经常出现的有关扰乱社会公共秩序的聚众扰乱社会秩序罪和聚众冲击国家机关罪以及聚众扰乱公共场所秩序、交通秩序罪等犯罪的刑法具体规定中,关于该类犯罪的罪状描述中具有"情节严重"或"造成严重损失"的字样,由此推知,刑法只介入那些具有严重社会危害性的暴力型群体性事件。即使在群体性事件过程中,其行为本身干扰了国家机关工作、公共场所秩序、交通秩序等,但属于轻度干扰程度,未造成严重损失,刑法亦不应过度介入。第三,组织化程度。按照群体性事件组织化程度的不同,可以将群体性事件分为有组织的群体性事件和自发的群体性事件,而有组织的群体性事件又可以分为以稳控为目的的有组织群体性事件和以暴力为目的的有组织群体性事件。针对以稳控为目的的有组织群体性事件,其组织性对于保障群体性事件的非暴力进行具有重要的引导作用,因而其主体性行为是一般的违法行为,不作为犯罪处理。即便在群体性事件中出现了个别的暴力行径,其刑事归责也只能归于暴力行为实施者本人,而无涉于事件组织者。针对以暴力为目的的有组织群体性事件,因其组织性使得群体性事件的暴力程度更甚,其造成的社会危害性和人身财产损失更加严重,因而刑事归责要落实到事件组织者和暴力行为的实施者身上,而且按照刑法关于犯罪集团首要分子的规定,依据集团所犯的全部罪行处罚。针对自发的群体性事件,因大部分成员是因为从众和猎奇心理而聚集,只要及时采取有效的稳控措施,事件就不会引发大规模的暴力行动,所以对于此类群体性事件一般将其归为一般越轨行为,在行政法体系内解决,无涉于刑事归责问题。

群体性事件中并非所有的参加者都要纳入刑法的规制范围,因而就会产生涉刑主体的界定问题。按照我国现行刑法规定涉刑主体的不同,群体性事件主要分为三类:一是只处罚首要分子的群体性事件;二是处罚首要分子和积极参加者的群体性事件;三是处罚首要分子、积极参加者和其他参加者的群体性事件。细言之,只处罚首要分子的群体性事件所涉及的罪名有聚众扰乱公共场所秩序、交通秩序罪和非法集会、游行、示威罪。处罚首要分子和积极参加者的群体性事件所涉罪名有聚众哄抢罪,聚众斗殴罪,聚众阻碍解救被收买的妇女、儿童罪,聚众扰乱社会秩序罪,聚众冲击国家机关罪,聚众冲击军事禁区罪,聚众扰乱军事管理区秩序罪。不但处罚首要分子也处罚积极参加者和其他参加者的群体性事件所涉及的罪名有分裂国家罪和煽动分裂国家罪,武装叛乱、暴乱罪,颠覆国家政权罪和煽动颠覆国家政权罪,组织、领导、参加恐怖组织罪,侮辱罪和诽谤罪,煽动民族仇恨、民族歧视罪，故意伤害罪，故意杀人罪，抢劫罪所包含的聚众"打砸抢"行为，故意毁坏财物罪，妨害公务罪，煽动暴力抗拒法律实施罪，寻衅滋事罪，非法携带武器、管制刀具、爆炸物参加集会、游行、示威罪，破坏集会、游行、示威罪，因聚众哄闹法庭或冲击法庭行为而构成的扰乱法庭秩序罪，在监狱或看守所聚众闹事且扰乱正常监管秩序而构成的破坏监管秩序罪，组织越狱罪，暴动越狱罪，聚众持械劫狱罪。立法者之所以作出如此规定，主要是因为：第一，不同罪名行为主体的社会危害性不同。就拿只处罚首要分子的聚众扰乱公共场所秩序、交通秩序罪与既处罚首要分子也处罚积极参加者和其他参加者的聚众打、砸、抢行为两相比较，聚众打、砸、抢行为的一般参与者的社会危害性与行为可罚性甚至高于聚众扰乱公共场所秩序、交通秩序罪的首要分子，因此，作出如此设计是罪责刑相适应原则的要求，也是刑法谦抑性的具体体现。第二，有利于从内部瓦解群体性事件，为处置涉刑群体性事件创造条件。设置阶层式的入刑门槛，在使刑事责任与涉刑群体性事件行为人的作用相对应的同时，也有利于轻微犯罪行为人及时认清形势，理性看待自身行为，引导其早日脱离犯罪群体，寻求更加理性、合法的诉求表达渠道。

（四）群体性事件所涉犯罪的责任之承担

按照罪刑法定原则和罪责刑相适应原则，并非所有的群体性事件的参加者都会受到刑事追责。如前文所讲，按照刑法分则之规定，涉刑群体性事件按照刑事责任主体的不同可以分为三类：第一类是只对群体性事件的首要分子处罚的涉刑群体性事件；第二类是只对群体性事件的首要分子和积极参加者处罚的涉刑群体性事件；第三类是对群体性事件的首要分子、积极参加者和其他参加者均处罚的涉刑群体性事件，易言之，也就是对所有参加者都处罚的涉刑群体性事件。由于不同的责任主体因其在事件中的作用、行为方式和主观恶性等方面存在差异，因此刑法依据行为人不同的主观恶性、人身危险性和对国家社会危害性的大小，采取了针对群体性事件涉及的相关聚众犯罪规定处罚范围大小不同的刑事责任分担模式，设置了有的处罚有的不处罚、有的处罚重有的处罚轻的刑罚处罚圈。基于刑法罪责刑相适应的基本要求，为达到设置刑罚的本源目的，更是为了在处理群体性事件的刑法实践中准确适用刑法，就需要对首要分子、积极参加者和其他参加者的内涵进行准确界定，对这些涉刑群体性事件的刑事责任主体相互之间的区别进行准确厘定。

1. 群体性事件所涉犯罪首要分子之认定

在群体性事件刑法规制的刑事司法实践中，关于相关聚众犯罪的首要分子的认定问题，是群体性事件的刑法介入和干预的重要刑法适用问题。其中，正确适用首要分子的认定问题最为关键之处在于区分和辨别首要分子与主犯。依据《刑法》第26条第1款之规定和《刑法》第97条之规定可以看出，群体性事件所涉聚众犯罪的首要分子不一定都是主犯，群体性事件所涉聚众犯罪的主犯也不一定仅指首要分子，二者既有交叉之处也有不同的地方。在群体性事件所涉犯罪的刑事司法应用中必须正确区分二者之间的联系与不同。

群体性事件所涉聚众犯罪的首要分子一般情况下都是主犯，易言之，有些情况下群体性事件的首要分子有可能无所谓主犯还是从犯，也有可能是从犯。比如，聚众扰乱公共场所秩序、交通秩序罪和非法集会、游行、示威罪这类只处罚首要分子的群体性事件相关聚众犯罪，在首要分子为一人的情况下也就无所谓主从之分；在首要分子为两人以上且能够区分主次作用的情况下，起次要作用的首要分子也应认定为从犯。另外，群体性事件所涉聚众犯罪的主犯也不一定仅指首要分子，首要分子以外的其他行为人也有可能被认定为主犯。群体性事件所涉聚众犯罪的主犯除首要分子以外，一些在犯罪行为实施过程中积极实施群体性事件所涉聚众犯罪的实行行为，该行为并造成了严重的社会危害结果，这些首要分子以外的行为人也有可能是相关聚众犯罪的主犯。比如，在聚众冲击国家机关罪中，有些积极实施实行行为的行为人既不是事件的组织者也不是事件的领导者，但其在事件发生过程中积极实施冲击国家机关的相关实行行为，对事件处置者或其他无关人员实施暴力殴打，或积极毁坏公私财物，造成严重的危害结果，在该种情形下，从实际情况来看，该行为人在相关聚众犯罪中已经属于起到了犯罪的主要作用，对该行为人就理应认定为主犯。

根据《刑法》第97条之规定，首要分子有两种类型：一类是犯罪集团的首要分子；另一类是聚众犯罪的首要分子，即在聚众犯罪中起着策划、组织和指挥作用的犯罪分子。群体性事件所涉相关聚众犯罪的首要分子与这两种类型的首要分子均有交集。根据《刑法》第97条规定的首要分子的法定概念，我们可以将群体性事件所涉聚众犯罪的首要分子理解为，在相关聚众犯罪中起组织、策划、指挥作用的犯罪分子。所谓"组织"是指在群体性事件的事前、事中或事后，行为人为了给利益相对方施加压力或引起重视或造成影响，为了自身一定的目标的实现，而发动、纠集其他利益相关或非利益相关人员，使本属于分散状态的人员集合在一起实施一定的聚合性集群行为。"策划"是指为实施聚合性的集群行为而出谋划策，拟订或在相关首要分子之间口头商定实施相关集群行为或聚众犯罪的实施计划、行程或方案等。"指挥"主要是指依据事先制订的实施计划或相关首要分子的意思和想法，直接指挥或安排群体性事件的其他参与人员具体实施某一项或某几项行为。在司法实践中，尤其是遇到群体性事件的相关聚众犯罪时，事件的组织、领导功能有时集中于一人，有时分属于几人或多人，但是，只要从事策划、组织和指挥当中的任何一种活动的便是群体性事件相关涉众犯罪的首要分子。因此，群体性事件所涉犯罪的首要分子有可能是一人也有可能是两人或多人。同时，在具体的刑事司法实践中应当重点考察行为人在相关聚众犯罪中是否真正起到了组织、策划、指挥的领导作用，而不应该仅仅拘泥于有没有相关形式上的称谓、身份或其本人具体参与实行行为的多少。①

2. 群体性事件所涉犯罪积极参加者之认定

在群体性事件刑法规制的司法实践中遇到的一大疑难问题，就是如何认定群体性事件中涉及聚众犯罪的其他积极参加者，即积极参加者认定标准的判定问题。学界关于聚众犯罪的积极参加者的认定标准主要有三种不同观点：第一种观点认为，应以行为人的行为对具体直接危害社会活动的作用大小来进行认定；② 第二种观点认为，应以行为人参与具体直接社会危害行为主观恶性的大小进行区分认定；③ 第三种将上述两种观点结合在一起进行综合判断，也称之为"参与程度决定说"，该观点主张，聚众犯罪中积极参加者的认定是对聚众犯罪行为人具体参与程度的价值性法律评价，不仅要考虑行为人的行为对聚众犯罪所起作用的大小，还要考虑行为人参与聚众犯罪主观恶性的轻重和人身危险性的大小。④

本书认为，"参与程度决定说"更具有可取性。积极参加者中的"积极"二字是一个带有心理评价的词语，强调的是行为人对参加犯罪活动所持的一种积极的心理状态，而这种积极的心理状态是其主观恶性较大的表

---

① 陈忠林主编：《刑法总论》，高等教育出版社 2008 年版，第 186 页。
② 王作富：《刑法分则实务研究》，中国方正出版社 2006 年版，第 1256 页。
③ 刘志伟：《聚众犯罪若干实务问题研讨》，载《国家检察官学院学报》2003 年第 6 期。
④ 张菁：《聚众斗殴罪的司法认定》，载《法学》2006 年第 3 期。

现，并且通过外在的行为表现出来。在司法实务中可以从以下几个方面来进行判别：第一，从行为人参加涉刑群体性事件的缘由来看，行为人是自己主动要求参加的，还是经他人邀请或要求甚至胁迫而参加的。如果是行为人自己主动要求参加，则显然其主观恶性较之被胁迫、诱骗参与者的主观恶性更大。但如何进入犯罪活动并非判断积极参加者的最重要标准，因为有此种情形，即行为人被胁迫参加涉刑群体性事件，但是在参加过程中变成了犯罪行为的积极实施者，此时也应认定该行为人为积极参加者。由此，可以得出，判断是否为积极参加者最为关键的是综合考量群体性事件的整体情况，看参加者在该犯罪过程中的参与热情、犯罪中的客观行为，以及该行为对群体性事件所起的作用大小，进行综合判定。第二，从行为人参加群体性事件的频度来看，一般来说参加次数越多即表明其行为越积极。刑法对多次参与者持严厉打击的态度，参加涉刑群体性事件次数的多少是行为人积极态度的直接体现。第三，从行为人在具体的涉刑群体性事件中是否具有积极性。这一标准的适用要根据具体犯罪的实际情况来具体判断，不能一刀切，要赋予法官相应的自由裁量权。

在群体性事件所涉相关聚众犯罪中的积极参加者、多次参加者与其他一般共同犯罪中的从犯是有不同之处的。区别之一：一般共同犯罪的从犯有次要的实行犯和帮助犯两种情形，而群体性事件所涉相关聚众犯罪中的积极参加者、多次参加者一般都为实行犯；区别之二：一般共同犯罪的从犯的刑事责任是由刑法总则的条款予以规定，[①] 而群体性事件所涉相关聚众犯罪行为人的刑事责任是由刑法分则的相应条文予以具体规定，该类群体性事件所涉相关聚众犯罪中的积极参加者、多次参加者在构成犯罪的情形下，对其进行的刑事责任追究只能依据相应的刑法分则条文的具体规定予以定罪量刑。[②] 对积极参加者进行认定时一定要充分的考虑其在犯罪的实行行为中所体现出的主观恶性，同时考虑到作为内心的一种态度倾向，其本身具有不可捉摸性，因此在司法实践中对积极参加者的认定，应利用主观见诸于客观的规律，通过客观行为来对其主观的"积极"态度进行综合判断，坚持主客观相一致的原则来认定何为群体性事件所涉聚众犯罪的积极参加者。在对群体性事件所涉聚众犯罪的积极参加者的主观"积极"态度难以认定时，

[①] 《刑法》第27条规定："对于从犯，应当从轻、减轻处罚或者免除处罚。"
[②] 邵维国：《论聚众犯罪》，载《中国青年政治学院学报》1999年第3期。

应该更多地基于刑法谦抑的基本立场,更多考虑《刑法》第 13 条"但书"规定的适用,确保在群体性事件的刑法规制中避免出现刑法扩张适用的风险。

3. 群体性事件所涉犯罪其他参加者之认定

涉刑群体性事件中除首要分子和积极参加者以外的其他参与人员,要根据其具体的参与情况和主观恶性,进行适度的从宽处理。当然这些其他参与人员并不是在所有的群体性事件中均有存在,而是存在于刑法分则规定的不只以首要分子为犯罪主体的法定罪名中。在该类犯罪过程中,如果其他参与人员是基于被欺骗、胁迫等情形而参加的,且其参与情节又较轻的情况下,对其应适当依法从轻或减轻处罚,甚至不予刑事处罚。对此,最高人民法院在 2010 年 2 月 8 日发布的《关于贯彻宽严相济刑事政策的若干意见》第 30 条第 2 款指出,在办理发生在群体性事件中的杀人、放火、抢劫、伤害等刑事案件时,要注意在群体性事件中重点打击的是在群体性事件中起组织、策划、指挥或直接实施相关犯罪行为的其他积极参加者;对于那些因为被煽动、被欺骗或者被裹胁而参与群体性事件且情节较轻,经过批评教育确实有悔改表现的事件参与人员,应当依法从宽处理。

(五) 群体性事件所涉犯罪的性质之转化

群体性事件所涉相关聚众犯罪的转化犯问题也是群体性事件刑法规制的司法认定中的疑难问题,直接牵涉到群体性事件相关参与主体的一罪或数罪的认定。由于群体性事件的参与人员结构多元、成分复杂,极易受到各种外部因素的干扰产生非理性的认同感和归属感,导致行为的不断升级,实现从非罪到犯罪的嬗变,进而出现轻罪到重罪的转化。正是群体性事件的多变性引发了司法实务中涉刑群体性事件的犯罪转化难题,如何厘定转化犯的标准,既关涉到对犯罪主体罪名及罪数的认定进而波及其量刑,也关涉到公正、宽容、严明的"人本主义"刑法观的贯彻和刑法善治目的的实现。

转化犯的刑法学概念是我国刑法理论中关于罪数形态的一个首创,在我国的刑法学理论界也曾被称为"追并犯"[①]。转化犯这一刑法学术语虽然已经得到我国刑法学界大多数人的承认和接受,但是,关于转化犯的确切含义

[①] 陈兴良:《转化犯与包容犯——两种立法例之比较》,载《中国法学》1993 年第 4 期。

在一定程度上还是有分歧之处的。归纳起来有两种情况：一种是广义的转化犯概念，即指一些违法行为或者犯罪行为在行为实施过程中，基于一些主客观方面的变化，从而使整个行为的性质发生犯罪构成的根本性变化或者犯罪严重程度的变化，针对该行为的刑事处罚应以变化后构成的犯罪或者法律规定的处罚较重的某一犯罪定罪处罚。① 该类广义的转化犯概念也可称之为拟制的转化犯。另一种是狭义的转化犯概念，它是指行为人在实施某一犯罪时，在具备一定的条件下又发生了另一种较为严重的犯罪，对此情形刑法特别规定依照后一种较为严重的犯罪定罪处罚。② 该类狭义的转化犯也可称之为实质的转化犯。概括起来，这两种转化犯概念的区别在于转化犯是否包括非罪向罪的转化，广义转化犯说认为转化犯包括非罪向罪的转化也包括罪质之间的转化即此罪向彼罪的转化，而狭义转化犯说认为转化犯仅包括罪质之间的转化。笔者以为，应将转化犯定位为刑法内部的专有概念，把客观行为已然构成犯罪作为转化的前提，加之对转化犯进行研究的目的是实现罪责刑相适应原则，因此采用狭义转化犯说较为符合转化犯概念本身的创制初衷，即转化犯是指行为人在实施某一较轻犯罪行为的过程中，行为的主观方面相对于基础犯罪行为的犯罪主观方面，或者行为的客观方面发生了一定的变化，致使犯罪人的后续行为符合了刑法规定的另外一种处罚较重的犯罪构成，刑法规定对于行为人的前后轻重不同的犯罪行为依据后一种行为所触犯的处罚较重的犯罪追究其刑事责任。转化犯的构成条件：一是必须具有前后两种在刑法评价上不一样的行为；二是构成转化犯的行为人在实施两种刑法意义上不同的行为之时，其主观方面必须有故意的内容，过失行为不存在转化犯的问题，转化犯轻重不同的两种行为主观犯罪心理应保持一致的故意心理状态，才能符合我国刑法中主客观相一致的定罪处罚原则；三是转化犯的构成必须以法律的明文规定为存在前提，也就是说转化犯的成立必须有刑法分则的明文规定，才能对行为人的前一基础行为按照后续的相对严重行为定罪处罚。

在群体性事件的发生过程中，在实施相关聚众犯罪行为的同时，有的又实施了相关聚众犯罪行为以外的其他犯罪行为，且符合两个以上犯罪构成的要件，应该是数个行为数个犯罪，对之进行数罪并罚。但是，其他犯罪行为

---

① 杨旺年：《转化犯探析》，载《法律科学》1992年第6期。
② 高铭暄主编：《新中国刑法学研究综述》，河南人民出版社1986年版，第400页。

与群体性事件相关聚众犯罪行为之间具有手段行为与目的行为或原因行为与结果行为的牵连关系时，就构成群体性事件相关聚众犯罪与其他犯罪之间的牵连犯，应当按照牵连犯的择一重罪处断的刑事处罚原则对其追究刑事责任。同时，也存在群体性事件参与主体在实施相关聚众犯罪时的过程中，由于主客观方面的变化，事件参与行为人的行为又触犯了相关聚众犯罪之外的另一相对较为严重的犯罪，并且在刑法分则中明确规定对该种行为以较重的犯罪予以刑事处理。此时就涉及了我国刑法中的转化犯问题。在涉刑群体性事件的转化犯问题中，转化主体的范围最为突出，课题组选择涉刑群体性事件最为典型的聚众斗殴罪这一立法例为切入点，具体剖析转化犯主体的范围界定问题。

聚众斗殴罪中转化主体的范围问题是涉刑群体性事件的常见难题，当聚众斗殴罪的主体出现致人重伤或者死亡的结果之时，是整体转化还是部分转化，理论界和实务界对此意见不一。在司法实践中，一般情况下，除一般参加者直接实施了导致被害人重伤或者死亡的结果的行为外，都会将一般参加者排除在转化犯之外。故此，关于群体性事件相关聚众犯罪的首要分子和积极参加者是否属于转化犯的主体问题，就成了转化犯主体争议的一个焦点。如果首要分子直接实施了殴打行为，并最终导致"致人重伤或死亡"危害结果的发生，则该首要分子应以转化犯论处定故意杀人或故意伤害罪，对于此种情况理论界和实务界已达成共识。问题在于，在首要分子未直接实施殴打行为，其他参加者的行为直接导致出现"致人重伤或死亡"的结果的情况下，首要分子应否按照转化犯理论承担相应的刑事责任？对于该问题，刑法学界各执己见、莫衷一是。归结而言，学界主要存在三种主张：第一种主张认为，不管致人重伤或死亡的直接行为者或直接责任者是谁，对于致害方的一方行为人均应适用转化予以定罪处罚。因为，在聚众斗殴罪中出现的致人重伤或死亡的严重危害结果，是致害方聚众斗殴的首要分子和积极参加者共同合力而造成的，是致害方首要分子和积极参加者共同行为的整体作用，依据共同犯罪部分行为共同责任的刑事责任承担原则，故对聚众斗殴罪致害方的首要分子和积极参加者均应予以转化。第二种主张认为，在出现致人重伤或死亡的聚众斗殴刑事案件中，致害方的首要分子应对聚众斗殴的全案危害后果负刑事责任并对之适用转化定罪处罚；对其他积极参加者，应根据其是否有致人重伤或死亡的客观行为和作用，来具体问题具体分析，对于聚众斗殴的积极参加者不易全部适用转化定罪处罚。第三种主张认为，聚众斗殴罪的刑事案件中，出现致人重伤或死亡的危害结果时，对致害方一方的首要分子和积极参加者不但要适用转化定罪处罚，对于构成聚众斗殴罪的另一方首要分子和积极参加者也要对之进行转化刑事处罚。因为，从聚众斗殴罪的整体来看，因双方对各方的聚众斗殴行为均有可能造成他人重伤或死亡的危害结果的发生都有一种概括性的预见，斗殴各方的聚众斗殴行为是原因，重伤或死亡是结果，致人重伤或死亡的危害结果是聚众斗殴各方组成的整个斗殴群体的集体客观行为所致，所以对聚众斗殴罪各方的首要分子和积极参加者均应适用全案转化。[①]

本书认为，对于聚众斗殴罪的转化主体范围问题，不能搞"一刀切"，简单地认为首要分子必然是转化犯的主体，而应该结合共同犯罪理论对之进行深入剖析。按照共犯理论，判断首要分子是否应转化定罪处罚，需遵循以下规则：只要首要分子在预谋阶段未明确表示不准实施足以致人重伤或死亡的行为且在实施过程中对该种行为不积极阻拦，最终导致致人重伤或死亡结果的发生，首要分子就应承担转化犯的刑事责任以故意伤害罪或故意杀人罪定罪处刑。反之，首要分子已明确表示不能实施足以致人重伤或死亡的行为，但聚众斗殴的其他参加者基于自身的个人意愿私自实施了致人重伤或死亡的行为，这种情况下则依照实行过限的行为理论[②]予以处理，首要分子仅以聚众斗殴罪论处，而直接实施者承担转化犯责任。具体而言：（1）只有首要分子实施了致人重伤、死亡的行为，那么首要分子应转化定罪处罚，其他参加者定聚众斗殴罪。（2）首要分子和积极参加者都实施了致人重伤、死亡的行为，且能够确定具体行为人，那么对首要分子和积极参加者均予以转化进行刑事追究，对于其他的参加者则按聚众斗殴罪予以刑事处罚。（3）包括首要分子在内的聚众斗殴人都实施了致人重伤、死亡的行为，但无法确定具体行为人，则按照疑罪从宽原则，仅对首要分子转化定罪处罚，其他参加者仍定聚众斗殴罪。（4）首要分子虽然没有直接参与实施致人重

---

① 曹坚：《聚众斗殴罪的司法适用问题研究》，载《广州市公安管理干部学院学报》2006年第1期。

② "实行犯过限理论"是指行为人只有在对某一危害结果在主观上具有主观罪过的情况下才能对其行为负刑事责任；而过限行为则超出了共同犯罪人共同故意的范围，应当由直接实施过限行为的行为人，对其过限行为单独承担该超出共同故意的那部分行为的刑事责任，其他共同犯罪人对此过限行为则不应当承担超出其故意范围部分的刑事责任。参见陈兴良：《口授刑法学》，中国人民大学出版社2007年版，第346页。

伤或死亡的加害行为，但首要分子明知其他参加者正在实施足以造成被害人重伤或死亡的此类行为，而希望或放任重伤、死亡结果的出现，则首要分子和直接实施者都应转化处罚。（5）首要分子明确反对实施足以致人重伤、死亡的行为，但有人执意实施最终造成了该危害结果，则首要分子不承担转化犯责任，而应由直接实施者承担。

第八章
群体性事件刑法规制的缺陷与完善

从我国刑法规范来看,尚未对群体性事件的刑法规制作出相应的规范,对群体性事件中一些需要刑法的规制的行为,主要是依靠共同犯罪、有组织犯罪和刑法分则中大部分聚众犯罪的有关规定继续应对,而群体性事件又是一类极为特殊的集群行为,现有的这些间接规定在适用时逐渐表现出了不相适应的一面,这种现状也在一定程度上制约着我国群体性事件的预防与控制。因此,极有必要对刑法在群体性事件规制方面的不足予以完善。具体而言,应确立"坚守刑法谦抑、审慎司法延展,捍卫罪责原则、兼顾安全例外,秉承严而不厉、适度行政扩张,坚持依法而治、警惕依政施治"的群体性事件刑法规制基本原则,建构群体性事件刑法规制的轻罪制度,并完善相应的刑罚配置,明确群体性事件的概念,对引发或刺激群体性事件发生或升级的编谣、传谣行为由司法解释上升到刑事立法进行规制,建构"趋群体性"行为的刑法规制体系,增设"聚众拒不解散罪"。同时,对群体性事件中的聚众犯罪,应从主客观相一致的角度,确立具有针对性的应对原则,细化首要分子的认定,完善共犯甄别机制以及禁止令的适用。

第一节　群体性事件刑法规制的缺陷

在《关于办理利用信息网络实施诽谤等刑事案件的司法解释》以前，在我国《刑法》《刑事诉讼法》《人民检察院刑事诉讼规则（试行）》《公安机关办理刑事案件程序规定》以及众多的刑事司法解释等相关刑事法规中，并没有出现"群体性事件"这一法律用语。大部分群体性事件的刑事处置均是依靠共同犯罪、有组织犯罪和刑法分则中大部分聚众犯罪的有关规定，来实现群体性事件的相关刑事规制。但群体性事件与一般共同犯罪、有组织犯罪或聚众犯罪均有较多不同之处，因此，直接套用一般共同犯罪与聚众犯罪的相关规定来处置群体性事件中的越轨行为，难免会有偏颇之处。

一、群体性事件刑法规制的理论缺陷

虽然现有的刑法规定可以处置群体性事件的相关社会危害行为，但是往往是依靠对危害社会管理秩序的相关聚众犯罪的刑事处罚来实现的，我国刑法中并没有专门、直接应对群体性事件的相关制度与规定。然而，群体性事件与一般的聚众犯罪相比，无论是从先期行为或是后续行为，还是从引发事由是否具有合理性来说，二者均有诸多不同。具体来看，我国刑法传统定性加定量的犯罪概念和以重罪为基点的罪刑体系架构，缺乏与群体性事件相匹配的刑法规制原则、轻罪制度设计，这在一定程度上均不利于刑法对群体性事件的良善干预和有效规制。

（一）群体性事件刑法规制原则的缺失

随着经济社会的不断进步和社会矛盾的不断深化，我国的群体性事件自1993年以来呈现逐年攀升之势。这些群体性事件既有引发诱因合理合法的利益纠纷型群体性事件，也有国内外敌对势力或宗教反对势力策划、操纵的社会敌意型群体性事件。无论是哪一类型的群体性事件，均与一般的聚众犯罪在行为与后果方面存在不同。现有的刑法规定与理论，只能依据一般聚众犯罪的刑法规制原理，对群体性事件中的后期行为或者结果行为进行刑事处治。对于大多数群体性事件的先期行为或中期行为，尤其是对那些国内外敌对势力策划、操纵的,从一开始就蕴含着暴力倾向和破坏力较强的群体性聚集行为,或先期合法后续违法甚至是产生骚乱的游行、示威、集会行为,或合法游行、集会行为出现紧急状况或严重危害社会秩序的行为,均缺乏相应的刑法规制依据。

在当下,非犯罪化和刑罚轻缓化的刑法价值追求和发展趋势,不仅是世界其他国家刑法发展的方向与主题,也是我国刑法发展日趋追求的价值趋向。在刑法学的维度中,非犯罪化和非刑罚化不仅是现代刑事政策的基本要求,也是现代刑法谦抑主义的基本体现。其中,非犯罪化是指刑法应尽可能的谦抑、节俭,在管理社会和防卫社会中能不用则不用、能用轻不用重,能用轻刑予以置刑决不用重刑予以规制,能用行政或民事相关规范处置严格避免用刑事的相关规范处置。在群体性事件的刑法规制中,也必须理性牢记的是,刑法的谦抑本性也是相关刑事法规必须遵守的基本立场。在处置群体性事件的相关规制措施中,刑事措施是最具暴力性和解构性的,也是最有损于政府亲和力和法治公信力的。刑法的非犯罪化和非刑罚化不仅源自对现代刑法的体系定位,也源自现代法治的限制机能,更源自"成本—效益"这一经济法学的利益成本原理。①

基于现代法治源自西方刑法思潮的引领,再加上我国传统"重典厉刑"重刑主义的历史影响,我国当代刑法理论界也出现了"宽为主流、严为众矢"的刑法理念。但是,刑法的非犯罪化基于"成本—效益"观念对轻微犯罪或一般犯罪非刑罚化的同时,刑法也基于目的刑主义的影响,利用有限的刑罚资源对某些严重影响社会稳定、侵犯公民合法权益的严重犯罪行为进行适度从严打击和惩处。前者就是刑法的"轻轻"一面,后者就是刑法的"重重"一面,"轻轻""重重"二者互相结合、相得益彰,构成了现代刑法对于社会管理的基本规制原则。② 所以说,"非犯罪化的进步并不等于刑法的进步,也不等于法治的进步"③,潜意识认为的"犯罪圈越小越利于人权保障,刑罚处罚范围越窄越利于权利保护",是否符合现代法治的理论精髓,是否合乎社会发展的情势之需,尚存探讨之必要。尤其在现代科技飞速

---

① 梁根林:《非刑罚化——当代刑法改革的主题》,载北京大学法学院编:《刑事法治的理念建构》,法律出版社2002年版,第247页。
② 梁根林:《非刑罚化——当代刑法改革的主题》,载北京大学法学院编:《刑事法治的理念建构》,法律出版社2002年版,第259页。
③ 张明楷:《日本刑法的发展及其启示》,载《当代法学》2006年第1期。

发展和现代文化相互碰撞,以及社会矛盾日趋深化复杂的当下,刑法欲保障社会稳定的基础和公民最基本的权益,必须根据社会变动不居的发展情况,作出相应的调整和跟进,尚能满足民众最基本的安全需要。

其实,民众对刑法的期待,不仅仅止于对自身自然法意义上对自由和财产权利保护的期待,更重要的还是对最基本的稳定和最低限度的安全的期待。因为没有最基本的稳定和最低限度的安全,其他民主权利、自由人权和财产安全均无从谈起。对此,最能说明问题的就是,刑法规制和防卫社会应当具有合理性。一方面,基于刑罚是一种强加于人身的痛苦和剥夺人基本利益的"恶",它不仅关涉民众的声誉和财产,更关涉民众的自由和健康,甚至是民众最基本的生命之存亡。所以,不是刑法规制越宽越好,如果刑法规制过于宽泛,则大部分民众就有可能遭受刑罚对人身权益的侵犯或剥夺,面临刑法的制裁,这也从根本上违反刑法规制的目的。另一方面,犯罪是对民众和社会极具破坏性的侵害法益行为,刑法如果过于保守和谦抑,则大多数民众的基本法益将难以得到保护,这同样也与刑法的规制目的相悖。所以,也并不是刑法规制越窄越好,如果认为刑法规制越窄越合理,那么也就是等于承认取消刑法更好;那么无论何种危害社会和民众之行为将不会得到刑法的制裁。①

故此,面对近年来群体性事件的频发,日趋给社会稳定带来了严峻的挑战。刑法不仅要较多考虑部分事件引发的社会诱因,坚守自身的谦抑本性,也要确保大部分民众的法益不被相关涉众犯罪行为所侵害,确保社会稳定秩序的不被严重破坏,在需要刑法介入干预的时候,适时适度地及时介入和干预。刑法在面对群体性事件的介入和干预之时,应遵循着既不越位也不缺位的刑法规制原则,才能发挥刑法对群体性事件的有效规制作用,确保群体性事件在可控制的范围之内发挥其缓解社会矛盾、促进相关社会管理机制不断完善和发展的社会冲突之功能。但是,现有关于群体性事件的刑法规制,却没有相应的具体规制原则予以指导群体性事件处置过程中的刑法适用。

(二) 我国刑法体系中轻罪制度的缺失

轻罪与重罪是自大陆法系和普通法系刑法对犯罪进行的最基本的一种分类,而在我国刑法中,轻罪只是刑法理论中一个法律用语,不是刑事实体法

---

① 张明楷:《法益初论》,中国政法大学出版社 2000 年版,第 199~200 页。

的规范用语。迄今为止，在我国刑法、刑事司法解释及其他刑事法规中并没有正式出现"轻罪"这一法律术语。从英美刑法和德日刑法规范来看，"轻罪"是作为一种法律规范意义上的法律术语来使用，并且在相应的刑事司法和社会文化中形成一种"轻罪"理念和轻罪文化。

1. 轻罪制度的域外考察

对犯罪进行"轻罪"与"重罪"划分，最早源自英国。英国于14世纪开始，以刑法的轻重为分类标准对犯罪进行三种类型的划分，具体分为叛逆罪（treason）、重罪（felony）和轻罪（misdemeanor），与之相应的是被认定为这些犯罪之人在生命、自由或财产的丧失。[①] 关于"轻罪""重罪"划分的另外一个根据，是在思想启蒙运动的初期一些文献中经常出现的对犯罪进行分类的观点，这类对犯罪的分类观点认为，依据犯罪指向并侵犯民众权利的不同，在违警罪之外，还有一些侵犯人的生命、健康、自由等人的自然权利的重罪和侵犯财产权等基于契约而产生的权利的轻罪。[②] 但是，自1967年开始，英国刑法把以刑罚轻重为分类依据的三分法改为以诉讼程序为分类标准的二分法，即将犯罪分为逮捕罪和不逮捕罪，或者称为起诉罪和简审罪。[③] 不过，从逮捕罪和不逮捕罪，抑或是起诉罪和简审罪最后的实体结果来看，这两种不同标准的分类方法还是殊途同归。

法国刑事立法关于轻罪与重罪的划分开始于法国大革命时期，1791年法国制宪会议通过了由"城市治安与'矫正'"警察法（轻罪）与"刑事"警察法（重罪）组成的刑法典，该刑法典确立了有关重罪、轻罪和违警罪划分依据的诉讼程序规则。然后，拿破仑时代的法国于1810年颁布的刑法典，依据对犯罪判处刑罚严厉程度的不同，将犯罪类型分为重罪、轻罪和违警罪。[④] 当代的法国刑法典仍旧保持了这种重罪、轻罪、违警罪的三分法的划分模式。根据1994年《法国刑法典》第111-1条的规定可以看出，法国的刑事犯罪根据其严重程度分为重罪、轻罪和违警罪等三种犯罪；根据第

---

① 储槐植、苏利：《国外轻罪处罚与教养处遇》，载储槐植、陈兴良、张绍彦主编：《理性与秩序——中国劳动教养制度研究》，法律出版社2002年版，第315页。
② ［德］弗兰茨·冯·李斯特：《德国刑法教科书》，徐久生译，法律出版社2006年版，第172页。
③ 储槐植：《美国刑法》（第3版），北京大学出版社2005年版，第6页。
④ ［法］卡斯东·斯特法尼等：《法国刑法总论精义》，罗结珍译，中国政法大学出版社1998年版，第79页、第82页、第43页。

111-2 条的规定可以看出，法国的刑事立法模式是由法律对重罪和轻罪进行规定并确定与之相适应的刑罚，由条例对违警罪进行规定并根据法律规定的限度与区别确定与之相应的刑罚。法国新旧刑法典均将犯罪分为三类：重罪、轻罪与违警罪。每一具体犯罪分别归入这三大类型。这种对犯罪的区分方法对于认定犯罪的构成要件和所适用刑罚的性质以及在刑事案件的程序与管辖权问题均会产生重大影响。① 重罪、轻罪和违警罪的法定刑有很大的区别，自然人犯重罪的刑罚有无期徒刑，重罪有期徒刑的最高幅度为 30 年、最低幅度为 10 年；自然人犯轻罪的刑罚包括监禁刑、罚金刑、日罚金刑、公益劳动等，被判处监禁刑的轻罪应当宣告剥夺或限制权利的附加刑罚；而违警罪的刑罚为 5 级罚金刑，最高一级罚金刑在 10000 法郎以下，具备累犯情节的可高达 20000 法郎。重罪、轻罪的刑罚在适用上也有较大区别，比如因重罪而被判处剥夺公权、民事权等权利不能多于 10 年，而因轻罪被判处剥夺此种权利则不能多于 5 年；另外对于轻罪，还有可以分期执行的特殊规定，如有基于职业、家庭或医疗、社会等原因的考虑，法院判决的刑期、罚金刑或日罚金刑以及吊销营业执照等刑罚，可以在 3 年之内的时期分期执行。② 法国的刑罚整体上呈现出"重罪刑罚制度统一严格、轻罪刑罚制度灵活多样"制度状况。③

德国刑法典中有关于重罪和轻罪二元区别的明确规定。于 1999 年 1 月 1 日起生效的《德国刑法典》第 12 条规定："（1）最低刑可处以 1 年以上（包括 1 年）自由刑的违法行为属于重罪，（2）最低刑处以与 1 年自由刑相比更轻微的自由刑的违法行为属于轻罪。"另外，该刑法典第 12 条第（3）还规定："刑法总则关于加重处罚或者减轻处罚、情节较为严重或特别严重的相关之规定，不影响轻罪和重罪的划分。"④ 言外之意，对于重罪和轻罪之划分起决定作用的是应当判处的法定刑，而不是实际判处的宣告刑；在因情节较轻而允许在扩大量刑范围的情况之下，必须以原来规定的最严厉之刑罚为分类依据；犯罪未遂、少年犯以及帮助犯的从轻或减轻处罚，也不能视

---

① 《法国刑法典》，罗结珍译，中国人民公安大学出版社 1995 年版，第 2 页。
② 储槐植、苏利：《国外轻罪处罚与教养处遇》，载储槐植、陈兴良、张绍彦主编：《理性与秩序——中国劳动教养制度研究》，法律出版社 2002 年版，第 320 页。
③ 《法国刑法典》，罗结珍译，中国人民公安大学出版社 1995 年版，序第 6 页。
④ 《德国刑法典》，徐久生、庄敬华译，中国法制出版社 2000 年版，第 45~46 页。

之为独立刑罚，而应视为通常量刑范围之扩大。① 由此可以看出，德国刑法关于轻罪与重罪的分类，不因刑罚范围的变化而变化。② 另外，德国刑法关于重罪与轻罪之划分，对于犯罪未遂的实体处分和犯罪后的附随后果方面均有较大影响；对于重罪的犯罪未遂一律予以处罚，对于轻罪的犯罪未遂之处罚要求以刑法的明文规定为必要；在犯罪的附随后果方面，对基于犯重罪而科处 1 年以上自由刑的犯罪人，5 年之内不得担任公职和行使选举权。③ 德国的刑事立法在刑事诉讼程序上也对轻罪制度的实施和轻罪的司法出罪化，提供了诉讼程序上的支撑。比如，1994 年修订的《德国刑事诉讼法典》不但规定了法定起诉之基本原则，同时也在第 153 条和第 153a 条对轻微犯罪规定了轻微案件"不必追诉"和"暂缓起诉"之起诉制度。④

意大利刑法针对轻罪与重罪的划分亦采取在刑法典中明文规定的方式来明确二者的区分程度。2006 年 3 月 16 日修订的《意大利刑法典》第 17 条和第 39 条，分别就重罪、轻罪适用的刑罚和分类标准进行了明确的规定。依据《意大利刑法典》第 17 条和第 39 条之规定，一切依法应当被科处无期徒刑、有期徒刑或者罚金的违法行为在意大利刑法中被法定为"重罪"之范畴；而那些依法应当被科处拘役或罚款的违法行为则被法定为"轻罪"之范畴。关于轻罪、重罪的形式划分问题是意大利刑法牵一发而动全身的重要刑法制度。因为轻罪重罪之分类，不仅牵涉到犯罪主观要件的确定和犯罪未遂的认定，还牵涉到犯罪消除和刑罚消灭的问题，更牵涉到保安处分的适用问题。⑤ 比如，依据《意大利刑法典》第 42 条第 2 款至第 4 款之规定，重罪只能由故意构成，法律有明文规定者除外；而无论行为是故意或过失均有可能构成轻罪。⑥ 依据《意大利刑法典》第 56 条第 1 款之规定，只有重罪才存在犯罪未遂之情形，也只有行为人犯重罪之情形才可以让其对犯罪未

---

① ［德］弗兰茨·冯·李斯特：《德国刑法教科书》，徐久生译，法律出版社 2006 年版，第 174~175 页。
② ［德］汉斯·海因里希·耶赛克等：《德国刑法教科书》，徐久生译，中国法制出版社 2001 年版，第 72~79 页。
③ 储槐植、苏利：《国外轻罪处罚与教养处遇》，载储槐植、陈兴良、张绍彦主编：《理性与秩序——中国劳动教养制度研究》，法律出版社 2002 年版，第 322 页。
④ 《德国刑事诉讼法典》，李昌珂译，中国政法大学出版社 1995 年版，第 72~73 页。
⑤ ［意］杜里奥·帕多瓦尼：《意大利刑法学原理》，陈忠林译，中国人民大学出版社 2004 年版，第 68 页、第 349 页、第 352 页。
⑥ 《最新意大利刑法典》，黄风译注，法律出版社 2007 年版，第 21 页

遂负刑事责任。①

俄罗斯刑法根据犯罪行为的行为性质和危害程度，将刑法中规定的犯罪分为轻罪、中等严重犯罪、严重犯罪和特别严重犯罪，该内容规定在1996年通过的《俄罗斯刑法》第15条。轻罪是指法定刑在2年以下（包括2年）自由刑的故意或过失犯罪行为，中等严重犯罪是指法定刑在5年以下（包括5年）自由刑的故意或过失犯罪行为，严重犯罪是指法定刑在10年以下（包括10年）自由刑的故意或过失犯罪行为，特别严重犯罪是指法定刑在10年以上（不包括10年）自由刑或更重刑罚的故意犯罪行为。由于俄罗斯刑法典规定的自由刑期限为6个月以上20年以下，故此，俄罗斯刑法中的轻罪是刑法典规定的适用较短自由刑的犯罪。另外，关于犯罪预备的处罚，只有严重犯罪和特别严重犯罪的预备行为才予以刑事处罚，轻罪和中等严重犯罪的预备行为均不需要承担刑事责任。②

2. 我国刑法的轻罪缺失

我国刑法规制的对象是采用以行为为制裁对象的一元化刑法结构，而不是像其他国家的刑法采取以行为和行为人为中心的二元化刑法结构。在以行为为规制中心的一元化刑法结构内部，对于什么是犯罪，又采取了以"社会危害性"为"质"的逻辑起点外加"行为情节程度"为"量"的量变幅度，二者综合确定犯罪成立与否的"定质"加"定量"的犯罪架构模式。我国刑法规定的这种犯罪概念不仅定"质"而且定"量"的立法模式，符合了哲学上"质变"和"量变"的对立统一规律，在我国的刑法规制中起着确保"刑法谦抑"、制衡"刑法扩张"的内在牵制作用；它不仅是法哲学上"法不责众"的刑事法演绎，也是社会管理层把刑法作为规制社会"镇宅利器"的运用逻辑。其实，犯罪概念的"定质"问题是与"行为无价值论"不谋而合的，犯罪概念的"定量"问题是与"结果无价值论"不期而遇的。因为，"行为无价值论"是将行为（的违法）作为犯罪实质的认识，相对应的是，"结果无价值论"是将结果（的违法）作为犯罪本质的观点。从刑法基本原理的视角理解，"行为无价值论"不仅考虑了犯罪的基本侵害

---

① ［意］杜里奥·帕多瓦尼：《意大利刑法学原理》，陈忠林译，中国人民大学出版社2004年版，第69页。

② 储槐植、陈兴良、张绍彦主编：《理性与秩序——中国劳动教养制度研究》，法律出版社2002年版，第324～325页。

原理，还在一定意义上兼顾了道德主义或家长主义的考量，而"结果无价值论"从功利之维度来分析，它完全是基于犯罪行为侵害之原理来建构犯罪论。① 故此，可以说，我国刑法采取"定质"加"定量"的犯罪概念是"行为无价值论"与"结果无价值论"折中论的综合结果。

世界各国关于犯罪概念的界定问题，从具体立法技术的操作层面审视，大致有两种不同的界定模式：一种是采取单纯的定性（定质）分析模式，另一种是定性（定质）加定量分析的综合模式。"单纯定性（定质）"模式是指立法者在进行犯罪概念的规定时，只根据行为性质对行为进行犯罪界定，而不对行为情节、程度进行考量。国际上多数国家采取这种界定模式，比如英国、美国、法国、德国、意大利、日本等。"定性加定量"综合模式是指立法者在进行犯罪概念界定时，不但对行为性质进行考察，而且还对行为情节、程度等"量"方面进行评价，行为在具备社会危害性这一"质"时，只是具备犯罪成立的一个必要条件，而行为情节、程度才是决定犯罪成立的充分条件。当下各国的刑法体系中，仅有我国和俄罗斯等少数国家采取这种"定性加定量"的犯罪概念界定模式。②

"定性加定量"的犯罪概念模式，虽然在法理上起到了牵制刑法扩张的谦抑之需，把一些不具备犯罪成立"量"的程度要求的社会危害行为排除在刑法的犯罪圈之外，归入行政管理的范畴。但是，这种犯罪概念模式并不能像一些学者认为的"具有减少犯罪数和降低犯罪率"和"具有利于维护国家形象与利于稳定社会心理"的正效应。③ 因为，犯罪数和犯罪率是事实法学、犯罪学对犯罪这一客观社会现象进行的理性分析和总结，犯罪概念界定范围的宽窄并不能影响犯罪的增长或缩减。犯罪现象不会因为犯罪概念的"定量"因素把相对危害不大的危害行为排除在犯罪圈之外而有所缩减，也不会因为犯罪概念的"定量"因素把相对危害不大的危害行为纳入犯罪圈之内而有所增长，它总是一直客观并有规律地存在于社会之中，是任何一个人类社会所不可回避的正常现象。还有基于稳定社会心理和维护国家形象的目的出发，更不能采取这种自欺欺人的人为缩小犯罪概念外延来减少犯罪数

---

① ［日］曾根威彦：《刑法学基础》，黎宏译，法律出版社 2005 年版，第 85 页。
② 储槐植、汪永乐：《再论我国刑法中犯罪概念的定量因素》，载《法学研究》2000 年第 2 期。
③ 储槐植、汪永乐：《再论我国刑法中犯罪概念的定量因素》，载《法学研究》2000 年第 2 期。

和降低犯罪率的"掩耳盗铃"之办法,只有依靠采取适当的社会政策和相应的刑事政策来消解犯罪和防卫社会,才是稳定社会心理和维护国家形象的正确出路。

另外,这种犯罪概念界定模式导致了社会管理的行政行为过多涉足了司法领域,剥夺了我国刑法"轻罪"制度的生存空间,奠定了以往劳动教养制度的部分存在基础,这也是劳动教养制度备受诟病的根源性原因,因为劳动教养制度多涉足的是刑事司法领域。但在劳动教养制度废止后的今天,这种犯罪概念界定模式愈加凸显其根源性缺陷。因为行政行为的本质属性属于管理活动,对于违反治安行政管理处罚法等相关行政管理法规之行为,行政机关充其量只能采取行政强制措施迫使违反行政管理法规的行为人听从管理,仅此而已。再往前迈一步,有关程度较轻的社会危害行为的行政处罚或劳动教养等关涉剥夺或限制人身自由的行政处罚性质的认定或处理,是刑法规制的领域,是刑事司法的任务。行政管理法规处置这些行为,实质上是行政管理涉足刑事司法的行为,是在与刑事司法进行"争权夺利"。从行政管理和刑事司法实践来看,将行为情节的社会危害程度作为关于犯罪成立的"质"的规定性,在操作过程中也是难以把握,情节到底是"显著轻微",还是"情节轻微",危害程度是"不大"还是"危害程度较轻",适用起来总有种模棱两可、可左可右的模糊不清。[①] 导致实践中有的本该刑事惩罚的却降格行政处罚,导致放纵犯罪;有的本不应该进行刑事处分的,却因维稳之需或利益问题而通过在情节危害程度问题上升格定位,提到刑事惩罚的"高度",进而损害了法律正义。

"定性加定量"的犯罪概念界定模式与国际通常采取的由刑事立法定"质"、刑事司法定"量"的刑事法惯例有所相悖,导致我国刑法"轻罪"制度的缺失和负效应诸多的"重罪"文化,在劳动教养制度废止后的当下,给刑法规制社会行为的社会管理带来了诸多挑战。由于我国刑法中的犯罪圈相对较小,并且犯罪概念中存在定量因素,尤其在已经废止的劳动教养制度所规制的不少违法行为,在世界上大多数国家都是应当受到法律制裁的行

[①] 李居全:《也论我国刑法中犯罪概念的定量因素——与储槐植教授和汪永乐博士商榷》,载《法律科学》2001年第1期。

为,有不少甚至是犯罪行为。① 所以,我国刑法的犯罪概念既不同于大陆法系刑法中犯罪概念也不同于普通法系刑法中的犯罪概念,我国刑法中的犯罪是以"重罪"为犯罪成立的逻辑起点。对犯罪的成立,是采取对行为性质的"定性"和对行为情节的"定量",二者共同决定犯罪成立与否的价值评判。故此,我国的现行刑法,无论是在刑事立法领域还是在刑事司法领域,均没有"轻罪"的概念,更没有"轻罪"的领地。

二、群体性事件刑法规制的立法缺陷

(一) 群体性事件概念立法上的缺失

随着最高人民法院和最高人民检察院于2013年9月6日联合颁布的《关于办理利用信息网络实施诽谤等刑事案件的司法解释》(以下简称《解释》)于2013年9月10日起正式施行,可以说"群体性事件"一词正式登台亮相于我国相关刑事法规的历史舞台。因为,该司法解释在相关条文中明确使用了"群体性事件"这一表述。但是,何为该司法解释中所称的"群体性事件",群体性事件的内涵与外延均没有清晰明确的界定,相关刑事法规也并没有对之作出明确说明或界定。

1. 《解释》关于群体性事件及相关行为的规定

《解释》第3条规定:"利用信息网络对他人进行诽谤,具有引发群体性事件、引发公共秩序混乱或引发民族、宗教冲突,以及引发其他严重危害社会秩序或者国家利益之情形,应认定为属于《刑法》第246条第2款规定的诽谤罪自诉转公诉的例外情形。"但是,《解释》并没有对何为群体性事件作出明确的界定。还有,自2013年9月30日起施行的最高人民法院《关于审理编造、故意传播虚假恐怖信息刑事案件的司法解释》(以下简称《虚假恐怖信息解释》)第2条、第3条和第4条中,分别对编造、故意传播虚假恐怖信息罪入罪门槛的"严重扰乱社会秩序"情形和构成编造、故意传播虚假恐怖信息罪并在5年以下有期徒刑从重处罚的情形,以及相关犯罪行为"造成严重后果"的情形进行了明确具体的规定。

《虚假恐怖信息解释》相关条款规定了构成《刑法》第291条之一的

---

① 储槐植、陈兴良、张绍彦主编:《理性与秩序——中国劳动教养制度研究》,法律出版社2002年版,序第3页。

"编造、故意传播虚假恐怖信息罪"中的"严重扰乱社会秩序"之情形。首先,《虚假恐怖信息解释》第 2 条规定:(1) 编造虚假恐怖信息或故意传播虚假恐怖信息,致使机场车站或码头,或者影剧院、商场等人员密集的公共场所秩序混乱,或者导致相关职能管理部门采取紧急疏散措施的;(2) 编造虚假恐怖信息或故意传播虚假恐怖信息造成国家党政机关正常工作活动受阻,或者造成医院、学校、厂矿等企事业单位的生产经营或教学科研等活动中断的;(3) 编造虚假恐怖信息或故意传播虚假恐怖信息造成行政村或社区范围内居民生活秩序严重混乱的;(4) 因编造虚假恐怖信息或故意传播虚假恐怖信息导致武警消防或公安、卫生检疫等相关职能部门对之采取紧急应对措施的;(5) 以及兜底性的编造虚假恐怖信息或故意传播虚假恐怖信息造成"其他严重扰乱社会秩序的"情形。其次,《虚假恐怖信息解释》第 3 条规定了犯编造、故意传播虚假恐怖信息罪需在 5 年以下有期徒刑幅度内酌情从重处罚的量刑情节,该情形之一就是有关群体性事件的,因编造虚假恐怖信息或故意传播虚假恐怖信息造成乡镇或街道区域范围内的居民生产、生活秩序严重混乱的情形。另外,《虚假恐怖信息解释》第 4 条规定了犯需在 5 年以上有期徒刑幅度量刑的情节,即犯编造、故意传播虚假恐怖信息罪严重扰乱社会秩序,造成县级以上行政区域范围内居民生产、生活秩序严重混乱或者妨碍国家重大活动进行等属于"造成严重后果"的情形。还有,《虚假恐怖信息解释》第 5 条还对编造虚假恐怖信息或故意传播虚假恐怖信息并且严重扰乱社会秩序,同时又构成其他犯罪的情形,规定了择一重罪的处罚原则。最后,《虚假恐怖信息解释》第 6 条还对何为"虚假恐怖信息"进行了明确的定义和说明。[①]《虚假恐怖信息解释》的 6 个条文虽然没有像《解释》第 3 条那样明确引用"群体性事件"概念,但是《虚假恐怖信息解释》的第 2 条的第(一)、(三)、(四)、(五)、(六)项,第 3 条的第(四)项,第 4 条的第(三)、(四)项等规定所涉及的行为大部分都是群体性事件的常见表现行为,编造虚假恐怖信息或故意传播虚假恐怖信息往往为群体性事件的发生甚至是聚众犯罪的形成,提供了人员、舆论、氛围等环境

---

① 最高人民法院《关于审理编造、故意传播虚假恐怖信息刑事案件适用法律的解释》第 6 条规定:"本解释所称的是指编造、故意传播以发生爆炸威胁、生化威胁、放射威胁、劫持航空器威胁、重大灾情、重大疫情等严重威胁公共安全的事件为内容,可能引起社会恐慌或者公共安全危机的不真实信息。"

条件和引发诱因。

由此可以看出，《解释》和《虚假恐怖信息解释》对于利用信息网络诽谤他人、编造虚假恐怖信息或故意传播虚假恐怖信息而引发与群体性事件相关涉的严重扰乱社会秩序之行为，进一步具体明确了诽谤罪案件自诉转公诉的具体情形和编造、故意传播虚假恐怖信息罪的入罪标准以及相关酌情从重处罚、结果加重犯等量刑情节，提出了相关定罪量刑的司法认定标准，统一了有关《刑法》第291条之一"编造、故意传播虚假恐怖信息罪"的新型疑难案件的法律适用意见。为依法惩治严重扰乱社会秩序的"编造、故意传播虚假恐怖信息罪"和利用信息网络的违法犯罪编织了更为严密的刑事法网，提供了更为明确的司法适用标准。对于进一步加大对编造、故意传播虚假恐怖信息罪和相关利用信息网络犯罪的打击力度，在全社会形成预防和惩治严重扰乱社会秩序相关犯罪的良好氛围，将发挥重要作用。

2. 相关刑事法规关于群体性事件界定的空白

《解释》在第3条的规定中明确使用了"群体性事件"这一概念，却没有对何为该解释所称的"群体性事件"作出明确规定。《解释》并没有像《虚假恐怖信息解释》那样在对"虚假恐怖信息"作出明确界定。导致其有失解释对具体法律适用提供指导意见本原功能的发挥，缺乏《解释》有关"群体性事件"这一危害结果评价要素的明确性要求。不仅不利于司法实务人员对于因诽谤而引发群性事件的刑事案件的具体认定和把握，也不利于发挥刑法预测可能性的指引功能，进而更不利于对"罪刑法定"这一刑法帝王规则的贯彻和实施。

《解释》第3条规定的"因利用信息网络对他人进行诽谤，而引发群体性事件、引发公共秩序混乱或引发民族、宗教冲突的，属于《刑法》第246条第2款所规定的'严重危害社会秩序和国家利益'这一诽谤罪案件的公诉情节"。言外之意，因利用信息网络诽谤他人导致群体性事件的发生者，不管被诽谤人是否对之进行自诉，就必然具备了构成诽谤罪的基本入罪条件而且必然要受到定罪和刑罚惩罚。但是，这里因利用信息网络诽谤他人而导致群体性事件到底是什么样的事件，事件参与者有多少人，事件的发生规模有多大，事件造成社会秩序的危害有多大、破坏性有多大，才属于《解释》所称的达到国家追诉利用信息网络诽谤他人者的刑事责任。对此，《解释》并没有作出说明，只是引用了"群体性事件"这一概念。在《解释》的刑事规范中，"群体性事件"作为对利用信息网络诽谤他人者进行定罪和量刑的犯罪客观方面一个必要的事实要件，是对相关犯罪行为社会危害性客观评价的一个必不可少的危害结果评价要素。犯罪客观方面表明犯罪客观方面的构成要素，包括危害行为本身即作为、不作为或持有行为，危害结果，危害行为和危害结果之间的因果关系，危害行为侵害的对象，危害行为的行为方法、行为环境，以及部分犯罪构成所要求的危害行为实施的时间、地点。① 对这一必要的危害结果评价要素都没有一个清晰的界定和把握，怎么才能让《解释》的第 3 条刑事法规落到实处，司法实务人员在侦查、起诉和审判中遇到利用信息网络诽谤他人引发群体性事件的案件该如何理解和把握，如何适用《解释》的第 3 条来指导起诉和审判，怎么才能达到追诉利用信息网络诽谤他人者刑事责任的立法目的。重要的不是"群体性事件"这一概念的引入，而是对"群体性事件"这一危害结果评价要素的界定，毕竟法律的生命在于其有效地实施而不在于其条文的颁布。② 因为，"法律使用明确概念的情形，而且真正明确的、不需要解释、也根本不能解释的只是数字概念（比如 14 岁）"③，但即使是数字概念，也存在对数字如何进行起算的问题，所以司法解释的本原使命就是为了解释刑法，就是为了使刑法进一步明确。

但是，《解释》的所有条文中，均没有对"群体性事件"的内涵和外延作出规定。所以，群体性事件刑法规制的相关法律规范关于"群体性事件"概念的规定缺失，不仅会导致《解释》本身适用的障碍，也会增强国民预测可能性的难度，更容易致使国家在需要之时根据实际需要来扩大对"利用信息网络犯罪而引发群体性事件"相关行为的打击范围，滋生或扩大国家侵犯公民个人自由和权利的风险。

（二）趋群体性行为刑法规制的缺失

"趋群体性"行为是指在群体性事件中出现的，一些依据《治安管理处罚法》进行行政制裁失之过轻，依据现有的刑法进行刑事制裁又失之过重的，与群体性事件的发生、演变、升级密切相关的行为。具体是指，与群体性事件密切相关的先期煽动、纠集行为，或者未升级为聚众犯罪的群体性事件发生过程中一些教唆围攻、冲击或打、砸行为，以及一些企图使群体性事

---

① 马克昌主编：《犯罪通论》，武汉大学出版社 2006 年版，第 37~138 页。
② 陈瑞华：《非法证据排除规则的中国模式》，载《中国法学》2010 年第 6 期。
③ 张明楷：《刑法学》（第 4 版），法律出版社 2011 年版，第 60 页。

件扩大、激化的编谣、传谣行为。

一般情况下,群体性事件的参与人员数量较多、成员复杂,基于"法不责众"的限制,刑法关于群体性事件所涉的相关聚众犯罪中采取了不同刑事责任主体的区别规制模式。一是大部分涉众犯罪只处罚首要分子或积极参加者,比如聚众哄抢罪,聚众扰乱社会秩序罪,聚众冲击国家机关罪,聚众斗殴罪;二是只有对人身危险性极强、社会危害性极大的相关涉众犯罪才处罚所有参与者,比如聚众持械劫狱罪;三是对于社会危害性相对较轻的有关聚众犯罪,只规定对其首要分子进行刑事追究的情形。如聚众扰乱公共场所秩序、交通秩序罪和聚众阻碍解救被拐卖妇女、儿童罪等。并且,基于我国刑法关于犯罪成立采用"定性加定量"的综合认定标准,这些在群体性事件中常出现的聚众犯罪,只有在群体性事件出现各种扰乱社会稳定或社会公共秩序且情节严重,或者出现一定的人身、财产破坏等具体的危害后果时,才有可能适用刑法对群体性事件的首要分子、积极参加者及其他参与人员等相关责任主体进行制裁。

现实中多数发生的群体性事件虽然在相关部门及时的管制下并没有发生聚众犯罪所要求的严重危害后果,但是有些群体性事件一开始就蕴含着潜在的暴力倾向,甚至是本来就是暴力聚众犯罪的先行行为。比如,某些被反动宗教势力策划、操纵的旨在反党反政府的集会和冲突,只是一开始它以某种社会纠纷或利益矛盾为发动借口,披着合法利益诉求的"外衣",此时就开始的群集行为可直接定性为聚众犯罪。还有某些旨在抗缴税收或者抗拒国家法律、行政法规正常实施的群集性行为,也是往往以某种表面合法的理由开始群集。但是,这些"趋群体性"行为在客观上不仅给社会民众心理造成了不安和恐惧,而且妨害了民众对正常社会稳定秩序的心理期待和正常权利的行使,有的甚至有可能发展成为一定的群体性暴力行为,进而严重威胁社会秩序的稳定和民众人身财产的安全。然而,传统规制聚众犯罪的相应刑法条款在"定性加定量"犯罪成立模式的限定下,入罪参照点和处罚依据是一些群体性事件危害结果严重或情节严重的"定量"因素,决定现有关于聚众犯罪的刑法规定对于这些"趋群体性"行为没有规制的可能。所以说,依照聚众犯罪的刑法规定来处置群体性事件的相关涉众犯罪,就偏离了群体性事件本身的刑法规制焦点,即"趋群体性"。在2013年1月1日之前,这些"趋群体性"行为还有可能通过劳动教养制度予以牵强地规制。但在劳动教养制度的彻底废止之后,这些"趋群体性"所涉及的领域就成了社行为规范体系中的一段空白地带。

在劳动教养制度实质废除以前,"趋群体性"等其他群体性事件相关危害行为由《治安管理处罚法》第 23 条、第 24 条、第 25 条和《劳动教养试行办法》的相应条款予以规制,构成群体性事件相关违法行为的治安管理处罚法、劳动教养试行办法和刑法的三级制裁体系。但随着 2013 年 11 月 12 日劳动教养制度被废止,针对群体性事件相关违法行为的规制结构就抽出了劳动教养制度这一层,这就为"后劳教时代"的群体性事件刑法规制提出了迫切的命题。

《劳动教养试行办法》第 10 条规定,对于聚众斗殴、寻衅滋事、煽动闹事等扰乱社会治安不够刑事处分的,或教唆他人违法犯罪不够刑事处分的,可以进行收容劳动教养。由此规定可以看出,对于"煽动闹事""聚众斗殴"等扰乱社会治安不够刑事处分的情形,以及教唆他人违法犯罪不够刑事处分的情形,是劳动教养制度废止以前运用治安管理手段调整尚显薄弱、动用刑罚惩罚又显强悍的两难情形。但是,在劳动教养制度已经废止的"后劳教时代",针对群体性事件相关纠集、煽动行为,聚众械斗行为,或相关情节不是很严重的教唆围攻冲击或打、砸、抢行为,还有群体性事件前期的纠集、组织行为,以及别有用心的编谣、传谣等"趋群体性"行为,仅用行政管理的措施予以干预,又显无力,不能达到足够的威慑和控制效应;如果动用现在刑法中的相关罪名予以处置,又显刑法过于扩张。但是,以前对之管制的劳动教养制度又已经废止,这些处于规制真空的社会危害行为,尤其是与群体性事件关涉紧密的相关行为又不能不予规制。对于这些劳动教养制度"寿终正寝"后的法律遗留问题,现有的治安管理处罚法和刑法如何"继承"和"分配",不仅是行政法和刑法学界颇为关注的理论问题,也是承担社会管理职责的政府和相关社会管理层不得不重视的现实问题。

随着 2013 年 11 月 12 日中共中央《关于全面深化改革若干重大问题的决定》的正式通过,劳动教养制度也正式宣告历史生命的终结,该制度的废除使我国社会危害行为的法律制裁体系进入了"后劳教时代"的建构。我国传统社会危害行为制裁体系是由治安管理处罚法、劳动教养试行办法和刑法共同建构的"三元"规制体系,劳动教养制度的废止,使其变成了由治安管理处罚法和刑法共同的建构的"二元"规制体系,由此产生的最为急迫的问题就是如何在保持原有规制体系效能不削减的前提下,最大限度地实现治安管理处罚与刑事制裁之间的有机衔接。尤其是以前《劳动教养试行办法》第 10 条所规制的煽动闹事、聚众斗殴、寻衅滋事以及教唆他人违法犯罪等不够刑事处分的，并且与群体性事件密切相关一类"趋群体性"行为，现有的治安管理处罚法能否完全承担规制的重任，如果不能，刑法又应该在何种程度上介入，以及应该设定哪些具体的介入制度和措施？显然，这一系列问题是"后劳教时代"社会危害行为制裁体系建构中必然要面对的问题。

第二节　群体性事件刑法规制的完善

我国刑法对群体性事件的规制，无论是理论层面还是在刑事立法层面，均存在一定的缺陷和不足。在理论层面，群体性事件刑法规制基本原则的缺失和我国刑法体系中轻罪制度的缺位，以及传统"定性加定量"的犯罪概念界定模式，造成我国刑法重罪主义的思维惯性和"犯罪人"标签效应对社会较深的影响。在立法层面，存在"群体性事件"刑法学概念的缺失，直接导致有关群体性事件的刑法规范在应用中存在障碍；存在刑法对群体性事件相关联系密切的"趋群体性"行为规制的立法缺失，以及对相关引发或刺激群体发生或事态升级的编谣、传谣行为的规制的立法缺陷。为了群体性事件相关刑事法规的日臻完善和针对群体性事件刑事处治的有效实施。我们针对群体性事件刑法规制的理论层面和刑事立法，拟提出如下"丰富刑法轻罪理论、完善刑法立法规范、创新刑法解决机制"的群体性事件刑法规制完善路径。

一、群体性事件刑法规制的理论完善

关于群体性事件刑法规制的理论完善问题，我们提出确立"坚守刑法谦抑、审慎司法延展，捍卫罪责原则、兼顾安全例外，秉承严而不厉、适度行政扩张，坚持依法而治、警惕依政施治"的群体性事件刑法规制基本原则；建构群体性事件刑法规制的轻罪制度，完善相关刑罚配置，改革"重罪"文化背景下"犯罪人"标签效应。

(一) 确立群体性事件刑法规制的基本原则

针对群体性事件的刑法规制，理应遵循"坚守刑法谦抑、审慎司法延展，捍卫罪责原则、兼顾安全例外，秉承严而不厉、适度行政扩张，坚持依法而治、警惕依政施治"的规制原则，进行适时适度的刑法干预，确保群体性事件得到合理的控制与消解。通过刑法对群体性事件的"善治干预"，让事件参与者既感受到刑法之"温情"又体验到刑法之"严厉"，充分发挥刑法既保护法益又化解冲突的法律功能。

1. 坚守刑法谦抑、审慎司法延展

德沃金曾说："一个负责任的政府必须证明它所做的任何事情都具有一定的正当性，特别是当它意欲限制公民自由的时候，更应该证明其限制公民自由的正当性与必要性。"①"无论何时必须牢记的是，刑法只是对犯罪实施惩罚的一个工具、一个手段而已。"②"非自愿的服从虽然可以获得暂时的安全，但却不能成就对秩序的认同。"③ 因此，刑法面对群体性事件介入的干预必须坚守刑法谦抑的基本理念，审慎刑事立法的延展和刑事司法的扩张，理性把握群体性事件的刑法调整限度，本着以"民行优先"为原则，以"刑法提前"为例外的设计原则来创设群体性事件刑法规制的制度设计。

基于群体性事件本身给和谐社会的发展带来的风险与隐患，面对"公共秩序安全与人权保障的此消彼长"和"刑事责任原则的坚持与安全例外的兼顾"，刑法的保护触角尽管有必要在群体性事件的规制领域里往前延伸。但是，在面对群体性事件刑法的介入干预时，无论是司法实务人员抑或是刑法学理论研究者，必须清楚的是，"人类社会的建构是'理性'信念和'非理性'环境的混合体，二者共同影响着人类所做的一切选择"。④ 刑法在本质上是一种不得已而为之的"恶"，如果不对之保持一定的理性和谨慎，刑法很容易在惩治犯罪和保护公民法益的同时释放出其本身一直潜在的摧毁自由的风险，其实相对于群体性事件后续行为个别所制造的对社会秩序和稳定的风险来说，这又是另外一种不可轻易忽视的风险。

---

① [美] 罗纳德·德沃金：《认真对待权利》，信春鹰等译，中国大百科全书出版社 1998 年版，第 252 页。
② [德] 乌尔斯·金德霍伊泽尔：《安全刑法：风险社会的刑法危险》，刘国良译，载《马克思主义与现实》2005 年第 3 期。
③ [英] 安东尼·吉登：《现代性的后果》，田禾译，译林出版社 2000 年版，第 88 页。
④ 田宏杰：《"风险社会"的刑法立场》，载《法商研究》2011 年第 4 期。

在群体性事件刑事规制的相关立法时，应当坚守刑法谦抑的"必要性"之入罪起点。刑法与治安管理处罚法在劳动教养制度废止后的当下，对原先劳动教养制度所规制的部分危害行为进行分割管辖时，刑法必须要保持谦抑的必要性，把更多的相关规制领域让渡于行政管理去规制。因为，刑法既应当保护个人的自由，也应当维护民众所必需的最基本的社会秩序稳定；既要承认利益追求和需要的满足是人之自然本性的正常表现，又要防止这种欲望满足的同时带来的冲突导致社会秩序陷于混乱。故此，立法者在针对群体性事件相关危害行为的规制时，只有该类行为足以危害民众共存的社会条件且唯有依靠刑罚予以制裁才能够有效制止之时，才能将其纳入刑法规制的范围。

群体性事件刑法规制的审慎司法延展，在具体操作过程中，要根据群体性事件的处置变动情况进行动态跟进。在群体性事件的处置过程中坚持"能散就不聚、能顺就不激、能解就不结"的消解原则，本着能用政策教化和情理规劝就不用治安手段，能用行政制裁就不用刑事处治的基本处置策略。首先运用经济的策略或行政、民事等比较缓和的法律手段进行先期处置，积极缓解事件聚集者的激进情绪、尽最大努力规劝聚集群众自行解散，防止矛盾激化和聚集群众情绪高涨，不到迫不得已不得采取刑事拘留或逮捕等刑事强制措施，或者强制带离等强行驱散措施，尽力通过疏导教育和行政管理的制裁方法等正面应对措施，来寻求群体性事件的自我消退。即使由于群体性事件的事态恶化和聚集群众行为的激进导致后续行为出现涉众犯罪的行为，在运用刑事手段予以处治时，也要在侦查、起诉和审判的刑事诉讼程序中始终贯彻"审慎司法延展"的基本方向。

首先，在刑事侦查阶段采取强制措施时，除去在群体性事件相关涉众犯罪中起组织、策划、指挥作用的首要分子，以及在后续行为中出现严重打、砸、抢、烧或伤害等严重危及民众人身财产安全行为的犯罪嫌疑人之外，能不刑事拘留的就不刑事拘留，能不逮捕的就不逮捕。

其次，在检察机关提起公诉的阶段，针对群体性事件的一般积极参加人员，根据其具体行为的社会危害性程度和其人身危险性因素，结合节约司法成本、提高司法效率之考虑，可以适当扩大不起诉在群体性事件涉众犯罪的适用范围，有条件地试行域外的暂缓起诉制度，达到对于犯罪行为"立法定性、司法定量"的良性刑法规制。对于犯罪较轻、认罪态度较好、积极悔过，且有可能科处缓刑或免予刑事处罚的一般积极参加者，一般应予以作出不起诉的决定。对于那些认罪态度较好、积极悔过有可能科处拘役或3年以下有期徒刑的犯罪嫌疑人，可以采取缴纳保证金而予以暂缓起诉，即对于在群体性事件涉众犯罪中犯罪行为较轻的犯罪嫌疑人，在其交纳一定保证金且严格考评、监督之前提下对其规定一定的考验期，在考验期内遵纪守法、未有违反相关法律法规或监督管理规定的，予以终结追究其刑事责任的诉讼程序，对于继续违法或有违反相关监督管理规定之行为的，及时变更强制措施，继续启动原先中止的提起公诉程序，依法追究其相应的刑事责任。①

最后，在法院的审判阶段，针对群体性事件的一般积极参加人员，根据其具体犯罪事实和相应的量刑情节，充分考虑犯罪嫌疑人参与群体性事件的犯罪动机和发生后续涉众犯罪行为的犯罪表现，考虑犯罪嫌疑人的认罪态度和悔罪表现，结合群体性事件的社会影响因素和定罪量刑的社会效果，对于犯罪较轻的群体性事件涉众犯罪嫌疑人，一方面多考虑刑法中关于减、免刑事处罚的规定；另一方面多考虑适用缓刑、管制、罚金等非监禁刑，以及加强禁止令的宣告适用和执行配套措施。

2. 捍卫罪责原则、兼顾安全例外

刑法的罪责原则是现代刑法的最基本原则，是刑法发挥保护法益和保障人权双重功能的基本原则保障。刑法以罪责原则为基础对刑罚的功利倾向进行刑法自身的内部牵制和制衡。美国刑法学家胡萨克认为，刑法的罪责原则是保障正义的根本要求，如有对罪责原则的违反则意味着对个人权利的侵犯。② 罗克辛教授认为，"在运用刑法控制社会风险时，必须坚守刑事责任的罪责原则，具备客观归责的基本要求。如果无法做到罪责原则和客观归责之基本要求，那么就必须停止刑法对相关社会行为之介入。因为刑法施展的空间只存在于风险能够客观、公平地归咎于个人的场合，仅仅基于保护公共利益之需要的防卫理由而不具备罪责原则和客观归责之基本条件的话，那就达不到对个人动用刑法枷锁之程度。"③

面对群体性事件后续行为给社会稳定带来秩序风险的严重冲击，固守着传统刑法报复与特殊预防的罪责原则不变，将其封闭僵化地运行，必然会使

---

① 程春丽：《群体性事件引发刑事案件的刑法学思考》，载《中国青年政治学院学报》2013年第4期。
② 劳东燕：《公共政策与风险社会的刑法》，载《中国社会科学》2007年第3期。
③ 劳东燕：《公共政策与风险社会的刑法》，载《中国社会科学》2007年第3期。

刑法与变动不居的社会发展现实相脱节。① 尤其是在涉及不特定多数人人身、健康、财产安全的公共稳定秩序的刑法维护中,任何原则均可以存在适当的例外,这也是对立统一规律的哲理再现。再说,刑法本身的滞后性,内在地要求刑法应根据社会发展的现实需要进行相应的调整。以前属于刑法犯罪圈规制的范围,现在依据社会形势的客观发展变化有可能将其排除在犯罪圈之外;以前没有进入犯罪圈的行为,现在依据社会防范的需要,则有必要将其纳入犯罪圈,这是刑法保持其生命力的根本之需。因为,刑法只有顺应社会情势的不断变化,随之进行相应的调整并体现不同时代的社会需求,才能保持长盛不衰的不竭生机。

群体性事件在人员参与规模和频繁发生数量上给社会稳定带来的维稳压力日趋增强,群体性事件给社会治安带来的负面影响和稳定秩序的破坏性日益严峻,已是不争的事实。面对诸如此类有关社会秩序稳定的最基本安全的需要,是否将某些富有严重破坏性的社会危害行为纳入刑法调整的犯罪圈,不仅是刑法自身规范逻辑和规制原则应该关注的问题,而且更是全社会成员应该引起重点关注的事项。② 尤其当前群体性事件发生过程中的网络编谣、传谣行为,以及个别心怀不良企图唯恐天下不乱之人,善于对某些带有敏感性的事情和传言进行放大和歪曲,最终引起不应该发生的群体性事件,有的甚至发生危害严重的骚乱。鉴于此,本书认为,在劳动教养制度废止之后的当下,借刑法改革完善的契机,在建立具有中国特色的轻罪制度之前提下,可以考虑将引发群体性事件的编谣、传谣行为和相关煽动、组织行为,以及接到有关群体性事件处置机关发布的紧急解散命令而拒不解散的行为,纳入刑法规制的轻罪犯罪圈。

3. 秉承严而不厉、适度行政扩张

刑法针对群体性事件的介入干预,必须遵循罪责刑相适应的合比例要求,不能过多寄希望于刑罚的苛厉来取得对群体性事件的压制效果。因为刑罚毕竟不能创造生活,更不可能建构生活,更多的只是解构生活。刑法是因为有了犯罪并为了没有犯罪才设置刑罚的,设置刑罚的终极目的是要消除恶行本身,而不是要消除实行恶行的人。"恶有恶报"虽然是人类迫不得已的

---

① 童德华、贺晓红:《风险社会的刑法的三个基本面相》,载《山东警察学院学报》2011年第3期。

② 张明楷:《法益初论》,中国政法大学出版社2000年版,第199~200页。

一种期待，但是"没有恶行"则是人类最希望实现的状态，与恶行发生之后人类期待恶报相比，人们肯定宁愿希望恶行从来就没有发生，也不愿希望有恶报的报应产生。况且预防本身就是一种正义，预防优越于治疗，预防之正义优越于惩罚之正义，这是和刑法的节俭性、刑罚的迫不得已性完全相一致的。① 故此，面对群体性事件后续涉众犯罪行为对于社会稳定底线的诸多挑战，储槐植教授所主张的"严而不厉"之刑法结构，不失为我国群体性事件刑法规制走向完善的一个理想路径。遵循"严而不厉"刑法结构的群体性事件刑法规制基本原则，不仅有利于群体性事件的有效处置，确保社会稳定秩序不被严重侵害，促使刑法合理打击群体性事件相关涉众犯罪的保护机能的充分发挥，也有利于刑法对相关涉众犯罪人自由和权利的人权保障，确保刑法人权保障机能落到实处。

刑法结构有形式结构和实质结构之分，形式刑法结构是指刑法总则和分则的组合，实质刑法结构是指刑法界定的犯罪圈与刑罚量的组合状态，即犯罪与刑罚的配置状况，详言之，刑法界定的犯罪圈即刑事法网之严密程度，刑罚量即刑罚的苛厉之程度。实质的刑法结构不仅是刑法功能的组织基础，也是刑事政策的集中反映，还是刑法不断改革与完善的主题要旨。刑法功能是刑法结构在刑法运行中产生的社会作用，刑法功能集中体现以秩序与正义为主要内容的刑法价值目标。实质的刑法结构是刑法功能得以实现的物质基础，反过来，刑法功能的实现信息之反馈又是实质刑法结构进行改革和完善的重要实证参考依据。"罪"与"刑"这种结构性的相互抗衡和挤压，导致二者的对比关系在刑法理论上可能出现"不严不厉""厉而不严""既严又厉""严而不厉"四种刑法结构模式。② "不厉不严"和"既严又厉"在理论上可能存在，但在刑法的历史和现实中就不具有存在的可能性，只有"厉而不严"和"严而不厉"才是刑法历史和刑法现实世界中存在的两种刑法结构类型。"罪"与"刑"二者相互抗衡的内部冲突，决定刑法结构性的改革和完善是刑法自身矛盾运动的必然选择。从刑法的纵向历史演进和当下各国刑法的横向比较分析来看，英、美、德、日等大部分国家"严而不厉"的刑法结构是较为理想的。我国"定性加定量"的犯罪概念界定模式所决定的"厉而不严"之刑法结构，要想真正实现现代化刑法改革与转变，必

---

① 张明楷：《刑法格言的展开》，法律出版社2003年版，第274~275页。
② 储槐植：《罪刑矛盾与刑法改革》，载《中外法学》1994年第5期。

须进行由"厉而不严"向"严而不厉"的结构性变革。

"严而不厉"刑法结构的价值在于严密刑事法网,增强刑法对社会管理的调控范围,减少社会失范行为管理的漏网机会。当然,刑法之"严"在扩大刑法规制的犯罪圈的同时,势必会提高刑罚的不可避免性,但是可以通过"不厉"来减轻刑罚的苛厉程度,不但会增加刑法之"温和",亦可从另一方面增强刑法之"威严"。从短期的现象来看,减轻刑罚之苛厉有可能使一些潜在的犯罪嫌疑人在短期内活跃起来(但也未必尽然),但是,严密刑事法网的正效应则可以从另一种角度来抵消这种短期的暂时负效应。从长远利益来看,通过减轻刑罚之苛厉,不仅会有利于形成宽松的社会环境,还有利于加强刑法的轻缓化和人本化,亦符合国际文明发展的潮流。① 犯罪心理学及经验证明,因为引起犯罪发生原因的复杂性,刑罚对突发性暴力犯罪的一般预防作用往往收效甚微。由此看来,适当扩大刑法规制的犯罪圈,基于罪刑法定的威慑和行为规范的指引,来遏制犯罪的发生率,比起单纯增加刑罚之苛厉程度(即提高法定刑)更能够控制犯罪的再发生。故此,秉承刑法"严而不厉"的基本立场,对于群体性事件的刑法规制,预防或遏制群体性事件后续行为相关聚众犯罪或相关一般暴力性犯罪的发生,则更为有效。

由于我国犯罪概念界定模式不但承担了刑法立法的定性功能,也承担了部分刑事立法的定量功能,再加上我国传统重刑思维的历史惯性等诸多法律规范因素和历史影响,决定了当下我国的刑法结构还正处于"厉而不严"之状态,这也是我国刑法备受质疑和诟病的地方。我国刑法结构应该向着"严而不厉"的刑法结构逐步发展,我国相关刑事立法已经开始了趋向"严而不厉"刑法结构的改革步伐。比如,《刑法修正案(八)》及相关刑事司法解释将"多次盗窃、入户盗窃、携带凶器盗窃、扒窃"等非数额型盗窃行为以及"醉驾"行为等纳入了犯罪圈,降低了盗窃、寻衅滋事、敲诈勒索等罪的入罪门槛,这些都属于对刑法进行"严而不厉"的"修严"改革。在群体性事件刑法规制的范围来看,以下行为尚未被纳入其中:一是引发群体性事件的编谣、传谣行为;二是群体性事件中相关的煽动、组织行为;三是在群体性事件即将事态发生恶化之情势下,需采取相关措施紧急疏散事件人群,但相关参与人员在接到事件处置机关发布的紧急解散命令而拒不解散

---

① 储槐植:《罪刑矛盾与刑法改革》,载《中外法学》1994年第5期。

的行为。以后的刑法修订中,可以考虑将以上群体性事件的相关行为纳入刑法规制的轻罪犯罪圈,增设"故意编造、传播虚假信息罪"和"聚众拒不解散罪"。

在群体性事件刑法规制"严而不厉"的刑法苛厉之改善方面,应该将刑罚"轻缓化"和"社会化"的处置原则作为群体性事件刑法规制轻罪制度下轻罚体系的建构原则,多用资格刑或财产刑,少用、慎用自由刑。针对"轻罪"制度改革后的"轻刑"完善,多考虑诸如美国的社区服务或社区劳动、间歇监禁刑,以及其他附带保护观察、家庭监禁、电子监控、具结悔过、一定范围内公开检讨等"非刑罚"社会化刑事处罚方法。对于群体性事件相关涉众犯罪人适用不同的资格刑,对于资格刑所要剥夺的各项权利进行细化适用,根据犯罪行为性质和犯罪人具体情况,实行资格刑的区别分立制,不同的犯罪情形配置剥夺一项或多项资格或权利的不同资格刑,如此区别分立配置,既可以避免浪费司法资源,又能够让法官在具体裁判过程中灵活选用。① 能够通过采取禁止令或其他社会化纠正措施纠正犯罪的,就尽量采用社会化的矫正处置方式,甚至可以考虑保安处分制度的建构与完善,重视新型刑罚轻刑手段的研究,加强与行政处罚的衔接与整合。尽量避免监禁刑在群体性事件刑法规制刑罚体系的过多运用,避免刑罚攀比趋重的重刑惯性在群体性事件刑法规制刑罚体系中历史演绎,为群体性事件的刑法规制创制理想的刑罚结构。

通过刑事实体法、刑事程序法和行政措施来严密刑事法网②,也是建构群体性事件社会管理机制的重要途径,尤其行政管理的制裁措施是预防和处置群体性事件的重要方面。对于群体性事件规制的机制建构,不妨也可借鉴适度行政扩张的思路,来适度延展行政法在群体性事件预防和处置的相关领域的调整范围。建议整合《公安机关处置群体性治安事件规定》《集会游行示威法》《突发事件应对法》《治安管理处罚法》《道路交通安全法》等涉及群体性事件规制的相关立法资源,制定《群体性事件处置法》。设立专门的群体性事件应急处置机构,建构群体性事件应急处置的统一协作机制。赋予群体性事件应急处置机构发布群体性事件紧急解散命令,决定采取强制带

---

① 房清侠:《食品安全刑法保护的缺陷与完善》,载《河南财经政法大学学报》2012年第2期。
② 储槐植:《刑事一体化论要》,北京大学出版社2007年版,第66页。

离、强制驱散等行政措施，向公安、消防、卫生等相关职能部门发布协调配合命令等更多的行政处置权力。适度扩大警察在执行群体性事件应急处置任务中自由裁量的权力等，做大做实群体性事件的舆情监测和监管以及预防和处置工作。

4. 坚持依法而治、警惕依政施治

群体性事件的刑法规制问题，不仅关乎公众的自由与安全，更关涉和谐社会本身的建构与发展。故此，社会管理者在处置群体性事件的过程中，在选择是采取规劝、消解的政策感化措施，还是选择行政管理的制裁措施，抑或是被动的刑事强制惩治手段之时，一定要遵循"坚持依法而治、警惕依政施治"的基本思路。更多地注重从群体性事件的根源上去解决背后的社会问题，确保群体性事件的处置在法治的轨道上得到稳妥、有序的处理，避免片面注重政治的思维方式进而不适当地采取强硬的刑事措施，以致使群体性事件的处置出现"治标不治本"的表象稳定。

关于坚持群体性事件处置的依法而治原则。法作为管理社会的措施，与其他社会管理手段相比，法更能在最大限度上保障社会关系的有序性、协调性和稳定性[1]，更具有容纳社会冲突的调节作用，更易于衡平社会成员内部之间的利益冲突，更利于化解社会成员之间的不满和不公情绪，法是衡平社会冲突和调节社会纠纷、促进社会可持续发展的最佳社会管理手段。具体到群体性事件后续行为涉嫌聚众犯罪的处理，对于依法不构成相关涉众犯罪的人员，应当依法不予以刑事处理，对于依法构成刑事犯罪的人员，应当结合宽严相济的刑事政策予以从宽惩处。依法应当从轻或减轻处罚的，一定要从轻或减轻处罚，依法应当免予刑事处罚的，一定要免予刑事处罚，而不能一味地追求刑法的打击与严惩，过于强调行为的惩处、威慑之效。与此同时，在刑事司法的起诉和审判中，一定要保持程序正义基本指导思想不能动摇，依法严把事实关、证据关，切实做到犯罪事实清楚、证据确实充分之证明要求，真正达到法律是正义的天平之公平效果，只有这样才能有利于消除民众不相信政府、不相信司法机关的现象，从而提高司法公信力，进而提高政府公信力、树立良好的政府形象。

对此，最高人民法院在2013年10月9日发布的《关于建立健全防范刑事冤假错案工作机制的意见》中明确指出，坚持司法审判依法独立行使之

---

[1] 孙国华、朱景文主编：《法理学》（第2版），中国人民大学出版社2004年版，第60~61页。

原则，法官在刑事审判中，必须以事实为根据、以法律为准绳予以定罪量刑；不能因为舆论媒体炒作的压力，或当事方上访、闹访以及地方"维稳"的压力，而作出与法律相悖的裁判；认定案件事实和定罪量刑，必须以查证属实且程序合法的证据为判案依据；对证据的合法性应当依照法定程序进行证据收集行为合法性的审查，用非法方法收集证据或不能排除证据收集行为存在非法嫌疑的，不得作为定案的依据，应当作为非法证据予以排除；对于认定案件事实证据不够充分的案件，应当坚持疑罪从无的判案原则，依法宣告被告人无罪，不得"留有余地"降格作出有罪从轻或减轻处罚的判决。

关于坚持群体性事件处置的警惕依政施治原则。基于群体性事件的政治属性和社会属性这些实质性因素，大部分群体性事件只是涉及某些经济性的利益矛盾问题和社会纠纷问题。从本质上讲属于体制内的可以用"人民币"予以解决的社会利益分配问题，并不具有体制外的政治性矛盾，也没有明确的与政府相冲突或矛盾的政治主张，更不会危及当局社会统治的执政根基。因此，群体性事件的处置者不能把本属于经济利益问题的社会矛盾事件当作政治问题，进行泛政治化处理。因为本来属于利益纠纷问题的社会矛盾事件一旦上升为政治的维度去处理和对待，就很难保持法律的中立与客观，很难控制国家权力的扩张和刑罚权力的膨胀。因为刑罚权的发动本来是就国家权力的一部分，刑法不仅仅是主持正义的天平，更是国家权力手中的一把利剑，在触动国家权力最根源的政治神经时，很难保证国家权力手中的这把利剑不会"剑走偏锋"，进而有所闪失伤及客观公平与法律正义。

当下，无论是立法者还是司法者抑或是刑法学研究者，在面对群体性事件的刑法规制时，只有以理性、沉稳的态度去洞察刑法规范背后群体性事件频发的社会实质，科学把握社会运行的基本规则和社会变迁的基本实质，才能在努力实现维护社会稳定秩序和防卫社会的同时，为公平正义系数的提高和国民幸福指数的提升提供较为有效的合理规范与人性规制。[1] 尤其是刑法学研究者更应该以"不断推敲理性的立法和不断探寻人性的执法"[2] 为群体性事件刑法规制的研究逻辑，推动我国刑法从国权刑法向民权刑法迈进。[3]

---

[1] 田宏杰：《"风险社会"的刑法立场》，载《法商研究》2011 年第 4 期。

[2] 陈卫东：《推动"秘密侦查"写入刑诉法的法学教授》，载 http://www.jcrb.com/xztpd/2013zt/201302/2012fzpg/2012rw/201302/t20130205_1044076.html。

[3] 刘仁文：《中国食品安全的刑法规制》，载《吉林大学社会科学学报》2012 年第 4 期。

故此，坚持"坚守刑法谦抑、审慎司法延展，捍卫罪责原则、兼顾安全例外，秉承严而不厉、适度行政扩张，坚持依法而治、警惕依政施治"这一群体性事件刑法规制的基本原则，建构和完善群体性事件刑法规制的理性机制，方能实现依法预防和处置群体性事件、维护民众社会生活基本秩序稳定的善治理想，也是群体性事件刑法规制的治本之道。

（二）建构群体性事件刑法规制的轻罪制度

在劳动教养制度废止后的今天，我国刑法应该重新审视关于"定性加定量"的犯罪概念构成模式，考量轻罪制度缺失带来的一系列刑法结构性的缺陷，检讨当下刑法"重罪"文化所带来的一些不利于"轻罪"犯罪人惩罚后重新社会化的附带性后果。在由治安管理处罚制度、劳动教养制度和刑法构成的三级社会管理规范体系被压缩为治安管理处罚制度和刑法的二元化制裁体系的新形势下，如何处理以"重罪"为建构基点的刑法体系与治安管理处罚法之间的"无缝对接"，是当下我国刑法进行改革和完善的一大重要课题。本书认为，以犯罪分类的划分为切入点，建构我国犯罪文化背景下的"轻罪"制度，无论是从协调法律制度内部之关系的视角，还是从促进法律制度外部合理性的维度；无论是在消解传统犯罪论的结构性缺陷方面，还是在弥合劳教制度废止后行政管理与刑事处治之间的制度性断层方面；无论是从严密刑事法网的目的出发，还是从轻缓刑罚结构的角度考虑，都不失为一个较好解决制度改革困境的破局路径。

在劳动教养制度废止之后，如何对原先由该制度规制的上述与群体性事件相关的社会危害行为进行重新规制，理论界大致有三种不同的主张。

主张一：分流法。张荆教授认为，在劳动教养制度废除后的"后劳教时代"，并不是一废就能了之的问题，劳教制度以前所规制的一些危害行为还是要由治安管理处罚法和刑法等切实承担起劳动教养制度废除后的规制责任。具体做法是，建议将劳动教养制度以前管制的社会危害性较重的部分危害行为上提至刑法范畴进行轻罪入罪设置，将社会危害性较轻的部分违法行为下放至治安管理处罚法范畴进行治安行政管理规制。刘仁文研究员也认为，在劳动教养制度废除后的当下，当务之急是应对治安管理处罚法和刑法进行相应的改进与完善，以期应对劳动教养制度废除后的社会管理需要。具体做法：第一步，先把刑罚中的拘役期限的起刑点降低，由现行刑法规定的1个月下调至15天，两种涉嫌轻罪以上行为的拘役期限起刑点降低至20天，这样做的目的是实现劳动教养制度废除后治安管理处罚法与刑法的无缝对接。第二步，是与之相应的刑法的长远改革，我国的刑法应建立轻罪、重罪的二元分层结构，顺然，我国的刑事诉讼法也应建立轻罪、重罪不同的二元化诉讼程序，轻罪的诉讼程序与重罪相比更应该简化和便于诉讼。同时把治安管理处罚法规定的治安拘留处罚措施拿出来，并入轻罪分化后的刑法规定的轻罪部分的拘役里面。因为一切限制或剥夺人身自由的手段或措施，均应通过司法的程序进行确认，予以确保人身自由受到法律公平的对待。①

主张二：替代法。马怀德教授则不赞同"分流法"这种扩大"刑事处罚"范围的做法，认为无论是"轻罪"还是"重罪"都是"犯罪"，在我们这个犯罪标签影响较为根深蒂固的国度里，犯罪对一个人生活、前途的影响以及大众对之的社会评价都是极为负面的，不仅影响到一个人的就业和进步的理想，更重要的是一个人被定罪判刑之后很难重新回归社会，很难再次回到被定罪判刑以前的社会评价当中。故此，建议建立"教育矫正制度"，即《违法行为教育矫治法》，来接替已废除的劳动教养制度的部分不得不管理的危害行为的教育矫正任务。建立"教育矫正制度"的可行性在于：第一，违法行为教育矫治法是立法机关通过立法程序制定的法律，而不是以文件或政策形式存在的制度；第二，教育矫正的程序不同，教育矫正是由公安机关申请，由法院进行裁决的一种司法处理程序，而不像是劳动教养制度那样，只有公安机关既当运动员又当裁判员一家说了算的"独家经营"方式，这也是违法行为教育矫正制度在制度设置上最应该关注的一点，一定要让司法机关全程参与这种限制人身的处罚过程，确保法律之公平正义，确保教育矫正制度不会成为"劳动教养制度"的翻版，防止升级版"劳二代"的出现；第三，教育矫正的期限也有较大不同，教育矫正的期限应控制在一年之内，以达到教育矫正目的为终极目标，而且矫正目的达到了就可以考虑动态调整教育矫正期限；第四，教育矫正场所也有不同变化，被矫正人员不见得非得关到固定的矫正场所，矫正地点和场所可以考虑多元配置，比如，在社区、医院或者工读学校，结合违法行为人的人身危险程度和违法行为性质等多方面因素综合确定教育矫正场所，这样一来，对该违法行为人的社会评价

---

① 李婧：《后劳教时代：350余劳教所路在何方》，载 http://politics.rmlt.com.cn/2013/1127/188843.shtml。

和相应处置更有利于违法行为人的社会回归和融入良性的社会秩序。①

主张三：维持现状法。部分学者对"分流法"和"替代法"均持反对立场，认为结合当下我国的社会现实和法治发展状况，劳动教养制度已经完成它的历史使命，当下的社会现实已不具备劳动教养制度的生存"土壤"，本就应该隐身而退。现有的治安管理处罚法和刑法已经形成良好的对接，二者之间根本不存在规制的空白地带，没有治安管理处罚法和刑法两者可分的东西，就无所谓如何分流之说，更谈不上替代不替代的问题。不能过于忧患地为社会管理进行夸大的担心，更应该为如何能够确保个人权利与自由不被侵犯或少被侵犯多一些担忧和关注，才是法学理论研究的重点所在。

本书认为，在我国全面推进依法治国的大背景下，劳动教养制度的废除并不等于对其以前所管制的社会危害行为管理的放弃。尤其是群体性事件所涉的，诸如群体性事件煽动、纠集、组织行为，聚众斗殴行为，或一些教唆围攻冲击、打、砸、抢等，这些不够现行刑法定罪处罚，但又不适合用治安管理处罚法进行降格处置，还是有待于刑法对之作出相应的调整与规制。我们赞同"分流法"，即劳动教养制度与现代法治精神是相悖的，废除之后应由相关立法和司法解释对废除劳教制度后遗留的规制空白作出相应调整，向治安管理处罚法和刑法两边分流。但是，这里我们想提出的一点是，刑法在分流过程中一定要坚守自己的谦抑底线，不能过于积极和扩张，应将大部分分流给治安管理处罚法，这样才能确保无论是在法律制度上还是在社会管理现实中，均不会出现大的动荡，这不仅是社会管理的现实之需，也是保障人权的根本保证。②

在劳动教养制度废止后的"后劳教时代"，建构有中国特色的轻罪处罚制度，不仅是代替劳动教养制度的理性选择，也是法治语境下的我国法律体系追求内部协调性与外部规范性的重要表现。"后劳教时代"轻罪制度的建构与运行，不仅只是刑法自身的实体法推动，也需要刑事诉讼法等程序法支撑。只有建构轻罪制度，才消解劳教制度废除后我国社会行为规制体系的结

---

① 李婧：《后劳教时代：350 余劳教所路在何方》，载 http://politics.rmlt.com.cn/2013/1127/188843.shtml。
② 《后劳教时代："换汤不换药"是误读》，载中国新闻周刊，http://politics.inewsweek.cn/20131125/detail-75403-1.html。

构性缺陷，弥合社会管理体系中行政制裁与刑事制裁之间的断层。①

首先，"定性加定量"的犯罪概念界定模式应转变为"只定性不定量"的犯罪观念模式。我国《刑法》第 67 条关于自首的相关规定中已经运用了与"轻罪"相类似的法律术语，该条第 1 款中出现了"其中，犯罪较轻的，可以免除处罚"之"犯罪较轻"的规定。但是，何为"犯罪较轻"，在刑法没有重罪轻罪区分的制度规范情况下，单靠现实中对犯罪轻重的客观感知去理解和把握，不得不说是刑法没有对犯罪进行程度划分的一个理论缺陷。只要是关于社会危害性行为惩罚的法律问题均由刑法予以规制，只要是有关限制或剥夺人身自由之行为的处治均应交由刑法予以制裁，易言之，即对所有的社会危害行为均由刑事立法予以定性、由刑事司法进行定量，从而实现刑法结构在劳动教养制度废止后的制度性完善。对此，从完善我国刑法结构的角度出发，可以考虑在刑法中增设关于轻罪制度的分类规定，因为我国现行刑法规定的犯罪大约只包括了英美法系刑法典和大陆法系刑法典中规定的重罪内容，而缺少轻罪、违警罪和保安处分相对应的犯罪内容。虽然这里的违警罪对应于治安管理处罚法规制的行政违法行为范畴，轻罪或部分保安处分行为对应于我国已经废止的劳动教养制度所规制的部分行为范畴。但在劳动教养制度废止后的今天，将治安管理处罚法中限制或剥夺人身自由的部分行为、劳动教养制度规制的行为和刑法规制的行为一并纳入"大刑法"之规制体系，推行由"小刑法"到"大刑法"之转变②，实现刑法结构的统一化应为未来我国刑法发展的一个重要的方向。改革后的犯罪结构将分别由违警罪、轻罪、重罪和保安处分等几块内容组成，但是，重罪、轻罪和保安处分均必须由法院进行司法化裁决，不过在法庭组成方式和诉讼程序上可以由相应繁简适当的审判程序予以配套支撑。这样不仅能合理理顺违警罪、轻罪、重罪和保安处分四者之间的内部关系，还能够达到"一事不再罚"单一追诉目的。另外，在形成"大刑法"的综合刑法之基础上，再对某些需要单独制定具体实施细则之内容或诸如少年司法之类的补充性法律进行具体规定。③

---

① 周维明、王栋：《"后劳教时代的刑法结构完善"学术研讨会综述》，载 http://www.iolaw.org.cn/web/special/2013/laojiao.html。

② 刘仁文：《调整我国刑法结构的一点思考》，载《法学研究》2008 年第 3 期。

③ 刘仁文：《关于调整我国刑法结构的思考》，载《法商研究》2007 年第 5 期。

其次，关于重罪与轻罪的总体界限。区分重罪与轻罪的界限应以刑法规定的法定刑为区分标准，不应以客观感知的现实犯罪的宣告刑为区分标准。鉴于我国刑法采取"定性加定量"的犯罪概念界定模式由来已久，要想短时间内将其改变为单一的"定性"犯罪概念界定模式，无论从立法制度的复杂性之考虑，还是从司法实践的惯性影响之担忧，均不是一蹴而就的事情。此外，由于重罪轻罪的分界线其实就是重罪的"起点线"，重罪轻罪分界线的高低与刑法的严厉是成反比关系的，分界线越低刑法越严厉，分界线越高刑法越轻缓。重罪轻罪分界线之上的犯罪不仅在实体法上要按重罪之对待，在程序法上也相应适用比轻罪更严苛之规定。再结合我国刑罚的起刑点整体比其他国家刑罚的起刑点要高，故此，我国刑法关于轻罪重罪的分界线不宜设置过低，不然将失去划分轻罪重罪的意义，但若将分界线设置太高，又难以起到"重罪重罚、轻罪轻处"的区别作用。我国现行刑法分则规定的所有罪名中关于严重刑罚的量刑起点一般都是 3 年有期徒刑。基于以上考虑，结合我国"宽严相济"刑事政策，本书认为，我国刑法的轻罪重罪的分水岭应以 3 年有期徒刑为分界线，法定刑超过 3 年有期徒刑（不包括 3 年）的犯罪为重罪，法定刑不超过 3 年有期徒刑（包括 3 年）的犯罪为轻罪。

再次，关于轻罪的刑罚设置。在刑法规定的相关轻罪的刑罚配置方面，多考虑轻罪的入罪初衷是基于对其进行刑事司法化，从而确保严密刑事法网和严格人权保障，确保防卫社会和法律公平正义目的的实现。在对相关行为进行轻罪化入罪设置的同时，多考虑赋予轻罪轻刑化的刑法配置，扩大刑事处罚中的缓刑适用范围，加大禁止令宣告刑的适用，可以考虑设立附带保护观察、在家中监禁、在社区服务、适用电子监控等刑罚社会化措施，通过社区矫正的改造方式部分地剥夺被告人的人身自由，并对其进行犯罪心理矫正和公益劳动，促使被告人的犯罪人格转变，以便有利于被告人重新顺利回归社会。①

最后，关于犯罪概念界定单一化改革后"犯罪人"标签的负效应。在对"定性加定量"犯罪概念进行"只定性不定量"界定模式的改革后，会有不少人担忧相应犯罪圈的扩大会造成更多人被贴上"犯罪人"的标签，

---

① 李婧：《后劳教时代：350 余劳教所路在何方》，载 http://politics.rmlt.com.cn/2013/1127/188843.shtml。

而给这些人带来诸多不利的社会影响和生活干扰。本书认为，这种担忧可以通过相应之配套制度的设计来进行消解。例如，在相关法律中明确规定："对于部分轻罪或保安处分之行为人，不得以犯罪人与之相称，也不得记入行为人之所有档案资料。"同时再配之以前科的封存、消灭或复权①，根据行为犯罪的情节程度在司法上分别设置长短有别的前科消灭期限，前科消灭期限一旦到期，行为人之相关犯罪记录就不再予以保存，其相应权利也自动恢复。比如，律师法规定"受过刑事处罚"（过失犯罪除外）的不予颁发律师执业证，如果确立前科消灭制度以后，律师法的相关规定就可以变更为"受轻罪处罚者，前科消灭以后可以颁发律师执业证"。②

二、群体性事件刑法规制的立法完善

在立法层面来看，我国刑法没有对"群体性事件"的刑法学概念作出立法界定，没有将关于引发或刺激群体性事件发生或升级的编谣、传谣言行为，以及与群体性事件联系密切的"趋群体性"行为纳入刑法规制的范畴。故此，有必要在刑法总则第五章的"其他规定"内容中增设"群体性事件"定义的条文；有必要将对引发或刺激群体性事件发生或升级的编谣、传谣行为由司法解释上升到刑事立法进行规制；有必要在创设群体性事件刑法规制轻罪制度的前提下，建构"趋群体性"行为的刑法规制体系，增设"聚众拒不解散罪"。

（一）增设群体性事件概念界定的刑事立法内容

2013年9月6日，最高人民法院、最高人民检察院联合颁布了《关于办理利用信息网络实施诽谤等刑事案件的司法解释》（以下简称《解释》）在第3条明确使用了"群体性事件"这一概念，并且把利用信息网络违法犯罪而引发群体性事件的行为作为《刑法》第246条第2款规定的诽谤罪的法定公诉情形予以明文规定。但遗憾的是，《解释》并没有对"群体性事件"的具体所指进行界定，不仅有违司法解释指导法律具体适用的根本作用，也与作为罪刑法定派生原则的刑法明确性原则相悖。因此，在相关刑事立法中增设关于"群体性事件"概念的刑事立法内容，也就尤显必要。

---

① 马克昌：《比较刑法原理——外国刑法学总论》，武汉大学出版社2002年版，第953~956页。
② 刘仁文：《调整我国刑法结构的一点思考》，载《法学研究》2008年第3期。

1. 增设群体性事件概念刑事立法的原因

从罪刑法定实质要求的明确性来看，《解释》对群体性事件概念的规定缺失有违罪刑法定基本原则的贯彻和实施。因为刑法的明确性不仅是刑事立法的根本要求，也是刑事司法得以顺利实施的基本前提。刑法的明确性是指规定犯罪的相关法律条文必须清晰明确，使人根据法律规定能确切地了解违法行为的内容及其有可能面临的非难或惩罚，准确地界定犯罪行为与非犯罪行为的范围与界限，以确保法律规范没有明文规定禁止的行为不会成为被该法律规范惩罚的对象。

刑法的明确性不仅在立法意义上约束立法者对刑法规范的表述形式，进而从刑法规范之内部来限制犯罪构成的结构，而且在司法意识上防止司法者将抽象的法律规范适用于法律语义本身所涵盖的范围之外，进而从刑法规范之外部来限定犯罪构成的范围。① 罪刑法定原则的实质侧面包括刑法法规的明确性和刑罚内容的适当性两个方面的内容，其中第一个罪刑法定的实质内容就是刑法的明确性。之所以要求刑法的明确性，是因为基于国家权力的扩张本性，含混不明确的刑法很容易滋生国家恣意侵犯国民自由与人权的权力惯性和风险，为国家过度干涉国民的自由与人权提供形式上的法律根据，很可能导致司法机关根据国家的需要和防卫社会之需扩大处罚范围。有了含混不明确的刑法比没有这种刑法，国民的自由和安全更容易受到侵害。

2. 增设群体性事件概念刑事立法的内容

基于相关刑事法规对群体性事件概念的规定缺失，为了与群体性事件有关的利用网络信息犯罪刑事案件的法律适用得以顺利实施，有必要在刑法中予以明确规定"群体性事件"的概念。具体做法是，在刑法的第一编总则中第五章的"其他规定"中增加一条"群体性事件的含义"。具体条文可以设置为：本法所称群体性事件，是指基于某种社会矛盾、社会纠纷或某些虚假信息而引发的，由多人共同参与实施的违反国家法律法规的串联、聚集、游行、围堵、冲击、哄抢、聚众滋事或械斗的骚乱等，严重扰乱社会秩序、危害公共安全，严重侵犯公民人身安全或公私财产安全的集群行为。

关于在刑法中增设"群体性事件"的概念，需要注意与"突发性事件""危机事件"以及"紧急状态"等概念之间的区别与联系，注意"群体性事

---

① ［意］杜里奥·帕多瓦尼：《意大利刑法学原理》，陈忠林译，中国人民大学出版社 2004 年版，第 24 页。

件"概念中关于"多人"和"扰乱社会秩序"法律意义上的含义。

首先,关于"群体性事件"与"突发性事件""危机事件""紧急状态"等概念之间的区别与联系。一是"突发性事件"是基于公安机关处置事件的视角而采用的概念,通常是指突然发生的涉及人员较多且带有集群性质的危及社会治安秩序,必须对之采取相应紧急处置措施的自然范畴或社会范畴的事件。主要表现出事件发生的偶然性、突变性和危害结果发生的迅速性等特征。在现实生活中,突发性事件不但包括社会问题类事件也包括自然灾害类事件,常见的突发性事件有:(1)自然灾害类突发性事件;(2)事故类突发性事件(包括自然事故和安全事故);(3)社会矛盾类突发性事件;(4)民事纠纷类突发性事件;(5)上访闹访类突发性事件;(6)社会骚乱类突发性事件。① 而群体性事件主要表现为诱因为社会利益矛盾或社会纠纷等社会问题的集群性事件,不包括自然灾害或安全事故类等自然范畴问题引发的群体性事件。可见群体性事件属于突发性事件的一种表现形式,是突发性事件的下位概念或种概念,而突发性事件是群体性事件的上位概念或属概念。二是"危机事件"与"群体性事件"都有事发的偶然性、紧急性和危害后果的不确定性、扰乱社会稳定秩序的危害性。但是,二者的区别在于涉及范围的宽广、影响领域的大小、造成社会秩序混乱的程度和相关行为危险性的程度,在这几个方面,"危机事件"均比"群体性事件"广泛或强烈。如果说"群体性事件"是社会结构体系内部的局部损害,那么"危机事件"则是对社会结构体系外部的颠覆性破坏。② 三是"紧急状态"是指基于国家安全或社会秩序面临一种现实而紧迫的危险状态,需要由社会管理层经过严格的法律程序进行确认和宣布,并进而启动应急机制,采取一些紧急处置强制措施,依法行使紧急处置权力应对国家和社会面对的紧急状态。在国家或政府宣布进入紧急状态下,公民平时享有的宪法和法律规定的权利和自由可能会因此而受到压缩或限制。但是,紧急状态是有一定期限限制的,一个国家或社会不可能始终处于紧急状态之中,适用紧急状态的危险情形一旦消失,国家或政府应当立即宣布紧急状态的结束,而恢复正常社会秩序的

---

① 邓国良、贾江滔主编:《公共安全危机事件处置研究》,中国人民公安大学出版社 2005 年版,第 54~57 页。

② 邓国良、贾江滔主编:《公共安全危机事件处置研究》,中国人民公安大学出版社 2005 年版,第 56 页。

状态。紧急状态的适用范围，主要包括危害国家安全和危害社会公共安全的两大类型事件。危害国家安全类型的事件，一般主要是指对外战争、外敌入侵、社会骚乱、武装暴动、武装叛乱等具有颠覆社会体制性质的对抗性敌我冲突事件。危害社会公共安全类型的事件，一般主要是指社会相对稳定状态下的社会体制内的恐怖活动、挟持人质、大型群体性事件等社会安全问题事件以及地震、雪灾、涝灾、火灾、环境污染或传染病疫情等重大自然灾害问题事件。而群体性事件只是相对于一般的正常社会稳定秩序的一个社会现象，显然"群体性事件"与"紧急状态"不是一个层级的概念。①

其次，关于"群体性事件"概念中"多人"在法律意义上的理解。本书认为"群体性事件"概念中的"多人"，不能仅从形式意义上参与群体性事件的人数来考虑，而应该重点结合事件的组织程度、是否使用暴力或其他胁迫手段的程度以及是否侵害或足以侵害某一区域的地方公共安宁等实质因素，来理解"多人"的法律含义。当然，从语义理解上来看，"多人"至少不能少于三人，因为三人为众，三以上为多。言外之意，如果三人以上的人员聚合实施的暴行或胁迫足以侵害某一区域的地方公共安宁之时，该人数就为"群体性事件"概念中的"多人"。日本审判实践就认为，多众是指适合于实施了危害某一区域之地方公共安宁的暴力、胁迫的多人。② 比如，日本大审院1912年10月3日的判例就认为，"众人"是指多数人集团，该多数人集团必须达到多少人才能成为法律意义上的"多数人"，法律上并没有对之做出明确规定。但是，必须是实施了暴力或胁迫之行为并且破坏某一地域的公共安宁所必要程度的多数人，才能够被称为"众人"。③ 另外，"群体性事件"概念中的集群行为是指多人于一定的时间内在同一场所的聚集、集合行为。集群行为并不一定必须要求有组织，单纯的"乌合之众"，在其群体行为达到侵害或足以侵害某一区域地方公共安宁的情势下，也仍然能够构成刑法所规制的集群行为。④

最后，关于"群体性事件"概念中"扰乱社会秩序"在法律意义上的理解。在法学视域下所讲的社会秩序在一定意义上是社会管理秩序的同义

---

① 邓国良、贾江涛主编：《公共安全危机事件处置研究》，中国人民公安大学出版社2005年版，第56~57页。
② 张明楷：《外国刑法纲要》，清华大学出版社2007年版，第638页。
③ ［日］大谷实：《刑法各论》，黎宏译，法律出版社2003年版，第263页。
④ 张明楷：《外国刑法纲要》，清华大学出版社2007年版，第638~639页。

语。但广义的社会管理秩序包含经济秩序、政治秩序、社会秩序等任何社会管理方面的秩序,狭义的社会管理秩序仅指除经济秩序、政治秩序之外的有关社会管理方面的秩序。"群体性事件"概念中所使用的"社会秩序"是狭义的社会管理秩序。由于人类的社会文明使人类不能仅仅满足于能够在生理上生存下去的最低状态,而有着不断从物质满足走向精神文明、从混乱不安走向秩序稳定的理性倾向。所以,对于人类共同生活的社会,就需要有大家共同接受并必须遵守的行为准则和相应的管理规范,来调控共同生活的社会结构和社会模式,并进而形成社会关系有序、稳定和连续的生活环境,[①] 这就是社会秩序,也是我们所建议增设的"群体性事件"概念中的"社会秩序"。但是,社会秩序的形成和保持,不仅需要一定的静态的行为准则和管理规范,更需要一定的动态的社会管理活动去创建和维护,也就是秩序的生命不在于规范的静态制定而在于规范的动态实施。[②] 与维护秩序的社会管理相对的则是对社会秩序的扰乱。"扰乱"是指使社会秩序的有序变为无序、稳定变为混乱、连续变为间断,造成社会秩序紊乱、带来社会心理不安的破坏性行为。至于扰乱的具体行为方式并不以实施暴力为必要,既可以是暴力性扰乱也可以是非暴力性扰乱。比如,部分群体性事件参与者在党政机关或企事业单位的门前或院内聚众哄闹,强占党政机关或企事业单位的办公室、实验室或营业场所、生产车间等,围堵、攻击甚至实施暴力殴打有关人员等行为[③],均属于"群体性事件"概念中的"扰乱"行为。

(二) 建构轻罪制度下趋群体性行为的规制体系

1. "趋群体性"行为规制必要

由于群体性事件与聚众犯罪无论是在发生原因还是在人员参与上,无论是对于社会心理的危害性还是对于社会秩序的破坏性,无论是在社会管理的领域里还是在刑法规制的视野里,均是完全不同的两种社会现象。现有的刑法可以对聚众犯罪进行全面的规制与调整,但对群体性事件的规制就显得捉襟见肘。尤其在劳动教养制度废止后的"后劳教时代",整个社会行为规范体系对群体性事件的规制就越显苍白。由此,决定处置群体性事件的基本策略:一是对在群体性事件中起组织、指挥或导向性、推动性作用的"首要

[①] 张明楷:《刑法学》(第4版),法律出版社2011年版,第914页。
[②] 陈瑞华:《非法证据排除规则的中国模式》,载《中国法学》2010年第6期。
[③] 张明楷:《刑法学》(第4版),法律出版社2011年版,第930页。

分子"或"积极参加者"进行及时有效的控制，以期达到"树倒猢狲散"的处置效应；二是对群体性事件的全部参与者进行劝其自动解散或强制驱散，以达到群体性事件的终极处置目的。但这第二种策略是阻力障碍最大的，因为群体性事件参与者的盲从心理和"群体无理性"的感情使然，使得群体性事件大部分参与者很难听进去事件处置者劝告。

群体性事件的刑法规制不仅要重点关注事件后续行为中涉嫌聚众犯罪相关首要分子或积极参加者的刑事规制，更应该在"后劳教时代"建立轻罪制度的前提下，把刑法规制视角向群体性事件的"趋群体性"行为倾斜，关注群体性事件未发生或未激化之前的预防规制问题。将与群体性事件密切相关的先期煽动、纠集行为，或者未演变为聚众犯罪的群体性事件发生过程中一些教唆围攻、冲击或打、砸行为，以及一些企图使群体性事件扩大、激化的编谣、传谣行为，纳入群体性事件的轻罪刑法规制视野。诸如此类对群体性事件的发生或恶化起"催化剂"作用的"趋群体性"行为，在群体性事件未发生后续行为的聚众犯罪之时，依据现有的刑法规范对之进行规制或处理，刑法显然是力不从心、无所适从的，也就更谈不上对相关行为采取具有限制或剥夺人身自由的强制措施。再者，从行为刑法的立法方式与目的来看，刑法制裁的主要是行为，即直接以行为作为刑法直接规制或处罚的对象和犯罪成立的客观要件，而刑事违法行为的结果只是反应行为的一个客观征表而已，是犯罪构成的选择性要件，尤其在刑法的危险犯当中，甚至刑法规定的某些罪名根本不用考虑有形的犯罪结果而直接进行入罪设置，有时候刑事违法行为的犯罪结果是多样的，有时候甚至是不确定的。

2. 增设"聚众拒不解散罪"

在英国，扰乱社会治安罪是指未经当局之合法批准，3人或3人以上进行聚集、聚会，并以有故意以相互协助的形式进行骚乱性地扰乱社会治安，如遇必要，则以暴力对抗任何反对他们共同形成扰乱社会治安的人，或者以暴力方法实施或开始实施非法扰乱社会治安行为，以对具有理智、守法的公民产生社会心理不安和恐惧之行为。扰乱社会治安罪通常目的是破坏社会秩序和毁坏公私财产，在聚集行为中，即使未受任何之干涉也未使用武力，只要聚集在一起就可能构成扰乱社会治安罪，如果和平聚集并决定形成一个团体意欲实施任何暴力行为，并开始这样做，也可能成为扰乱社会治安罪。[①]

---

① [英]戴维·M.沃克：《牛津法律大辞典》，李双元等译，法律出版社2003年版，第973页。

在大陆法系的刑事立法中，"聚众不解散罪"属于侵害社会法益之犯罪范畴。在大陆法系刑法中多将属于侵害社会法益的骚乱罪的犯罪主体分为四种类型：一是首谋者，二是指挥他人者，三是带头助势者，四是附随参与者，其中第四种的"附随参与者"属于"聚众不解散罪"的外延所指。比如《日本刑法》第 105 条关于骚乱罪的犯罪主体的划分就是依据该标准划分的。① 其中，首谋者和指挥他人者就相当于我国刑法中规定的聚众犯罪的首要分子；带头助势者相当于我国刑法中规定的聚众犯罪的积极参加者；附随参与者是指那些明知集群行为者在实施暴力或威胁行为，但出于凑热闹或其他从众心理而符合参与集群行为的人，包括某些直接实施轻微暴行或受胁迫之人。而德国刑法则规定，骚乱（破坏国家安宁）罪的主体不但包括正犯还包括其他参与人（狭义的共犯），并且对正犯和其他参与人科处相同之刑罚。②

侵害社会法益的犯罪，是指犯罪行为直接指向社会生活秩序和社会稳定之本身时，侵害了刑法所保护的社会公共安宁之社会关系，在社会心理和社会感知上侵害了民众公共安宁的生活状态，它既区别于侵害个人法益之犯罪又区别于侵害国家法益之犯罪的一些犯罪。③ 在大陆法系刑法中，聚众不解散罪是指意欲实施暴行、胁迫行为而聚众，在接受解散命令后仍旧不解散之行为。聚众不解散罪属于目的犯，因为该罪主体是以实施暴行或胁迫为目的才聚集在一起的众多之人。聚众不解散罪的犯罪目的，不要求在聚集的一开始就存在，聚集之后再形成意图实施暴行或胁迫之行为的目的，并不影响该罪的成立。但是，该罪之成立要求必须在接受解散命令之前存在该目的。聚众不解散罪的行为实质上是骚乱罪的预备行为，是刑法对骚乱行为刑法规制的入罪提前至骚乱行为的预备阶段，但是在刑法明文将该预备行为规定为独立犯罪罪名的实行行为时，就应该按照刑法之规定就其构成的独立的聚众不解散罪予以刑事处治；而不再适用于刑法总则之关于预备犯罪的规定进行处理。如果聚合起来的聚众当事者在聚众行为之开始阶段就实施了暴行或胁迫，则直接构成骚乱罪。由此看来，聚众不解散罪是真正的不作为犯，言外之意，构成该罪的行为不在于聚集当事者聚合起来之行为，而是在于聚集当

---

① 李宇先：《聚众犯罪研究》，湖南人民出版社 2004 年版，第 142 页。
② 张明楷：《外国刑法纲要》，清华大学出版社 2007 年版，第 639 页。
③ 甘雨沛、何鹏：《外国刑法学》（下卷），北京大学出版社 1985 年版，第 839 页。

事者接受事件处置者解散的命令之后仍拒不解散之行为。①

在我国群体性事件的刑法规制中，针对群体性事件的"趋群体性"行为应增设"聚众拒不解散罪"。在罪状的具体表述和刑罚规定上，"聚众拒不解散罪"可以规定为：群体性事件的参与人员基于实施暴力胁迫行为之目的而进行聚集，并形成群体性聚众之状态，在接受政府职能部门事件处置者发布限期解散命令3次以上，仍拒不执行解散命令并有序返回原住处或合法工作场所。对于构成聚众拒不解散罪之首要分子或积极参加者，处以3年以下有期徒刑、拘役或管制；对于其他参加者可以处以15天以上3个月以下的拘役②或3个月以上6个月以下的管制；可以根据犯罪情况，对聚众参与者同时禁止其在3年以内禁止参与集会、游行等活动。

值得进一步说明的问题是：（1）关于聚众拒不解散罪中发布解散命令的主体问题。本书认为，该发布命令之主体应该是受社会管理当局之委派的，前往群体性事件聚集场合宣布政府相关职能部门要求聚集当事者解散聚集命令的行政人员，一般情况下多是指执行群体性事件治安维护任务的执勤警察。（2）关于发布解散命令的形式。本书认为，这个解散命令一般多是执勤警察的口头传达方式。当然如果能够做到以加盖相关有权发布命令机关印章书面通知方式（百份以上不盖章）则更可取，因为这是固定证据的最佳方式，但考虑到群体性事件一般事态紧急、涉及人数众多、参与规模较大、社会危险性极易扩张，所以一律要求书面通知命令，也不太现实。但发布的解散命令必须是有权发布机关经过合法程序做出的解散命令，并且要求发布的解散命令必须明确、具体地直接传达到事件参与的众多聚集当事者。（3）关于发布解散命令的次数问题。本书认为，聚众拒不解散罪成立的客观要件方面，关于群体性事件处置者针对事件聚集当事者发布的解散命令的次数，要有一个基本的次数限制，必须最少发布3次解散命令以上，才具备聚众拒不解散罪成立的基本发布次数条件。（4）关于发布命令次数之间的时间间隔问题。群体性事件处置者发布3次解散命令之间的时间间隔，应结合群体性事件具体的参与人数和事件规模，给事件参与的聚集

---

① 张明楷：《外国刑法纲要》，清华大学出版社2007年版，第639页。

② 这里之所以将拘役的期限规定为十五天以上三个月以下，是基于在劳动教养制度废止后对刑法与治安管理处罚法进行无缝对接的调整后的拘役期限所致，即本书认为，在劳动教养制度废止后的"后劳教时代"，应降低刑罚中拘役期限的起刑点，由现行刑法规定的一个月下调至15天，两种涉嫌轻罪以上行为的拘役期限起刑点降低至20天。

者充分的必要解散时间，一般情况下，发布解散命令时间的间隔不能少于3个小时。①

第三节　群体性事件中聚众犯罪的刑法应对

"刑罚与犯罪相伴而生，在人类社会化漫长的历史时期中，它被作为与犯罪作斗争的核心手段。即便是在犯罪的抗制手段已经日益多样化的今天，刑罚在防控犯罪、维护社会秩序方面仍然发挥着其不可或缺的重要作用。"②聚众犯罪是当前社会矛盾和社会冲突的集中表现，是群体性事件发展演变过程中产生的高情绪、非理性的犯罪。运用刑罚手段预防聚众犯罪是其整体治理体系中的最后一道防线，其目的不仅在于传达刑罚禁令，规范公民行为，提高其行为选择的理性程度，引导人们在行为评价中谴责聚众犯罪，进而自觉抵制聚众犯罪，而且也使意欲实施犯罪的人慑于刑罚之苦而抑制聚众犯罪冲动，使那些怀着侥幸心理的人因为逃避刑罚的可能性小而不敢以身试法。那么如何运用刑罚手段防控聚众犯罪呢？本书认为，立足我国司法实践，关键在于我们对聚众犯罪现象认识的理性程度，以及在此基础上刑罚的正确适用。

一、聚众犯罪刑法适用的基本立场

既往、现存和域外的聚众犯罪状况和治理，是研究聚众犯罪最为基本的经验事实和研究素材，不仅全面反映了不同政治社会结构、不同历史时期和不同地域文化条件下的聚众犯罪治理思路，也深刻地体现了当时、当地政治、经济、社会发展、演变的印记。探究治理聚众犯罪的历史与现实，域内与域外的状况，不仅是探查聚众犯罪防控对策的基本准备和事实依据，而且为设定聚众犯罪防控对策提供了多维的思考和借鉴思路。

（一）域外关于聚众犯罪的治理理念

观念的差异必然导致国家立法价值取向的变化。对聚众犯罪现象认识的

---

① 李宇先：《聚众犯罪研究》，湖南人民出版社2004年版，第145页。
② 张远煌主编：《犯罪学》，中国人民大学出版社2011年版，第313页。

理性程度直接影响到刑法的设定与其功能的发挥。意大利政治哲学家加特诺·莫斯卡曾说："人类有着一种'聚在一起与其他人群对抗的本能'，这一'本能'也是一个社会在特定的内、外部条件作用下出现的'所有分裂和再分裂的原因'。"① 具有分裂社会取向的聚众犯罪，通常是由于对现实的不满和积怨而通过集体的力量来获取利益，所以，作为"藐视社会秩序的最明显最极端的表现……"② 聚众犯罪不仅严重冲击和破坏社会秩序，对现存社会秩序形成挑战，而且，聚众犯罪本身蕴含着的难以控制的政治风险，致使世界各国在法律上、政治上都对其给予否定的评价。从这个意义上说，不仅中国，世界各个国家无不都对蕴含危险因素的聚众性犯罪保持着高度的警惕。

但是，西方各国更多的是从有利于保护政治上的少数者，有利于维护公民的言论集会自由，有利于维护弱势群体利益的角度来看待聚众犯罪，因此对此类犯罪行为多持宽容、克制的态度，并少见聚众犯罪的刑法规制。正因为此，聚众犯罪只是我国刑法的特有名词，综观域外各个国家和地区的刑法，无论是大陆法系还是英美法系，虽然绝大多数国家和地区在其刑法分则中都有关于聚众犯罪的相类似的规定，但除法国等少数的国家外，一般对聚众犯罪的规定都较为原则，大多以骚乱罪或者扰乱公共秩序罪等一两个罪名概况。而且，域外刑法理论界均没有明确提出聚众犯罪的概念，也没有将其作为一大类罪加以研究，更没有像我国刑法总则对聚众犯罪作出明确规定一样，在刑法总则中规定聚众犯罪的概念。而英国的法律传统更是倾向于将聚众事件甚至是骚乱定义为常规的治安事项。该定位的目的就是要求警察机关将处置聚众活动作为众多警务工作之一，以常规思维对待之，从而尽可能地限制警察的武力使用，防止将事件上升为国家安全的程度而过度使用公权力。

（二）我国古代聚众犯罪的治理理念

在我国法制史上，统治阶层从维护统治阶级社会秩序着眼，不仅很早就对聚众犯罪进行了规制，而且对其严刑峻法，处以重刑。

第一，将聚众犯罪归为政治类犯罪，其着眼点是维护皇权，维护统治阶级社会秩序的稳定。在我国传统文化基因里，"聚众"一词因常常与不祥之

---

① 耿相新：《基层权力博弈的标本》，载《中华读书报》2014年3月26日。
② 《马克思恩格斯全集》（第2卷），人民出版社1972年版，第416页。

兵相联系，因此无不被历代统治者所警惕。庄子《盗跖篇》曰："勇悍果敢，聚众率兵，此下德也。"韩非子《扬权篇》曰："欲为其国，必伐其聚，不伐其聚，彼将聚众。"西周统治者在总结殷商灭亡的原因时也认为，群饮酗酒废事是殷商王朝政治腐败、社会混乱以致最终走向灭亡的一个重要诱因，殷纣王正是由于纵酒享乐才致政务荒废，民怨沸腾，王朝覆灭。因此，不仅仅要严格限制"饮酒"，更要严厉禁止"群饮"，因为"群饮"后，不仅酒后闹事比单饮要严重，而且更为重要的是"群饮"潜伏着谋反的危险。战国时期，各国战争不断，一个国家人口的多少往往影响着其战斗力的强弱，为此，《法经》作出"城禁"的规定，其主要目的就是为了防止臣民外逃他国，保持本国人口的稳定。秦汉时期将群盗与一般意义上的盗窃相区别，将其作为危害王权、聚众反抗政治统治的重大政治犯罪看待，要求各郡、县、乡官吏及专门负责搜捕盗贼的小吏要及时捕捉、剿杀"群盗"。元清严禁结伙、结拜异姓兄弟等各种聚众性行为，元朝还严禁汉人持弓箭"聚众围猎"，并在反抗活动多发的江南地区严禁"集众祠祷""赛神赛社""立集聚众买卖"，其最终的目的就是防止汉人武装集结，防止汉人利用宗教形式或结拜兄弟的方式乘机发动反元、反清起义。

第二，对聚众犯罪严刑峻法，处以重刑。出于维护统治政权和社会秩序需要，我国奴隶社会、封建社会对聚众性犯罪的处罚极为严厉，不仅严厉处罚其中的首犯，而且还对仅参加谋议这种预备性行为的人员处以重刑，体现了刑法对这种危险行为的提前干预。在西周，对于"群饮"者，不仅一律予以拘捕，并且要押解到京全部予以处死，绝不宽宥。按照战国时期"城禁"的规定，十人越城，属于聚众外逃，要"夷其乡及族"，可见战国时期对聚众性犯罪的处罚极为严厉。相对于《秦律》《汉律》对群盗的处罚更为严厉。从《汉简》的《盗律》第（2）条"知人为群盗而通饮食，与同罪，弗知，黥以为城旦舂"规定可知，对于不知道是群盗的而通饮食的都要处于黥以为城旦舂的处罚，那么对于群盗，刑罚肯定更加严酷。在我国古代刑法规定的十恶重罪中，"谋反"是重中之罪，无论其是否有实行行为，只要有谋者，不分首从，皆斩，并且是满门抄斩。除此之外，由于"十恶"入律，唐统治者加大了谋反、聚众暴乱等侵害皇权的聚众性犯罪的处罚力度，除几乎一概处于死刑外，而且不适用"八议""官当"等封建特权。

（三）我国当下聚众犯罪的治理理念

在亟须社会稳定的转型过渡时期，基于"集体利益至上"的传统理念，以维护社会稳定和公众利益为重仍然是当前我国的主流社会观念，对有可能酿成聚众犯罪、影响社会稳定的群体性活动仍然持谨慎的态度。之所以如此，是因为群体性事件演变为聚众犯罪，从行为性质来看是从一般违法行为变为犯罪行为；从行为后果看，聚众犯罪所具有的暴力和破坏倾向，使其蕴含着社会骚乱的政治风险，潜藏着一种危险、有害而且可能在短时间内变成现实的社会现象。这使不少决策者极其敏感，在实践中动辄采取高压政策，在不区分群体性事件与聚众犯罪的情况下将群体性事件泛政治化、泛刑事化，将一般治安违法案件上升为刑事案件立案侦查，将其当成一种危险程度高、有害后果严重而且可怕的社会现象来防控。

其实，大多数聚众犯罪人的主观恶性并不大，这不仅体现在犯罪人大都为初犯、偶犯，甚至大多是从受害人转化而来，而且引发聚众犯罪的原因极其复杂，不少时候是由于犯罪嫌疑人的合理、合法权益被侵害，或者是其正当要求无法得到正常的表达，或者是因政府处置不当才诱发民众的不满和过激行为，其前因往往是值得同情和理解的，其行为实质不过是一群具有共同利益诉求的民众在告状无门或者维权无果的情况下进行的抗争行为，只是这种抗争行为往往在群体情绪失控下造成了社会危害，酿成了"聚众犯罪事件"。由于聚众犯罪对应的是国家对公民最严厉的否定和惩处——刑罚，也由于聚众犯罪者往往存在合理、合法的利益诉求，对此类利益诉求人发动刑罚，则会诱发民众对刑罚正义性的质疑，进而演化为社会公众对整个公权力的信任危机。因此，对群体性事件引发的聚众犯罪必须理性看待、审慎处置，在宽容与法理之间寻求一种平衡。这不仅仅是聚众犯罪如何适用刑法的问题，同时也考问着各级政府和官员的价值取向与政治良知。

二、聚众犯罪刑法适用的基本原则

在我国清代，以"仁爱"标榜的清代官员在处置群体性事件时往往不会依法惩治，而主要通过行政手段来处理，这是因为一方面他们担心认真执行法律而使自己"宽厚"形象受损，另一方面也害怕犯"众怒"并因此丢官。同样，当前我们在聚众犯罪具体适用刑法上，对触犯刑律的参与者"睁一只眼闭一只眼"的做法或许能获得暂时的"稳定"，但如此不仅在个案中有违法治底线，也为今后在法治"真空"下处理类似问题埋下更大隐患。但如若依法制裁，即使刑罚适用得当，但在公权力公信力的危机下，也有可能因严格适法而激起更大的不满，并带来暗含的政治或司法风险。很显然，在此情况下，公权力已经陷入了两难境地。能否走出两难境地，最充分地发挥刑法预防聚众犯罪的积极作用，并不取决于刑法本身，而是取决于如何最合理地运用刑法。

（一）刑法的谦抑性原则

出于本能的反应，人们对于犯罪多采取否定的态度，当这份情感积淀成为强烈的集体情感时，对于犯罪的处理就会偏离理智的轨道，演变为以牙还牙的报复心态，演化为"集体无意识"。当刑罚沦为泄愤的工具时，人们往往就会而直奔主题——消灭犯罪。消灭犯罪的急迫要求，使得刑罚往往丧失其理性。因此，强调刑罚的谦抑是必须的，那就是，对于某种危害社会的行为，国家只有在运用民事、行政的法律手段和措施仍不足以抗制时，才能运用刑法的方法。①

首先，治理群体性事件中的聚众犯罪行为，除运用刑法外，还需要在刑法之外寻求治理途径。储槐植教授提出，"在刑法之上研究刑法、在刑法之外研究刑法、在刑法之中研究刑法"② 的刑事一体化思想，为我们研究聚众犯罪提供了一种全新的方法论。那就是说，应对聚众犯罪同样不能过分依托刑法，不能以维稳、发展为名随意动用刑法进行打压、控制，以致滥施刑罚，成为激化矛盾、诱发犯罪的因素。

其次，必须严格区分群体性事件与聚众犯罪。什么是犯罪的标尺，即犯罪对社会的危害。③ 一般说来，对哪些行为予以犯罪化，取决于立法机关对犯罪行为危害大小的估计和现实评价，并受到大多数社会成员的价值观念以及社会对犯罪行为的承受力的制约。因此，群体性事件中的一般违法行为是否演变为聚众犯罪行为应具备两个条件：一是严重的社会危害性；二是刑罚的无可避免性。据此，本书认为，对行使宪法权利的行为、利害交织的模糊状行为犯罪化应慎之又慎，这样可以弱化社会成员的敌视心理，将社会震荡的程度减至最小。

最后，应充分考虑聚众犯罪的疑难性以及其起因的复杂性，具体分析行为人"聚众"的目的。应严格界定"情节严重"，对于情节不严重的不应当立案，或者立案侦查后及时转行政处罚，或者移送审查起诉后由检察机关作

---

① 郑南琴：《试论期待可能性的刑法意义》，载《理论界》2005年第1期。
② 储槐植：《刑事一体化》，法律出版社2004年版，第32页。
③ ［意］贝卡里亚：《论犯罪与刑罚》，黄风译，中国大百科全书出版社1993年版，第65页。

出不起诉的决定，而不是轻易给行为人扣上聚众犯罪的各项罪名，更不应当将暴力型的聚众犯罪简单地认定为危害国家安全犯罪或者黑社会性质组织犯罪。

(二) 刑法的必然性原则

与前述聚众犯罪入罪、犯罪认定的随意性及机会主义相比，本书认为，目前现实中更为严重、更为迫切、更为主要的随意性倾向是为了息事宁人而违背犯罪构成，应当适用刑法而不适用刑法。具体而言，主要表现在：一是不立刑事案件，对犯罪行为降格处理，将聚众犯罪刑事案件降格为治安案件，以行政处罚代替刑事处罚，甚至不作任何处理，不了了之。二是即使立为刑事案件，但只是在立案后将拘传、刑事拘留等刑事强制措施作为威慑、稳控或处罚措施使用，当威慑起到作用后，羁押一段时间销案或转治安处罚。这种有罪不究、有罪无刑的做法，同样是对罪刑法定原则的违反。因为我们对群体性事件及其聚众犯罪保持刑法的谦抑，只是为了防止刑法的膨胀，但这并不等于对涉嫌犯罪的行为放任不管。试想，如果"法外解决""特殊处理"聚众犯罪成为一种常态，那么司法机关的公信力也必将荡然无存，置法律于不顾的"闹事"逻辑也必将盛行。

列宁说，"惩罚的防范作用，决不在于刑罚的残酷，而是在于有罪必究。重要的不是对犯罪行为处以重刑，而是要把每一桩罪行都揭发出来"，"惩罚的警戒作用绝不是看惩罚的严厉与否，而是看有没有人漏网"。① 从理论上讲，在聚众犯罪行为实施的每一个场合，如果犯罪人总是受到刑罚，便会使人们深信"刑罚是犯罪的必然后果"，从而慑于刑罚之苦而不敢以身试法；而如果社会上有大量的聚众犯罪行为存在而未被追究，那么即使我们规定了再严密或者再严厉的刑罚，民众对其都难以产生畏惧之心。刑罚的目的就是"畏之以威，使犯罪行为人知道犯罪要受到惩罚，从而能守法"。② 相反，当民众看到实施聚众犯罪在许多场合都没有受到刑罚制裁时，堵路的人继而会肆无忌惮地去实施打、砸、抢犯罪；想要堵路、围攻政府的人会在侥幸心理和聚众效应下贸然实施犯罪；被害人会因为犯罪人得不到应有的惩罚而以暴制暴；守法的人也会因看不到对犯罪人应有的惩罚而丧失对刑罚的尊重和信心。当前社会上盛行的"找企业不如找政府、找政府不如堵路"

---

① 《列宁全集》（第4卷），人民出版社1984年版，第364页、第356页。
② 马克昌主编：《近代西方刑法学说史略》，中国检察出版社1996年版，第10~11页。

这种"闹"的行为逻辑，正是现实中大量触犯聚众犯罪规定的行为事实上得不到相应刑罚处罚的必然结果。对此，本书认为，那种"闹事即放人"的机会主义做法为法治所不容，正确的做法应当是本着罪刑法定原则，减少立案、控诉与惩罚的不确定性，使犯罪难逃法网。具体而言，在公安侦查阶段，应本着有罪必究的原则，排除各种干扰，依法立案并采取相应的强制措施和侦查措施，全面收集证据，既防止刑法沦为公权力进行"暴力复仇"的工具，也纠正息事宁人而对刑法规定置之不顾的习惯做法。在起诉、审理阶段，应本着罪刑法定原则，严格依法审判，使每个犯罪分子受到应有的惩罚。如此，才能充分发挥刑罚的一般预防功能，引导民众能够诉诸正当的途径解决矛盾和冲突，才能够使民众自觉或被迫地遵守刑罚所传达的禁令而不敢以"闹"的行为以身试法。

(三) 刑法的正义性原则

国家治理的核心价值是促进和实现社会公正，体现社会公众的公平诉求。而司法是维护社会公平正义的最后一道防线。如果司法不公正，人们必然丧失对公平正义的信心。正如英国哲学家培根所言："一次不公正的裁判，其恶果甚至超过十次犯罪，因为，犯罪时无视法律——好比污染了水流，而不公正的裁判则毁坏法律——好比污染了水源。"[1]

聚众犯罪在刑法的具体适用中，因人、因时、因地的不同而出现同罪异罚的情况较为突出。这主要是因为是否追究聚众犯罪行为的刑事责任，追究多大的刑事责任，现实中往往都是从解决问题、摆平事件的功利角度来考虑的。在拘捕聚众犯罪嫌疑人后，如果还有民众在闹事，并把不判或轻判作为不闹的条件时，法院为了避免被闹往往就会判处轻刑。而且闹的程度往往是民众讨价还价能力高低的主要表现，民众闹得越凶法院就越轻判。如果没人再闹，那就往往照判。心理学告诉我们，对需求满足手段的正向刺激会使行为主体更多地采用同样的手段来获取更多的利益。刑法对闹事者的无原则退让与迁就，一方面必然使人们怀疑刑罚的正义性，从而动摇对刑法的信仰；另一方面也必然降低民众闹事的风险，使"闹点动静"成为很多民众表达诉求的行为选择。

---

[1] W. Aldis, M. A. Wright. Bacon's Essays and Colours of Good and Evil with Notes and Glossarial Index. New York: the Macmillan Company, 1899: 222.

三、聚众犯罪刑法适用的酌定因素

依据刑罚预防犯罪目的划分标准,有一般预防和特殊预防之分,前者是针对潜在犯罪人防止其犯罪,后者则是针对已犯罪人防止其再犯罪的[①],这是两种适用刑罚的指导思想,可以说是一对矛盾统一体。我们在适用刑罚时既要达到惩罚犯罪的目的,也应考虑刑罚适用的社会预防效果。这就需要我们对具体的犯罪案件进行个案分析,根据犯罪主体的差异性、相关犯罪行为的发生频率以及社会对具体犯罪行为的不同反应等因素,具体选择适用刑罚预防犯罪目的的倾向性,在适用刑罚时理性认识到群体性事件中聚众犯罪在行为主体的主观恶性、共同故意、行为方式等方面的特殊性。

(一) 聚众犯罪弱化的主观恶性

尽管群体性事件中的集体狂躁、暴力行为所导致的聚众犯罪具有严重的社会危害性,但这种群体性的暴力行为的发生有一定的社会诱因和群体心理支撑,这两点使得群体性事件的聚众犯罪行为的主观恶性明显有别于一般的聚众犯罪。群体性事件的发生是社会矛盾积蓄到一定程度而产生的,对现有社会结构的突破,致使社会处于无序的状态。一般来讲,每个群体性事件的发生都有其前置的诱因在起着关键的作用,简单来说就是"事出有因"。如征地拆迁中的违法、暴力拆迁导致的群体性事件中被拆百姓与暴力拆迁者之间发生的聚众斗殴事件,其中被拆迁户的暴力行为从情理上而言是对自己家园的保护行为,但从法理上而言聚众斗殴伤人确实触犯了刑法规定,然其所出的行为的确系事出有因,因此,其行为的可责罚性就出现了情理与法理的对峙,而此时轻刑化的处置方式被及时推到了前台。尽管群体性事件中聚众犯罪行为的"事出有因"不能使之完全免予刑罚处罚,但在主客观相统一的刑法适用原则的大前提下,却是对之适用刑法轻罪化的关键因素之一。

群体心理的狂热性、弱理性、趋同性、去责任性等特点[②],使得群体行为非常容易失控,进而酿成危害社会严重的聚众犯罪,我们也可以将之理解为群体行为的失控是在群体的恶性的引导下发生的,群体的恶性是由群体中每个个体主观恶性相互影响、促进下形成的,而不是每个个体主观恶性的简

---

① 张明楷:《刑法学》(第4版),法律出版社2011年版,第459~461页。
② [法]古斯塔夫·勒庞:《乌合之众——大众心理研究》,戴光年译,新世界出版社2010年版,第43页。

单相加。这也就是说若将个体从群体中分离出来,其主观恶性是很小的,个体的主观恶性在与群体隔离时完全达不到驱动行为人实施犯罪行为的程度。而刑法对群体性事件中聚众犯罪的评价特点却是"整体定性、个别施刑",具体讲就是从群体越轨行为的整体性来判断其是否属于聚众类犯罪,而具体适用刑法打击的对象却是群体中每个个体的违法行为。这其中就面临着两难选择:是用严厉刑罚打击个体行为,让其承担主体恶性的责任;还是用较宽松的刑罚,使惩罚与个体恶性的主观责任相一致。

考虑到以上两点因素,正确的做法应该是在刑法的一般预防与特殊预防之间找到一个平衡点,既要考虑群体性事件发生的原因对群体过激行为的影响力,也要考虑到群体中个人主观恶性较小的因素,在处理此类聚众犯罪时应当有别于一般的聚众犯罪,应从社会影响、个体主观恶性等方面为群体性事件中的聚众犯罪留下大小合适的出罪之门,这也是处理群体性事件越轨行为轻罪化的题中之义。

(二) 聚众犯罪异化的共同故意

依据刑法分则规定的对聚众犯罪处罚方式的不同,聚众犯罪可以划分为"必要共犯的聚众犯罪"和"任意共犯的聚众犯罪"①,前者要求处罚共同犯罪,即处罚对象是两人以上;后者只处罚其中的首要分子,对其他人不以本罪处置,这不是说其他行为人的行为合法,而是其主观恶性、社会危害性较小,刑法基于谦抑性的考虑,缩小了打击面,放弃对其他参与人员刑事责任的追究,以期达到良好的社会效果,这里只有在首要分子是多人时,首要分子之间若存在犯罪故意的,也可以构成共同犯罪。但无论是必要共犯的聚众犯罪还是任意共犯的聚众犯罪,两者只要有共犯出现,都要求共犯主体之间有共同犯罪的故意,这种故意一般都是直接故意,即对自己行为有明确的认识,并且希望、主动地完成犯罪行为。如聚众淫乱罪的主体在实施聚众淫乱之前对自己公开的多人同时发生性行为有着明确的意思联络,并且主动地实施了淫乱行为;再如聚众斗殴行为,参与斗殴的双方成员对自己的斗殴行为都有明确认知,并且大多数为了聚众斗殴还提前准备了一些刀、棍棒之类器械,犯罪目的非常显著。故此,这些聚众犯罪的主观上有完整的共同犯罪故意,并且主动地完成了相应聚众犯罪行为,其主观恶性具有不可分割性,

---

① 刘德法:《聚众犯罪理论与实务研究》,中国法制出版社2011年版,第44页。

所有其整体和个体的恶性都比较大，对其适用刑法也应当比较严厉。

群体性事件中聚众犯罪中，虽然行为人之间也存在意思联络，但大多数情况下这种意思联络是比较松散的，组织性比较差，因此群体行为失控多半不是在有严密的意思联络共同犯罪故意的引导下发生的，而是在群体非理性、狂躁、从众、匿名效应导致的无责任感等因素的作用下发生的，其中不排除有较强的意思联络，但多数情况下行为人的意思联络只能说是被动的、片面的，这与一般聚众犯罪中的共同犯罪故意有很大的差别。

（三）聚众犯罪从众的行为方式

基于群体性事件中聚众犯罪共同故意弱化，本书认为，群体性事件中的聚众犯罪实际上与犯罪学上所讲的集群犯罪比较类似，或者说群体性事件的越轨行为既有聚众犯罪的特点，也有诸多集群犯罪的特点。因此在适用刑法评价时应当体现出其与一般聚众犯罪处置上的差异性，要突出打击的重点——严重违法犯罪行为，也要突出需要感化、教育的多数——一般的从众行为。

对于群体性事件中的聚众犯罪而言，由于其从聚众犯罪发生的原因、发生过程、犯罪的参与主体、行为方式等都具有自己明显的特点。因此，若达到刑法预防的预期效果——既不放纵危害社会的犯罪分子，又能及时调和社会矛盾，合理、合法地消解群体性事件，在针对群体性事件中聚众犯罪的刑法应对时，必须考虑群体性事件中聚众犯罪在行为主体的主观恶性、共同故意、行为方式等方面的特殊性因素。

四、聚众犯罪刑法适用的重点难点

（一）聚众犯罪首要分子的认定

由于群体性事件一般涉及人数众多，且为了引起社会的关注，其发生地点一般不会是荒郊野外，多是在城市中较繁华的地段、政府机关门口以及交通干线等地点，大量人群的聚集首当其冲受到侵害的就是社会秩序，因此群体性事件中易发、多发的聚众犯罪行为也集中在刑法分则第六章规定的聚众扰乱社会秩序、交通秩序罪，聚众扰乱公共场所秩序罪，聚众冲击国家机关罪，聚众斗殴罪，非法集会、游行、示威罪等，而这些罪名惩罚的重点就在于聚众犯罪中的首要分子，但群体性事件中聚众犯罪的首要分子的认定在司法实践中却存在认识上的误差。

以聚众扰乱社会秩序罪为例，只有在聚众行为致使工作、生产、营业和教学、科研无法进行，造成严重损失的才能构成本罪。2009年湖北"石首"事件中，酒店厨师涂某非正常死亡后，其家属及亲友不相信公安机关出具的死因鉴定，而停尸酒店、拒绝火化，进而引发群众围观，导致数万人聚集，对社会秩序造成严重破坏，且发生了武警被打、警车被砸、酒店被烧等恶性事件，损失严重，社会影响恶劣。在事件的处置过程中，涂某的亲属等14人被当地检察机关以涉嫌聚众扰乱社会秩序罪批捕①，并被法院以聚众扰乱社会秩序罪对其中的10人定罪处罚结束。② 从本案刑法适用结果来看，10名被告人最高被处以5年有期徒刑，最低的是判刑但免予刑事处罚，其中领刑最重者是死者涂某的亲属。当地法院在对事件的首要分子选择刑罚阶梯时，在"3年以上7年以下"取了一个中间值，看似合法，这中间却暴露出当地司法机关对首要分子的认定上存在认识上的错误，这一判决虽然合法却有悖于情理。

本案的首要分子是死者的家属，其停尸酒店就是为了引起社会的同情，为其寻找亲人的死因提供社会舆论支持，其在主观上有聚集人群的故意，但对于群聚集的规模及人群聚集后会发生什么却不是其所能预见和掌控的，尤其是对后续的打武警、砸警车的行为，绝对不是其所能控制的，也不是其所愿意看到的，并且其还发表了让群众理性对待的声明，可以说其对最后结果的发生是极力反对的。其行为只是引发群体聚集的诱因，群体聚集后的种种行为是不在其掌控能力之内的，因为聚集的群体整体上有一个群体的意志，个体上也有不同的意志，而这些意志是控制群体行为的关键。用法律惩罚一个人客观能力范围之外的事是很荒谬的。在本案中将群体性事件的诱因行为人认定为群体性事件中聚众犯罪的首要分子，本书认为值得商榷，这与诱因行为人的主观目的不相符，后来发生的群体越轨行为也不是在其指挥、领导下发生的。

根据《刑法》第97条之规定，聚众犯罪中的首要分子在犯罪过程中应起到组织、策划、指挥作用，一般来说在一个群体中要想起到组织、策划、

---

① 刘胜萍、石鑫：《湖北石首"6·17"群体性事件14人被捕，教育释放23人》，载http://news.163.com/09/0804/22/5FTI9THA0001124J.html。

② 黎昌政、田建军：《湖北石首群体性事件一审宣判5名被告被判有期徒刑》，载http://news.ifeng.com/mainland/200910/1017_17_1392572.shtml。

指挥作用的人应该是对群体有一定控制能力的，而这种控制能力则是其组织、策划、指挥发挥作用的前提条件。而在"石首"事件中死者亲属的行为只是吸引了热心、好事的群众，而不是组织了周围群体的聚集，也就是说组织是一个主动行为，而吸引则是被动行为。至于策划、指挥作用则更谈不上了，死者亲属若能指挥数万群众的行为也不至于发生后来的恶性事件。从以上分析我们可以得出这样的结论："石首"事件中死者的亲属不是群体性事件中聚众犯罪的首要分子。

该事件中狂热人群的越轨行为的发生可以用"破窗理论"来分析，即出现第一个破坏规则者而无人管理后，其他人也会跟着破坏规则。在群体性事件中这种破窗效应的发生是迅猛的，躁动的人群只要出现一个破坏规则者，其行为就如指挥棒一样，群体行为就会以其为导向，向着更恶劣的方向发展。因此，本书认为，该事件中聚众犯罪的首要分子不应是死者的家属，而应是在整个事件中发出第一个破坏行为的人，这里需要说明的是破坏行为的第一人有时可以是多个人，因为群体性事件有时会持续较长时间，其间的破坏行为也会持续发生，因此每一轮破坏行为都会出现第一个行为人，如事件中烧毁酒店的第一人、砸警车的第一人。将第一人作为首要分子从其主观上看也具有一定的合理性，一般来说发出第一个行为的人在动机上有寻求刺激、炫耀自我，在主观上却是希望别人能模仿自己，把破坏结果变得更严重，因此，其对后续破坏行为是有一定认识的，对破坏所造成的结果是希望或放任的。基于以上两点，第一行为人主观上属于故意，客观上达到了指挥聚众犯罪行为的事实，因此将之认定为群体性事件中的首要分子具有合理性。需要说明的是，这一做法只能适用于此类群体性事件中的聚众犯罪，而对于组织性较强的群体性事件就不能适用，如非法集会、游行、示威罪中，一般有明确的组织、策划、指挥者，并在这种首要分子在事前已经出现。

（二）聚众犯罪相关共犯的甄别

在群体性事件中，由于其聚众犯罪的共同故意相对弱化，使得在一些具体的案件中共同犯罪的认定容易与同时犯相混淆。同时，在评价聚众犯罪相关的共犯时，还需注意刑法对一些行为的隐性规定。一般而言，在判断刑法对一个行为是否具有隐性规定的时候，需要在判断对象与刑法现有的某一规定之间进行语义解析和逻辑分析，以便得出结论，判断对象是否被刑法现有规定所涵括。① 群体性事件中共犯故意的弱化的主要表现是群体性事件中聚集的人彼此之间不是很熟悉，聚集起来的初衷也不是为了犯罪，只是因为事件发展过程中出现了激化矛盾的因素，最终导致了群体行为在群体心理的支配下突破了法律的底线，而在这一过程中个体间的犯意联络很微弱。在这种情况下，聚众犯罪成员的内部结构是相当松散的。下面我们通过聚众哄抢型群体性事件中聚众犯罪的内部结构，与临时起意组成的盗窃犯罪共犯的内部结构进行对比分析。

对后者而言，盗窃共犯虽是临时起意，但在盗窃活动中一般也是存在分工的，人类社会的三次大分工使人类由蛮荒进入文明②，而犯罪活动中的分工则使共犯的结构变得紧密，使较低级的犯罪向高级发展，因此其社会危害性也更大。而聚众哄抢形成的群体性事件中，参与哄抢的人在哄抢之前可能会存在一些简单的意思联络，如某人第一个发现高速公路上翻车散落的大量物品后不是自己去哄抢，而是打电话、发短信召唤更多的人来哄抢，此时此人就起到了组织者的作用，而在哄抢发生后参与者为了多抢一些而争先恐后，此时指挥他们行为的不是任何人，而是人性中对财物的贪婪，而在这一过程中也不可能存在什么分工问题，其行为特点与刑法理论上的同时犯更为相似。在有些情况下人群聚集哄抢财物的行为完全是受贪婪心理的支配，人们之间的意思联络也似乎是不存在的，此时人们的行为在本质上就是同时犯，此时聚众哄抢罪也就无法适用，只能通过其他罪名，如抢夺罪、故意毁坏财物罪对之定罪量刑。

共犯的脱离是甄别打击群体性事件的理论基础之一，在恶性群体性事件发生过程中如果发生了聚众打、砸、抢行为，若根据共犯理论所有的参与者都是犯罪，应受到刑罚的处罚，但是，这就会使打击面过宽。因此，我们需要通过共犯脱离理论来为其中大多数人的出罪，做出合理解释。对这一问题我们可以从主客观两方面来理解，从主观上看行为人参与群体性事件后，主观心理必定受到群体心理的影响，如从众心理、责任淡化心理等，但其主观上并没有犯罪的故意，其对打、砸、抢的行为是持反对态度的；在客观上没有实施打、砸、抢的具体行为，或者虽然实施了但造成的危害结果很小，如

---

① 陈兴良：《寻衅滋事罪的法教义学形象：以起哄闹事为中心展开》，载《中国法学》2015年第3期。

② 《马克思恩格斯斯选集》（第1卷），人民出版社1972年版，第51~52页。

只打碎了一块玻璃后认识到自己的行为不妥后，就停止了自己打、砸、抢行为。本书认为，在组织机构极其松散的群体性事件中，只要符合以上主客观条件，我们在适用刑罚时就可以通过共犯脱离理论将之排除到共同犯罪圈外，这样既有利于节约司法资源，重点打击聚众犯罪中严重的违法犯罪行为，也有利于实现刑法适用法律效果与社会效果的统一。

（三）聚众犯罪中禁止令的适用

通过我们对近年来群体性事件发生后的处置过程的考察发现，虽然强调用法治思维管理社会，但在群体性事件的处置过程中行政命令是走在最前面的，也就是说如何处置群体性事件是由地方政府说了算，而我国政府实行的是首长负责制，实际上群体性事件的处置是由相关负责个人意志决定的。这样的好处是政府可以调动各种优势资源，让事件得到快速平息。但暴露出的问题也是极其严重的，如果行政命令的发出者缺乏法治思维的工作方法，发出了不恰当的行政命令，很可能激化群体矛盾，造成群体行为的失控，进而产生大规模的聚集打、砸、抢、聚众冲击政府机关的群体性事件，贵州"瓮安"事件就是一个惨痛的教训。在后续的处理中当地法院共判处47人①，其中以聚众冲击国家机关罪追究刑事责任的有38人，占定罪总人数的61.29%。"瓮安"事件中当地法院判决的总体情况如下图所示：

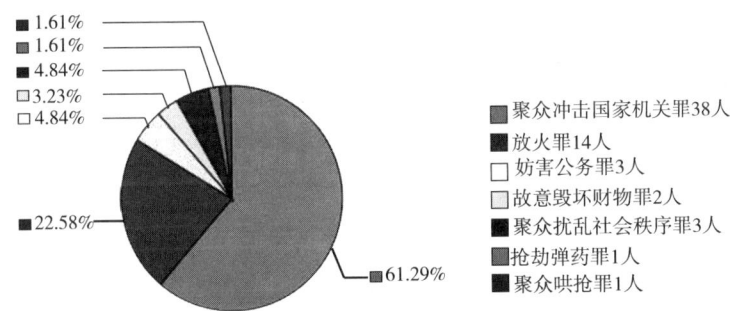

"瓮安"事件当事人涉刑罪名分析图

---

① 资料来源于瓮安县人民法院判决书。参见舒燕平：《群体性犯罪事件的刑法适用研究：以瓮安"6·28"事件系列案件为分析样本》，西南政法大学2011年硕士学位论文。

在群体性事件的治理过程中，尤其是对一些诉求型、温和型群体性事件，禁止令应该有用武之地，通过法院发布的禁止令可以让事件的参与者从法治的角度去考虑自己的行为是否妥当，而不是以现在个别负责人的主观意志去判断自己行为的合理性，有利于从法治的角度化解群体行为中的逆反心理。不过，我国刑法中所规定的"禁止令"适用范围较为狭窄，只能在判处管制或者缓刑时附加适用，而不能独立适用；只能对犯罪行为的事后行为进行特殊预防，而不能对犯罪之前的行为进行一般预防。对此，笔者建议，有必要通过立法的方式完善我国的禁止令制度，使之具有独立适用的能力，这样法院就可依申请针对群体性事件中的越轨行为签发禁止令。这样做一是对群体性事件中易发的聚众犯罪起到事前警示作用，进而达到刑法一般预防的目的；二是延伸刑法适用的范围，摆脱因其是"最后一道防线"的"后盾法"不能违规提前适当介入群体性事件治理的尴尬地位。